本书为国家社科基金重大项目《法国大通史》（编号：12&ZD187）的最终研究成果

大国通史丛书

总主编 钱乘旦

法国通史

A History of France

沈 坚 主编

【第六卷】

复兴与探索

（1944—2017）

沈 坚 朱晓罕 著

江苏人民出版社

图书在版编目(CIP)数据

法国通史. 第六卷,复兴与探索:1944—2017 /
沈坚主编;沈坚,朱晓罕著. — 南京:江苏人
民出版社,2024.11

(大国通史丛书/钱乘旦总主编)

ISBN 978 - 7 - 214 - 29084 - 7

Ⅰ. ①法… Ⅱ. ①沈… ②朱… Ⅲ. ①法国—历史
Ⅳ. ①K565.0

中国国家版本馆 CIP 数据核字(2024)第 086799 号

书　　　名　法国通史·第六卷　复兴与探索(1944—2017)
主　　　编　沈　坚
著　　　者　沈　坚　朱晓罕
策　　　划　王保顶
责 任 编 辑　马晓晓　王　娟
装 帧 设 计　刘葶葶
责 任 监 制　王　娟
出 版 发 行　江苏人民出版社
地　　　址　南京市湖南路 1 号 A 楼,邮编:210009
照　　　排　江苏凤凰制版有限公司
印　　　刷　南京爱德印刷有限公司
开　　　本　652 毫米×960 毫米　1/16
印　　　张　211　插页 24
字　　　数　2831 千字
版　　　次　2024 年 11 月第 1 版
印　　　次　2024 年 11 月第 1 次印刷
标 准 书 号　ISBN 978 - 7 - 214 - 29084 - 7
定　　　价　880.00 元(全 6 卷)

(江苏人民出版社图书凡印装错误可向承印厂调换)

各章作者：
- 沈坚、朱晓罕：第一章—第八章
- 沈坚、黄艳红、朱晓罕：第九章
- 吕一民、朱晓罕：第十章

- 沈坚：浙江大学历史学院教授
- 朱晓罕：浙江大学历史学院副教授
- 黄艳红：上海师范大学人文学院世界史系研究员
- 吕一民：浙江大学历史学院教授

前　言

二战结束之后的法国,百废待兴,也失去了一流大国的国际地位。然而,法国很快重建了共和制度,恢复了经济,积极推动欧洲联合,重新焕发出生机。在调整政治制度,走出殖民战争的泥潭之后,随着经济的快速发展,戴高乐领导下的法兰西第五共和国开始重新回到世界强国的行列。时至今日,法国仍然是全球最发达的经济体之一,2020 年的国内生产总值为 26 030 亿美元,居世界第七位,[①]文化、科技、军事等各方面的实力,在世界上也是名列前茅。此外,法国还是联合国五大常任理事国之一,欧盟的发动机之一,在当下的国际社会中,发挥着重要的作用。

本书以马克思主义历史唯物主义为指导,吸收国外特别是法国史学界最新研究成果,尝试构建具有中国特色的法国当代史体系。为了尽可能展示战后法国历史进程的全貌,本书在体例上采用分专题论述的形式,将内容分为政治、经济、社会、外交和文化五大部分。其中,政治、经济和外交部分基本按照年代发展的线索展开论述,社会和文化部分则根据其自身内在逻辑细分为若干小专题进行分析。

在战后世界历史的发展中,法国是主要西方大国中唯一发生了政治

---

① 世界银行数据,https://data.worldbank.org.cn

制度变革的国家，这是法国当代史的首要特征，也是国内外史学界着力最多的部分。因此，本书第一章至第三章首先勾画出战后法国政治发展的主要脉络，系统梳理第四共和国的兴亡、第五共和国的建立和第五共和国的发展，时间下限至 2017 年奥朗德下台。作为两个世纪以来全球政治民主化的源头，法国以自身实践继续推动着现代民主政治的发展。

第四章审视战后法国历史发展的经济基础。战后法国的经济发展取得了卓越的成就，首先是很快恢复到战前水平，随后进入快速增长期直至 1970 年代初，被誉为"辉煌三十年"[1]，彻底完成了经济的现代化和国际化。但是从 70 年代中期开始，法国经济开始出现停滞，此后一直处于不稳定的状态，进入 21 世纪，还经历了世界性金融危机的考验。法国的经济发展模式，与英美国家有所不同，如国有企业、经济计划等，在西方大国中具有鲜明的特色。

经济的发展带来了全方位的社会变迁，这场变迁无论从深度还是广度来看，都是前所未有的，法国学界甚至将其称为"第二次法国大革命"[2]。本书第五章从人口与家庭、社会财富与生活水平、城市与乡村、阶级与阶层等方面展开观察，力图多角度透视战后法国社会的深刻变迁。

第六章是外交部分，探讨法国在战后世界新格局中的应对得失。法国积极投身于欧洲一体化的建设，推动了历史的进步，但在非殖民化过程中有悖于历史潮流，自食其果。戴高乐的外交政策帮助法国重返大国行列，并对此后法国的外交产生了深远的影响。此外，法国还是西方大国中第一个与中国建交的国家，本章专辟一节梳理中法两国友好关系的曲折发展。

最后，鉴于法国文化对世界的杰出贡献，本书第七至第十章详细论述战后法国文化的发展和演变：第七章介绍文学、艺术和大众文化；第八

[1] Jean Fourastié, *Les Trente Glorieuses ou la Révolution invisible de 1946 à 1975*, Paris: Fayard, 1979.

[2] Henri Mendras (avec la collaboration de Laurence Duboys Fresney), *La Seconde Révolution française : 1965 - 1984*, Paris: Gallimard, 1988.

章涉及哲学、宗教、教育和科技；第九章聚焦史学的创新与贡献；第十章追踪知识分子的历程。如果说，当代法国在"硬国力"或"硬实力"方面与美国、日本、德国已经存在着明显差距的话，那么，在"软国力"或"软实力"方面，法国仍然拥有自己独特的优势。

　　本书由沈坚、朱晓罕合作撰写，其中沈坚撰写 25 万余字，朱晓罕撰写 15 万余字。由于全书涉及领域广泛，难免存在许多不足和失当之处，敬请各位专家和读者批评、指正。

作者

2022 年 4 月于杭州

目　录

第一章　从战后临时政府到第四共和国

第一节　法国的光复

进入 1944 年，随着欧洲反法西斯战争的节节胜利，戴高乐开始从事解放法国的具体准备工作。5 月 16 日，戴高乐向内地军发布命令，要求内地军从盟军登陆之时起，与盟军取得联络，直接参加战斗。6 月 3 日，全国民族解放委员会（Comité Français de Libération Nationale，简称 CFLN）改组为法兰西共和国临时政府（Gouvernement Provisoire de la République française，简称 GPRF），担负政府领导职能。6 月 6 日，盟军在诺曼底登陆，揭开了法兰西民族解放的新篇章。8 月 15 日，塔西尼（Jean de Lattre de Tassigny）指挥的法国第一集团军作为盟军的组成部分，与美国军队配合，在法国南部普罗旺斯沿岸实施了第二个登陆行动并获得成功。

这两次登陆标志着盟军在西欧战场反攻的开始。正如帕斯卡尔·柯西（Pascal Cauchy）所指，尽管参战的二十五万法国部队还说不上是反攻的主力，但是象征意义十分强烈。[1] 法国全境掀起了广泛的民族起义

---

① Pascal Cauchy, *La IVᵉ République*, Paris：PUF，2004，p. 8.

浪潮,积极配合盟军的军事行动。8月19日,巴黎人民发动起义,筑起街垒,各个街区都发生了和德军的战斗。8月24日晚,勒克莱尔(Philippe Leclerc de Hauteclocque)率领的第二装甲师抵达巴黎,德国守军投降。25日,戴高乐在市政厅面对欢庆的民众发表演讲,正式宣布巴黎光复。他说:"巴黎曾被侮辱,被打碎,被折磨,但是巴黎解放了,依靠自己,依靠人民、法国军队和团结一致的法国获得了解放。法国一直在战斗,它是唯一的,真实的,永恒的。"[1]1944年冬,法国军队已经收复了几乎全部领土,仅剩大西洋沿岸几处据点的德军残余尚未肃清。随后,塔西尼率军攻入德国境内。1945年5月8日,塔西尼和其他盟国的指挥官一起接受了德国的投降。

德军的节节败退加速了维希政权的解体。在盟军登陆时,菲利普·贝当不得不要求法国人保持中立。8月17日和20日,贝当和皮埃尔·赖伐尔分别被纳粹带往德国,两人宣布放弃权力。几个合作主义分子听命于纳粹建立了一个政府委员会,雅克·多里奥试图建立一个流亡政府,但于1945年2月毙命。随着纳粹的投降,维希政权的残片也荡然无存了。赖伐尔逃往西班牙,被佛朗哥引渡回法国。贝当逃到瑞士,后向法国政府自首。

在收复国土的同时,各地权力机关就开始对合作主义分子进行审判,史称"清算"(l'Epuration)。清算对象涵盖政治、经济、文化各界与纳粹和维希政权合作的人士,持续到1953年。有关判决的具体数据,史学界尚未达成共识。据亨利·鲁索(Henri Rousso)的估算,约有95 000人被判有罪,其中1 536人被处以极刑。[2] 在维希政权的首脑当中,贝当被判死刑,后被减刑为终身监禁;赖伐尔和维希"保安队"头目约瑟夫·达尔南被处决。判决的严厉程度随着时间的推移而减弱。与其他沦陷国

[1] Olivier Wieviorka et Christophe Prochasson, *La France du XXe siècle documents d'histoire*, Paris: Seuil, 2011, p. 404.

[2] Pascale Gœtschel et Bénédicte Touchebœuf, *La IVe République: La France de la Libération à 1958*, Paris: Librairie Générale Française, 2011, p. 81.

家相比,法国对投敌分子的惩处较东欧国家为轻,较其他西欧国家为重,法国国内也存在地区和职业之间的差异。例如,与政治界和经济界的合作分子相比,附敌知识分子所受的惩罚是最为严厉的。在投敌作家中,夏尔·莫拉斯(Charles Maurras)被判终身监禁,乔治·苏亚雷斯(Georges Suarès)和罗贝尔·布拉齐拉赫(Robert Brasillach)被判死刑。

随着德国的投降,法国也进入一个政权过渡阶段,盟国之间的矛盾开始显现,尤其是戴高乐并不想让美国插手法国政治。当罗斯福计划在法国建立一个临时的军事当局,并允许贝当时期的地方政权继续存在时,戴高乐对这一侵犯法国主权的计划感到十分愤怒,决心用行动来粉碎它。1944年6月14日,戴高乐在流亡四年以后,第一次踏上祖国的土地,在刚刚获得解放的贝叶,戴高乐马上任命一名共和国专员接管诺曼底的地方政权,用亲信替换了贝叶的行政长官,而且随着国土解放的进程,戴高乐逐一进行这样的换班,最终没让罗斯福有机会实行他的计划。与此同时,戴高乐最后能否接管全国政权,还取决于国内抵抗运动对他的支持程度。1943年5月27日,经过让·穆兰等人的努力,法共、社会党、激进党、人民民主党、民主联盟(Alliance démocratique)和共和联盟(Fédération républicaine)六个政党,"战斗"(Combat)、"解放"(Ceux de la Libération)、"民族阵线"(Front national de la résistance)及其下属的"自由射手和游击队"(Franc-Tireur)等八个抵抗组织,总工会(La Confédération générale du travail,简称CGT)和法国基督教劳动者协会(La Confédération française des travailleurs chrétiens,简称CFTC)两大工会组织共同组成了全国抵抗运动委员会(Conseil National de la Résistance,简称CNR),并正式宣布接受戴高乐的领导,如此一来虽然分歧仍存,但戴高乐已经成为整个法国抵抗运动的领袖。1944年8月巴黎光复后,当有人建议戴高乐在市政厅宣布成立共和国时,戴高乐拒绝了,他认为共和国一直存在着,他就是共和国政府的元首,以此表明其政府的合法性和正统性。9月9日,巴黎建立了新的"举国一致"政府,其中三分之一是国内抵抗运动组织的代表,法共代表分别担任了空军部长和公共卫生部长,这是法共第一次参加政府。然而法兰西共和国临时政府在地方上遇到接管政权的困难。许多地方的政权已经被地方上的"解放委员会"掌握,它们往往不接受临时政府派去的专员的领导。不过最后戴高乐利用自己的威望和能力控制了局势。1944 年 10 月,戴高乐对外省进行了一系列的巡视,尤其是到政府权威比较脆弱的南方地区,沿途受到人群的热烈欢迎,由此进一步提高了他的威望。

戴高乐能否最终控制局势的关键在于法共。在抵抗运动中,法共的力量日益壮大,成为国内抵抗运动的中坚。它拥有自己的武装,在地方基层组织中发挥着重要作用。到 1945 年,党员数量超过 50 万,其分布地区不再仅限于工业区,即使最偏远的乡村也有影响。[①] 法共的阶级成分也不再限于工人阶级,吸纳了许多渴望变革的青年知识分子和约里奥-居里、毕加索等文化名人入党,开始成为一个超阶级的政党。在解放后的法国政坛,相比于其他传统政党的衰弱,法共是一股强大的政治力量。

戴高乐采用了各种手段削弱法共和国内抵抗运动的影响,如将内地军与正规军合并,交国防部统一指挥,把全国抵抗运动委员会归并到临时政府的咨询机构之中,并下令解散法共的武装力量。这些措施遭到法共和其他抵抗运动组织的强烈反对。为了争取法共的支持,戴高乐赦免了流亡苏联的法共领导人莫里斯·多列士(Maurice Thorez)。多列士于 1944 年 11 月 27 日回到巴黎,他说服党内同志,要进行合法斗争,并发表演讲,声明只能有一个政府,一支共和国军队和警察,必须维护法国政治上的统一。多列士的回归,对法国政局的稳定产生了积极作用。此后,国内抵抗运动组织不断分化,各派领导人逐渐融入各政治派别之中,于是接下来要面对的问题就是要建立怎样的一个共和国了。

---

① Jean-Jacques Becker, *Histoire politique de la France depuis 1945*, Paris: Armand Colin, 2011, p. 12.

第二节　第四共和国的诞生

第四共和国的产生没有公认的确切日期，准确地说，这是一个过程。从历史的意义上说，第四共和国可以从巴黎解放之日（1944 年 8 月 25 日）算起，因为首都光复了，按照戴高乐的解释，共和国从来没有停止存在过。从政治意义上看，1946 年 1 月 20 日，戴高乐辞去总理职务，表明法国进入了新的政治阶段，战争年代和战斗法国的影响逐渐远去了。从严格的法律意义上说，新宪法的施行和新政府的建立，即从 1946 年 10 月至 1947 年 1 月，才真正标志一个新政权的诞生。所以许多著作习惯上把这段时间称为法国的"解放"时期。

经过世界大战劫难的法国人，在战争之后似乎对政治制度的改革形成了共识。第三共和国的制度不太受人喜欢，它的低能已经被战前十年的历史和 1940 年的崩溃所证实。维希政体也由于它的投降卖国而臭名远扬。抵抗运动组织还在解放之前的《共同纲领》中就拟订了许多变革的措施，从抵抗运动中走出的新的一代领导人满怀信心地规划着未来的蓝图。然而随着战争的远去，生活恢复正常后，在 1939 年以前发挥重要作用的政治家又回到了前台，如社会党的莱昂·勃鲁姆、激进党的爱德华·赫里欧和爱德华·达拉第、温和派的保罗·雷诺、法共的多列士等，传统的政治结构逐渐又复活了，因此许多政治制度的改革设想就被淡化了。

在第四共和国酝酿建立的过程中，各种政治力量进行了重组。戴高乐本人对政党怀有一种天生的敌意，尽管有的政党的思想和他一致，但他拒绝出任其中任何一个政党的首领。

抵抗运动中形成了新的政党，一些社会党人或亲戴高乐人士联合其他法共之外的小组织创建了"抵抗运动社会民主联盟"（L'Union démocratique et socialiste de la Résistance，简称 UDSR），这是一个小党，在第四共和国的政治生活中只扮演二流角色，但是该党的一些领导人，后来成为杰出的政治人物,如弗朗索瓦・密特朗(François Mitterrand)、勒内・普列文(René Pleven)、雅克・苏斯戴尔(Jacques Soustelle)等。

二战前的一些政党在战后衰落了,最明显的衰退是第三共和国时期的右翼政党,由于支持维希政权而被赶出了政治舞台,一些保守派人士分散在一些政纲并不明显的小党派里,形同散沙。约瑟夫・拉尼埃尔和后来的雷诺等人则试图将温和派再组织起来。左翼的激进党也是个走下坡路的党,因为它在第三共和国经常执政,所受的牵连太多。尽管激进党的许多人为抵抗运动做出了重要贡献,如亨利・戈伊(Henri Qeuille)、皮埃尔・孟戴斯-弗朗斯(Pierre Mendès-France)等,有些因此献出了生命或遭敌人暗杀,如让・穆兰等,但法国人总把它看作是一个过时的政党。

经过战争,有些政党的力量加强了,成为法国政治舞台的明星。其中值得一提的是基督教民主党人。他们积极投身于抵抗运动,1944年1月,这部分人决定成立新的政治组织,1944年11月24日正式召开代表大会,建立了"人民共和党"(Mouvement Républicain Populaire,简称MRP,一译"人民共和运动")。尽管它也像第三共和国时期的人民民主党那样,坚持把法国建筑在"基督教文明的原则"之上,但由于它主张共和制度,并反对资本主义,要求实行国有化和经济计划化,在法国政党的光谱中,就成了左翼政党。经过革新以后,它割断了和右派的传统联系,摒弃了旧的领导人,一批新人成为该党的掌舵人,其中有乔治・比多(Georges Bidault)、莫利斯・舒曼(Maurice Schuman)等。

社会党(工人国际法国支部)在战争后仍保留有较高的威信。它积极参加了抵抗运动,涌现出一批英雄人物,如自由法国中的社会党代表费利克斯・古安(Félix Gouin)等。它是第一个重组的政党,对党内曾支持过贝当的党员进行了清洗,主张革新政治,发扬民主。新的一代领导人曾经想和法共联合,双方进行了讨论和接触,但法共坚持自己的原则,联合并没有成功。法共的发展前文已经述及。

根据共和的原则,临时政府着手进入选举程序以重组各级行政机构和国家机构。1945年春,首先进行了市政选举,根据戴高乐政府1944年4月21日的法令,妇女在历史上第一次获得了选举权。选举的结果在人们的意料之中,激进党和温和派遭到失败,法共和社会党取得了胜利;作为新党的人民共和党,也有不俗的表现,取得了历史性的突破。这一结果预示了议会选举的前景。

议会选举要到秋天举行,因为要等到国内的交通恢复正常,以及在德国的战俘和被流放者返回故乡。根据民主的原则,议员有权讨论和通过宪法草案,但戴高乐不喜欢这种议会制的运作,决定诉诸全民公决来决定选出的议会是否具有制宪的权力。全民公决的形式是第二帝国时常采用的方式,共和国从来没有实行过,戴高乐的这一决定引起各政党的不安和反对,戴高乐却我行我素。

于是在1945年10月21日,选民需要完成两项投票任务,一是选举议员,二是对两个问题进行全民公决。第一个问题是:"您同意今天选出的议会是制宪议会吗?"肯定的回答就意味着,人们不愿意再回到第三共和国的体制中去,而要制定一部新宪法。第二个问题是:"您赞成我们给您的方案中所规定的公共权力机构的临时组成方式吗?"[1]肯定的回答就意味着同意限制制宪议会的权力:它的期限只有七个月,宪法草案要交全民公决,政府首脑由议会指定,但只有在议会多数通过弹劾后才能推翻政府。对这两个问题的态度,各政党并不一致。社会党和人民共和党对两个问题都持肯定态度;激进党和温和派对两个问题都持否定态度;法共对第一个问题持肯定态度,但否定第二个问题。全民公决的结果是,对第一个问题持肯定意见的选民达96.4%,对第二个问题持肯定回答的也达到了66.3%,因而获得通过。[2]

---

[1] Pascale Gœtschel et Bénédicte Touchebœuf, *La IVe République：La France de la Libération à 1958*，p. 108.

[2] Pascale Gœtschel et Bénédicte Touchebœuf, *La IVe République：La France de la Libération à 1958*，p. 108.

在总共 586 个席位的议会选举中,法共获得 159 席,成为法国的第一大党,取得了重大胜利;人民共和党获 150 席,为第二大党,这也是该党历史性的胜利;社会党获 146 席,[1]尽管它的选票数比第三共和国时期最后一次选举有所增加,但由于它从战前的第一大党退后到第三大党,多少有点失望;激进党和温和派的席位大大减少,成为选举的失败者。本来法共和社会党就已形成议会的绝对多数,但社会党不愿意仅和法共结盟,而使自己处于从属地位,于是邀请了人民共和党组成议会多数。

1945 年 11 月 13 日,议会一致推举戴高乐为政府首脑,但这种一致性并没有维持多长时间。法共与戴高乐在分配部长问题上产生了矛盾,法共希望能占据外交、国防、内政这样的关键位置,但戴高乐认为这三个位置都和外交有关。而法共和苏联关系密切,从而加以拒绝,最后以让多列士担任地位高于普通部长的国务部长(内阁只设四名国务部长,分别由法共、社会党和人民共和党的成员以及一名温和派成员担任)的方式达成妥协。戴高乐十分不习惯议会制的运作,对于议会不断的质询感到十分不快。他无法主导宪法的制定,政府提出的军事预算案也遭到议会的否决。1946 年 1 月初,所有人都在度假,戴高乐也去南方待了些日子。1 月 20 日星期天,戴高乐突然召集内阁会议,对部长们宣布了他的辞职决定。戴高乐突然辞职的动机究竟是什么?人们知道,他在内阁会议上谴责了政党的胡作非为。但在正式公布的文告中,他只是认为,由于法国已经解放,重建已经走上正轨,议会已经召集,政党已负起它们的职责,他的历史使命也就完成了。许多人认为,戴高乐的辞职是以退为进,不过这一退就是十二年之久。

戴高乐离职后,议会中的三大党于1946 年 1 月 23 日签署了《合作宪章》,保证三党不互相攻击,团结一致支持共同做出的政府决定,形成了"三党联合执政"(tripartisme)的局面。同一天,社会党人费利克斯·古

① Michelle Zancalini-Fournel, Christian Delacroix, *La France du temps présent 1945 - 2005*, Paris:Belin, 2014,p. 28.

安被确定接替戴高乐担任临时政府的总理,古安只是在各党之间分配了部长名额,具体人选由各党自己决定,开创了政党凌驾于政府之上的先例。后来 1946 年 6 月 26 日由人民共和党的乔治·比多组成的内阁,与古安内阁如出一辙,这种局面一直维持到 1947 年新宪法实施后为止。

与政治上的这种变化同时进行着的是宪法的制定工作。新宪法的讨论和制定也经历了曲折的过程。在 1946 年的前三个月,制宪议会内部对宪法草案进行了激烈的辩论。社会党与法共意见一致,并在宪法起草委员会中占有优势,提出了一个主张强化议会权力的宪法草案。这个草案建议议会实行一院制,任期五年,议会选举总统和总理,对政府有弹劾权等等。人民共和党和其他政党持反对态度。由于法共和社会党在制宪议会中占有绝对多数,所以反映社会党和法共意见的第一个宪法草案于 4 月 19 日在议会获得通过。但这一宪法草案必须交全民公决后才能生效,在 1946 年 5 月 5 日的全民公决中,选民以 53％的多数否决了这一宪法草案。[①]

于是,第一届制宪议会被解散,为了制定新的宪法草案,需要选举第二届制宪议会。1946 年 6 月 2 日的选举结果继续维持了三大政党的多数,但内部的力量对比发生了变化,人民共和党获 166 席,成为第一大党,法共基本上维持了以前的席位,社会党则明显退步。具体来说,人民共和党获得了 28.2％的选票,法共获得了 25.9％的选票,社会党则获得了 21.1％的选票,[②]可以说三党并立的态势没有改变,但人民共和党利用它的有利地位迫使法共和社会党做出了让步。

就在第二个宪法草案即将出炉之际,戴高乐在保持了一段时间的沉默后,于 6 月 16 日在贝叶发表了他对宪法的观点。他强调分权的原则,认为立法权应由两院执掌,行政权要交给一位真正的国家元首,这位国

---

① Michelle Zancalini-Fournel，Christian Delacroix，*La France du temps présent 1945 - 2005*，p. 28.

② Michelle Zancalini-Fournel，Christian Delacroix，*La France du temps présent 1945 - 2005*，p. 28.

家元首应该由代表性更广泛的选民团选举产生,保证他的政策的连续性。贝叶讲话的本意可能想引导人民共和党脱离它的两位伙伴,但效果适得其反。人民共和党在贝叶讲话的背后看到了使他们不安的、削弱议会权力的企图,于是他们马上和社会党与法共进行谈判,形成了一个妥协的宪法草案。宪法草案在议会获得通过。戴高乐激烈批评新草案,这损害了他与人民共和党本来不错的关系,也使部分人民共和党的选民觉得茫然。因此,在 1946 年 10 月 13 日的全民公决中,弃权人数大幅度增加,高达 31.2%。全民公决结果,赞成者为 53.5%,实际只占登记选民的 36%。换言之,在总共 2 490 万名选民中,只有 1 679 万张有效投票,其中 779 万反对,900 万赞成。① 正是这一微弱多数,使得第四共和国的宪法最后正式生效。

第三节 第四共和国的政治制度

建立第四共和国的 1946 年宪法是各政党妥协的产物,它重新恢复了典型的议会制,和第三共和国的制度十分接近,它特别突出了国民议会(下院)的权力,使之成为整个政治制度的中心。这种权力的不平衡将影响政府的稳定和运作。尽管宪法制定者们有意避免第三共和国的弊端,但由于在议会与政府的关系这一根本点上,类同于第三共和国,在第三共和国的惯性作用下,第四共和国的政治实践越来越和第三共和国趋同。

和第三共和国的宪法不同的是,1946 年的宪法属于较为冗长的宪法之一,共有 108 条。此外,与 1875 宪法相比,1946 宪法还有一个较完整的序言。序言部分实际就是人权宣言,它首先涵盖了法国 1789 年《人权宣言》的全部内容,同时又增加了新的内容,即"社会和经济权利"。其中重要的一条是承认了解放时期对一些企业实行的国有化,规定一切具有

---

① Jean-Jacques Becker, *Histoire politique de la France depuis 1945*, p. 36.

为公共服务功能和事实上垄断的企业都应该成为集体的财产。因此,它是资产阶级宪法中最为民主的宪法之一。这一序言的重要性还在于,它后来在1958年的宪法中得到保留。

根据宪法,立法权归两院制的议会。两院的名称有了变化,以"国民议会"(l'Assemblée Nationale)取代了第三共和国的"众议院",上院改称为"共和国参议院"(le Conseil de la République)。宪法加强了国民议会的权力。国民议会由普选产生,任期五年,宪法没有对选举法做出规定,但第四共和国在大部分时间里实行比例代表制,而且妇女有了选举权。国民议会是常设的,规定每年休会时间不能超过4个月,这样政府始终处在国民议会的监督之下。只有国民议会有通过法律的权力,这项权力不能交其他机构代行,因此就禁止了第三共和国时期那样的法令立法。但在实践中,出现了一种"框架法案":议会通过"框架法案",而里面的具体内容由政府填充。国民议会还有权修改宪法,只要这项宪法原则由国民议会的绝对多数通过。此外,国民议会还拥有批准和推翻政府的权力。共和国参议院由间接选举产生,选举共和国参议院的大选民团由国民议会议员和省议会议员组成。共和国参议院的权力比第三共和国参议院的权力要小,只是一个立法的咨询机构,国民议会通过的法律要交它表决通过,如果不通过,国民议会可以进行二读审议,通过后就可生效,最后的决定权操纵在国民议会之手。

第四共和国仍设总统,其权力和第三共和国总统实际行使的权力相当。共和国总统任期七年,由两院联席会议选举产生。他较长的任期使他具有一定的独立性,而当内阁频繁更迭的时候,他的政治稳定作用仍然不可忽视。总统最基本的权力是指定总理人选,条件是只要他所挑选的总理能被议会多数接受,这里存在一定的自由挑选空间。所以总统的政治作用虽然有限,但真实存在着。

政府由总理领导,第四共和国和第三共和国不同,宪法对总理一职作了明确的规定。总理由总统指定,由国民议会绝对多数批准,然后由他指定各部部长组成政府。绝对多数的规定是出于保持内阁稳定的考虑,如果一个政府在一开始就没有稳定的多数支持是很难维持下去的。然而在第四共和国的政治实践中,绝对多数的要求经常导致组成政府非常困难,总理候选人换了一个又一个,不断出现内阁危机。此外,尽管宪法没有这方面的规定,但政府在组成以后,总理习惯上还须请求国民议会的第二次批准,这一双重批准的做法,进一步加重了组阁的困难。

宪法为了保持政府的稳定,还作了一些限制推翻政府的规定。和第三共和国不同的是,政府部长和政府不负连带责任,对一位部长的质询不能带出信任投票。宪法规定只有政府总理才有权向国民议会提出信任问题,而且必须经内阁 24 小时考虑以后,才能由国民议会进行投票。国民议会有弹劾政府的权力,但这一手段从来没有被使用过。为了使推翻政府更为困难,宪法还规定只有国民议会以绝对多数反对政府,才能通过不信任案。

在实际的运作中,这些法律规定抵不过习惯做法。多届政府并没有按程序提出信任投票,只要在某一次投票中,政府的决定被简单多数所否定,他们就辞职。有几届政府虽然提出了信任投票,但是同样遇到简单多数反对就提出辞职。

另一项有关权力平衡的规定本意也是为了维持政府的稳定,这就是政府存在解散国民议会的可能性,但规定解散的条件和程序极其复杂,而且规定解散议会后,看守政府也要改组,要吸纳议会各党团的代表,因此很难有机会行使解散权。这样的条件只有在 1955 年出现过一次,爱德加·富尔(Edgar Faure)解散了国民议会,但富尔因此被自己的政党开除。

宪法的规定和第三共和国的习惯做法相结合,加强了政党在政治制度中的重要性。这时的政党比第三共和国时期具有更强的组织性和纪律性,但由于法国仍然实行多党制,所以议会中稳定的政党多数依然难以实现。

1946 年宪法还专门对殖民地的地位作了规定,宪法取消了帝国的称呼,用"法兰西联邦"(Union française)取而代之。"法兰西联邦"包括法国本土、海外省和海外领地、托管地和附属国。海外省包括阿尔及利亚总督区、马提尼克、瓜德罗普、留尼汪。海外领地包括法属西非——塞内加尔、毛里塔尼亚、几内亚、法属苏丹（马里）、尼日尔、科特迪瓦、贝宁、上沃尔特；法属赤道非洲——加蓬、中刚果、现中非共和国、乍得；马达加斯加和附近岛屿；法属索马里；法国在印度的领地；新喀里多尼亚和邻近岛屿；圣彼埃尔岛和密克隆岛。托管地包括多哥和喀麦隆、英法共管的新赫布里底群岛。附属国包括摩洛哥、突尼斯、印支联邦（越南、柬埔寨、老挝）。法国总统就是"法兰西联邦"总统，"法兰西联邦"设有咨询机构"法兰西联邦最高参议会"和"法兰西联邦国民大会"。实际上，所有有关"法兰西联邦"的决定都由法国国民议会和法国政府做出，和过去没有什么两样。

　　1946 年的宪法在 1954 年 12 月 7 日经历过一次修改，重要的有两点：一是政府成立时，总理和政府成员人选同时交国民议会批准，由此摒弃了两次批准的弊端；二是修改解散国民议会的程序，议会解散后，看守政府无须改组继续运行，这样使得解散国民议会相对容易一些。

　　宪法通过后，首先要选出第四共和国的第一届国民议会。选举于 1946 年 11 月 10 日举行，这是一年里法国人第五次走向投票站，选民们缺乏应有的热情，弃权率比前两次制宪议会的选举要高。选举的结果与 1946 年 6 月的议会选举没有多大变化，三大政党仍旧占据了议席的绝大部分，就是排序又变了一下。在总共 627 个议席中，法共重新成为第一大党，占议席 182 席，人民共和党得到 173 席，社会党得 102 席。[1] 不过政治气候出现了微妙的变化。在选举期间，人民共和党和法共发生了直接冲突，宣布互为竞争对手，三党联合执政局面已经出现裂痕。同时由于社会党议席的大量损失，左派已不能构成绝对多数。而社会党本身也正在寻找新的出路。为了适应新的形势变化，勃鲁姆试图在思想和组织

---

[1] Michelle Zancalini-Fournel, Christian Delacroix, *La France du temps présent 1945 – 2005*, p. 28.

上对社会党进行改造,但遭到党内仍信奉马克思主义的大部分党员的反对,为首的是新当选的党的总书记居伊·摩勒(Guy Mollet)。随后举行共和国参议院的选举,选举实行复杂的两级制,分别于1946年11月24日和12月8日举行,法共和人民共和党取得绝对多数。

在选举总统之前,国民议会指定莱昂·勃鲁姆组织临时政府最后一届看守内阁。这届内阁由清一色的社会党人组成,虽然只能为期短短一个月(1946年12月16日至1947年1月16日),却是高效率的,实行了降低物价的措施。

1947年1月16日,两院在凡尔赛宫召集联席会议,选举总统,只经过一轮选举就选出国民议会议长、社会党人樊尚·奥利奥尔(Vincent Auriol)为第四共和国的第一任总统。激进党人爱德华·赫里欧被推举接替樊尚·奥利奥尔出任国民议会议长。

国家建设的最后一项是任命政府总理。总统决定由社会党人保罗·拉马迪埃(Paul Ramadier)组阁,1月22日国民议会通过总理人选,1月28日通过政府部长人选。这届政府的部长中有9人来自社会党,人民共和党和法共各5人,其余为激进派、抵抗运动社会民主联盟等党派。法共的皮佑担任了国防部长这一要职。同时政府中也出现了一名年轻的议员弗朗索瓦·密特朗,担任退伍军人和战争牺牲者部的部长。随着新政府的登台亮相,第四共和国的历史才真正开始。

第四节　"第三力量"政府的执政

第四共和国的政治发展主要可分为两个阶段,第一个阶段从1947年至1952年,是三党执政破裂到第三力量统治时期;第二个阶段是从1952年至1958年,是第四共和国从鼎盛期迅速走向衰亡的阶段。

拉马迪埃内阁生不逢时,内阁组成之时,经济、社会和国际形势都出现了问题。经济的恢复速度低于预期,通货膨胀严重。物价上涨但工资维持不变,引起人民的不满,自发的罢工运动此起彼伏。国际形势日趋紧张,苏联和英美在许多问题上磨擦不断,同时法国的殖民地又发生危机:印支战争爆发;马达加斯加也发生了起义。对于如何处理这些问题,法共和议会多数中的其他两大政党出现了分歧。虽然法共的部长们还能保持和其他政党的团结,但是法共的议员们却毫不客气地对政府持批评态度。首先在印度支那问题上,1947年3月22日,国民议会就增加印度支那战争的军费举行表决,虽然法共政府部长们(他们兼国民议会议员)投票赞成,但法共的议员们投了弃权票。

真正造成法共和其他两党决裂的是社会经济问题。面对日益严重的通货膨胀,政府试图采取同时冻结物价和工资的做法,但在现实中冻结工资容易,冻结物价十分困难,民众的实际生活水平下降。4月25日,雷诺汽车制造厂的工人举行了罢工。总工会在犹豫了一阵以后,也宣布支持罢工运动。5月4日,国民议会就这一问题展开辩论,拉马迪埃坚持要实行冻结工资的政策。表决时,法共的议员和部长一起投了反对票。拉马迪埃利用宪法中有关政府成员中只有总理需要国民议会批准的规定,认为自己具有自由任免部长的权力,于是以法共破坏内阁的团结,阻挠政府政策的贯彻为借口,将全部法共部长驱逐出政府。这一事件造成了三党联合执政的破裂。

法共最初认为这只是一次孤立的事件,三党联合执政的格局还没有变化。在法共1947年6月25日至28日举行的斯特拉斯堡代表大会上,还继续把自己称为“执政党”。然而国际和国内形势的进一步发展,使法共失去了重返政府的机会。当时谁也没有料到,法共再次入阁,已经是三十多年以后了。

国际形势的发展加剧了法国政坛的动荡。1947年3月,杜鲁门在国会两院联席会议上宣读了后来被称为“杜鲁门主义”的国情咨文,鼓吹要“遏制”共产主义。6月,马歇尔提出了向欧洲提供经济援助的计划,苏联和东欧社会主义国家拒绝援助,和有意接受援助的西欧十六国,形成两个阵营。欧洲冷战格局的逐渐形成,也造成了欧洲各国内部共产党和其他政党的对立。当1947年9月,欧洲各国主要的共产党领导人聚首波兰召开大会的时候,法共认识到,它再也不能和资产阶级政府肩并肩地站在一起了。

法国国内的社会矛盾进一步激化。由于生活水平的下降,罢工规模迅速扩大,尤其在矿山和冶金行业最为集中,到 11 月达到一个高峰。加莱海峡省的煤矿工人罢工,11 月 15 日的参加者仅有 1 500 人,17 日即爆炸式增加到 20 万人。① 罢工得到了总工会和法共的支持,很快在一些地区激化为暴力冲突。马赛的市政府遭到冲击,市长挨了打,东南部一些城市也发生了示威者和警察的冲突。拉马迪埃被迫辞职,人民共和党的罗贝尔·舒曼(Robert Schuman)继任总理。12 月 9 日,总工会宣布复工,斗争告一段落。

1947 年的这场社会危机对法国政坛产生了重要的影响:首先,法共和其他两党彻底决裂,三党联合执政已经成为历史;其次,资产阶级利用其掌握的舆论工具,大造反对法共的舆论,使大部分求稳怕乱的法国人逐渐远离法共,法共失去了在抵抗运动中树立起来的威信;最后,政府多数派的政治重心向右翼偏移,人民共和党和社会党在离开法共后,逐渐向激进党和温和派靠拢。

还是在三党联合执政出现危机的时候,法国政坛诞生了一个新的政党,该政党的出现,改变了第四共和国以来原有的政党格局,并对以后的政治走向,产生了重要影响。1947 年 4 月 7 日,戴高乐在斯特拉斯堡发起组织了"法兰西人民联盟"(Rassemblement du Peuple Français,简称RPF),这一新政党的目标是要改革政治制度的运作,修改宪法。由于该党为左翼政党所不容,所以它被认为是右翼的政党。然而该党建立后,发展迅速,成千上万不同政治观点、不同社会阶层的人参加进去,反映出戴高乐仍然具有一定的号召力。在 1947 年 10 月的市政选举中,法兰西人民联盟得到 35% 的选票,赢得了包括巴黎、马赛、里尔在内的 17 个大

---

① Pascale Gœtschel et Bénédicte Touchebœuf, *La IVᵉ République : La France de la Libération à 1958*, p. 187.

城市,43 个三万人以上的城市和四分之一的九千人以上城市的胜利。在这样巨大胜利的鼓舞下,10 月 27 日,戴高乐甚至提出了解散国民议会的要求。①

面对法共的不合作和法兰西人民联盟咄咄逼人的态势,人民共和党和社会党逐渐与激进党及温和派联合,人们把这种既反对左翼的法共又反对右翼的法兰西人民联盟的新政治组合称为"第三力量"(la troisième force)。"第三力量",简而言之就是中间力量。罗贝尔·舒曼政府的上台,标志着第三力量执政的开始。

第三力量是为了反对左翼的法共和右翼的法兰西人民联盟而走到一起的,这种联盟是脆弱的,因为他们的政治观点和主张存在着许多差异。在经济和社会问题上,社会党和人民共和党的观点比较接近,但同激进党和温和派就有分歧;在学校教育的世俗化问题上,社会党和激进党又比较接近,但人民共和党和其他政党就谈不到一起;在殖民地问题上,尤其是印度支那问题,多数派出现了分化,社会党和人民共和党的部分成员,希望能够适应形势的发展,及时调整政策,而激进党、温和派和大部分人民共和党成员,则要坚决保卫法兰西联邦。因此第三力量政府被迫经常做出一些妥协,难以做出决断。政府的寿命都不太长,但总理人选总是这么一些人,他们轮流坐庄。领导过第三力量政府的包括人民共和党的罗贝尔·舒曼和乔治·比多、激进党的安德雷·马利和亨利·戈伊、抵抗运动社会民主联盟的勒内·普列文等,其中激进党人亨利·戈伊曾领导了其中一届最长的内阁,为期 13 个月(1948 年 9 月 11 日至 1949 年 10 月 6 日)。

第三力量政府虽然存在着种种政治上的弱点,但在经济建设上采取了一些有利于经济发展的措施,使法国逐渐走出了 1947 年的阴影。第三力量政府继续贯彻三党联合执政时实行的一些经济政策,如国有化、

---

① Pascale Gœtschel et Bénédicte Touchebœuf, *La IVe République : La France de la Libération à 1958*, p. 192.

经济计划化等,同时接受美国的援助计划。工业生产逐渐恢复至战前的水平,从 1949 年起外贸也出现了顺差。只是农业进展不大,通货膨胀也没有得到控制。同时在政治领域,它也有反对法共和反戴高乐的政策。法共的力量经过市政选举和 1948 年的共和国参议院选举后被削弱,在 1949 年的县级选举中,法兰西人民联盟同样没有取得预期的胜利。

在外交上,第三力量政府选择了亲西方的政策,加入西方阵营反对苏联和东欧社会主义国家,同时开始规划欧洲统一蓝图。1949 年批准法国加入北大西洋公约组织。1951 年,在舒曼的提议下,建立了欧洲煤钢共同体。普列文还提出了欧洲防务共同体的设想。但在处理殖民地问题上,第三力量政府显得无所作为,1949 年印支战争扩展到整个半岛。

1951 年是大选之年,1946 年选出的国民议会到期了,需要换届。第三力量害怕法共和法兰西人民联盟在选举中取得胜利,就在选举法上大做文章。1951 年 5 月 9 日,第三力量控制的国民议会通过了新的选举法,仍然坚持比例代表制的原则,但补充了一个"竞选联合"的程序。这个程序规定,如果两个以上的政党在选举八天之前宣布"竞选联合",这些联合竞选的政党得票数可以相加,如果其中一个政党或几个联合竞选的政党相加的票数在该选区获绝对多数,这个党或联合的政党就可获得该选区的全部议员席位,席位再在这些政党间按得票的比例分配。如果在选举中,没有政党获得绝对多数,那么席位仍按得票比例分配。这一程序的设置明显是针对法共和戴高乐派的,因为这两党都不可能和其他政党结成竞选联盟。而且在法共和法兰西人民联盟有可能单独获得绝对多数选票的省份,选举法还规定不实行"竞选联合",比如在巴黎地区的塞纳选区和塞纳-瓦兹选区,因为戴高乐派在巴黎势力不小,而法共在巴黎郊区拥有优势。

1951 年 6 月 17 日的选举结果使第三力量保住了议会大多数,但席位要少于上一届,在 627 席中占了 388 席。[1] 法共只得到 101 席,大大少

---

[1] Jean-Jacques Becker, *Histoire politique de la France depuis 1945*, p. 64.

于上届,但令人吃惊的是戴高乐领导的法兰西人民联盟得了117席。社会党和激进党的席位变化幅度不大。损失最惨重的是人民共和党,只获得88席,几乎丢失了一半议席,本来属于它的选票流向了戴高乐派。[1]因此第三力量政府尽管还能维持,但政治背景发生了变化。左派在国民议会中已不占多数,如果戴高乐派和激进党、温和派以及人民共和党结合在一起,足以组成一个保守的多数派。

第三力量政府延续了几届,这时来自左右两边的压力减轻了,戴高乐派已经不再提出改变制度。但第三力量内部的裂痕却加深了,社会党人越来越不愿意加入政府,承担政府的责任,1951年8月组建的普列文政府没有社会党人参加,社会党人只是表示支持政府。社会党与其他政党的冲突最后在学校教育世俗化问题上爆发。1951年9月,人民共和党议员夏尔·巴朗瑞等人提出一个议案,规定向所有学龄儿童提供每年每人3 000法郎的补助,不管这些儿童上的是公立学校还是私立学校。这就意味着一部分公共的开支将被用于教会势力占优势的私立学校,这被认为是对世俗化的一种反动。1951年9月11日,该法案在议会通过,投赞成票的有人民共和党、法兰西人民联盟,还有不少的激进党人,而社会党议员和法共议员站在一起投了反对票。危机发展到1952年1月7日,由于社会党的反对,政府被推翻,表明社会党成了政府反对派,标志着第三力量的解体。新上台的爱德加·富尔内阁虽然得到社会党人的支持,但只维持了40天,他的财政政策得不到温和派的支持。第三力量政府就此结束,第四共和国的历史进入了新阶段。

第五节 比内、孟戴斯-弗朗斯和富尔内阁

失去了社会党支持的第三力量在国民议会中只能得到280票到300票的支持,要达到绝对多数,进行组阁,至少需要314票,[2]因此需要得到

[1] Pascal Cauchy, *La IVe République*, p. 71.
[2] Jean-Jacques Becker, *Histoire politique de la France depuis 1945*, p. 65.

法兰西人民联盟部分成员的支持才有可能。而这种可能性是存在的,一部分法兰西人民联盟的成员本身就是传统的右派,不过是贴了一张新标签而已,而且这部分人很快就厌烦了戴高乐不肯妥协的态度,只要有机会,他们愿意重回政治前台。

1952年3月5日,樊尚・奥利奥尔总统指定安托万・比内(Antoine Pinay)组成新政府,次日,总理在国民议会得到绝对多数的批准。时年62岁的比内此前并不出名,他是来自外省的一位小工场主,曾任过圣夏蒙市的市长,1936年当选为众议员,反对人民阵线,1938年当选参议员。1940年他投票支持授予贝当全权,没有参加抵抗运动。1946年,他重新当选为国民议会议员。从1948年起,他几乎不间断地出任各政府的部长,经常分管公共工程,虽然创造力有限,但工作效率较高。他属于一个名为"农民和独立派全国中心"(Le Centre national des indépendants et paysans,简称CNIP)的小党,属中右的温和保守派,他出面组阁具有政治右转的象征意义。

比内政府主要关注的问题是财政,目标是实现预算平衡。比内实行财政紧缩政策,并发行了被称为"比内公债"的黄金公债,认购踊跃,获得了成功。为了促进投资,政府号召人民增加储蓄。同时还采取了一些鼓励资金从国外回流的措施。这些措施一定程度上减轻了通货膨胀的压力,保持了法郎稳定。然而比内取得的成果并不巩固,他的反通胀措施受到工会和消费者的批评,他们要求实行与物价水平挂钩的浮动工资,比内最后被迫做出一定让步,规定最低保障工资(SMIG)实行浮动。勉强受到抑制的通货膨胀到1952年秋天重新上升,比内被迫求助于传统的手段,如控制物价等,这引起了右派和雇主组织的极大不满。1952年12月,比内在国民议会对政府投不信任票之前辞职。比内政府的继承者,如激进党人勒内・梅耶(René Mayer)和温和派的约瑟夫・拉尼埃尔(Joseph Laniel)在政府中拉入了戴高乐派的成员,但他们基本做法与比内相似。1953年12月,樊尚・奥利奥尔总统任期已满,由温和派参议员勒内・科蒂(René Coty)继任,表明中右的势力进一步加强。

1954年5月7日,法军在奠边府战役中失败,支持在印度支那进行战争的拉尼埃尔下台。继任者是一直主张尽快结束越南战争的激进党人皮埃尔·孟戴斯-弗朗斯。

孟戴斯-弗朗斯这时已在政坛摸爬滚打多年。这位律师出生的激进党人,1932年就当选了众议员,1938年在勃鲁姆的第二届内阁中担任财政部副部长。1939年他前往摩洛哥,1940年夏被维希政权逮捕,后成功越狱,到伦敦加入了抵抗运动,成为全国解放委员会的成员,负责重振战后法国的经济和金融,1945年在经济政策上与戴高乐产生分歧而辞职。在战后的法国政坛,孟戴斯-弗朗斯被视为一位具有政治远见,又善于处理经济问题的政治家。他对印度支那战争问题的处理,体现出政治上的清醒和严谨。

孟戴斯-弗朗斯从未掩饰他对1946年宪法的异议,一直认为需要进行政治制度的改革。但他坚持议会制的原则,保卫议会的权力,维护政党制度。他尊重戴高乐,却反对戴高乐对议会的态度。孟戴斯-弗朗斯的总理任职在国民议会以419票对47票(143人弃权)的绝对多数获得批准。[1] 投票支持他的有社会党、激进党、抵抗运动社会民主联盟、部分戴高乐派成员、温和派人士,甚至法共也投了赞成票,这是1947年它被赶出政府后第一次支持政府,只有人民共和党忠于原外交部长比多的印度支那政策而投了弃权票。

孟戴斯-弗朗斯在计算他的政府多数派时,公开宣称未将法共计算在内,表明这届政府的倾向基本属于中左。在组阁时,孟戴斯-弗朗斯并未征求政党的意见,而是直接在议员中挑选那些愿意和他同心同德的人担任部长。内阁中有激进党人爱德加·富尔任财政部长,抵抗运动社会民主联盟的密特朗任内政部长,戴高乐派的皮埃尔·科尼格将军任国防部长,戴高乐派的雅克·沙邦-戴尔马(Jacques Chaban‐Delmas)任公共工程部长,其中还有些温和派的成员,甚至还有从人民共和党中分裂出

---

[1] Pascale Gœtschel et Bénédicte Touchebœuf, *La IVe République：La France de la Libération à 1958*, p. 409.

来的。社会党支持政府,但没有人进入内阁,因为社会党一直坚持总理任命部长应该听取政党意见的原则。

孟戴斯-弗朗斯政府虽然只存在了9个月(1954年6月至1955年2月),但它却是第四共和国历史上一个重要的时期。孟戴斯-弗朗斯的作风使许多法国人着迷,新创刊的《快报》杂志甚至将他的名字简单地用缩写"PMF"来表示,就像美国的罗斯福简称为"FDR"一样。孟戴斯-弗朗斯也像罗斯福一样在电台上开辟了每周一次的直接面向法国听众的漫谈节目,他的政治理念和执政风格尤其受到知识分子的欢迎,许多青年知识分子受其影响开始积极参与社会政治生活,被称为"孟戴斯主义的一代"(une Génération Mendésiste)。① 这届政府的重要性主要在于在许多问题上做出了事关法国前途的重要选择。

孟戴斯-弗朗斯政府首先迫切需要解决的是外交事务上的几个难题。早在1954年4月26日,美、苏、中、英、法五国就在日内瓦召开了国际会议,讨论朝鲜战争和印度支那战争问题。但由于法国外交部长比多的阻挠,谈判没有取得什么进展。孟戴斯-弗朗斯上台后采取了积极推进的态度。《日内瓦条约》终于在7月20日至21日的晚上得以签订。根据条约规定,越南被分成两部分,北部是越南民主共和国,南部组成亲西方的政权,一年后举行自由选举决定后续事务。柬埔寨和老挝获得独立。这一问题的解决得到了法国大部分人的支持,只有人民共和党和一部分温和派攻击孟戴斯-弗朗斯"出卖"了法国领土。

接着,孟戴斯-弗朗斯又将法国从突尼斯的泥潭里拔了出来。7月31日,孟戴斯-弗朗斯在正统的戴高乐派、突尼斯和摩洛哥事务部长福赛和茹安元帅的陪同下飞抵突尼斯,同意给予突尼斯"内部主权",即独立。由此开始了和突尼斯的谈判。不过最后谈判取得成果已经是1955年6月的爱德加·富尔内阁时期,法突双方签订了协定。1956年3月,居

---

① Pascal Ory et Jean-François Sirinelli, *Les intellectuels en France de l'affaire Dreyfus à nos jours*, Paris: Perrin, 2004, p. 301.

伊·摩勒政府最终同意突尼斯独立。

外交事务上第三个要做出决断的是欧洲防务共同体的问题。早在1950年,勒内·普列文面对美国的压力,提出了组建欧洲防务共同体(Communauté Européenne de Défense,简称CED)的"普列文计划",核心是建立一支"欧洲军"。这个计划对法国人来说,最为敏感的问题是联邦德国的重新武装。新设计的欧洲防务共同体包括联邦德国,欧洲军中有联邦德国军队(但联邦德国仍然不允许建立国家军队)。安托万·比内政府在1952年5月27日与各伙伴国签订了有关的协定,但协定最后需要国民议会批准。在审批协定的过程中引起了激烈的争论。人民共和党在舒曼的推动下,把它看作是欧洲统一的重要步骤,因此全力支持,而法共和法兰西人民联盟却坚决反对。法共反对的是普列文计划的反苏性质,戴高乐派则认为该计划侵害了法国主权。其他政党内部也产生了意见分歧,激进党和抵抗运动民主社会联盟的大多数人支持,而近一半的社会党人却持敌对态度。

从1952年至1954年,欧洲防务共同体的情结或多或少地影响了政治活动。安托万·比内是这一问题的支持者,但他迟迟不敢涉及批准问题,害怕遭国民议会反对而失败,因此引起人民共和党的不满,将他赶下了台。继任的勒内·梅耶认为在这一问题上政府要守中立,但当他决定在国民议会展开辩论时,他被反对签订协定的一派所推翻。孟戴斯-弗朗斯政府无法回避这一问题。从孟戴斯-弗朗斯本人的观点看,他是赞成建立大西洋联盟的,也认为联邦德国的重新武装势所必然,但同时他认为建立欧洲防务共同体不是最好的办法,对建立跨国武装的可行性持怀疑态度。在难以找到妥协的办法之后,孟戴斯-弗朗斯对这一问题采取顺其自然的态度,交国民议会自由处理。1954年8月30日,国民议会先表决了一个要求不对批准问题进行讨论的动议,结果以319票的多数获得通过,[1]这个几年来争论不休的问题,最后未经议会审议就被否决

---

[1] Olivier Wieviorka et Christophe Prochasson, *La France du XXᵉ siècle documents d'histoire*, p. 458.

了,欧洲防务共同体也就此夭折。这一事件对孟戴斯-弗朗斯政府造成了重大冲击。在投票以前,一部分反防务共同体派的部长挂冠而去,投票以后,前者回归,但防务共同体派的部长们又离去了。人民共和党和其他支持欧洲防务共同体的议员把孟戴斯-弗朗斯看作是"8月30日的罪人",成了他的死对头。然而孟戴斯-弗朗斯还是采取了一些折中的措施。经过谈判,1954年10月,法国政府签署了《伦敦和巴黎协定》,承认联邦德国的主权,同意它进行重新武装,批准其加入北大西洋公约组织。

除了外交事务,孟戴斯-弗朗斯在国内政治、社会和经济领域也是雄心勃勃的,他提出了"使法国现代化"(Moderniser la France)的口号。1954年8月10日,孟戴斯-弗朗斯得到了发展经济的特别授权,提出了一整套经济计划。他的基本思想是受凯恩斯理论的影响,强调国家对经济的干预作用,注重购买力的提高。他提出经济要面向海外和欧洲,要实行工业上的非集中化和农业现代化,发展基础设施,减少军事预算,市场贸易自由化等。1955年1月,他自己兼任经济部长,而让财政部长爱德加·富尔调任外交部长。然而由于任期太短,真正得到实行的政策并不多,具体在国内政治、经济和社会领域的成果主要包括:1954年12月7日对宪法进行的修改,前文已经述及,取消了内阁成立需要议会对总理和阁员的双重批准,简化了解散议会的程序;为了城市发展的需要,提出了加强社会住房建设的计划;针对战后儿童上学高峰的出现,增加建设学校;反对酗酒,提倡饮用牛奶,增加医院建设,改善人民的生活条件等。

随着孟戴斯-弗朗斯富有个性的各项政策的推行,他所面临的政敌越来越多。1954年12月30日在国民议会批准《伦敦和巴黎协定》时,不仅法共和社会党因为重新武装联邦德国而表示激烈的反对,而且赞同重新武装联邦德国的人民共和党也表示反对,因为它不能原谅"8月30日的罪人"和他的印度支那政策。同时他的社会经济政策与传统的自由放任主义发生矛盾,也遭到激进党人和温和派的反对。在这样的背景下,1954年11月1日,阿尔及利亚爆发了由民族解放阵线(Front de Libération Nationale,简称FLN)领导的民族起义。

尽管解决了印度支那和突尼斯的问题,在非殖民化方面开始迈出顺应历史的步伐,但是面对各方面的压力,孟戴斯-弗朗斯对阿尔及利亚采取了强硬措施,11 月 7 日,他宣布:"阿尔及利亚,就是法国。在那里,法国将不会承认除了它自己之外还存在任何代表国家的权力。"[1]法国政府迅速向阿尔及利亚派出增援部队。同时孟戴斯-弗朗斯政府也希望在那里的殖民统治有所调整,因此任命了正统的戴高乐派、但在此问题上以实行开明政策而闻名的雅克·苏斯戴尔出任阿尔及利亚总督。当时法国的国内舆论大多反对阿尔及利亚独立,议会主流也持同样态度,许多议员怀疑孟戴斯-弗朗斯有可能"出卖"阿尔及利亚,再加上前文所述的各种积怨,孟戴斯-弗朗斯政府于 1955 年 2 月 5 日被国民议会推翻。

爱德加·富尔继任总理,在内外政策上基本上延续了孟戴斯-弗朗斯的政策,被称为"没有孟戴斯的孟戴斯主义"。阿尔及利亚的民族起义继续发展,1955 年 4 月法国政府宣布在当地实行紧急状态。8 月发生了法国移民被杀的事件,苏斯戴尔的思想发生改变,开始执行坚决镇压的强硬路线,得到当地法国殖民者的支持。从 1955 年秋开始,法国政府将阿尔及利亚的政治地位提升为法国的一个省,然而民族解放阵线并未屈服,1956 年开始在阿尔及尔开展城市游击战,通过让妇女乔装打扮成欧洲人等方式对法国人实行恐怖袭击。而法国政府则对被俘的民族解放阵线成员施以酷刑,引起国内外舆论的一致谴责。

在富尔内阁执政时期,法国极右翼势力开始死灰复燃,其代表是"布热德运动"。皮埃尔·布热德(Pierre Poujade)本是一位外省的小造纸商,最初他出面带领了一些小商人和小手工业者抗税,主要影响是在经济不太发达的地区,如中央高原南部等。他们成立了一个组织,名为"保卫商人和手工业者联盟"。但很快,该组织提出了他们的政治主张,迅速转变为法国传统极右翼的继承者,重新祭起反对议会民主制度和极端民

---

[1] Jean-François Sirinelli (sous la direction de), *La France de 1914 à nos jours*, Paris: PUF, 2014, p. 298.

族主义的大旗。攻击议员是小偷,要向"出卖"殖民地的人进行清算。该组织在乡村地区发展很快,影响大增。

随着1956年大选的临近,孟戴斯-弗朗斯的支持者们也向富尔政府提出了挑战。尽管富尔本人也是激进党人,但孟戴斯-弗朗斯利用他的威望掌握了激进党的领导权,同时社会党人、抵抗运动社会和民主联盟、戴高乐派中一部分人也愿意与他联合,形成了集合在"孟戴斯主义"旗帜下的联盟。

面对来自左右两翼的挑战,富尔试图趁孟戴斯-弗朗斯立足未稳之际进行反击。根据第四共和国宪法的规定,如果18个月内发生两次内阁危机,且两次危机的原因都是国民议会绝对多数的反对,那么内阁就有权解散议会,然后重新进行国民议会选举。此时距离1955年2月国民议会以319票比273票的绝对优势推翻孟戴斯-弗朗斯政府尚不足一年,[1]富尔充分利用了这条法规,向国民议会提出一个新选举办法的法律草案,此法案类似第三共和国大部分时间里实行的选举制度,是一种倒退,自然未获通过。11月29日,国民议会以318票对218票的绝对优势推翻了富尔内阁,12月2日,富尔宣布解散国民议会,重新选举。[2] 这不仅是第四共和国成立以来政府首脑首次解散议会,也是自1877年第三共和国总统麦克马洪解散议会以来的第一次。此举引起了轩然大波,富尔被自己所属的激进党除名,同时也加剧了法国政局的动荡。

第六节　第四共和国的灭亡

大选定在1956年1月2日举行,采用1951年带有"竞选联合"方式的选举法。竞选主要在四股政治力量间展开。在政治光谱的最左边,是法共;最右边是布热德运动;在中左,是以孟戴斯-弗朗斯为首的"共和阵

---

① Jean-Jacques Becker, *Histoire politique de la France depuis 1945*, p. 77.

② Pascale Gœtschel et Bénédicte Toucheb**œ**uf, *La IVe République : La France de la Libération à 1958*, p. 447.

线",其中包括了社会党、激进党、以雅克·沙邦-戴尔马为首的现称作"社
会共和派"的原戴高乐派的成员、以密特朗为代表的抵抗运动社会民主联
盟的左翼;最后是中右,以爱德加·富尔为首的联盟,其中有人民共和党、
跟着富尔一起离开的原激进党成员、以比内为首的农民和独立派全国中心
等温和派、戴高乐派右翼、以普列文为首的抵抗运动社会民主联盟的右翼。

　　竞选局面十分热闹,这一方面是由于极右的布热德分子常常使用暴
力手段,另一方面是竞选第一次让竞选对象使用了电台电视等新闻媒
体。参选率也很高,达到82.8%。依让-皮埃尔·里乌之见,富尔在其中
起了很大作用,成功地动员起法国人在布热德运动的挑战下支持中右集
团。[1] 联合党派在一个选区里获得绝对多数票的现象几乎没有,主要按
得票率分配议席。选举结果难分胜负,共和阵线获得170席左右,未能
达到议会多数,从该集团的内部看,只有孟戴斯-弗朗斯的激进党议席有
所增加。中右阵营得到200席左右,也未能达到议会多数,其中温和派
有所增长,而人民共和党进一步滑向低谷。法共获得150席,比上次选
举有了较大的进步,而最令人吃惊的是第一次参加选举的布热德主义者
竟然也得到52席,引起其他党派的不安。[2] 结果在议员资格审查中,11
名布热德分子被判定当选无效。[3] 前法兰西人民联盟(戴高乐派)由于这
次选举分散成左右两个阵营,得票数大大减少。

　　没有一派政治力量获得议会的多数,这给组阁造成了很大的困难,这
一难题需要科蒂总统来解决。尽管舆论认为孟戴斯-弗朗斯有可能组阁,
但科蒂总统挑选的却是社会党总书记居伊·摩勒,他认为摩勒比孟戴斯-
弗朗斯有利的地方在于他有可能得到法共的支持,而且在欧洲联合的问题
上,社会党的观点和人民共和党接近,摩勒也有可能得到人民共和党的支

---

[1] Pascale Gœtschel et Bénédicte Touchebœuf, *La IVᵉ République：La France de la Libération à 1958*, p. 450.

[2] Pascale Gœtschel et Bénédicte Touchebœuf, *La IVᵉ République：La France de la Libération à 1958*, p. 450.

[3] Pascal Cauchy, *La IVᵉ République*, p. 100.

持。科蒂的眼光没有错,因为摩勒内阁从 1956 年 2 月 1 日一直延续到 1957 年 5 月 21 日,为时 16 个月,创下第四共和国内阁寿命最长的纪录。

摩勒的政府拥有 38 个部长和国务秘书,其中 18 个是社会党人,14 个是激进党,余下的是如密特朗那样别的党派的成员。由于其主要依靠的是"共和阵线"的党派,因此这届政府被称为共和阵线政府。孟戴斯-弗朗斯自己曾要求担任外交部长,而且拒绝出任财政部长,摩勒担心人民共和党的反对,只任命他为"不管部部长"。

除了阿尔及利亚问题外,摩勒在内政外交上都取得了不小的成果,以前人们对这届内阁评价不高,这是有失公允的。在社会生活方面,法国人的付薪假期由二周延长为三周;建立全国互助基金,保障老年退休工人的生活,基金来源于对汽车车主的征税;改革社会保障体系,保证社会保险部分 80%的费用能够报销。在欧洲政策上,1956 年通过了建立欧洲原子能合作组织的计划;1957 年 1 月制定建立欧洲经济共同体计划,3 月 25 日签订了罗马协定,法德意比荷卢六国建立了共同市场。在殖民地问题上,1956 年 3 月,突尼斯和摩洛哥实现了独立,撒哈拉沙漠以南的非洲也迈出了非殖民化的步伐。根据 1956 年通过的一个"框架法案",每块非洲领地都应选出地方议会,组成当地的内阁,法国总督兼内阁总理,由一名非洲人担任副总理,形成了自治的框架,为独立打下了基础。

然而,摩勒在阿尔及利亚推行的政策被证明是不成功的。他最初的政策是推动与民族解放阵线的谈判。摩勒错误地认为阿尔及利亚人可以通过谈判放弃独立的目标,因此撤换了坚持"法国的阿尔及利亚"原则的雅克·苏斯戴尔,任命 80 岁的卡特鲁将军为阿尔及利亚驻节部长,取而代之。年迈的卡特鲁将军也属戴高乐派,在殖民地问题上持开明态度,因此不受阿尔及利亚法国殖民者的欢迎。摩勒的第二个决定是,自己亲自到阿尔及利亚去了解实情,然而和苏斯戴尔 1956 年 2 月 6 日离开阿尔及利亚时受到人们欢送的情景形成极大反差的是,摩勒到达阿尔及尔时遭遇了抗议示威,迎接他的是石块、西红柿和臭鸡蛋。摩勒对此深感震惊,马上决定用社会党人罗伯特·拉科斯特替换卡特鲁将军,这可以说是第四共和国历史上政府第一次向街头骚乱低头。

从阿尔及利亚返回后,摩勒将他的阿尔及利亚政策归结为三点:停火、自由选举和谈判。为了实现这三点,必须以平息起义为前提,为此他得到了国民议会给予他的"专门权力"。然而实践证明,他的三点政策根本行不通,民族解放阵线如果要参加谈判,目的只有一个——独立,不达此目的,也决不会接受停火,因此摩勒最后的手段只能是武力镇压。

政府不断向阿尔及利亚增兵,阿尔及利亚的权力也越来越集中到军队手里。军队常常不请示国内政府就采取行动,1956 年 10 月 22 日,军队自作主张,将载有民族解放阵线领导人艾哈迈德·本·贝拉(Ahmed Ben Bella)的摩洛哥飞机拦截,降落在阿尔及尔。为了对付民族解放阵线的恐怖活动,1957 年 1 月,政府将维持秩序的任务交给了由马絮将军(Général Massu)指挥的空降兵部队。

法国在阿尔及利亚的殖民者一直认为阿尔及利亚民族独立的幕后支持者是埃及总统纳赛尔,所以要战胜阿尔及利亚人,就必须先打击埃及人。1956 年 7 月 20 日,埃及将法国和英国拥有股份的苏伊士运河收归国有,法国认为找到了借口,伙同英国,趁以色列 10 月对埃及发动侵略之机,于 11 月 5 日,出动空降部队占领了苏伊士运河,发动了苏伊士运河战争。然而,在英法和以色列对埃及进行进攻,并开始登陆埃及后,美国不愿看到它在中东的利益受到侵害,苏联也威胁要向法国发射导弹,英法被迫宣布停火,法国在联合国受到了谴责。苏伊士运河战争增强了阿拉伯世界的民族主义力量,阿尔及利亚的形势日益恶化,摩勒政府遭到左右两翼的攻击,陷入无法解脱的困境。1957 年 5 月,国民议会以 250 对 213 票通过对摩勒政府的不信任案,摩勒政府倒台。[①]

摩勒下台后,政府多数派的重心又向右偏移了。但事实上,当时已不存在稳定的议会多数派,这一点从接着两届政府的难产和短命可以看出。国民

---

① Jean-Jacques Becker, *Histoire politique de la France depuis 1945*, p. 85.

议会花费三个星期,最后才确定激进党人莫利斯·布尔热-莫努里(Maurice Bourgès-Maunoury)担任总理。9月,布尔热-莫努里内阁向议会提出一个在阿尔及利亚实行普选的"框架法案",未获通过,执政仅三个半月的本届内阁因而倒台。此后的政府危机持续了一个多月,一个个希望出任总理的人选,如普列文、比内、舒曼、摩勒,都被议会否决,11月5日,前内阁的财政部长、年仅38岁的激进党人费利克斯·加亚尔(Félix Gaillard)终于获得议会批准出面组阁。尽管加亚尔依靠了议会中法共和布热德分子外的所有党派,但政府缺乏应有的权威,因为他所依赖的政党本身都处在分化之中。

法国的各派政治力量由于阿尔及利亚问题上的分歧,内部都出现了解体的危机。几乎每个政党都分成两派,一派被称为自由派,即支持阿尔及利亚问题的政治解决;另一派是坚持"法国的阿尔及利亚"的强硬派,后者包括戴高乐派的苏斯戴尔、人民共和党的比多等人。只有法共在这个问题上没有分歧,但它受到其他问题的困扰,赫鲁晓夫"秘密报告"对斯大林的批判,给党内带来了思想上的混乱。而以萨特为代表的左派知识分子对战争的批判越来越强烈,从而将舆论引向反战一边,社会对阿尔及利亚独立充满了同情。

政府权威的削弱还体现在驻阿尔及利亚的军队逐渐掌握了当地的政权。更严重的是,旷日持久的战争带来了政府的财政困难:军事开支的增加,对外贸易的不平衡,黄金和外汇储备不断枯竭,通货膨胀加剧,各派政治家焦头烂额,制度的运作近乎瘫痪。就在这时,一个突发事件将第四共和国推向了灭亡之路。

1958年2月8日,法国飞机轰炸和扫射了突尼斯与阿尔及利亚接壤的一个边境小村庄,认为村内隐藏着阿尔及利亚民族解放阵线的营地。这一天正逢该村庄的集市,因此法军的攻击造成了130名平民受伤,69名平民死亡,伤亡者包括许多妇女儿童。[1] 这一事件引起全世界包括法国人民在内的公愤,突尼斯总统布尔吉巴立即向联合国呼吁谴责法国,

----

[1] Pascale Gœtschel et Bénédicte Touchebœuf, *La IVᵉ République : La France de la Libération à 1958*, p. 493.

法国政府被迫接受英美的"调停",寻求和突尼斯政府达成妥协。但法国议会在辩论这一事件的对策时,议员们对加亚尔屈从于英美的压力深表不满,4月15日,加亚尔内阁下台。

此后将近一个月的时间里,法国再次陷入政府危机。5月13日,来自阿尔萨斯的人民共和党议员皮埃尔·弗林姆兰(Pierre Pflimlin)向国民议会提请组阁。阿尔及利亚的欧洲殖民主义者对有可能让一个"自由派"人士上台感到愤怒,适逢阿尔及利亚民族解放阵线宣布处决三名被俘的法国士兵,因此正当国民议会在进行有关辩论的时候,在阿尔及尔出现了大规模示威游行,并演变为叛乱。叛乱分子占领了法国政府在阿尔及利亚的代表机构——总督府,并宣布建立以驻阿伞兵司令马絮将军为首的"救国委员会",与中央政府分庭抗礼。当晚,叛乱消息传到巴黎,国民议会出于保卫共和制度的考虑,在半夜批准弗林姆兰组阁。然而,弗林姆兰既无法平息阿尔及利亚的叛乱,也不愿承认所谓的"救国委员会",为了挽回一点面子,只是任命法国驻阿部队总司令萨朗将军(Général Salan)为法国政府的总代表,全面负责阿尔及利亚民政和军事事务,构筑虚幻的合法性。

正在这时,退隐12年的戴高乐开始介入到危机中来。第四共和国成立之后,戴高乐仍然拥有不可忽视的影响,即使是与戴高乐政见相左的孟戴斯-弗朗斯也常常征求戴高乐的意见。许多忠心耿耿的戴高乐派,如苏斯戴尔、米歇尔·德勃雷(Michel Debré)等,更是期待出现奇迹,推翻政党制度,让戴高乐重掌政权。在阿尔及利亚危机日益加剧,政府对此显得无能为力的时候,戴高乐的名字越来越多地出现在政治家的脑海里。5月5日,科蒂总统曾秘密询问他是否愿意组阁,但戴高乐认为时机还不成熟而拒绝了。513事件后,法国政府和阿尔及利亚殖民主义者的对立陷入僵局,戴高乐认为他重返政坛的时机到来了,向外界表示他已"准备担负起共和国的权力"。在随后的半个多月的时间里,戴高乐与共和国总统、两院议长和总理之间进行了复杂的幕后谈判。5月15日,萨朗将军向戴高乐发出出山的吁请。5月19日,戴高乐举行记者招待会,当被问及"不少人担心你的复出会侵犯各项公共自由"时,他这样回答:"我从未侵犯过自由,相反,我曾经在自由消失之时重建过自由。我不会在 67 岁的时候开始独裁者的生涯。"①

5 月 28 日,弗林姆兰辞职,与此同时,巴黎群众举行了声势浩大的游行,保卫共和国。5 月 29 日,科蒂总统向议会两院发出咨文,宣布已呼请"最杰出的法国人"戴高乐将军担任总理,如果议会拒绝批准,他将辞去总统职务。6 月 1 日,国民议会以 329 票对 224 票批准戴高乐出任总理。② 反对的有法共、半数的社会党人和抵抗运动社会民主联盟的成员,还有孟戴斯-弗朗斯和密特朗等政治家。6 月 2 日,戴高乐领导的政府被授予 6 个月的全权,6 月 3 日,戴高乐政府接受了制定新宪法的使命。尽管第四共和国在名义上还继续存在到 9 月,即新宪法通过之日,但事实上,1958 年 6 月 2 日,为期 12 年的第四共和国已不复存在了。

虽然政治制度乏善可陈,但是第四共和国在经济建设上的成就得到了法国史学界的普遍肯定,它开启了战后法国经济发展的"辉煌三十年"。从 1950 年到 1958 年,国民生产总值增长了 41%,相比之下,同期的英国只增长了 19%。③ 人民生活水平有了很大的提升,以家电产品销售量为例,1950 年的电视机和洗衣机的销量都是 10 万台,电冰箱销量12.5 万台;到 1957 年,分别增加到 34 万台、57.5 万台和 50 万台。④ 有关"辉煌三十年"的经济发展,后文将详细论述。

就政治的发展而言,第四共和国也并非一无是处。珍妮·拉弗利克(Jenny Raflik)指出,在这一时期,法国基本确立了"专家治国"的现代行政管理体制。最典型的例子是让·莫内(Jean Monnet),他从未参加过

---

① Olivier Wieviorka et Christophe Prochasson, *La France du XXᵉ siècle documents d'histoire*, p. 483.

② Pascale Gœtschel et Bénédicte Touchebœuf, *La IVᵉ République:La France de la Libération à 1958*, p. 503.

③ Jenny Raflik, *La République Moderne La IVᵉ République 1946-1958*, Paris:Seuil, 2018, p. 221.

④ Jenny Raflik, *La République Moderne La IVᵉ République 1946-1958*, p. 225.

选举,担任的公职都是被任命而不是竞选获胜所得,然而莫内是国内经济发展计划和欧洲煤钢联营两项关键性政策的具体制定者。1945 年,法国建立了国立行政学院(École Nationale D'administration,简称 ENA),并将私立的政治学院部分国有化,为专家治国奠定了坚实的基础。与第四共和国时期总理、部长人选走马灯般更换的现象相比,高级公务员队伍始终保持稳定。例如,从 1949 年至 1957 年,预算局局长一直由罗杰·戈茨担任,而内政部本土警戒局局长罗杰·维博的任期更是贯穿了第四共和国的始终。如果说第三共和国是"小学教师的共和国",那么第四共和国可以称为"专家的共和国"。[1]

---

[1] Jenny Raflik, *La République Moderne La IVᵉ République 1946 - 1958*, p. 311.

第二章　第五共和国的建立和探索

第一节　重铸国家制度

戴高乐担任总理和被授权制定新宪法标志着第四共和国的结束,法国历史进入第五共和国时期。在此后十余年的时间里,戴高乐领导着国家的政治生活,解决了一系列重大问题,如重铸国家政治制度、解决阿尔及利亚危机、推进国家经济的现代化等,给法国当代历史留下了深刻的烙印。戴高乐无疑是法国 20 世纪中最杰出的领导人,他领导的第五共和国的最初十年,也是法国 20 世纪最为重要的发展时期之一。然而,这一段历史并不是和前面的历史割裂的,如果说戴高乐的法国表现出和以前诸多的不同,那么,还有许多方面,我们仍能看到法国历史的连续性。

1958 年 6 月 3 日,人们把制定宪法的权力交给政府,这和法国历来的民主传统有所违背,通常共和国的宪法都是由选举产生的制宪议会来制定的。不过,授权法案对新宪法的制定作了原则的规定,保证了宪法的民主性。这些原则包括:实行普选、立法权和行政权分离、司法权独立、政府对议会负责等,同时还规定建立由议会议员组成的咨询委员会和行政法院,一起对宪法进行审议和提出意见,最后新宪法由全民公决通过。

宪法制定工作进行得十分顺利。根据戴高乐的思想精神,具体由内政部长米歇尔·德勃雷领导。宪法最初由行政法院的参事组成的专家委员会起草,然后提交政府委员会审查修改,政府委员会由戴高乐、德勃雷、摩勒、弗林姆兰等人组成。7月底,宪法草案又提交给政府全体成员审议。8月,由保罗·雷诺领导的咨询委员会提出修改意见。9月3日,政府部长正式批准宪法草案。9月4日,戴高乐在巴黎共和国广场的盛大游行集会上宣布,将于9月28日举行批准宪法的全民公决。

法共号召选民投反对票,而戴高乐派、人民共和党和温和派则号召投赞成票。激进党和社会党内部意见有分歧。激进党人以孟戴斯-弗朗斯为首、抵抗运动社会民主联盟以密特朗为代表坚持反对意见,但大部分激进党人表示赞成。大部分社会党人在摩勒的带领下对新宪法大唱赞歌,另一部分人则拒绝加入合唱,分裂出去,另组"自治社会党"(Le Parti socialiste autonome,简称PSA),1960年改组为"统一社会党"(Le Parti socialiste unifié,简称PSU)。

9月28日,全民公决的结果是2 660万登记选民中的79.25%的选民赞成,弃权率仅为15.6%,反映了人们对这次政治体制改革的关切和支持。10月5日,新宪法正式公布。[1]

戴高乐早在1946年的贝叶讲话中就提出他所设想的政治制度应该实行总统制,但第五共和国宪法由于保留了议会制的基本原则,保留了拥有行政权力的政府,因此第五共和国的政治制度被称为"半总统制"。

在1946年的宪法中,议会的规定放在开头,有关总统的条文是宪法第五编。而在第五共和国宪法中,有关总统的规定放在第二编,紧跟在第一编"主权"后面,而有关议会的规定排在第四编,明显表示出设计者的倾向。总统的权力和第四共和国在原则上并无太大的不同:"共和国

---

[1] Jean-Jacques Becker, *Histoire Politique de la France depuis* 1945, Paris: Armand Colin, 2011, p. 94.

总统监督遵守宪法。通过仲裁,保证公共权力的正常运作和国家的连续性。他保证民族独立、领土完整、遵守共同体的协定和条约"①。然而他的选举方式和所行使的权力却有了很大的变化。总统不再由议会选举产生,而是由扩大了的选举团选举产生,选举团除了两院议员外,还有省议会的议员和市议会的代表,总共达 80 000 人,②权力的本源更为扩大,增加了总统的代表性,这就为总统权力的扩大提供了合法性。1962 年第五共和国宪法进行修改,总统改由全民普选产生,表明总统的权力本源和国民议会一样,总统的权力进一步扩大。

与第四共和国相比,第五共和国的总统拥有很大的权力:他是国家元首和军队统帅;他任命总理,并根据总理的建议任命部长;他主持内阁会议;他任命国家军政官员;他在征求总理和两院议长的意见后(不一定要征得同意)有权解散国民议会;他有权将有关公共权利的法案诉诸全民公决;第二编第 16 条还规定,在共和国的制度、民族独立和领土完整受到威胁时,总统可以采取形势所需的措施,拥有非常权力。

紧接着"总统"后面的是关于"政府"的条文。宪法规定"政府决定和实施国家的政策"③,是实际的行政部门。宪法对政府首脑的称呼作了改动,从原来的"President du Conseil"(通常译成总理,原意是内阁长官)改为"Premier Ministre"(通常也译作总理,原意是第一部长),其含义是真正的政府首脑将是总统。从宪法条文上看,总理的权力也很大,拥有实权:总理领导政府的行动;负责国防;保证法律的执行;也有权任命部分军政官吏,因此如何处理好总理与总统的关系是第五共和国政治生活的一个难题。有关政府成员新的规定还包括:一旦被任命为部长,就要放弃议员资格,部长不能兼任国民议会议员和参议员。

---

① *Constitution de 1958*，publiée au *JO* du 5 octobre 1958，p. 9151，Titre II Le Président de la République，Article 5.

② Mathias Bernard，*La France de mai 1958 à mai 1981*，Paris：Librairie Générale Française，2003，p. 27.

③ *Constitution de 1958*，Titre III Le Gouvernement，Article 20.

第五共和国宪法对议会权力作了较多的限制。议会仍由两院组成，国民议会由直接普选产生，参议院由间接选举产生，选举团由国民议会议员、各省议会议员和市议会代表组织，近似于总统的选举团。国民议会任期五年，参议院任期九年，每三年更新三分之一。议会制度仍然得以保留，政府对国民议会负责，可以向国民议会提出信任问题，国民议会也可以通过弹劾推翻政府。不过议会的活动余地比第三、第四共和国时要小得多。国民议会不再是常设的了，它每年的会期做了严格规定，议事日程在实践上也由政府决定，质询的权力被取消，立法的范围也做了限制。对于弹劾，宪法规定，它的通过需要国民议会成员的绝对多数，弃权被认作反对弹劾动议。参议院仍旧恢复了它旧有的名称"Sénat"，但它的权力十分有限，当两院发生矛盾时，决定权在国民议会。

宪法没有对国民议会的选举方式做出规定，而由政府法令形式决定。戴高乐实行"单记名多数二轮投票制"，其形式近似于第三共和国时期的区域选举制，考虑到人口分布的因素，对选举进行重新划分，国民议会的议员数也大为增加。

第五共和国的最后一项新创造是增设了"宪法委员会"（le Conseil Constitutionnel，一译宪法法院），是美国最高法院的翻版。它由九名成员组成，分别由总统和两院议长任命，任期九年，每三年更新三分之一，它的职能是监督选举的合法性和审议法律是否符合宪法。

宪法通过后到国家机构的建立还需要三个月的时间，首先举行的是国民议会的选举，然后是总统选举。

国民议会的选举定在1958年11月23日和30日举行。选举前各政治力量进行了重组。戴高乐认为他是超党派的，因此反对任何政党打着他的旗号进行竞选活动。然而戴高乐的主要拥护者们还是组成了一个新党"保卫新共和国联盟"（l'Union pour la Nouvelle République，简称UNR），以苏斯戴尔、沙邦-戴尔马、德勃雷等人为核心，于10月1日建立。左派政党，包括"自治社会党"、激进党中的孟戴斯派、抵抗运动社会民主联盟中的密特朗派以及一些基督教左派和工会组织，联合组成"民主力量联盟",余下的政治力量还是按传统的党派参加竞选。

　　11 月 23 日的第一轮选举,弃权率和全民公决时相比上升了,达23%,①许多人认为全民公决已经表明了选民的意向,不必再为此劳神。在第五共和国时期常常出现的现象是,全民公决和总统选举参选率较高,而议会选举会略低,以此也可看出制度重心的变化。支持新制度和戴高乐的党派获得约80%的选票,其中保卫新共和国联盟作为新党,单独获得 20%的选票,温和派以获 22%的选票而大出风头,社会党获得15%的选票,人民共和党获得 11%,基本维持原样,唯独激进党的影响减弱,只得 7%选民的支持。法共的支持率下降到略低于 20%,并且低于第四共和国时期历次议会选举的支持率。② 第五共和国时期法共开始走下坡路,这是政治力量变化中最值得注意的一个现象。

　　11 月 30 日决定议席的第二轮选举进一步扩大了戴高乐派的胜利。在议会的左右两翼中,右翼的保卫新共和国联盟、温和派和阿尔及利亚的议员数达到 378 名,占国民议会议员总数的 70%,形成了稳定的支持戴高乐的多数派。而第四共和国时期经常是政府多数派组成部分的一些左翼党派,如法共、社会党和激进党,只拥有 87 名议员,遭到惨败,表明这届国民议会是法国从 1871 年后最右倾的议会。此外,本届议会的人员更新明显。只有 131 名议员是前立法机构的成员,相当一部分第四共和国资深议员,被关在国民议会的大门之外,包括激进党的达拉第、爱德加·富尔和孟戴斯-弗朗斯、抵抗运动社会民主联盟的密特朗、社会党的加斯东·德费尔、法共的雅克·杜克洛等政坛活跃人物,真正呈现改朝换代的景象。③

　　11 月 21 日举行了总统选举。戴高乐只有两位名不见经传的竞争对手,一位是法共的二流人物乔治·马拉纳,另一位是大学教授阿尔贝·

① Mathias Bernard, *Histoire politique de la Ve République*, Paris: Armand Colin, 2008, p. 20.

② Mathias Bernard, *Histoire politique de la Ve République*, p. 20.

③ Jean-Jacques Becker, *Histoire politique de la France depuis 1945*, pp. 100 - 101.

夏特莱。结果马拉纳得票率为 13％,夏特莱得票 8.4％,戴高乐得票 78.5％。① 于是,戴高乐作为第五共和国的第一任总统于 1959 年 1 月 8 日入主爱丽舍宫,而同时第四共和国的最后一任总统科蒂卸任。

戴高乐在以较大优势获得总统选举的胜利后,马上告诉世人,在当今的法国谁是权力的中心,他通过直接任命总理和部长表明政府的建立是由他来决定的。1 月 10 日,戴高乐任命米歇尔·德勃雷组成政府,该政府中没有社会党人,包括了 27 名部长,但只有 17 名来自当选议员。重要的部长主要有两人,一个是比内,任财政和经济事务部部长;另一个是苏斯戴尔,没有具体分管的部,只行使副总理之职。4 月,举行了不太重要的参议院选举,一些在国民议会选举中败下阵来的老资格议员在参议院中找到了他们的位置,其中有密特朗、德费尔、爱德加·富尔和雅克·杜克洛等。

戴高乐重铸国家制度的工作就此告一段落,但并没有完成,还有一段路要走。就在戴高乐重铸国家政治制度的工作紧锣密鼓地开展同时,他以振兴经济为目标的经济改革也迈开了步伐。

早在第四共和国灭亡之际,戴高乐得到了六个月的颁布法令的全权,他利用这一权力,颁布了一些对宪法做出补充规定的法律,如选举法、宪法委员会的设立等等,也进行涉及范围较为广泛的改革,如医学研究改革、司法系统和国防系统的重组、修改住房政策等等。同时,更为重要的,政府开始制定一系列引导经济和财政政策的法令法规。

在经济方面,第四共和国已经创造了经济增长的条件,留下了可供戴高乐放手操作的新的经济体制,比如,从解放时期开始进行的企业国有化留下了一个庞大的国有企业部门,使家能够控制很大一部分信贷、能源和交通;经济计划的实验留下了宝贵的经验;企业领导人精神状态更加现代化,更注重投资和生产;欧洲联合的成就打开了法国向世界发展的大门,成为经济增长的助推器。然而这些经济发展的有利条件被

---

① Mathias Bernard, *Histoire politique de la Ve République*, p. 21.

第四共和国末期的暂时经济困境掩盖了，国家面临着财政赤字、贸易逆差、通货膨胀、购买力低等种种经济问题。

从1958年6月起，戴高乐政府采取了一系列应急措施，如增加发行公债、减少补贴、提高部分税收、在公共部门暂缓增加工资等。但在这些应急措施之外，戴高乐也在考虑迅速发展经济，为他实现法兰西独立和伟大的政策打下坚实的基础。为此，在举行宪法全民公决的第二天，戴高乐就建立了一个以雅克·吕夫(Jacques Rueff)为首的专家委员会，征集重振经济的建议。委员会在11月份提交了建议报告，被戴高乐和财政部长比内接受，最后以比内-吕夫计划(le Plan Pinay-Rueff)定型。这个计划由三方面内容组成。首先是关于预算平衡和抑制通货膨胀：减少补贴，控制国家工作人员工资的增长，暂停支付老兵的退休金，降低社会保险报销金额，除了最低保障工资外取消与物价指数挂购的补贴，增加烟和酒等商品的税收；其次是纯粹金融领域：法郎贬值17.4%，刺激出口，同时发行新法郎，每一新法郎相当于100旧法郎，使人们在心理上看重法郎，真正告别法郎贬值的历史；最后是商业方面，其目标是结束贸易保护主义，提高法国商品的国际竞争力。法国忠实执行有关降低关税的各项国际协议，与欧洲国家90%的商品贸易、与美元地区国家50%的商品贸易免征关税。[1]

比内-吕夫计划提出后引起社会各阶层的强烈反响，资本家表示欢迎，工薪阶层表示抗议，退伍军人深表不满。但最后戴高乐力排众议，使议会于1958年底批准了这个计划。计划实施六个月后，法国经济复苏，为进一步经济增长打下了良好的基础。

1962年以前，戴高乐在经济问题上放手让政府去行动，当时的总理德勃雷、财政部长比内(1960年后由威尔弗里·包姆加尔特内取代)、工业部长让-马塞尔·让纳内及其办公室主任雷蒙·巴尔(Raymond Barre)和农业部长爱德加·皮萨尼(1961年任命)等人为法国经济发展

---

[1] Mathias Bernard, *La France de mai 1958 à mai 1981*, p.34.

作出了贡献。1962年4月,随着乔治·蓬皮杜(Georges Pompidou)取代德勃雷任总理、瓦莱里·吉斯卡尔-德斯坦(Valéry Giscard d'Estaing)出任经济和财政部长,戴高乐在经济政策的制定上发挥了更大的作用。从1959年至1968年,法国经济增势强劲,其中1964年一度增势趋缓,但吉斯卡尔-德斯坦反通货膨胀的稳定计划取得了效果,保证了法国经济的健康发展。经过这一时期的经济增长,工业结构更趋合理,农业实现了现代化,后文经济部分将详细论述。

戴高乐任内还推行了非殖民化政策。这种非殖民化政策并不是戴高乐心甘情愿实行的,它实际上是非洲人民长期斗争的结果,是帝国主义没落的必然趋势,戴高乐顺应历史潮流体现了他的明智,最大的成功是解决了阿尔及利亚问题,最终承认了阿尔及利亚的独立,也使撒哈拉沙漠以南的非洲诸国获得了民族独立。

第二节　制度的确立和巩固

1962年是第五共和国政治制度进一步完善和真正确立之年。在这之前,总统之所以能够行使重大的权力,一方面是由于新宪法对政治制度作了修改;另一方面,国内外都有一些棘手的问题使许多人望而却步,只有依靠强人去解决;但更重要的是戴高乐个人魅力的作用,他的不凡经历,他不屈不挠的个性,他的巨大威望,造成了众望所归,再加上他并不在宪法规定中的行为方式,如经常发表电视和广播讲话,经常举行记者招待会,经常巡视全国各地等,以保持和人民的经常接触,也起到了扩大影响、提高威望的作用。从宪法上看,存在着一些变数,第三共和国和第四共和国的一些原则依然在第五共和国的宪法中保留着。总统的选举团虽然人数有所增加,基础有所扩大,但主要还是由各级议会的议员决定的,总统权力本源依然来自议员。这就决定总统权力必然受制于议员,如果遇到个性软弱的总统,就有可能大权旁落。同时政府还是对议会负责的,有朝一日,总统权力衰落,又会恢复到以前的政治制度的模式,即典型的议会制。这种宪法潜在的矛盾到了1962年趋于白热化。

当时阿尔及利亚的纷争已经尘埃落定,许多政治家认为戴高乐应召上台的历史使命已经完成,希望他及时引退,让位于传统的政党和议会制度。然而戴高乐的考虑正好相反,他认为这是他继续重铸国家的极好时机,应该借此进一步扩大行政权,从制度上保证总统的权力中心地位。

总理德勃雷意识到政党和戴高乐的关系日趋紧张,再过几个月,议会的多数可能出现分化,向戴高乐建议解散国民议会,提前举行大选,这样可以借全民公决解决了阿尔及利亚问题的东风,进一步加强政府在议会中的多数。戴高乐拒绝了这个建议,他有自己更深的考虑。1962年4月14日,戴高乐要求德勃雷辞职,任命乔治·蓬皮杜为总理。戴高乐更换政府的方式和挑选的新人都在国民议会引起一片反对声。许多议员认为,宪法虽然规定总统任命总理,但并没有规定总统有权撤换。而且,蓬皮杜成为总理有许多地方违背了传统。蓬皮杜在当时并不是法国政坛一流人物,甚至可以说默默无闻。他出身低微,是巴黎高等师范学校的毕业生,曾任文学教员,既不是议员,也不是高级行政官员,更没有参加过抵抗运动,从政的经历仅有在1944年进入过戴高乐的内阁,但后来就去了洛特希尔德银行,1958年成为戴高乐信任的合作伙伴。议员们认为,戴高乐如此替换政府无非是想显示总统的中心地位,因此十分反感。

蓬皮杜意识到国民议会的敌对态度,他在选择部长时,有意剔除了一些技术官僚,增加了资深议员在内阁中的分量,其中有保卫新共和联盟的皮埃尔·梅斯梅尔(Pierre Messmer)、农民和独立派全国中心的瓦莱里·吉斯卡尔-德斯坦、人民共和党的弗林姆兰和莫里斯·舒曼等。但蓬皮杜的这种姿态并没有从根本上改变国民议会对他的态度。1962年4月26日,蓬皮杜在国民议会只获得259票的信任投票,有128票反对,119票弃权,[1]虽然得以通过,但表明戴高乐派的友党议员大部分都不支持戴高乐派总理。5月戴高乐在记者招待会上,以讽刺的口吻,攻击

---

① Jean-Jacques Becker, *Histoire politique de la France depuis 1945*, p. 114.

了主张欧洲联合的人士,更使他的盟友人民共和党感到难堪,一怒之下,该党弗林姆兰、舒曼等五位部长退出了政府。

8月22日,戴高乐从爱丽舍宫前往维拉古布莱,途经珀蒂-克拉玛尔时,遭到支持阿尔及利亚战争的"秘密军"组织的伏击,幸免于难。这一事件,使戴高乐感到制度的脆弱性,促使他下决心加快制度改革的步伐。9月12日,戴高乐突然宣布要举行修改宪法的全民公决,最重要的修改内容是直接普选产生总统,此举又一次引起政坛的震动。绝大部分政党和政治家指责戴高乐违宪,因为根据宪法第89条,所有的宪法修正案在提交全民公决前必须由两院投票批准。而且他们攻击修宪的内容是要造就一个独裁者。他们认为普选议会是民主的,因为它选举的是纲领,是政策,而普选总统则完全是选举个人,只能造就拿破仑三世那样的独裁者,如果普选产生总统,总统就成了独立于议会的权力中心。在国民议会中,戴高乐的老朋友保罗·雷诺领导了这场反戴高乐的斗争,10月5日,国民议会通过了对蓬皮杜政府的弹劾案,蓬皮杜被赶下了台。戴高乐还以颜色,解散了国民议会。因此紧接着10月28日全民公决的还将有一场国民议会的竞选。

对宪法修正案的全民公决,表面看起来,只有戴高乐派的保卫新共和联盟持赞成态度,其他政党都表示反对,对戴高乐不利。但这是面向选民的选择,而不是政党。当戴高乐向选民宣传,选择赞成就是选择第五共和国,反之就是要回到第四共和国的老路上去时,对第四共和国不抱好感的大多数选民就已经站到了戴高乐的一边,更不用说戴高乐的威望和选民有权选举总统的美好愿景。全民公决的开票结果:61.7%表示赞成,①宪法修正案获得通过。从此,法国人将直接选举国家的最高领导人,而且所有的法国人只要有来自十个省以上的100名各类当选人(如各级议会议员等)的签名支持就可以成为总统候选人,参加总统竞选。如果在第一轮获得绝对多数就可当选,如果未获绝对多数,将由得票最

---

① Jean-François Sirinelli, *La Ve République*, Paris: PUF, 2009, p.21.

多的两位候选人在 15 天以后进行第二轮角逐。

在随后进行的国民议会选举中,戴高乐派的保卫新共和联盟和"劳工民主联盟"(Union démocratique du travail,简称 UDT)联合竞选。结果在 11 月 18 日第一轮中就获得 32% 的选票,创造一党得票最多的记录。11 月 25 日的第二轮选举最后奠定了戴高乐派的胜局。戴高乐派获得 233 席,离绝对多数 244 席只一步之遥。可以让戴高乐放心的是,以吉斯卡尔-德斯坦为首的、在农民独立派全国中心基础上建立的独立共和党(Les Républicains indépendants,简称 RI)也获得 36 席,三党联合足以形成国民议会的多数。法共和社会党仅分别获得 41 席和 66 席,①一些著名的政治人物因为反对戴高乐,也被选民排斥在国民议会之外,如雷诺、孟戴斯-弗朗斯等。

戴高乐在这个政治斗争的回合中取得了决定性的胜利,希望恢复传统议会制的政党被法国人所抛弃,总统普选的实现牢固地确立了半总统制,第五共和国得到了巩固。戴高乐在获得胜利后,重新任命蓬皮杜为总理。

根据宪法修正案,1965 年将进行首次全民普选的总统选举。随着选举的临近,出现了一些对戴高乐不利的迹象,社会的抵触情绪在增加。农民对现代化进程感到不适应,公共部门的领薪者们抱怨他们的工资增长速度低于私营部门雇员,由于实行经济稳定计划,增长的速度暂时放慢,孕育着新的不满。在 1962 年选举中失败的政党走出传统的政党政治圈子,开始进行重新组合。一些跨党派的"俱乐部"建立起来,集中了不少知识分子、高级行政官吏、失意的政治人物和工会活动家,为新的政治崛起做准备。

原来为孟戴斯-弗朗斯摇旗呐喊的《快报》杂志,从 1963 年起开始连篇累牍地发表文章,设计击败戴高乐的最佳总统候选人,它把这位候选人命名为"X 先生"。人们觉得最符合条件的是社会党的加斯东·德费

---

① Michelle Zancalini-Fournel, Christian Delacroix, *La France du temps présent 1945 - 2005*, Paris: Belin, 2014, p. 334.

尔。他是一位温和的左派,以此可争取中间派的选票;他是老抵抗运动战士,又是马赛市的市长和国民议会的议员,在第四共和国时期也有政府工作的经验,具有一定的政治威信;同时在某种意义上,他又是一位新人,因为他在以前从来没有担任过重要的领导职务,与旧的共和国没有瓜葛,能够被选民所接受。然而,人民共和党对社会党的宗教政策存有戒心,拒绝对他表示支持。1965 年 6 月 25 日,德费尔撤出竞选。

因此,在官方定下 12 月 5 日为总统选举的日期时,左派竟然无法提出候选人,这样弗朗索瓦·密特朗的参选铺平了道路,他于 9 月 9 日宣布参加总统竞选。密特朗在第四共和国时期曾 11 次出任部长,以抵抗运动社会民主联盟的主要领导人而出名,1958 年后他一直反对戴高乐的政策,1962 年重新当选为国民议会议员,并写了一本名为《永恒的政变》的书,政治倾向十分鲜明。他出来竞选依靠的只是他 1964 年建立的一个小党"共和制度公会"(La Convention des institutions républicaines,简称 CIR),并无和其他政党达成什么默契,不过他得到社会党和大部分激进党人的支持。中间派推出人民共和党主席让·勒卡尼埃为总统候选人。最后,11 月 4 日,戴高乐宣布参加竞选。

在这次竞选中,电视和民意测验等现代技术手段开始发挥重要作用,1958 年不能上电视的反对派也和总统一样享有平等的在电视露面的时间,在选民中扩大了影响。由于戴高乐认为他自己将会轻松取胜,所以面对电视观众,他还在不断重复七年来的老一套。面对 75 岁毫无新意的戴高乐,49 岁的密特朗和 45 岁的勒卡尼埃打出的是年轻、清新、朝气蓬勃这张王牌。戴高乐的民意测验指数直线下降。12 月 5 日,第一轮选举结果揭晓,使世人大吃一惊,也使戴高乐本人感到难堪:他仅获得 44.65% 的选票,未能过半数直接当选。密特朗获 32% 选票,将戴高乐拖入第二轮。[1] 在第二轮竞选中,密特朗放弃了左派形象,简单地以反戴高

---

[1] Jean-François Sirinelli (sous la direction de),*La France de 1914 à nos jours*,Paris:PUF,2014,p.349.

乐的共和派人士的面貌亮相,而戴高乐在电视上的表现也有了改进,时而幽默嘲讽,时而信心十足,不断涉及法国人日常关心的问题。12月19日的最终选举激起了法国人的政治热情,投票率超过了84%,戴高乐以55.2%对44.8%(密特朗)的微弱优势胜出。[1] 戴高乐虽然得以连任,但胜得艰难,表明戴高乐的巅峰时期已经过去,退潮的时候到了。

1967年的国民议会选举进一步表明了这种趋势。政府多数派以"支持第五共和国民主联盟"(L'Union des démocrates pour la Cinquième République,简称 UD-V^e)的名称参加竞选,只得到200席,吉斯卡尔-德斯坦领导的独立共和党得44席,戴高乐派及其盟友在总共487个席位中刚刚超过半数。[2] 更有甚者,吉斯卡尔-德斯坦在1966年初的政府改组中被撤换,对戴高乐心存芥蒂,态度改变为有保留的支持。就在这样的气氛中,1968年,法国爆发了战后规模最大、最猛烈的社会运动——"五月风暴"(Mai 68)。

第三节　"五月风暴"和戴高乐的引退

1968年"五月风暴"是法国各种政治、社会和文化矛盾的总爆发。在政治层面,戴高乐十年执政,解决了不少重要的问题,在1967年12月31日的电视讲话中,他声称"对法国在即将到来的一年中的发展充满信心"[3]。但随着法国政治生活走上正轨,许多人越来越认为他的历史使命已经完成,法国人逐渐对他的统治感到厌倦,我们前面提到的一些事实已经说明了这一点。在社会层面,矛盾也有所发展。经济形势在1968年初还算健康,但这种健康是以牺牲社会一部分的利益作为代价的。为了控制通货膨胀,政府降低工资增长的幅度,工薪阶层自然不满意。企业的集中化趋向使失业人员增加。一些老工业和农业大量转产的地区,

---

[1] Jean-François Sirinelli (sous la direction de), *La France de 1914 à nos jours*, p. 350.

[2] Jean-Jacques Becker, *Histoire politique de la France depuis 1945*, p. 144.

[3] Jean-Francois Sirinelli, *La Ve Republique*, p. 27.

一些不适应者认为他们是社会不公的牺牲品。同时在教育上,战后人口出生高潮期出生的孩子已经进入高等教育阶段,而这些年来由于义务教育延长至16岁,中学生人数增加,这给高等教育带来很大压力,为了回应社会需求,政府建立了许多新大学,但条件却不能尽如人意。学科设置的陈旧,教学水平的低下和教育的脱离实际又往往使学生在毕业后感到学非所用,"毕业即失业"的现象更使学生们深感困惑和不满。当时教育改革正在进行,有消息说大学里将引进淘汰机制,也在学生中造成不安。

在文化层面,随着社会的现代化,新旧思想观念形成巨大的冲撞。一些人批评过分注重物质因素的这种现代化进程,指责政府只强调生产和经济发展而忽视了人,认为应该坚守传统的观念。而更多的人,尤其是年轻人,反对旧的价值观,反对陈旧的资产阶级人道主义和宗教道德说教的陈词滥调。种种等级观念和各种束缚在他们看来是难以忍受的。青年学生没有经历过二战,不像老一辈那样支持戴高乐,甚至对这位整日喋喋不休地用教训口吻讲话的老人感到厌烦。在青年中,左派的和无政府主义的思想十分有市场,如托洛茨基、列宁主义、毛泽东思想在青年中有广泛的影响,使有些人倾向于直接行动。受世界其他国家左派运动影响,"五月风暴"中的青年学生认为"这是一场世界革命,任何错误和耽搁都不能阻止我们的敌人最终被消灭"[1]。

"五月风暴"最初是从大学的校园刮起的。早在1968年初,在巴黎近郊新学院——南泰尔学院,接二连三地发生学生抗议活动。1月,青年体育部长到学院参加学校游泳池落成典礼,遭到学生的围攻,其中为首的是社会学系的德籍学生达尼埃尔·科恩-邦迪(Daniel Cohn-Bendit)。接着,居住在学生公寓的学生要求男生有权进入女生宿舍。3月20日,一些学生集会反对美国侵略越南,有学生被捕。为了声援受处分的学

---

[1] Olivier Wieviorka et Christophe Prochasson, *La France du XXᵉ siècle*, Paris: Seuil, 2011, p. 537.

生,在科恩-邦迪的领导下,学生于 3 月 22 日占领了学院行政大楼,发起了"3·22 运动"(Mouvement du 22 mars)。当局出动警察驱赶了学生。由于校园内不断有类似活动出现,院长决定于 5 月 2 日关闭学校,由此引发了"五月风暴"。

由于南泰尔校园的关闭,学生将活动转移到巴黎的拉丁区。5 月 3 日,他们在索邦大学组织了一次抗议集会,但校长请来警察,发生了激烈的冲突,许多学生被传讯。警察的粗暴行为引起学生新的抗议,然后又引来新的镇压。学生的运动最后演变为后来被称为"街垒之夜"的冲突。第一个"街垒之夜"是 10 日至 11 日的夜晚,学生占领了索邦等一些大学,还占领了奥代翁剧院,同时运动从大学逐渐蔓延到中学,大量中学生加入进来。

5 月 13 日,工人加入学生的斗争行列。总工会组织了 80 万人参加的浩大示威游行,反对警察的镇压,声援学生。14 日起,工人开始自发地罢工,第一个罢工的是南特的南方飞机厂,随后扩展到全国和各行各业。几天以后,所有的生产部门、商店、公共部门、邮电通讯、交通运输和广播新闻业都停止了活动,国家陷入瘫痪,甚至作家、艺术家、新闻记者等也参加到运动中来。至 5 月 22 日,参加罢工的人数达到 1 000 万人,[1]真正发展成为一场规模空前的社会运动。

社会运动引发了政治危机。开始政府并没有意识到事态的严重性,学生游行、工人罢工在法国是常有的事。5 月 2 日,蓬皮杜总理出访伊朗和阿富汗,到 5 月 11 日才回到巴黎。戴高乐起初也未严肃看待抗议风潮,于 5 月 14 日出访罗马尼亚,到 18 日才匆匆赶回国内。在他们缺席的情况下,政府部长们在这场难以控制的危机面前束手无策。戴高乐直至 5 月 24 日才露面,发表了一个讲话,建议为公民参与各级管理进行全民公决,威胁说如果局势恶化则可发展到内战的地步,但没有引起什么反响。相反学生因为传闻科恩-邦迪将被驱逐出境而在当天晚上再次走上

---

[1] Mathias Bernard, *La France de mai 1958 à mai 1981*, p. 118.

街头,出现了第二个"街垒之夜"。接着,蓬皮杜想通过与工会组织谈判的方法,使工人退出运动。从5月25日至27日,他在巴黎格勒内尔大街劳工部所在地主持了工会和雇主协会的谈判,达成了《格勒内尔协定》。该协定几乎是1936年《马提翁协定》的翻版,规定最低保障工资增加35％,其他工资分别增加7％至10％不等,①此外承诺扩大企业工会的权利并进一步减少工作时间。总工会领导对协定表示满意,但遭到基层工会组织的拒绝。

此时各派政治人物开始考虑夺取政权。5月27日,左派政党在夏尔莱蒂体育场组织了集会。5月28日,密特朗要求建立一个以孟戴斯-弗朗斯领导的临时政府,他自己将成为总统候选人。5月29日,一直对斗争持观望态度的法共组织了声势浩大的示威游行,提出"人民政府"的口号。同日,戴高乐离开爱丽舍宫,秘密前往联邦德国的巴登巴登,会见了法国驻德武装力量总司令马絮将军。

5月30日,戴高乐回到巴黎,发表了一个简单的广播讲话,宣布解散国民议会,提前进行大选,并要求法国人采取断然行动,保卫共和国。当天晚上,在凯旋门和香榭里舍大道出现了支持戴高乐的大规模游行。各政治力量马上把学生抛在一边去准备预定在6月23日和30日举行的国民议会选举了;罢工行动也逐渐平息;学生的示威活动还有零星发生,但也已是强弩之末。6月12日,政府宣布禁止一切游行示威,解散极左组织。6月16日学生从索邦大学撤离,"五月风暴"就这样平息下去。

6月23日和30日,举行了议会选举。在这次选举中,戴高乐派采用了新的名称"保卫共和联盟"(Union de Défense de la République,简称UDR)参选。最终结果,戴高乐派重新巩固了它的多数地位,在总计485个议席中获得294席,与1967年相比,有了大幅度的增加,取得了明显的优势。②

① Mathias Bernard, *La France de mai 1958 à mai 1981*, p. 120.
② Jean-François Sirinelli, *Mai 68. L'événement Janus*, Paris: Fayard, 2008, p. 313.

　　"五月风暴"是战后法国历史上最为扑朔迷离的历史事件。对于这个事件的性质，根据让-雅克·贝克尔的归纳，主要有以下八种观点：1.左派"颠覆政府的企图"；2."法国高等教育的危机"；3."青年的反叛"；4."文明的危机"；5."一种新型的社会运动"；6."一场传统类型的社会冲突"；7."政治危机"；8."一系列情境的连锁反应"。[1] 法国史学界对此尚未达成共识。让-弗朗索瓦·西里奈利强调，五月事件导致的政治危机最终没有超出法治国家的限度，充分体现了年轻的第五共和国已经迅速扎根，得到了法国民众的充分认可。在"五月风暴"中，除了极少数青年激进分子，社会各阶层都没有推翻现存体制的愿望。更重要的是，与1958年相比，军队保持稳定，并没有受到影响而发生叛乱。如果抗议游行冲击了总统府或总理府，戴高乐动用军队镇压的可能性也几乎不存在。"即使受到了1968年5月的冲击，第五共和国制度的合法性和正当性并没有在根本上受到实质性的威胁。"[2]五月事件将1960年代法国社会发生的各项变化进行了放大，并且推动了这些变化，起到了历史加速器的作用。

　　"五月风暴"虽然来去匆匆，但它作为法国战后规模最大的社会运动，给法国政治、经济和社会的发展产生深远的影响。相关问题我们在以后的篇章中还要涉及，而最直接的政治影响是戴高乐地位的动摇，最后造成戴高乐时代的结束。

　　戴高乐在"五月风暴"后虽然赢得了选举的胜利，但这主要是保守势力借助人们害怕动乱的心理实现的反弹，人们选择的是秩序，而不是戴高乐。戴高乐的权威无疑在"五月风暴"后受到了削弱，一方面是事件的本身就是对戴高乐权威的挑战，他在事件过程中一度表现出的无能为力，更使人们有理由认为78岁的戴高乐是该到引退的时候了；另一方面，蓬皮杜在事件中发挥了重要的稳定作用，更显得他是制度保障的一

① Jean-Jacques Becker, *Histoire politique de la France depuis 1945*, pp. 147 – 149.
② Jean-François Sirinelli, *Mai 68. L'événement Janus*, p. 319.

堵城墙,这也威胁到戴高乐的地位。所以,戴高乐准备更换总理。蓬皮杜连任总理六年,打破了第三至第五共和国总理任期的纪录,但在 7 月 21 日被外长莫里斯·顾夫·德姆维尔(Maurice Couve de Murville)所取代。随之离开政府的还有国民教育部长阿兰·佩雷菲特和内政部长克里斯蒂安·福赛。

戴高乐通过"五月风暴"认识到应该增加法国民众参与各级管理的机会,决定对学校和政治制度进行改革。议会于 11 月 12 日以 441 票赞成,0 票反对,39 票弃权通过《高等教育指导法》,①原来的学院成为自治的大学,学校的管理扩大到学校的所有成员,由各级教师、行政人员和学生的代表共同管理。

在政治制度改革方面,戴高乐命令新上任的负责制度改革的国务部长让纳内制定一个包括两方面内容的计划:第一,先建立新的"大区"(Région),大区的管理委员会由两部分人联合组成,一部分是该大区的国民议会议员、省议员和市议员,另一部分是该大区的行业组织和社会组织,如商会、工会、其他社会团体等的负责人;第二,在国家一级,对参议院进行改革,各国家级的经济社会委员会和参议院合并,组成新的参议院,形式职能和大区管理会一样,立法职能被剥夺,只是一个经济问题的咨询机构。戴高乐又一次将改革方案交给法国人全民公决,并将这次全民公决作为对自己信任的表决,公开表示:根据他的全民公决概念,如果遭遇否决,他必然将辞去总统职务。②

这是一步险棋,走好了,戴高乐的威望当然会得到提高。然而前景并不妙。左派刚经受大选的失败,毫无疑问会把全民公决作为复仇的机会;勒卡尼埃领导的中间派也表示反对;长期的盟友吉斯卡尔-德斯坦明确表示要在全民公决中投反对票;大部分参议员更不会赞同剥夺自己权力的方案;最后蓬皮杜的一个表态,也对部分选民产生了微妙的心理作

---

① Jean-Jacques Becker, *Histoire politique de la France depuis 1945*, p. 152.

② Mathias Bernard, *Histoire politique de la Ve République*, p. 87.

用。他1969年1月17日在罗马回答记者提问时表示,自己会在今后参加总统竞选。因此政府多数派中的一些人认为,戴高乐的离去未必不是好事,因为他们已经有了更好的接班人选。

1969年4月27日,全民公决举行,结果52.4%的人投票反对。[1] 28日零点,戴高乐通过媒体发表了他发自家乡科龙贝的一则文告:"我停止行使作为共和国总统的职权,本决定从今天中午起生效。"[2]8个月后,1970年11月9日,戴高乐在家乡因突发心脏病去世,标志着一个时代的结束。

第四节　戴高乐的继承者蓬皮杜

第五共和国的建立和发展在很大程度上是和戴高乐联系在一起的,所以当戴高乐退出政治生活后,人们有理由提出这样的一些问题:没有了戴高乐,第五共和国还会继续存在吗? 如果继任的是一位戴高乐派,可能没有问题,如果一位非戴高乐派的政治人物上台,甚至一位戴高乐的前政敌上台,它还会继续存在吗? 戴高乐以后至20世纪末的四位继任总统对此做出了回答:蓬皮杜和希拉克(Jacques Chirac)是戴高乐派的继承者,吉斯卡尔-德斯坦不是戴高乐派,但可以说是戴高乐的长期盟友,密特朗则始终处在戴高乐的对立面,甚至在很长一段时间对第五共和国政治制度持否定态度,然而他们都保持了第五共和国制度的延续性。

戴高乐辞职后,根据宪法规定,由参议院议长阿兰·波埃(Alain Poher)代行总统之职,顾夫·德姆维尔政府作为看守政府,负责日常事务和组织新的总统选举。

蓬皮杜1月在罗马的表态已经提前把自己放上了总统候选人的位置,他得到更名为"保卫共和国民主人士联盟"(Union des Démocrates

---

[1] Mathias Bernard, *Histoire politique de la Ve République*, p. 88.

[2] Olivier Wieviorka et Christophe Prochasson, *La France du XXe siècle*, p. 545.

pour la République,简称仍为 UDR)的戴高乐派和吉斯卡尔-德斯坦的独立共和党人的支持,同时一部分中间派也站在他一边。代理总统波埃同样宣布参选,他的支持成分比较复杂,其中有反戴高乐派的右派,有农民独立派全国中心等中间派的部分成员,有部分社会党人。其他的候选人还包括法共的雅克·杜克洛、社会党的德费尔、统一社会党的米歇尔·罗卡尔(Michel Rocard)和极左派的阿兰·克里文。弗朗索瓦·密特朗在这次总统选举中缺席,这是因为他在"五月风暴"中的过火表现,使他的支持者锐减。

第一轮总统选举在1969年的6月1日举行,蓬皮杜和波埃分别获得了44.47%和23.31%的选票进入第二轮。法共号召选民弃权,因此第二轮选举弃权率高达31.15%,结果蓬皮杜以58.21%的有效选票战胜波埃的41.79%当选总统。[1]

蓬皮杜上任后,任命雅克·沙邦-戴尔马出任总理。沙邦-戴尔马是戴高乐派的重要人物,参加过抵抗运动,参与领导了巴黎的解放,1946年当选为议员,1947年任波尔多市长,在第四共和国时期曾三度出任政府部长,1958年当选为国民议会议长。蓬皮杜挑选他任总理是为了笼络老资格戴高乐派的人心。沙邦-戴尔马上台后表示,他要保持政策的连续性,但同时又要有开放性和创新,着眼于未来,要建立一个"新社会"(la Nouvelle Société)。在政府中,他挑选了一些老资格的戴高乐派担任重要职务,如米歇尔·德勃雷任国防部长,莫里斯·舒曼任外交部长,同时也容纳了其他党派的成员,如吉斯卡尔-德斯坦重返财政部长之职,勒内·普列文任司法部长等。

沙邦-戴尔马"新社会"政纲的基点是要通过扩大参与,调和国家、劳工和雇主这三者之间的关系,这就是所谓的"契约政策"。在工资层面,一方面根据总统的提议,工资实行"月薪化",另一方面将以前的"最低保障工资"(SMIG)改为"最低增长工资"(SMIC),最低工资不仅和物价挂

---

[1] Jean-Jacques Becker, *Histoire politique de la France depuis 1945*, pp. 158 - 159.

钩,而且和整个经济形势挂钩。政治方面,打算下放中央政府的权力,扩大地方政府的职能。这些措施的改革力度不大,但也取得了一定的效果,比如1969—1970年先后开设了63座新大学,部分满足了青年入学深造的期望,将士兵服役的期限自16个月减至12个月,也对青年有利。但这些措施的改良主义的性质引起了总统周围保守的顾问们的不安,尤其当总理想要使"法国广播电视署"私有化时,加深了总理和总统的分歧。

1971—1972年发生的一系列事件使沙邦-戴尔马的形象和地位受到损害,首先是系列金融案件将戴高乐派的一些议员和前议员送上了被告席,然后在1972年初,总理本人也因偷税漏税案被起诉。接着,1972年4月23日,蓬皮杜总统决定将同意接纳英国加入欧洲经济共同体的计划提交全民公决,结果并不令人满意:赞成票为有效票的68%,方案获得通过,但是有40%的公民弃权,有7%的无效票,实际赞成者不足全体选民的40%。① 蓬皮杜将这次全民公决的不成功归罪于总理动员乏力。因此,尽管沙邦-戴尔马在5月24日通过了国民议会的信任投票,蓬皮杜考虑到即将到来的1973年议会选举,还是将他撤换了。

7月5日,蓬皮杜任命皮埃尔·梅斯梅尔为总理。梅斯梅尔是自由法国的老战士,曾任戴高乐政府的国防部长,是传统的戴高乐派。他担任总理意味着政府向保守主义者屈服,也表明总统权威的加强,梅斯梅尔相对蓬皮杜来说缺乏政治上的光芒,没有前任总理那样的威望。他将一些较为保守的戴高乐派人士招入政府中,主要使命是保证议会多数派在新的国民议会选举中获胜。

为了准备1973年的选举,左派这次空前团结起来。早在1964年,接替多列士的法共总书记瓦尔德克·罗塞(Waldeck Rochet)即准备与社会党走向政治上的团结。"五月风暴"以后,乔治·马歇(Georges Marchais)取代罗塞担任总书记,继续为实现左派的联合进行努力。此

---

① Jean-François Sirinelli (sous la direction de), *La France de 1914 à nos jours*, p. 410.

时的社会党进行了重大改组。1969 年 7 月,社会党(工人国际法国支部)
与阿兰·萨瓦里(Alain Savary)领导的"左派革新俱乐部联盟"(L'Union
des clubs pour le renouveau de la gauche,简称 UCRG)和让·波贝伦
(Jean Poperen)领导的"社会主义俱乐部组织联盟"(L'Union des
groupes et clubs socialistes,简称 UGCS)实现合并建立了新"社会党",
不再使用"工人国际法国支部"的副名,从 1946 年起一直担任社会党总书
记的摩勒让位于萨瓦里,由后者担任党魁。1971 年 6 月,新"社会党"进一
步和密特朗领导的"共和制度公会"合并,正式创建了在法国政坛活跃至今
的社会党(Parti Socialiste,简称 PS)。在德费尔等工人国际法国支部元老
的支持下,密特朗担负起政党的领导责任。准备和法共实现政治上的合
作。于是,经过会谈,1972 年 6 月 27 日,法共和社会党的代表签署了《共同
执政纲领》(programme commun de gouvernement),结成政治联盟。

新一届国民议会选举于 1973 年 3 月举行,议会多数派获得了胜利。
其中,"保卫共和国民主人士联盟"及其盟友在全部 490 个议席中获得了
268 席,形成了绝对多数。社会党和左派激进运动获得 102 席,法共获得
73 席。在本次选举中,出现了一个引人注目的现象:中间势力发生了分
裂,向左右两翼靠拢。支持左翼的"改革联盟"(Mouvement
réformateur)获得 34 席,而倾向于戴高乐派的"中间派联盟"(Union
centriste)获得了 30 席。[1] 法国史学界一般认为,从此,第五共和国的政
治力量开始出现了"两极化"(bipolarisation)趋势,成为战后法国政治发
展的一个重要转折。[2]

蓬皮杜邀请梅斯梅尔再度组阁。这届政府由于德勃雷、舒曼、普列
文等经验丰富的政治家离去和补充了吉斯卡尔-德斯坦的追随者波尼亚
托夫斯基等较为保守的人士,更显出它的右倾色彩和蓬皮杜的个人影
响,同时也使得这届政府显得碌碌无为。唯一试图进行的改革,来自总

---

① Jean-Jacques Becker, *Histoire politique de la France depuis 1945*, p. 168.

② Jean-François Sirinelli, *La Vᵉ République*, p. 37.

统的一个设想。蓬皮杜试图通过修改宪法,将总统任期从七年缩短为五年。这次他并没有直接诉诸全民公决,而是按照宪法,先由两院分别通过,然后再由两院联席会议的五分之三的多数通过,最后付诸全民公决。尽管两院分别以多数通过了修正案,但蓬皮杜从趋势预见到无法在两院的联席会议上得到足够的多数,就撤回了这个方案。

这时社会和经济的形势开始出现波动。1973 年,中学生起来反对修改学生服兵役暂缓期的法案,大学生风闻大学第一阶段的学制要进行修改,也掀起了抗议的浪潮,"五月风暴"中的学生极左运动死灰复燃。与此同时,工人的罢工斗争也此起彼伏。最有象征意义的是贝尚松的里普钟表厂工人占领工厂,要求自己管理企业。有些地方还出现反对扩大军事基地的斗争。雪上加霜的是,从 1973 年 10 月起,由于中东战争的爆发,石油价格猛涨,法国经济受到重大冲击。尽管经济尚未停止增长,但增速明显放慢,与之相伴随的是通货膨胀加剧。

政府面对严峻的形势没有采取有效的措施,威信下挫。1974 年 2 月 28 日,梅斯梅尔辞职,改组成立他的第三届政府。在本届政府中,雅克·希拉克被任命为内政部长。

正在这样的困难时期,总统的健康出现了问题。蓬皮杜被查出患上了不治的血液病,尽管政府对外封锁了消息,但由于病情日益严重,总统不得不减少活动。1974 年 3 月 27 日,蓬皮杜主持了最后一次内阁会议。6 天以后的 4 月 2 日 22 时,电视台突然中断正常的播出,向法国人民宣告:"共和国总统先生去世了。"蓬皮杜任期未满即溘然长逝,法国政坛进入了一个新时期。

第五节 吉斯卡尔-德斯坦的改革

蓬皮杜去世后,法国总统的位置五年内出现第二次空缺,参议院议长波埃第二次代理总统职务。接着进行的总统竞选出现了众多的候选人,在爱德加·富尔和梅斯梅尔退出以后,仍有 12 人之多。这一次密特朗处在十分有利的地位,他成为左派唯一有望获胜的候选人,得到了社会党、法共、左翼激进派、统一社会党的支持。相反,在政府多数派营垒中出现了两雄并争,一位是戴高乐派的沙邦-戴尔马,另一位是戴高乐派的长期盟友吉斯卡尔-德斯坦,后者还得到戴高乐派内部以希拉克为首的43名议员的支持。在其他的候选人里值得一提的是:生态主义运动第一次提出了自己的候选人勒内·杜蒙(René Dumont),极右政党又出现了一位领军人物让-马利·勒庞(Jean-Mari Le Pen)。

　　5月5日进行了第一轮选举,弃权率仅为15.77%,表明了选民对这次选举的热情。密特朗得到有效票的43.25%,吉斯卡尔-德斯坦紧随其后,得到32.6%的有效选票,沙邦-戴尔马得票率为15.11%。这三个人的得票达到有效票的九成。[①] 在第二轮选举中,更多的选民走向投票站,弃权率进一步下降为12.76%,政府多数派的选票相对集中地投向吉斯卡尔-德斯坦,结果他以50.80%的得票率险胜密特朗的49.19%。[②] 左右两翼的胜负如此接近,这是第五共和国历史上前所未有的,而且在本次总统选举中,中间派没有提出自己的候选人,进一步证明了法国政坛的"两极化"趋向。

　　吉斯卡尔-德斯坦于1974年5月27日正式走马上任。在就职演说中,他提出了"变革"(changement)的口号。随后,雅克·希拉克被任命为总理组阁。内阁的组成进一步反映出政治变化的趋势:只有五名部长来自戴高乐派,而其中三人可谓名不见经传。相反,吉斯卡尔-德斯坦的亲信得到重用,如波尼亚托夫斯基以国务部长兼任内政部长,相当于副总理职。另外还吸收了一些与戴高乐派政见相左的人物入阁,如勒卡尼埃任掌玺部长,塞尔旺-施赖贝尔(Jean-Jacques Servan-Schreiber)任改革部长等。不过,吉斯卡尔-德斯坦并不想改变第五共和国的政治体制,恰恰相反,他想以此来进一步体现总统的权威,而且通过创建将他给内

---

① Jean-Jacques Becker, *Histoire politique de la France depuis 1945*, p. 177.

② Jean-Jacques Becker, *Histoire politique de la France depuis 1945*, p. 177.

阁的指示公开化的做法,表明他是实际领导者,强化了总统的决定权,这正是第五共和国政治制度的精髓。

接着,吉斯卡尔-德斯坦冲破各种阻力,进行了一系列改革。其中比较重要的改革有:

降低选民的年龄至 18 周岁(1974 年 7 月 5 日)。

修改提交宪法委员会审议法案的程序(1974 年 10 月 22 日)。原来只有四位首脑(总统、总理和两院议长)才有权将法案提交宪法委员会审议,实际使这一程序形同虚设。新的修正案规定只要有 60 人以上的国民议会议员或 60 名以上参议员提议,法案就可以交宪法委员会审议。

实现电台和电视台的独立(1974 年 8 月 7 日)。原来的"法国广播电视署"分成多个独立的实体,包括法兰西广播电台、电视一至三台和一些技术机构。

确定巴黎的新地位(1975 年 12 月 31 日)。巴黎一直是没有自治权的城市,自此巴黎取得了和法国其他城市一样的权力,有一位由选举产生的市长,拥有和其他市长一样的权力。

进行一系列社会领域内的改革。1974 年 12 月和 1975 年 7 月,实现社会保障的普及化,扩展到所有行业。1975 年 7 月 11 日通过以教育部长的名字命名的《哈比法》,进一步推进教育民主化,在初中取消了分科,设立"基础课阶段",初中的课本免费分发。

在维护妇女权益方面也迈出了重要的改革步伐。1974 年 12 月 4 日法批准在药店出售避孕药,这些药可以在医疗保险中报销。1975 年 7 月 11 日法简化了离婚手续,引入"互相赞同"的程序。引起巨大争议的是 1975 年 1 月 17 日有关"自愿终止妊娠"即人工流产合法化的法案。议会为此进行了激烈的辩论,电视台第一次进行了议会辩论的直播。该法案最后以 284 票对 189 票通过,但赞成的 284 票中,只有 103 票是属于议会多数派,反映出议会多数派对改革的分歧意见。[1]

---

① Jean-Jacques Becker, *Histoire politique de la France depuis 1945*, p. 181.

在改革的过程中,议会中戴高乐派的保守分子指责这些带有自由主义色彩的改革似乎更像是左派做的事。希拉克虽然没有在正式场合批评吉斯卡尔-德斯坦,但两人的矛盾日益加深。总统抱怨希拉克过分靠近戴高乐派,不支持改革;而希拉克认为他没有足够的权力来履行他总理的职责,并且希望提前大选。这种互不信任最后造成了 1976 年 8 月 25 日希拉克的辞职。

就在希拉克辞职的当天,吉斯卡尔-德斯坦任命雷蒙·巴尔为新总理。这一任命多少有点出人预料,类似当年戴高乐任命蓬皮杜的情景。雷蒙·巴尔是位经济学教授,尽管他在希拉克内阁中担任了外贸部长,但在公众中算不上知名人物。不过,吉斯卡尔-德斯坦任命这位被他称为"法国最好的经济学家"为总理的意图十分明显,就是为了解决法国面临的严重的经济问题。前任总理希拉克为了拉动经济曾开出增加公共事业开支的药方,效果适得其反,通货膨胀加剧,外贸形势恶化,失业也没有减少。

雷蒙·巴尔上任后兼任了财政和经济部长,1976 年 9 月在议会的讲话中表示要把反通货膨胀的斗争放在优先地位。9 月 22 日,巴尔提出了振兴经济的计划,主要内容是减少社会保险的报销支出,增加投保金额,冻结三个月的物价和工资,控制集团购买力,增加税收。这种严厉的政策遭遇了左派的激烈批评,工会在 10 月 7 日组织了大型抗议活动。此后执行的效果也不佳,未能在抑制通货膨胀和解决失业问题上见效。因此,在 1977 年 3 月的市政选举中,左派在三万以上人口的 221 个城市中(不包括巴黎地区)赢得了 155 个城市的胜利。[1]同样在这次选举中,希拉克东山再起,击败了吉斯卡尔-德斯坦派的对手当选为巴黎市长。在此之前,戴高乐派已经于 1976 年 12 月进行了重组,组成了新的"保卫共和联盟"(Rassemblement pour la République,简称 RPR),以希拉克为领导人。

---

[1] Mathias Bernard, *Histoire politique de la Ve République*, p. 129.

1978 年又迎来了国民议会的选举。在 1977 年夏天,左派还处在有利的地位,他们刚刚获得市镇选举的胜利,而右派由于戴高乐派和吉斯卡尔-德斯坦派的不和而出现了分裂。面对戴高乐派的重组,吉斯卡尔-德斯坦也在 1978 年 2 月 1 日建立了新的政党"法兰西民主联盟"(Union pour la Démocratie Française,简称 UDF),由自己领导的共和党(Parti Républicain 简称 PR,1977 年 5 月在独立共和党基础上成立)、让·勒卡尼埃(Jean Lecanuet)领导的由人民共和党发展而来的社会民主中心(Centre des démocrates sociaux,简称 CDS)和让-雅克·塞尔旺-施赖贝尔领导的激进党等中右翼政党联合而成。吉斯卡尔-德斯坦宣称,法国政治的重心应该是在左右之间的中间地带,而法兰西民主联盟正是代表中间派的政党。然而,1977 年秋天,左翼联盟也出人意料地解体了。从 5 月开始,法共、社会党和左翼激进派就《政府共同纲领》的更新进行会谈,但随着谈判的进行,法共和其他两党的分歧越来越明显,主要集中在国有化和工会在未来国家中的地位等问题上,9 月 23 日谈判破裂,左翼联盟解体。

1978 年 3 月 12 日举行了第一轮选举。弃权率是 1945 年以来历届国民议会选举中最低的,为 16.75%。左翼获得了约 50% 的有效选票,其中法共得 20.61%,社会党得 22.79%。右翼中法兰西民主联盟略多于保卫共和联盟,分别为 23.89% 和 22.84%。[1] 但在第二轮的选举中,左派的不团结给了自身致命的一击。尽管在最后时刻,法共和社会党同意在第二轮选举中实行合作,但无法消除六个月以来互相攻击的影响。选举的最后结果是:右翼得到 291 个议席,左翼只得 200 席。其中保卫共和联盟得 154 席,法兰西民主联盟 137 席,社会党及其分支得 114 席,法共得 86 席。[2]

选举落下帷幕后,雷蒙·巴尔重组内阁,不再兼任经济部长,把它交

---

① Jean-Jacques Becker, *Histoire politique de la France depuis 1945*, p. 188.

② Jean-Jacques Becker, *Histoire politique de la France depuis 1945*, p. 189.

给了参议员勒内·莫诺里。但国内政坛的形势变得复杂起来,左右两派内部都有纷争。左派中,法共和社会党的关系并无改善,法共由于支持苏联出兵阿富汗,而在国内政党中陷于孤立。在社会党内部,由于新的总统选举即将来临,由谁代表社会党出面竞选总统,密特朗的支持者和罗卡尔的支持者闹得不可开交,矛盾公开化。在右翼阵营,希拉克一直对政府的国内政策和总统的外交政策持批评态度,尤其认为吉斯卡尔-德斯坦在欧洲联合的问题上放弃了戴高乐维护民族主权的传统。这一态度使他尝到了苦果。在 1979 年 6 月举行的欧洲议会首次直选中,保卫共和联盟只获得 16.25% 的有效选票,低于法兰西民主联盟的 27.55%、社会党的 23.57% 和法共的 20.57%。[1]

第五共和国的成立再次革新了法国的政治制度,各派政治力量分化组合,重构了法国的政治版图。1962 年的《埃维昂协议》结束了阿尔及利亚战争,同时也结束了从 1870 年普法战争开始历经一战、二战和印度支那战争一直笼罩着法国的战争阴影。法国失去了殖民帝国,空间收缩到六边形的本土,但在欧洲一体化的进程中找到了新的发展空间。更重要的是,政治的稳定和战争的结束,进一步促进了经济的增长。1950—1959 年法国年平均增长率为 4.6%,而 1960—1969 年达到 5.5%,超过了美国和英国。1973 年之后由于石油危机的冲击,增速有所放缓,但 1973—1979 年的年平均增长率仍有 3.2%。[2] 经济的发展带来了社会文化全方位的变迁,其广度和深度被称为"第二次法国大革命"。[3] 当 1981 年左翼首次在总统选举中获胜的时候,人们仿佛看到了人民阵线的重现,对未来的变革充满憧憬。密特朗在就职演讲中以"希望"为口号,提出要建设一个更加"正义和团结的法国",能够"照亮世界的其他部分。"[4]

---

① Jean-Jacques Becker,*Histoire politique de la France depuis* 1945,p. 192.

② Jean Vigreux,*Croissance et contestation 1958 – 1981*,Paris:Seuil,2018,pp. 9 – 10.

③ Henri Mendras (avec la collaboration de Laurence Duboys Fresney),*La Seconde Révolution française :1965 – 1984*,Paris:Gallimard,1988.

④ Jean Vigreux,*Croissance et contestation 1958 – 1981*, p. 408.

第三章　进入成熟期的第五共和国

第一节　首位左翼总统

　　自 1965 年后,法国尚未进行过正常的总统换届选举。1969 年的选举是由于戴高乐的辞职,1974 年的选举则是由于蓬皮杜的去世,两次选举都显得仓促。1981 年终于迎来了正常的总统换届选举,因此候选人有足够的时间进行准备。这次选举左右两派都没有提出唯一候选人,右翼的法兰西民主联盟支持吉斯卡尔-德斯坦连任,法共则提出了自己的候选人乔治·马歇。但在保卫共和联盟和社会党内部,问题就稍微复杂一些。正统的戴高乐派米歇尔·德勃雷早在 1980 年 6 月就提出要参加竞选。但雅克·希拉克于 1981 年 2 月宣布自己将成为候选人,并得到保卫共和联盟多数的支持,而德勃雷却拒绝退出。社会党的米歇尔·罗卡尔于 1980 年 10 月宣布参选,但在 11 月 8 日密特朗宣布参选时,罗卡尔就撤回了自己的要求。为了减少候选人,这次选举提高了总统候选人资格的门槛,候选人需要 500 个各级当选者(议员、省议会议员、市长等)的签名支持,取代以前只要 100 名当选人签名的规定,当选人要来自 30 个省,以取代以前的 10 个省,这条规定将极右翼的勒庞和极左翼的克里文排除在候选人之外。尽管如此,仍有 10 名候选人角逐新总统。

4 月 26 日的第一轮选举结束后,吉斯卡尔-德斯坦似乎仍有连任的希望,他获得了有效选票的 28.3%,处在第二位的密特朗获选票25.8%,两人进入第二轮。希拉克和马歇分别获得了 18% 和 15.3% 的选票。[1]如果根据左右的分野,吉斯卡尔-德斯坦将战胜密特朗,然而历史的发展总是并非如此简单:希拉克宣布他会投吉斯卡尔-德斯坦的票,但他不会号召他的选民这样做;戴高乐派的另两个候选人加劳和德勃雷的态度也很暧昧,前者建议支持他的选民弃权,后者只是在口头上对吉斯卡尔-德斯坦表示支持。因此,人们估计有不少戴高乐派的选民在第二轮中转投了密特朗。结果吉斯卡尔-德斯坦在 5 月 10 日的第二轮选举中仅获得48.25% 的有效选票,密特朗得票 51.75%,当选法国的新总统。[2]

密特朗的当选在战后法国历史上具有重要意义。这是第五共和国第一位左翼总统,它标志着法国政治格局完成了从多元到"两极化"的重要转变,各派政治力量形成了动态的平衡,左右两翼的更替开始了良性循环,第五共和国的发展进入了成熟期。在获胜当晚,密特朗即表示"感受到了历史的重负、艰辛和伟大,只有全民团结一致才能承担时代提出的要求"[3]。

左翼当选了总统,而国民议会仍然是右翼占据优势,于是密特朗解散了国民议会。新的国民议会选举于 1981 年的 6 月 14 日和 21 日进行。第一轮选举,有 29.14% 的选民弃权,许多人认为在选举总统的过程中已经表明了意向。保卫共和联盟和法兰西民主联盟获得 42.9% 的有效选票,社会党一党就获得了选票的 38.02%,法共获 16.13%,极左翼获1.25%。第二轮选举左翼配合默契,社会党获 285 席,一党就足以形成

[1] Mathias Bernard, *Histoire politique de la Ve République*, Paris: Armand Colin, 2008, p. 140.

[2] Mathias Bernard, *Histoire politique de la Ve République*, p. 141.

[3] Olivier Wieviorka et Christophe Prochasson, *La France du XXe siècle*, Paris: Seuil, 2011, p. 626.

总数为 490 席的国民议会的绝对多数,法共获 44 席,保卫共和联盟获 88 席,法兰西民主联盟获 62 席。[①]

社会党在议会选举中取得压倒性的胜利后,密特朗任命社会党的皮埃尔·莫鲁瓦(Pierre Mauroy)组成新政府。在 43 名内阁成员中有 36 人是社会党成员。这届内阁最引人注目的,是有四位法共人士入阁,他们是交通部长夏尔·费泰尔曼、健康部长雅克·拉里特、公共运作部长阿尼塞·勒波尔和职业培训部长马赛尔·里古。这是法共自 1947 年之后首次重返政府。尽管社会党并不需要法共的支持也完全能组成内阁,但密特朗此举既是对法共给予他的支持的回报,也是表明了团结左翼的决心。

莫鲁瓦的执政期大致可以分成两阶段,第一阶段实行了一系列改革,可以称作法国社会党进行的"社会主义的实验"。然而不利的政治经济环境迫使社会党放弃改革方针,于是转入第二阶段,实行一连串的紧缩政策。

第一阶段的改革措施体现了社会党照顾公共利益、改善社会福利的宗旨。主要包括以下方面:首先是进一步推行国有化。1982 年 2 月,将电气总公司、圣-戈班、佩施内-于吉纳-库尔曼、罗讷-普伦克和汤普森五家大工业集团和巴黎荷兰银行、苏伊士银行等近 40 家金融机构国有化。国家还通过控股等手段控制了其他一些大型工业企业;其次是实行去中央集权化,即权力下放。1982 年 3 月通过的德费尔法将原属国家的一些管理职能转交给大区议会,省长改称共和国专员并将部分权力转给省议会议长;第三,推动社会和文化领域的改革。1981 年 10 月通过的法律废除了死刑;1982 年 6 月通过以城市建设和住房部长姓氏命名的吉约法,在房东和租户的关系上作了有利于租户的规定;1982 年 8 月至 12 月通过一系列以劳工部长姓氏命名的奥卢法,增加了工人在企业中的权利;

---

① Jean-Jacques Becker, *Histoire politique de la France depuis 1945*, Paris: Armand Colin, 2011, p. 198.

1981年11月通过的法案准许地方建立私营电台,随后1982年7月通过了有关广播电视的法律,重新组织管理机构,建立了有九人组成的"最高广播电视管理局",九名成员分别由总统、国民议会议长和参议院议长任命;1982年10月通过的拉里特法,取消了在公共医院里设立的私营部门;最后是继续提高人民的福利水平。增加最低工资,增加家庭补助金和老年人最低补助金,普遍实行每年五星期带薪假期,退休年龄提前到60岁,每周工作时间降为39小时,同时保持工资不变。

尽管实行了一系列重大的改革,但是由于经济形势一直没有根本好转,人们逐渐丧失了对社会党的信心。从1981年的秋天起,就出现了困难的苗头:10月,法郎贬值3%;外贸赤字扩大;失业人数增加。1982年6月,法郎第二次贬值。莫鲁瓦政府的政策开始转向,采取紧缩措施,将物价和工资冻结至10月31日。这一转向导致密特朗和莫鲁瓦的支持率大幅度下降。

在1983年3月举行的市政选举中,右翼势力有所反弹。选举结束后,莫鲁瓦改组了政府,罗卡尔担任农业部长,爱蒂特·克莱松(Edith Cresson)担任外贸部长,同时实行法郎第三次贬值,推出第二个紧缩计划,旨在减少国家开支和财政赤字,增加国债和税收,此外加强控制外币兑换,放慢工资增加的速度。系列政策引起民众不满,游行示威活动不断,示威者涵盖了许多社会阶层:医生抗议医院改革;学生反对国家削减对私立学校的资助和修改进入大学第二阶段学习的条件;还有农民和警察。随后在1984年6月举行的欧洲议会选举中,左翼政党惨遭败绩。6月24日,巴黎爆发了至少100万人参加的盛大游行,反对打压私立教育的萨瓦里法。7月12日,莫鲁瓦政府被迫收回萨瓦里法。7月17日,莫鲁瓦辞职,洛朗·法比尤斯(Laurent Fabius)接替莫鲁瓦出任总理。

法比尤斯生于1946年,时年37岁,是当时法国历史上最年轻的一位总理。在新内阁中,法共没有入阁,社会党的部长也作了一些调整,皮埃尔·贝雷戈瓦(Pierre Bérégovoy)任经济部长。新内阁给人的最初印象是年轻而富有朝气,以"现代化和团结法国人"为口号,试图减弱党派色彩。但这一切并不足以恢复人们对政府的信心。物价的涨幅虽然有所控制,人们的购买力却仍不见提高,失业问题始终成为挥之不去的阴影。同时,一系列突发事件困扰着法比尤斯政府,使它更显得无所作为。

在太平洋上的法国海外领地新喀里多尼亚,要求独立的运动在1984年底出现高潮,法国政府想建立"独立—协作"关系的计划遭到岛上占人口大多数的欧洲人及其同盟者的反对。1985年4月3日,由于对政府通过恢复比例代表制的选举法案不满,农业部长罗卡尔辞职。接着发生的"彩虹勇士"号事件使法比尤斯政府信誉扫地。7月10日,致力于环保的"绿色和平组织"旗舰——帆船"彩虹勇士"号在新西兰奥克兰港被人为放置的炸弹炸沉,船上一名摄影师身亡。在此之前,"彩虹勇士号"正准备出发抗议法国在南太平洋进行核试验。不久,有人揭露爆炸事件是法国情报机关所为,甚至可能得到法国国防部长埃尔尼的指使。法比尤斯政府开始矢口否认,在报界披露了事实真相后,埃尔尼和情报部门领导人被迫辞职,成为轰动世界的丑闻。因而当1986年的议会选举来临之际,民意测验一直显示右翼将在大选中获胜。但密特朗态度十分坚决,声明右翼即使获胜,他也不会辞职,而右翼领导人希拉克则表示,已经做好了与左翼总统共同治理法国的准备。

1986年3月的国民议会选举恢复采用了比例代表制的选举方法,一轮就决出胜负,结果右翼不出意料地在选举中赢得了多数:在总计573个席位中,保卫共和联盟获145席,法兰西民主联盟获129席,其他的右翼成员14席,共计288席。社会党和左翼激进派有215人当选,法共得35席,得票率不到10%。这次选举中值得注意的现象是,在选举中长期表现不佳的极右翼国民阵线获得了35席,已经能和传统政党法共平起平坐了。[1] 此后,极右政党成为法国政坛一股不可忽视的力量。

保卫共和联盟、法兰西民主联盟及其盟友在议会中获得了简单多数,无须极右翼的支持即可组建多数派政府,3月18日,密特朗任命希拉

---

① Jean-Jacques Becker, *Histoire politique de la France depuis 1945*, p. 213.

克组阁。在第五共和国的历史上，首次出现了左翼总统和右翼总理共同执政的局面，对此宪法并未涉及，人们发明了一个新名词"共治"（Cohabitation）来表示这样的政治局面。这种局面对第五共和国的政治制度是个考验，和总统不属一派的总理终于可以使宪法第 20 条"政府决定和领导国家的政治"和第 21 条"总理领导政府的行动"具有了实质性的意义。此后，法国政治史上又出现了两次左右"共治"。那么第五共和国政治制度的基石——总统作为权力中心还能保持吗？从"共治"的实践来看，第五共和国制度具有较好的弹性，并没有造成政治危机。

希拉克建立了以保卫共和联盟成员为骨干的内阁班子，爱德华·巴拉迪尔（Edouard Balladur）以国务部长的头衔负责金融经济和私有化事务，是实际上的副总理。政府面临的当务之急是解决失业问题，为达此目的，希拉克希望将法国的经济摆脱国家的束缚，让它恢复原有的活力。于是，他提出了一个庞大的私有化计划，涉及圣-戈班、兴业银行、巴黎荷兰银行、电视一台等众多国企。他放开物价的控制，取消了对巨额财产的征税和解雇工人的行政批准手续。这些措施并非灵丹妙药，金融投机者和房地产商们获得了很大的利益，但是失业人数继续增加，人们的购买力仍旧不见提高，1987 年秋天爆发的金融危机显现出了自由主义经济政策的局限性。

1986 年底，希拉克政府同样被一系列突发事件所包围：9 月发生了一连串起源于中东的恐怖主义袭击事件；12 月中旬至次年 1 月中旬，铁路员工不断地罢工；11 月和 12 月，大中学生举行了大规模的示威游行，反对政府提出的大学改革计划，其中一位学生在冲突中丧生，使这次学生运动染上了悲剧色彩，政府最后被迫放弃改革计划；新喀里多尼亚的局势仍然不稳定，虽然 1987 年 9 月的全民公决中反独立派取得胜利，但双方的鸿沟无法弥补。就在 1988 年法国总统选举的前夕，新喀里多尼亚的一支宪兵队遭到袭击，四名宪兵被打死，27 人被扣为人质，内政部长及政府的形象受到极大的损害。同时，密特朗利用左右共治的局面，以共和制度的保障者形象示人，逐渐恢复了声望，这一切对 1988 年的总统选举产生了微妙的影响。

在 1988 年的总统选举中,密特朗不顾 72 岁的高龄谋求连任,在候选人申请临近截止时宣布参选。作为密特朗的主要竞争对手,希拉克面临的形势并不乐观。在右翼阵营中,法兰西民主联盟也提出了自己的候选人雷蒙·巴尔,吉斯卡尔-德斯坦自觉当选无望,没有出来竞选。法共提出了新的候选人安德列·拉儒安尼,但人们预料他的得票率不会高,因此左翼阵营的力量相对集中。其他的候选人分别有国民阵线的勒庞、绿党和托派的几位人士等。

1988 年 4 月 24 日第一轮选举后,密特朗得有效票 34.09%,希拉克 19.94%,雷蒙·巴尔为 16.54%,勒庞为 14.39%。5 月 8 日第二轮选举,密特朗以 54.01%的得票率战胜希拉克的 45.98%当选,获得连任。[1] 随后他任命米歇尔·罗卡尔担任总理。

在新的胜利鼓舞下,密特朗像 1981 年那样解散了国民议会。新的国民议会选举重新采用两轮多数选举法。在 6 月 5 日第一轮选举中,左翼的社会党获 34.76%的选票,法共为 11.32%。右翼的保卫共和联盟得 19.18%的选票,法兰西民主联盟得 18.49%,国民阵线 9.65%。6 月 12 日第二轮选举结果,在总共 577 个议席中,社会党和其他的非法共左翼得 278 席,法共得 27 席,法兰西民主联盟超过保卫共和联盟得 130 席,后者得 128 席,其他右翼 13 席,极右的国民阵线得 1 席。[2] 如此社会党在议会中只是相对多数,它需要法共保持中立和某些中间派的支持才能在国民议会中占据优势。

选举结束后,罗卡尔正式走马上任。组成了包括 49 位成员的内阁,人数之多创下第五共和国的纪录。他的新内阁班子体现了一种党派开放的精神,半数成员不是社会党人,许多人是各方面的专家学者,如历史学家阿兰·德戈任法语国家部长,癌症专家莱昂·舒瓦尔森伯格任卫生

---

① Jean-François Sirinelli (sous la direction de), *La France de 1914 à nos jours*, Paris: PUF, 2014, pp. 450 – 451.

② Jean-Jacques Becker, *Histoire politique de la France depuis 1945*, p. 219.

部长。内阁向中右翼有一定程度的开放,有五名法兰西民主联盟的成员入阁,其中吉斯卡尔-德斯坦的好友让-皮埃尔·苏瓦松担任劳工部长。最重要的职位还是由社会党人占据,贝雷戈瓦任经济和财政部长,莱昂纳尔·若斯潘(Lionel Jospin)任教育部长。

当政之初,罗卡尔取得了两项政绩。首先是稳定了新喀里多尼亚的局势,6 月 26 日在他的主持下,新喀里多尼亚对立的双方和法国政府签订了协议,同意在该海外领地建立三个省,各省都拥有省议会,全岛有领土代表大会。该协议交付法国全民公决。但法国人对这一问题并不十分感兴趣,公投有 63% 的人弃权,结果参加投票的 80% 表示赞同。① 其次是 12 月议会通过法案,建立了"融入社会的最低收入救济金"制度(Revenu Minimun d'Insertion,简称 RMI),每月给那些没有任何经济来源的居民发放 2 000 法郎的救济金,促使他们能够融入社会生活中。

但在以后两年半的时间里,罗卡尔未能就恢复法国的经济和社会活力有更多的建树。他既不进行私有化,也不进行国有化,既不通过增加工资促进国内需求的发展,也不采取减少失业的措施。社会上的示威游行和罢工还是不断发生,如 1989 年 9 月至 10 月标致汽车厂的罢工、1990 年巴黎郊区的骚乱,1990 年 11 月学生的游行等。在这一时期,法国人的政治参与开始下降。首先是法国人历来相对不重视的欧洲议会选举,弃权率从 1979 年的 39.2%,上升到 1989 年的 51.11%。原先参与程度较高的地方选举和市政选举,弃权率也都到达创纪录的水平:1988 年 9 月的地方选举为 51%,1989 年 3 月的市政选举为 27.2%。② 究其原因,一方面是左右两派都无力解决经济问题,民众对政治失去了信心;另一方面,法国政坛不断爆出丑闻,如 1988 年密特朗的朋友因得到内部消息而在股票市场获利,1989 年社会党用假发票为党集资,同年尼斯市长和里昂市长先后涉及金融案件等,这些丑闻沉重打击了各派政党的形象。

---

① Mathias Bernard, *La France de 1981 à 2002*, Paris: Librairie Générale Française, 2005, p. 75.

② Jean-Jacques Becker, *Histoire politique de la France depuis 1945*, p. 221.

1991 年的海湾战争使法国人的注意力暂时转移到国外。密特朗坚决支持多国部队对伊拉克采取军事行动,在"沙漠风暴"行动前夜,他发表演讲强调:"为了拯救和平,法国绝不会袖手旁观。"①总统的言行得到了大部分法国人的支持,民意测验的支持率达到前所未有的高度。海湾战争胜利后,密特朗认为这是更换总理的合适时机,于是在 1991 年 5 月 15 日,任命爱蒂特·克莱松为新总理。

克莱松是法国历史上第一位女总理,同时她的政府也是第五共和国历史上任期最短的政府,执政时间不到一年。法国人首先为第一次出现女总理而感到喜悦,但随后克莱松言辞尖刻、办事武断的作风越来越让公众反感,例如要将巴黎的一些行政机构迁到外省的做法遭到激烈的批评,威信直线下降。在 1992 年 3 月 22 日的大区选举中,社会党在法国本土只得到 18.3% 的有效选票,这是近四分之一世纪以来,社会党遭到的最惨重的失败,反对派在 22 个大区中掌握了 20 个大区的领导权。同一天的地方选举,又被右翼夺去了 6 个省的领导权,全部 99 个省中的 76 个省议会被右翼控制。② 面对如此惨败,克莱松引咎辞职,密特朗任命皮埃尔·贝雷戈瓦为总理。

皮埃尔·贝雷戈瓦的政治经验较为丰富,在新的社会党建立之时就是密特朗的副手,1981 年担任总统的秘书长,1982 年起进入内阁,先后任社会事务部长与经济和财政部长,而且长期是总理职务的有力竞争者。然而此时距离 1993 年的国民议会选举时间仅有一年多时间,社会党要在短时间内从根本上扭转局面,几乎是不可能的。贝雷戈瓦上任之后,政治丑闻仍然不断出现。1992 年 6 月,媒体揭露出用于输血的血浆受到污染,此事涉及多位社会党头面人物,前总理法比尤斯被法庭作为证人传讯。新进入政府班子的城市部长、企业家塔比由于企业经营中的非法活动受到法律追究。贝雷戈瓦本人也在一起无息贷款事件中受到

---

① Olivier Wieviorka et Christophe Prochasson, *La France du XXe siècle*, p. 691.

② Jean-Jacques Becker, *Histoire politique de la France depuis 1945*, p. 222.

牵连。失业情况并无好转，社会党威望一再下降。

在这样的气氛下，《马斯特里赫特条约》全民公决的前景也变得扑朔迷离。本来，法国是欧洲统一的发动机，促进欧洲统一似乎是左右两派已经形成的共识。因此进一步推进欧洲统一事业的马约，在法国通过应该是没有问题的。然而在国内经济形势恶化的情况下，人们对欧洲统一前景就自然生出几分担忧来。除了极左和极右翼对此一直持反对态度外，社会党内部以让-皮埃尔·舍韦内芒（Jean-Pierre Chevènement）为代表，保卫共和联盟以菲力浦·塞甘和帕斯瓜为代表，法兰西民主联盟以德维利埃为代表都有一部分人站在了马约的对立面。结果在1992年9月20日的全民公决中，《马斯特里赫特条约》仅以50.81％的支持率涉险通过。①

因此，在1993年3月国民议会大选以前，结果已经没有悬念。但左翼的惨败仍然出乎许多人的意料。选举结果，法共赢得24个议席，社会党和其他左翼（总统多数派）只保留68个议席，比上届议会整整减少了214席。右翼共获得485席（保卫共和联盟242席，法兰西民主联盟207席，其他右翼36席），占国民议会总席位的84％，②在法国政治生活的历史上，很少出现左右力量对比如此悬殊的议会选举结果。许多社会党的重要人物在选举中纷纷落马，其中包括前总理罗卡尔等。1993年5月1日，贝雷戈瓦自杀身亡。

第五共和国的历史上出现了第二次"左右共治"局面。密特朗任命保卫共和联盟的爱德华·巴拉迪尔组阁。在这次"共治"中，由于密特朗身患癌症，1992年9月和1994年7月进行了两次手术，逐渐退居后台，右翼总理在国内事务中发挥了重要作用。巴拉迪尔政府只有29名成员，其中阿兰·朱佩（Alain Juppé）任外交部长。考虑到爱丽舍宫还存在着一位左翼总统，1995年的总统选举又将到来，这届政府没有长远的计划，主要是应付日常的事务，将自己的目标定在改善经济形势，恢复信

---

① Mathias Bernard, *La France de 1981 à 2002*, p. 84.

② Jean-Jacques Becker, *Histoire politique de la France depuis 1945*, p. 225.

心上。

在上台之初的几个月时间内,巴拉迪尔赢得了民心,他于 1993 年 7 月发行的公债取得巨大成功,募集到 1 100 亿法郎的资金,8 月初打击了对法郎的投机狂潮,12 月在国际贸易的谈判中取得了令人满意的成果。然而,从 1993 年底开始,巴拉迪尔政府又陷入了困境。经济虽然有所回升,但失业人数进一步增多,1993 年底已经接近 230 万。[1] 与此同时,政府通过的一项由地方行政向私立学校提供一定资助的法案,引发了声势浩大的示威游行,迫使政府撤回了该法案。几个星期以后,为了减少青年的失业率,政府建立一种名为"职业融入合同"(CIP)的救济制度,但由于低于最低保障工资而遭到指责,再次被迫撤回。随着总统选举的临近,右翼多数派内部出现了分裂,巴拉迪尔和希拉克的支持者互不相让,进一步增加了巴拉迪尔政府的困难。

1995 年的总统选举,社会党的原第一书记莱昂纳尔·若斯潘脱颖而出,成为本党的候选人。右翼有希拉克和巴拉迪尔参选。在第一轮选举中,若斯潘出人意料地得到了 23% 的有效选票,位居第一,希拉克以 20.8% 的得票率紧随其后。第二轮选举,希拉克以得票 52.6% 的优势战胜若斯潘当选。[2] 应该指出的是,社会党候选人虽然没有最后获胜,但输得并不难看,在第一轮的得票率甚至还超出了密特朗 1981 年竞选总统时的成绩,左翼的力量已经开始复苏。

密特朗卸任后,病情不断恶化,于 1996 年 1 月 8 日去世,享年 79 岁。作为第五共和国第一位任满两届的总统,他的政策一直伴随着争议。但人们不会忘记在他领导期间完成的一系列具有历史意义的建筑:大卢浮宫(1988 年 10 月 14 日金字塔型门厅落成),拉德方斯大拱门(1989 年 7 月西方七国首脑高峰会议举行之际落成),巴士底歌剧院(1989 年 7 月 13 日,正值法国大革命二百周年之际落成),工业科学城的扩建(1985 年

---

① Jean-François Sirinelli (sous la direction de), *La France de 1914 à nos jours*, p. 470.
② Mathias Bernard, *La France de 1981 à 2002*, p. 95.

球形电影院落成),阿拉伯世界学院(1987年),奥赛火车站改造成博物馆(完成于1987年),法国国家图书馆(现名弗朗索瓦·密特朗图书馆,1988年由密特朗倡议,1995年3月30日落成,密特朗出席了落成典礼,这是他最后一次公开露面)等。人们普遍认为:他的去世标志着法国一个时代的结束。

第二节　跨世纪的希拉克任期

希拉克当选总统,标志着戴高乐派在21年后重返爱丽舍宫。他的政治经验非常丰富:1967年进入蓬皮杜内阁;1977—1995年连续担任巴黎市长长达18年;并在1974—1976年和1986—1988年两度担任总理。在右翼阵营中,希拉克拥有比较开明的形象:他是少数赞同人工流产(IVG)合法化、支持废除死刑的右翼政治家之一。当选不久之后的1995年7月16日,适逢1942年维希政权迫害犹太人的冬季赛车场大逮捕(la rafle du Vel d'hiv)53周年纪念,他打破以前将维希政权视为非法,不能代表法国的传统,首次承认法国对二战犹太人的遭遇负有责任,犹太社团对此表示欢迎。

当选之后,希拉克任命阿兰·朱佩为总理组阁。这届政府共有43名成员,其中有11名女性。朱佩政府为了保持预算平衡,提高增值税,冻结公务员待遇,试图将赤字降到国内生产总值的3%以下,以达到《马斯特里赫特条约》规定的加入单一货币体系的要求。作为补偿,政府提高了最低工资(SMIC),并且在8月迫使意见不同的经济和财政部长阿兰·马德兰(Alain Madelin)辞职。

然而经济形势并未好转,法国没有享受到全球经济复苏的成果,年底失业人口上升。11月7日,政府改组,11名女性部长中有8名离职,朱佩组建了由33名阁员构成的新政府,继续以减少赤字作为政策首要目标,着手进行一系列的改革,其中社会保险改革是重点,主要包括以下几项内容:扩大社会保险金的征收范围,提高了社保中个人缴纳部分,以降低社保赤字;设立医疗保险支出的上限,增加医疗保险的征收比例,严格控制医保支出;改革各行业不平衡的退休制度,延长公务员和国有企业职工领取全额退休金的缴费年限至40年。这是第五共和国成立以来对法国社会保障制度进行的力度最大的改革。

改革方案得到法国民主工人联合会(CFDT)和法国天主教工人联合会(CFTC)的同意,但遭到法国总工会(CGT)和法国工人力量总工会(FO)的强烈反对。公务员和公共服务部门举行了多次大规模示威游行,参加人数在12月达到200万人,公共交通几乎陷入瘫痪,成为自1968年"五月风暴"以来最大规模的抗议浪潮。舆论认为,改革带有浓厚的英美式自由主义的色彩,对法国的社会模式造成了严重破坏。最后朱佩政府被迫收回退休制度改革,保留了医疗改革,才平息了示威游行。

进入1996年,移民问题进入法国社会关注的视野。3月开始,大批非法移民占据了圣安布瓦兹和圣伯纳尔两所教堂,举行反饥饿抗议,要求获得合法身份,并得到了许多知识分子和左翼艺术家的支持。8月23日,警方强行驱散圣伯纳尔教堂抗议人群,舆论哗然。年底,失业率继续上升,最低收入救济金(RMI)领取者突破百万大关。

1997年4月21日,希拉克宣布解散国民议会,提前10个月举行立法选举,试图重组右翼多数,与政府任职年限保持一致。以便更加顺畅地推行政策。社会党领导人若斯潘组成多元左翼联盟,以社会党为主力,团结了左翼激进党、让-皮埃尔·舍韦内芒领导的"公民运动"党、罗贝尔·于(Robert Hue)领导的法共和多米尼克·瓦内(Dominique Voynet)领导的绿党参选。6月的选举结果,左翼阵营大获全胜。国民议会577个席位中,左翼联盟获得320席,比上届议会多出221席,以绝对优势组成新的议会多数。其中社会党和左翼激进党的党团联盟获得259席,重新上升为第一大党,法共获得37席,取得了1986年以来的最好成绩,影响回升。绿党首次进入议会。保卫共和联盟和法国民主联盟组成的原右翼多数派遭遇惨败,痛失217席,创下了1981年以来的最低记录。① 法国舆论普遍认为,在没有出现重大危机的情况下,希拉克此举毫无必要。著名历史学家勒内·雷蒙(René Rémond)评论说:"希拉克给右翼带来了灾难。"②第五共和国出现了第三次左右共治。与前两次左翼总统和右翼总理共治不同,首次出现了右翼总统和左翼总理的共治,这也是当时西欧政坛普遍左转,左翼政党普遍掌权的一个缩影。

6月2日,若斯潘出任总理组阁,新政府是1962年以来最为精干的一届,仅有26名成员,涵盖了所有的左翼政党,其中绿党是首次入阁。若斯潘大胆起用了多位政坛新面孔担任重要职务,如经济和财政部长多米尼克·斯特劳斯-卡恩(Dominique Strauss-Kahn)、社会事务部长马蒂娜·奥布雷(Martine Aubry)和外交部长于贝尔·韦德里纳(Hubert Védrine)都是首次出任部长。若斯潘政府支持欧洲一体化,尝试将凯恩斯主义和自由主义的经济、社会政策相结合,控制公共开支,促进就业。

1997年8月,若斯潘政府提出了"青年就业计划",鼓励国营和私营企业承担社会责任,招收25岁以下无业青年从事家政服务、教育辅助、住宅及环境维护、治安助理等工作,国家给予财政支持。与此同时,国民议会通过了以社会事务部长姓氏命名的奥布雷法案系列,以缩短工作时间来增加就业。法案规定,从2000年开始,职工人数超过20人的企业,每周法定工作时间从39小时逐渐减少为35小时,职工人数在20人以下的企业则从2002年开始实行35小时工作制。职工工作超过法定工时,企业必须加付薪酬并缴纳社会保险,且年法定工作时间不能超过1 600小时。在2005年之前,领取各行业最低工资者减少工时但不减少工资,企业由此蒙受的损失由国家承担。

对于35小时工作制,法国国内存在着不少争议,批评者认为增加了劳动力成本和国家财政负担,阻碍了法国经济的国际竞争力,而且促进就业的效果并没有预想的那样好。尽管如此,若斯潘政府的就业政策仍

---

① Jean-Jacques Becker, *Histoire politique de la France depuis 1945*, p. 239.
② Ralph Schor, *Le dernier siècle Français :La France de 1914 à 2014*, Paris:Perrin, 2016, p. 507.

然取得了明显的成效,法国的失业率从 1997 年春的 12％下降为 2001 年初的 8.7％。[1]

在经济政策方面,若斯潘政府进一步推动国有企业的私有化浪潮,降低国有股份的比例,称之为"向资本开放",减持力度超过此前历届政府。在本届政府任内,法国经济发展有所复苏。法国按时、顺利地达到欧盟标准,加入了欧元区。国内生产总值持续增长,1997 年为 2.3％,1998 年为 3.6％,1999 年为 3.4％,2000 年达到 3.9％。[2]

若斯潘政府在推动男女平等,保障女性权利方面也有所建树,女性可以在婚后保留自己的姓氏,更重要的是获得了平等的参政权。1998 年7 月,社会党提出宪法修正案,将"法律鼓励男女任职机会均等"加入宪法第三条关于国家主权的条文中,获得了议会批准。政府先后出台了两项法律,规定今后在各级选举中,各政党提出的候选人名单必须男女各半,在使用比例代表选举制的选举中,当选议员总数必须男女持平。这是世界上首次用法律形式规定了女性的平等参政权。在法律颁布后的 2001年 3 月市镇选举中,当选市议员的女性占市议员总数的 48％,较以前有了大幅度提高。[3]

2000 年 5 月,前总统瓦莱里·吉斯卡尔-德斯坦向国民议会提交了总统任期缩短为五年的宪法修正案,6 月,议会通过。9 月,公民投票以73％的支持率通过。[4] 这是希拉克第一任期中政治领域内的重大改革。法国总统任期七年,在西方主要大国中明显偏长,并且与议会的五年任期不一致,造成了三次左右共治的局面。这一方面体现了第五共和国政治制度的弹性,但另一方面严重影响了政策的制定和实施。此次宪法修正案将总统任期改为五年,并且在总统选举之后立刻进行议会选举,可

① Mathias Bernard, *La France de 1981 à 2002*, p. 105.

② "Évolution du produit intérieur brut et de ses composantes Données annuelles de 1950 à 2020", INSEE.

③ Ludivine Pantigny, *La France à l'heure du monde : De 1981 à nos jours*, Paris : Seuil, 2013, p. 76.

④ Jean-François Sirinelli, *La Vᵉ République*, Paris : PUF, 2009, p. 98.

以基本保障总统和议会多数派在政治主张上的一致,消除了法国政治发展的一项障碍。

在法国内政中,科西嘉和新喀里多尼亚一直是比较棘手的两个问题。1998 年 2 月 6 日,科西嘉地区最高行政长官克洛德·埃里尼亚克(Claude Erignac)遭到分离主义者的袭击身亡。2000 年 7 月,若斯潘政府、科西嘉民选代表和分离主义者经过谈判达成协议,科西嘉获得较大程度的自治。但遭到希拉克总统和右翼政党的反对,内政部长因此辞职。经议会多次辩论、修改,于 2001 年颁布法律,同意在科西嘉的初等教育中进行科西嘉语言的义务教育,科西嘉享受税收优惠直至 2016 年,暂时安定了科西嘉局势。新喀里多尼亚问题的进展相对顺利一些,1998 年 5 月,若斯潘亲自飞赴努美阿,与当地主张独立和留在法国的对立两派政治力量签订了《努美阿协议》,法国同意在未来 15—20 年内在岛内举行公民投票以决定新喀里多尼亚是否独立。①

2002 年的总统选举共有 16 名候选人参加,是第五共和国成立以来最多的一次,左右共治的两方不出意料地都宣布参选。希拉克承诺大幅度降低税率,若斯潘则承诺给所有无家可归的人提供住所。但第一轮选举的结果完全出乎人们意料,希拉克得票率为 19.88%,极右政党国民阵线的领导人让-玛利·勒庞的得票率为 16.85%,分居前两位,而若斯潘得票率仅为 16.17%,被淘汰出局。②

若斯潘宣布退出政坛。究其失败原因,主要有以下几方面:首先是竞选策略上的失误,如攻击希拉克的健康状况,为后者增加了同情分,否认自己青年时期曾是托洛茨基主义者,给人以不诚实的印象;其次是执政期间推行的政策引发的争议,如对犯罪和非法移民等问题过于宽容;最后是本次选举的特殊性,弃权率创下历史新高,候选人人数众多,导致选票分散,有三分之一的选票投给了左右两翼的极端派,传统大党的选

---

① 2018 年 11 月 4 日、2020 年 10 月 4 日和 2021 年 12 月 12 日,新喀里多尼亚先后举行了三次公投,结果均为留在法国。

② Jean-François Sirinelli(sous la direction de),*La France de 1914 à nos jours*,p. 503.

票大量流失,左翼遭受的损失比右翼更大。

在第五共和国的历史上,首次出现了极右政党候选人进入总统选举最终对决的形势。法国舆论大哗,发行量最大的报纸《世界报》以"我感到耻辱"作为通栏标题。欧洲邻国、欧盟乃至世界政坛都表示极大的震惊和不安。22 日,包括巴黎、马赛和里昂在内的二十多个大中城市爆发了反对极右势力的大规模示威游行。各主要政党尤其是左翼政党的领导人纷纷发表讲话,号召支持者捍卫共和制度和法国在世界上的形象,遏制极右势力在法国的蔓延。希拉克重申对共和国价值观和人权的忠诚,得到了除托派之外的左右各派政治力量的一致支持。在 5 月 5 日进行的第二轮选举中,投票率大幅度提升,希拉克获得了 82.15% 的选票,[1]以第五共和国成立以来最悬殊的差距战胜了勒庞,从而开始了他的第二任期,也是第五共和国第一次五年制的总统任期。

2002 年 6 月,希拉克任命让-皮埃尔·拉法兰(Jean-Pierre Raffarin)为总理组建新一届政府。拉法兰被认为比较了解"下层的法国"(la France en bas),其个人作风与强势的若斯潘相比,相对平和并善于沟通。内阁为戴高乐派保留了许多重要位置:尼古拉·萨科齐(Nicolas Sarkozy)担任内政部长;多米尼克·德维尔潘(Dominique De Villepin)担任外交部长;弗朗索瓦·菲永(François Fillon)担任社会事务部长。在人员组成上有不少亮点,如哲学家吕克·费里(Luc Ferry)担任教育部长,女宇航员克洛迪·艾涅雷(Claudie Haigneré)出任主管研究和新技术的部长级代表,此外还有两名穆斯林人士被吸收入阁。

为了准备立法选举,希拉克组建了总统多数派联盟(Union pour la majorité présidentielle,简称 UMP),试图将右翼的保卫共和联盟(RPR)和中右翼的"法兰西民主联盟"(UDF)联合组成统一的右翼政党,得到后者部分成员的支持,但"法兰西民主联盟"领导人弗朗索瓦·贝鲁(François Bayrou)反对"单一政党、单一观点、单一思想",拒绝加入。在

---

[1] Jean-François Sirinelli (sous la direction de), *La France de 1914 à nos jours*, p. 506.

随后进行的立法选举中,总统多数派联盟获胜。同年 11 月,总统多数派联盟改名为"人民运动联盟"(Union pour un mouvement populaire,简称仍为 UMP),阿兰·朱佩当选为领导人。

在总统选举前夕的 2002 年 3 月 27 日,巴黎西郊南泰尔市议会会场上发生枪击案,八位议员遇害,十九位受伤。此事成为总统选举的重要议题之一。因此,拉法兰政府上台后首先加强了社会治安的治理。在此过程中,内政部长萨科齐发挥了重要作用。一方面强化公共安全:议会通过《社会治安法》,规定未来五年内法国将投入 60 亿欧元用于司法和安全;增加 1.35 万名警察和 1 万名宪兵编制,警察与宪兵统一归内政部领导;针对未成年人犯罪大幅度增加的情况,将司法惩治年龄降为十岁,扩大对未成年罪犯的惩治和教育;加大惩治力度,将强行乞讨和占据公共建筑物大厅等行为列入轻度犯罪范畴。另一方面保持开放:取消了外国罪犯服刑结束后立即遣送回国的双重刑罚;坚持"积极区分"原则,推动移民来源的多样性;创立法国穆斯林委员会,以促进穆斯林融入法国社会。

经济和社会领域中,拉法兰政府执行了一系列自由主义色彩的政策,如降低税率、减少失业补偿、继续推进私有化,开放天然气和电力竞争、压缩公务员岗位等。2003 年,社会事务部长菲永试图再次改革退休制度,方案是不推迟法定退休年龄,维持特殊行业的优惠政策,但领取全额退休金的缴费年限延长到 42 年。改革方案同样遭到大规模抗议而失败,不过政府的社会政策在减少道路安全事故、防治癌症、为残障人士进入公共交通和建筑物提供便利等方面取得了显著效果。

从 2003 年开始,拉法兰政府遇到的困难日益增多。经济增长放缓,公共债务猛增。2003 年的酷暑造成 15 000 名老人去世,而政府对此缺乏预见性,受到严厉批评。科研人员、医生、电力工人,天然气工人、无家可归者的抗议活动此起彼伏。在 2004 年 3 月进行的大区和省议会选举中,执政党败北,拉法兰向希拉克提出辞呈。希拉克在接受之后旋即再次任命拉法兰为总理,改组了政府。但 6 月欧洲议会选举执政党再次败北。

2004 年 6 月,欧盟 25 个成员国一致通过了《欧盟宪法条约》草案的最终文本。同年 10 月,欧盟 25 国首脑在罗马签署了《欧盟宪法条约》,根据有关规定,该条约必须在欧盟所有成员批准后方能生效。在法国举行公民投票之前,已经有西班牙等九个欧盟成员批准了该条约。法国社会展开了大辩论,反对者认为《欧盟宪法条约》无法体现法国在扩大了的欧盟中的地位,反而会损害法国人的福利和各种社会保障,欧盟其他国家的移民也会威胁法国人的就业。支持者则认为该条约可以充分提升法国的地位,保障法国的传统,推动法国的发展。就各政党而言,人民运动联盟、社会党和法国民主联盟等传统大党表示支持,法共、极左派和极右派表示反对。2005 年 5 月 29 日,法国公民投票以 54.68% 的反对票否决了《欧洲宪法条约》。[①] 许多人批评文本既复杂又模糊,而且自由主义色彩过于浓重。在投票中,传统大党未能充分发挥影响力,反对票最多的来自失业最严重的地区和收入最不稳定的社会阶层。作为欧洲联合的创始国和主要推动者之一,法国的否决给欧洲一体化事业造成了沉重的打击。5 月 31 日,拉法兰再次请辞,希拉克任命多米尼克·德维尔潘为总理组阁。

德维尔潘先后担任过总统府秘书长、外交部长和内政部长。2003 年 2 月 14 日,时任外交部长的德维尔潘在联合国安理会发表演讲,反对美国发动对伊拉克的战争,产生了很大影响。

新政府采取了一系列措施来鼓励就业:简化企业的用人手续,提高企业用人的积极性;减轻企业的财税负担,促使中小企业愿意雇佣更多的劳动力;对青年的就业提供财政补助,同时优先向失业一年以上的青年提供工作和培训岗位;放宽或取消某些用工方面的年龄限制,积极鼓励五十岁以上的人就业;启动多项铁路、高速公路、桥梁等大型工程,以

[①] Frédéric Bozo, *La politique étrangère de la France dequis 1945*, Paris: Flammarion, 2012, p. 256.

促进就业。这一系列政策取得了一定的效果,遏制了失业继续上升的势头。

2006年1月,为了进一步增加就业,德维尔潘政府推出《首次雇佣合同》(le contrat première embauche,简称CPE)法案。法案规定:二十人以上的企业在雇用年龄不超过26岁的雇员时,在头两年内可以自由终止合同,无须说明理由。两年后,雇主可以和雇员签订长期正式合同。法案遭到大中学生的强烈反对,全国各地都爆发了抗议活动,学生还得到了青年工人的支持。4月4日的示威活动达到顶峰,全国共有300万人参加罢课和罢工。德维尔潘坚持了三个月,最后被迫作出让步,以《帮助困难青年就业机制》取代了《首次雇佣合同》,抗议浪潮得以平息。

在希拉克第二任期中,法国的移民问题开始凸显,逐渐成为社会关注的热点问题之一。从历史来看,法国是西方国家中接纳移民较早和较多的国家之一。由于工业化发展较早,从19世纪后期开始,法国就吸引了许多欧洲邻国的劳动力。作为仅次于英国的世界第二大殖民帝国,遍布各大洲的法国殖民地也为宗主国提供了大量的移民。二战结束之后,为了解决发展经济所需的劳动力问题,法国主动吸收了来自马格里布国家等非洲地区的移民。1970年代,印度支那的政治变局为法国带来了大量难民。1990年代,随着欧洲一体化的发展,法国又增加了中东欧国家的移民。移民对法国的经济繁荣和社会发展作出了很大的贡献,也带来了一系列新的问题。

其一是文化认同。法国对移民采取"共和同化"政策,强调移民对法国文化的认同。在法兰西价值观之中,世俗化是重要原则之一,1905年的《政教分离法》就规定禁止在公立学校中佩戴宗教标志。在拉法兰政府时期的2003年秋,外省一所中学里有四名穆斯林女生因为不听校方劝阻,拒绝在校园内摘掉头巾而被学校开除,由此引发了全国性的大讨论。2004年3月,议会通过了"公立学校内禁止佩戴明显宗教标志"的法案,简称"头巾法案",明确规定大号基督教十字架、犹太教帽子和伊斯兰教头巾为"明显宗教标志",不得在公立学校佩戴,维护了世俗化的原则。

　　其二是许多移民在融入社会时遇到困难,导致生存状况不佳,在德维尔潘政府任期中,矛盾爆发。2005 年 10 月 27 日,巴黎东北郊克里希苏布瓦地区的三名北非裔少年为逃避警察的追捕躲进一个变电站,其中两名不幸触电身亡,引发了全国性的移民尤其是城市郊区的移民青少年的骚乱。骚乱蔓延了三个星期,据统计,抗议涉及全法 300 个城镇,大约一万辆汽车被焚烧,233 栋公共建筑和 74 栋私人住宅被毁。[1] 11 月 8 日,希拉克被迫宣布全国进入紧急状态。骚乱平息之后,2006 年 5 月,议会通过《移民和社会融入法案》,将移民法的原则从以前的"接纳"调整为"选择",开始提高移民的门槛。对人道主义性质的"家庭团聚"和"避难"等类型的移民进行限制,鼓励投资移民和技术移民,欢迎高级管理人员、高水平艺术家和运动员。尽管如此,与其他欧洲国家相比,法国的移民政策仍然较为宽容,并且遵循人道主义和法治原则。

　　虽然德维尔潘政府任期内经济有所复苏,失业人数减少,但政府先后受到城郊移民青少年骚乱和反《首次雇佣合同》抗议的冲击,支持率下降。雪上加霜的是,法国政坛又爆发了"清泉门"(l'affaire Clearstream)丑闻。2004 年,司法部门收到一封匿名信,指控一些政界和商界人士互相勾结,在 1991 年向中国台湾地区出售武器的过程中收取贿赂,并通过一家注册在卢森堡、名为"清泉"的公司洗钱,其中包括萨科齐、法比尤斯和舍韦内芒等政界重量级人物。2006 年,司法机关找到了匿名信作者,在调查过程中涉及德维尔潘。后者承认 2004 年自己作为外交部长时曾下令调查,但否认针对具体个人,也否认自己与匿名信有关。由此,德维尔潘被视为幕后黑手,陷入舆论旋涡,声誉再次下降。[2]

　　2007 年的总统选举来临之际,希拉克宣布放弃竞选连任。[3] 最后共

---

[1] Jean-Jacques Becker, *Histoire politique de la France depuis 1945*, p. 257.

[2] 德维尔潘于卸任后的 2008 年被起诉,2010 年 1 月,法庭最终判决其无罪。

[3] 2019 年 9 月 26 日,希拉克逝世,享年 86 岁。9 月 30 日,法国为他举行了国葬,多国领导人出席。

有 12 名候选人参选。"人民运动联盟"推出萨科齐作为候选人,他提出了"权威、安全、国家认同"的竞选纲领,以及"无可指摘的民主""干得多赚得多"等竞选口号。

社会党候选人则是塞戈莱纳·罗亚尔(Ségolène Royal),她以"正义秩序"为竞选口号,承诺捍卫工作和家庭,打击青少年犯罪。法国选民们吸取了 2002 年的教训,首先表现在踊跃投票,第一轮投票率高达82.58%,第二轮上升为 83.97%,创下了法国建立总统直接普选制度以来的新高。① 其次体现在选票集中,得票最多的前三名候选人获得的票数达到了选票总数的四分之三,小党候选人得票率下降。萨科齐采取吸引极右选民的策略,取得成效,勒庞得到的票数比 2002 大为减少。罗亚尔夫人则吸引了极左派和绿党的选票。萨科齐和罗亚尔在第一轮分别获得 31.18% 和 25.87% 的有效票进入第二轮,最终萨科齐以 53.06% 的有效票数当选。②

在第二轮选举中,75%的勒庞支持者、51%的工人以及大部分老人、农民和低收入者将选票投给了萨科齐。罗亚尔的拥趸则主要来自年轻人、高学历者和移民,其中包括 94% 的穆斯林。民调显示,左翼失败的主要原因是未能在安全、移民和提高收入这些方面提出令人信服的政策,导致了选民的失望。③

第三节 战后出生的总统

一、遭遇金融危机的萨科齐

萨科齐是首位战后出生的法国总统,1955 年出生于巴黎,也是法国历史上第一位移民后裔总统,父亲是匈牙利移民。他很早就开始参加戴

---

① Jean-Jacques Becker, *Histoire politique de la France depuis 1945*, pp. 260 – 261.
② Jean-Jacques Becker, *Histoire politique de la France depuis 1945*, pp. 260 – 261.
③ Ralph Schor, *Le dernier siècle Français:La France de 1914 à 2014*, Paris:Perrin, 2016, p. 517.

高乐派的政治活动,1983 年,年仅 28 岁时即当选为巴黎大区上塞纳省讷伊市市长,先后执掌过预算、内政、经济与财政等多个重要部门,颇有政绩。其作风与前几任总统有明显的差异,个性比较张扬。

2007 年 5 月,萨科齐任命弗朗索瓦·菲永为政府总理组阁,菲永内阁有 31 名成员,其中有多位女性出任重要位置的部长职务,如拉希达·达蒂(Rachida Dati)担任司法部长、米歇尔·阿里欧-玛丽(Michèle Alliot-Marie)担任内政部长、克里斯蒂娜·拉加德(Christine Lagarde)担任经济部长等,还有多名左翼人士入阁,如著名的人道主义组织、1999 年诺贝尔和平奖得主"无国界医生"(Médecins sans frontières)组织的创始人贝尔纳·库什内(Bernard Kouchner)出任外交部长,2009 年甚至有前总统弗朗索瓦·密特朗之侄弗雷德里克·密特朗(Frédéric Mitterrand)出任文化部长。菲永政府在萨科齐任期内两度改组,但萨科齐始终没有更换总理,基本保持了延续性和稳定性。在 6 月的议会选举中,中右翼发生了分裂,极右翼得票继续下降,支持率暂时回到 1970 年代的低水平。

为了促进经济发展,菲永政府实行了减税政策:将德维尔潘政府开始实行的"税收盾"(bouclier fiscal)政策①的上限从 60％下降至 50％;减免加班工资的税收;降低继承税和遗产税。与此同时,政府以"积极团结救济金"(Le revenu de solidarité active 简称 RSA)代替最低收入救济金(RMI),以家庭为单位确定最低经济收入,对于失业者因重新就业而产生的诸如孩子看护、交通等必要费用给予补贴,提高对失业者重新就业的激励,推动就业。这些政策收到了一定效果,2007 年法国经济增长保持在 2.4％,②失业率下降为 7.7％,失业人数减少到 212.2 万,处于 1980

---

① 即纳税人缴纳的直接税总额不能超过其收入总额的一定比例。

② "Évolution du produit intérieur brut et de ses composantes Données annuelles de 1950 à 2020", INSEE.

年代中期以来较低的水平。① 直至 2008 年初,法国经济依然发展势头
向好。

　　2007 年夏季开始,美国出现了次贷危机并向全球迅速蔓延,2008 年
下半年进一步爆发了金融危机,很快波及法国。法国的金融业损失惨
重,股市暴跌,证券指数 CAC40 几乎被腰斩。受此影响,法国的经济形
势逆转,大批企业破产,2008 年的国内生产总值增长率下降到 0.3%,②
2009 年更是出现了负增长,为战后所罕见。

　　菲永政府重振法国经济的计划成为泡影,当务之急是应对这场金融
危机。2008 年 10 月初,政府推出了总额为 3 600 亿欧元的救市方案,通
过为各家银行发行债券和银行间借款提供担保、参与银行资本重建等方
式,帮助银行摆脱融资难的困境。与此同时,政府要求银行必须满足多
项条件以保持健康运作,最重要的是资本充足率必须达标。此外,还成
立了一个可以动用 400 亿欧元资金的金融机构,国家参股并为其融资提
供担保,旨在为陷入困境或濒临破产的银行重新注入资本,当该银行经
营好转后通过出售股权退出。通过这个机构,政府对六家大银行提供了
200 亿欧元的救助资金,逐步稳定了金融业和市场信心。在稳定金融局
势之后,政府改革了金融监管体制,将原来银行、保险和证券分业监管的
机构合并,组建成一个统一的金融监管机构,并通过一系列法案大力加
强了金融监管。

　　救市方案推出之后,菲永政府还在 2008 年底先后推出政策,为遭遇
困难的汽车制造、建筑等其他行业的企业以及中小企业提供支持。总体
而言,对于 1970 年代以来一直在经济领域表现不佳的法国而言,此次应
对金融危机的表现可圈可点,收效显著。尽管 2009 年法国的国内生产

---

① "Chômage et taux de chômage au sens du Bureau International du Travail (BIT), par sexe et
par tranche d'âge quinquennal et regroupé, en moyenne annuelle"(1975 - 2014), INSEE.

② "Évolution du produit intérieur brut et de ses composantes Données annuelles de 1950 à
2020", INSEE.

总值增长率为－2.2%,但仍然高于欧盟27国的平均值－4.2%,[1]衰退程度明显低于大部分欧盟和欧元区国家。2010年,法国的国内生产总值增长率为1.5%,虽然略低于欧盟27国的平均值1.8%,但在欧盟主要大国中仅次于德国,高于英国、意大利和西班牙。[2] 欧洲银行业监管会于2010年7月公布了压力测试结果,法国参加测试的四家银行在模拟的极端灾难性情况下,资本充足率仍然大大高于安全线,表明法国银行业运行健康,能够有效控制风险。

虽然渡过了难关,但法国经济仍然处于增长乏力、赤字过高、失业率反弹的状况之中。2010年,菲永政府通过法案,向科研、高等教育、工业和可持续发展继续投资,以推动经济发展,促进就业。同时,继续推进"公共政策全面调整"(Révision générale des politiques publiques,简称RGPP)方案,力图开源节流,降低赤字。一方面,取消税收盾,将增值税(TVA)从5.5%提高到7%,提高大企业税收和股息税,为政府增加收入;另一方面,削减各部门经费和社会保险,计划通过"退休两人只补充一人"的方法逐步减少公务员的数量,为政府减少开支。政策实行之后,赤字有所减少,但经济活力受阻,增长率再次下降,而失业率依然居高不下。

在社会领域,萨科齐任期内最大的举措是对退休制度的改革。随着老龄化的发展,法国退休金的赤字不断增加,成为国家财政的沉重负担,前文已经述及,1995年的朱佩政府和2003年的拉法兰政府都试图对退休制度进行改革。但是法国在历史上形成了多元化的退休制度,各行业依据集体谈判和行业之间的共济协调形成了多种多样的养老保障体系,导致改革的牵涉面广,情况复杂,反对众多,因此朱佩和拉法兰的尝试都以失败告终。

菲永政府吸取了前任的教训,采取强硬态度,力排众议,于2010年

---

① *Tableaux de l'économie française Edition 2011*, INSEE, p. 113.
② *Tableaux de l'économie française Edition 2012*, INSEE, p. 113.

10 月通过了退休制度改革的法案,规定从 2011 年 7 月起,每年推迟退休年龄 3 个月,至 2018 年达到 62 岁退休。同时,领取全额退休金的年龄从 2016 年的 65 岁逐渐推迟到 2023 年的 67 岁,将缴纳养老保险金的年限增加到 41 年。此外,公共部门养老保险金的缴纳比例将在 10 年内从 7.8%增加到 10.55%,与私营部门看齐。此举对减轻国家财政压力,增加经济活力,减少社会不平等起到了积极的作用。

在政治领域,萨科齐任内对宪法进行了修订。2008 年 7 月议会以微弱优势通过修宪法案,主要有如下内容:总统连任不能超过一届;扩大议会的功能;扩大公民的参政权;进一步保障政党和政治团体参与政治生活;进一步保障媒体的独立、自由和多元化等。在其他领域的改革还包括:2007 年 8 月通过《大学责任与自治法》,规定大学拥有自我管理预算、工资总额及人力资源的权限,扩大大学自治权;2010 年 9 月通过了禁止妇女在公共场合穿戴伊斯兰蒙面罩袍的法案;2010 年 12 月通过了《地方行政改革法》,以地区议员取代大区议员和省议员等。

萨科齐任期内引发了争议最多的,是对外国人和移民的政策。2007 年 8 月,菲永政府在前任德维尔潘政府的《移民与社会融入法案》基础上,通过了《奥尔特弗法案》,进一步收紧了移民政策。2009 年,移民部长组织了全社会范围内的国家认同大讨论,由于遭到了众多批评而草草结束。2010 年 7 月,一名涉嫌犯罪的罗姆人(Roms,又名茨冈人,俗称吉普赛人)青年因拒捕而被宪兵击毙,引起罗姆人的骚乱。萨科齐在格勒诺布尔发表讲话声称:"我们正在承受五十年来对移民疏于管理导致融入失败的恶果。"[1]随后提出了一系列针对移民加强管控的措施。同时,政府拆除了大量罗姆人非法营地并驱赶罗姆人离开法国。国际和国内舆论对此进行了严厉批评,欧盟委员会指出,法国阻碍人员的自由流通,违背欧盟的原则。对于萨科齐提出的系列政策,法国宪法委员会裁决其多处违宪,尤其是有关加重刑罚和驱逐出境的部分,议会也否决了关于剥

① Ralph Schor, *Le dernier siècle Français*: *La France de 1914 à 2014*, p. 520.

夺国籍的内容,只通过了严惩袭警的政策。

2012 年的总统选举,萨科齐谋求连任。由于经济形势没有起色,他的支持率一路下降。在执政后期,除了各项政策的调整,萨科齐也开始改变个人风格,作风转向平实,但"富人的总统"这一形象已经很难挽回。媒体认为他有能力和想象力,内政外交有所建树,但性格冲动,也缺乏魄力。在社会党方面,起初呼声最高的是曾任若斯潘政府经济与财政部长和国际货币基金组织(IMF)主席的多米尼克·斯特劳斯-卡恩,但是他由于被指控性侵而退出了竞争。2011 年 10 月,社会党选出弗朗索瓦·奥朗德(François Hollande)作为候选人。他提出要当一名"正常的总统",竞选口号是:"改变,就在当下。"萨科齐为了吸引极右选民,策略更为保守。本次选举中值得注意的是极左翼候选人让-吕克·梅朗雄(Jean-Luc Mélenchon)。梅朗雄以建立"第六共和国"为口号,鼓吹极端平均主义,吸引了一部分中下层民众,支持率超过了以往的极左派候选人。

第一轮选举结束后,奥朗德获得 28.63% 的有效票,萨科齐获得 27.18%,极右翼候选人、让-玛利·勒庞之女玛琳娜·勒庞(Marine Le Pen)和梅朗雄分别获得 17.90% 和 11.1% 的有效票,中间派候选人弗朗索瓦·贝鲁获得 9.13%,其他候选人得票都未能超过 3%。奥朗德和萨科齐进入第二轮。最终奥朗德以 51.64% 的有效票当选。[1] 经过 17 年的右翼总统执政之后,法国再次迎来了左翼总统。

二、恐袭阴影下的奥朗德

2012 年 5 月,奥朗德任命让-马克·艾罗(Jean-Marc Ayrault)为总理组阁。本届政府最大的亮点是成员中男女各占一半,成为第五共和国有史以来第一个性别平等的政府。2014 年 3 月,社会党在市镇选举中失败,艾罗政府辞职,奥朗德任命曼努埃尔·瓦尔斯(Manuel Valls)为总

---

[1] Ralph Schor, *Le dernier siècle Français :La France de 1914 à 2014*, pp. 522 – 523.

理,瓦尔斯政府于2014年8月和2016年2月进行了两次改组。2016年12月,瓦尔斯宣布参加次年总统选举,因此辞去了总理职务。奥朗德授命贝尔纳·卡泽纳夫(Bernard Cazeneuve)组建看守政府直至2017年5月总统大选。

奥朗德任期内在政治领域中最重要的改革是2014年10月议会两院通过的"可弹劾总统法案"。法案在宪法规定的原则基础上制定了弹劾总统的细则,进一步完善了法国政治生活的法制,推动了政治的民主化。此外,政治生活中的一项重要变化发生在2015年5月,戴高乐派政党再次改名,从"人民运动联盟"(UMP)改名为"共和党"(Les Républicains,简称LR)。

奥朗德面临的经济形势很不乐观,2011年法国的经济增长仅有1.7%,[1]失业率和失业人口居于9.2%和261.2万人的高位,[2]财政赤字和公共债务分别占国内生产总值的5.2%和86%,[3]大大高于欧盟规定的3%和60%的标准,欧盟不断向法国发出警告,提出降低赤字和债务的要求。艾罗和瓦尔斯政府不断调整政策,试图走出困境。

在促进经济增长方面,政府先后在2013年9月和2015年6月启动了两个"新工业计划",规划产业发展,明确提出以数字技术改造为核心实行工业生产的转型升级,发展新兴产业,同时为工业减税,试图通过重振法国工业来刺激经济发展。与此同时,利用本国和欧盟的资金,为重点行业的发展、基础设施建设和国家战略的研发提供投资。此外,还于2015年7月通过《马克龙法案》,打破一百多年来的传统,解禁原有的周日购物限令,以促进商业活动。在推动就业方面,政府通过"未来就业法案",重点针对海外省、农村和失业率较高城市的缺乏职业技能的青年,通过国家财政补贴的手段,为这个群体创造就业岗位。还吸取德维尔潘政府《首次雇佣合同》失败的教训。在企业实行"代际合同",鼓励企业以

---

[1] *Tableaux de l'économie française Edition 2013*, INSEE, p. 110.
[2] *Tableaux de l'économie française Edition 2013*, INSEE, p. 47.
[3] *Tableaux de l'économie française Edition 2013*, INSEE, p. 125.

长期合同雇佣年轻人。在减少赤字和债务方面,政府从总统、总理开始,全员减薪 30%,还要求国企负责人的年薪不能超过企业员工最低工资的 20 倍,绝对数值不能超过 45 万欧元。同时削减公共开支,增加部分税收。

然而经济政策的效果一直不能令人满意。法国 2012 年和 2013 年的经济增长率下降为仅有 0.3% 和 0.6%;此后稍有起色,2014 年达到 1.0%,但仍然增长乏力;2015 年和 2016 年都只有 1.1%,[1]在低位徘徊。而失业率和失业人数却始终居高不下,从 2012 年的 9.8% 和 281.1 万,[2]增加到 2016 年的 10.1%,297.2 万,[3]就业形势越来越严峻。唯独财政赤字略有下降,占国内生产总值的比例从 2012 年的 4.8% 降低到 2015 年的 3.5%,[4]2016 年为 3.4%。[5] 但公共债务继续上升,占国内生产总值的比例从 2012 年的 89.6% 上升到 2015 年的 96.2%,[6]2016 年为 96.3%,[7]依然没有达到欧盟的标准。

在社会领域,奥朗德任期内引发争议最大的政策,是有关同性婚姻合法化的法案。2012 年 11 月,艾罗政府提出《同性恋婚姻及其收养子女法案》,经过激烈辩论,2013 年 2 月和 4 月,国民议会和参议院先后通过,随后国民议会通过法案的修正案。然而,反对党人民运动联盟上诉到宪法委员会,5 月宪法委员会裁决法案符合宪法。5 月奥朗德签署并颁布法案,法国成为全球少数同性婚姻合法化的国家之一,被媒体称为 1981 年废除死刑以来社会领域中最大的改革。法案确立了同性可以结婚并收养子女的权利:两个法国同性恋人、法国人和外籍同性恋人、两个外国

---

① "Évolution du produit intérieur brut et de ses composantes Données annuelles de 1950 à 2020", INSEE.

② *Tableaux de l'économie française Edition 2014*, INSEE, p. 45

③ *Tableaux de l'économie française Edition 2018*, INSEE, p. 45.

④ *Tableaux de l'économie française Edition 2017*, INSEE, p. 125.

⑤ *Tableaux de l'économie française Edition 2018*, INSEE, p. 125.

⑥ *Tableaux de l'économie française Edition 2017*, INSEE, p. 125.

⑦ *Tableaux de l'économie française Edition 2018*, INSEE, p. 125.

同性恋人都可以在法国结婚,婚后可以共同收养一个孩子或者收养其中任何一方的子女,但禁止利用医疗手段生育子女。

2014年11月,议会还通过了行政区划改革的议案,从2016年1月1日起,将本土原有的22个大区合并为13个新的大区。2017年2月,进一步规定,巴黎市和巴黎省合并为一个特殊的地方行政单位,成为新的巴黎市,预定2020年将巴黎的第一区至第四区合并为一个行政区,只设立一个区政府和区长,但保留原有二十个区的邮政编码,同时,巴黎市议会和市长的职权将得到扩大。

此外,艾罗政府于2013年12月以强硬形式通过法案,继续推动退休制度改革。新法案规定:保留62岁法定退休年龄不变;企业和员工同时提高养老保险的缴纳比例,到2017年,个人的缴纳比例从6.75%提高到7.05%,雇主从8.4%提高到8.7%;享受全额退休金的缴费年限,从2018年开始到2035年,从41年零3个月延长到43年。这一标准适用于政府机构工作人员、农业、手工业、商业从业者、律师和其他自由职业者,为艰苦职业劳动者和女性增加了照顾性条款,但仍未触及公交、电力、国有银行等特殊行业的退休制度。

奥朗德任期内,尽管通过了一系列法案加强防备,法国仍然不幸遭遇了"伊斯兰国"极端组织的多次恐怖袭击。2015年1月7日,位于巴黎的讽刺杂志《查理周刊》遭受袭击,造成12人死亡,并有多人受伤。1月11日,德国总理默克尔、英国首相卡梅伦、意大利总理伦齐、西班牙首相拉霍伊、以色列总理内塔尼亚胡和欧盟委员会主席容克等六十余位外国和国际组织领导人赶到巴黎,与奥朗德总统并肩参加了巴黎的反恐大游行,这一天全法共有370万人走上街头纪念恐怖袭击的遇害者。同年11月13日,巴黎的巴塔克兰剧院、法兰西体育场等多处公共场所遭受袭击,造成至少130人死亡和350多人受伤,这是"9·11事件"以来最严重的恐怖袭击,其组织之严密、计划之周密、手段之残忍,均表明"伊斯兰国"恐怖组织已经取代危害全球近二十年的基地组织,成为践踏人类文明底线的最凶恶的敌人。2016年7月14日法国国庆节晚,南部城市尼斯再次遇到袭击,歹徒驾驶卡车撞向观看国庆焰火表演的人群,造成 84 人死亡和 200 多人受伤,再次震惊世界。

恐怖袭击事件发生后,法国大力强化了国内的安全政策,议会宣布国家进入紧急状态三个月并五度延长,直至 2017 年 7 月。紧急状态法也得到修改,加强对危害社会安全人员的惩处,关闭散布极端思想的清真寺,解散极端思想团体,取消前往中东参加恐怖组织人员的护照和国籍,加强各城市的军警力量。当今世界上除美国海军之外唯一一艘现役核动力航空母舰戴高乐号开赴中东,率领法军加强对伊拉克和叙利亚的"伊斯兰国"势力的军事打击。联合国安理会通过决议,授权有能力的会员国根据国际法采取一切必要措施,欧盟国家和美国也加强了反恐的情报和军事等各方面合作,共同打击"伊斯兰国"。① 与此同时,法国政府也开始采取一系列措施,帮助移民后代青年融入法国社会,清除极端思想对他们的影响,彻底根除国内恐怖主义产生的土壤。

2017 年的总统选举笼罩在前所未有的阴影之下。法国国内经济低迷,失业率居高不下,安全形势严峻,国际社会中 2016 年英国公民投票脱欧、特朗普当选美国总统等一系列事件推动了反欧洲一体化、反全球化的逆流。作为欧盟发动机之一法国的选情,再次吸引了全世界的关注。

在野的共和党于 2016 年 11 月推出了前总理菲永作为候选人。12 月,奥朗德宣布放弃连任。2017 年 1 月,社会党选出伯努瓦·阿蒙 (Benoît Hamon)参选。在恐怖袭击和欧美民粹主义、极端民族主义抬头的背景下,极右翼国民阵线气焰嚣张,其领导人玛琳娜·勒庞早在 2016 年 2 月就宣布参选。极左翼的梅朗雄继续参选,他在 2016 年 2 月建立了"不屈的法国"党(la France Insoumise,简称 FI)。除此之外,出生于 1977 年的前社会党人、前经济部长埃玛纽埃尔·马克龙(Emmanuel Macron)于 2016 年 4 月创建"前进运动"(le Mouvement en Marche,简

---

① 2019 年 3 月,盘踞在叙利亚的"伊斯兰国"最后一批武装分子投降,"伊斯兰国"被彻底消灭。

称 EM)参选。

2017 年 1 月底,擅长披露政界丑闻的《鸭鸣报》(le Canard Enchaîné)爆料,菲永的妻子及子女三人以议员助手的名义领取工资但并未参加实际工作。一时舆论哗然,被称为"空饷门"事件。尽管菲永认为议员雇佣亲友并不违法,但承认在道德层面是个错误并表示道歉。此事导致菲永支持率暴跌,但他仍然坚持参加竞选。4 月 23 日第一轮选举结果,马克龙和勒庞分别获得 24.01%和 21.30%的选票进入第二轮。[①]在第五共和国历史上,首次出现了左右两翼传统"建制派"大党候选人均未能进入总统竞选最后对决的局面。5 月 7 日,马克龙以 66.1%的选票战胜了获得 33.9%的勒庞,当选总统,他也是第五共和国至今为止最年轻的总统。[②]

继 2002 年之后,法国选民再次成功阻击了极右势力,捍卫了民主制度,遏制了法国乃至欧美的民粹主义和极端民族主义。5 月 8 日,前进运动改名为共和国前进党(la République en Marche,简称 REM 或 LREM)。在随后举行的立法选举中,共和国前进党成为第一大党,获得了超过半数的席位,成为稳固的总统多数派。年轻的马克龙主张超越左右的分野,加强欧洲一体化,由此揭开了法国历史新的一页。

---

① 吴国庆:《法国政治史(1958—2017)》,北京:社会科学文献出版社 2018 年,第 669 页。
② 吴国庆:《法国政治史(1958—2017)》,第 673 页。

第四章　经济的发展

第一节　战后重建

　　二战以反法西斯阵营的胜利而告结束,法国经济面临重建的迫切任务,以工业生产为例,1944 年的产量只有 1938 年的 41%。[1] 这次不存在能够得到德国赔款的幻想,全国团结一致,超越党派分歧,把重建作为头等重要的大事,在发展生产上达成了共识。直到 1947 年 5 月法共部长被逐出政府之前,罢工是很少见的。政府担当起领导经济工作的责任。光复初期,政府保留了维希时期建立的控制经济的机构,把解决能源、通货膨胀和投资三大问题作为当务之急,积极鼓励能源生产,为煤矿工人增加了工资,煤矿工人为祖国作出的贡献到处受到赞扬。财政部长勒内·普列文通过回笼货币和举债的措施试图控制通货膨胀,但收效甚微。同时为了筹款投资生产,法国不惜牺牲一些海外资产和黄金储备,此外,还派让·莫内去美国筹借经费。但是 1945 年生产进一步下滑。为了根本扭转经济的不利局面,法国政府采取了新的改革措施,产生了

---

① Pierre Bezbakh, *Histoire de la France de 1914 à nos jours*, Paris: Larousse, 1997, p. 345.

深远的历史影响。这些措施主要包括两方面：国有化和计划化。

　　还在法国解放之前，全国抵抗运动委员会在《共同纲领》中就提出要将垄断的生产资料收归国家。戴高乐在谴责大企业主反抗侵略者不力的同时，也考虑到国有化有利于国家对经济的控制，有利于摆脱经济的困境，因此对国有化持赞成态度。这一时期的国有化实际上可以分成两个阶段。第一个阶段是1944年秋刚解放时"自发"的国有化运动。主要集中在一些战争期间和德国实行"合作"的企业中，工人们直接施加压力，因此顺利得以实现。国家通过法令的形式将企业收归国有，包括雷诺汽车公司、格诺姆和罗讷飞机发动机厂、北方煤矿公司等。第二阶段的国有化是"立法国有化"，由议会通过的法律而实现。1944—1945年，国有化进展顺利，并未遭遇有力的反对，1946年以后，温和派对这项措施的批判日益增加，国有化势头开始减弱。

　　按行业划分，国有化在能源工业中实行得比较彻底：所有的煤矿联合成立了"法国煤炭公司"（Charbonnages de France，简称CDF）；电力行业和煤气行业分别组成"法国电力公司"（Electricité de France，简称EDF）和"法国煤气公司"（Gaz de France，简称GDF）。在交通运输行业，国家先前已经建立了"法国铁路公司"（Société Nationale des Chemins de fer Français，简称SNCF，1937年）和大西洋轮船公司，现在又增设了"法国航空公司"（Air France，简称AF）和"巴黎公共交通专营公司"（Régie autonome des transports parisiens，简称RATP）。在金融行业，国有化扩展到法兰西银行和里昂信贷银行等四大主要存款银行，商业银行和保险公司没有进入国有化行列。在信息行业，国家控制了电台和法新社。冶金行业原先被列入国有化计划中，但未能实行。经历这一过程之后，法国摆脱了传统的自由放任的经济模式，形成了国有经济和私有经济并存的混合经济。在国有企业部门，由于国家政策的引导，很快实现了现代化，对整个经济带来积极影响。

　　国家对经济发展制定计划并非战后法国的创新。早在1930年代经济危机期间，各派政治倾向不同的人士都提出过这种想法。在维希时期,一些着眼于经济现代化的专家甚至已经在 1942 年制定了一个为期十年的"国民装备计划",由于时局的限制而未能实现。全国抵抗运动委员会在《共同纲领》中也提出:战后要实行经济计划化,作为"实现真正的经济和社会民主"的手段。因此,1946 年 1 月建立的国家"计划总署"继承了这些遗产。

计划总署的第一任负责人是让·莫内,原为企业界人士,二战期间负责协调自由法国和美国之间的关系。1947 年 1 月,计划总署制定了第一个为期五年的"现代化和装备计划",最初确定的实施的期限是 1945—1950 年,后配合马歇尔计划延长至 1952 年。计划确定了八个优先发展的部门:煤、电、钢铁、水泥、交通、农业机械、碳氢燃料和氮肥,并提出了具体的增长速度。计划是指导性的,并不具有强制性。政府使用传统的经济刺激手段来进行引导,如税收优惠、利息优惠、国家订货、奖励和补助等。计划并非否认市场经济,而是试图建立一种国家、雇主和工人之间的新型关系。计划对国家的约束在于确定财政预算、制定经济政策以及对国有企业提供指导性意见。从此以后,法国政府每隔五年左右,就会提出一个经济计划,通常交议会批准,形成了一项颇具法国特色的制度。

然而,法国经济的振兴面临着巨大的困难。最大的困难是缺乏足够的资金。向美国进口原材料和设备造成美元奇缺。劳动力也极其匮乏,再加上每周四十小时工作制的恢复,问题更显得突出。虽然允许加班加点,但增加工作时间的同时也增加了加班工资的支出。此外,气候也不帮忙。与 1940—1941 年的冬天相似,1946—1947 年的冬天是历史上最严寒的冬天之一,且缺少雨雪,影响了小麦的冬季播种,造成严重的歉收,这又增加了进口粮食的负担。为了摆脱困境,法国需要外界的援助。这时美国提出的马歇尔计划对法国克服困难实现重建起了十分重要的作用。

1947 年 6 月 5 日,美国国务卿乔治·卡特利特·马歇尔(George Catlett Marshall)在哈佛大学的演讲中第一次提出了资助欧洲重建的

"欧洲复兴计划"。该计划不是简单的经济援助,它同时规定受援国之间有义务建立起一种持久的协作关系,建立一种共同的经济体系,实现货币的自由兑换。十四个西欧国家接受了这一援助计划,1948 年 4 月,十四个西欧国家和美国、加拿大建立了欧洲经济合作组织(L'Organisation européenne de coopération économique,简称 OECE),1950 年建立了欧洲支付联盟(Union Européene des Paiements,简称 UEP)。

美国对欧洲的经济援助大部分是无偿援助,每年由美国国会批准确定该年度的资助总额,然后在各受惠国中进行分配,另一部分资助直接用于购买美国的产品,受惠的企业可以用与美元等值的本国货币和政府进行结算。法国是这项计划受惠最多的国家之一,仅次于英国。1948 年至 1952 年,法国共接受了 26 亿美元的资助,占马歇尔计划总额的五分之一,其中 85％为无偿援助。[①] 这笔资助由法兰西银行和国家以等值的本国货币转贷给国内的企业。

为了优先发展经济计划中的重点部门,法国政府于 1948 年 1 月建立了"现代化和装备基金"(Fond de Modernisation et d'Equipement,简称 FME),基金由美国援助和国家贷款共同组成,其中美国援助占了大部分。以 1949 年为例,援助提供了"现代化和装备基金"80％的资金,而"现代化和装备基金"将 94％的份额投入到煤炭(CDF)、电力(EDF)、煤气(GDF)和铁路(SNCF)四大支柱国企之中。[②] 没有美国提供的石油和飞机,交通的恢复很可能要花更多的时间,没有美国的连续轧钢设备,冶金业的现代化进程就受到影响,马歇尔计划对法国战后的重建具有不可忽视的积极意义。

重建工作在各种有利因素的推动下取得了成功。首先表现在生产的迅速恢复上。这次重建面临的困难比一战后要大,但生产恢复却要快得多。一战后,经济恢复到战前水平花了六年时间,到 1924 年才得以实

[①] Pierre Bezbakh, *Histoire de la France de 1914 à nos jours*, 1997, p. 347.

[②] Albert Broder, *Histoire économique de la France au XXᵉ siècle-1914-1997*, Paris:OPHRYS, 1998, p. 117.

现,而这次重建的速度大大加快,工业生产1947年就恢复到了1938年的水平,1948年达到1938年产量的113%。煤炭产量1939年为2 000万吨,1944年下降到1 400万吨,1946年即达到2 280万吨,超过了战前水平。[1] 总体而言,法国的经济在1947年,已经基本恢复到1938年的水平,到1951年,就超过了战前经济形势最好的1929年的水平。[2]

重建的成功还表现在一些经济发展不平衡的问题正在得到解决,不平衡带来的困难虽然还没有完全克服,但在1949年至1950年间已得到缓解。战后一个重要事实是实际工资的提高滞后于生产的发展。1947年春天,工资的实际购买力还不到1938年水平的三分之一。在这以后,工资的购买力有所增强,但上升的节奏相对仍然较慢,这是一个相对重视投资的时期,实际工资增加幅度较小和物价的上涨有很大关系。物价上涨首先是由于食品的短缺,随后取消了对能源和基础工业产品的财政补贴,又使工业价格指数上涨,1948年,物价上涨的幅度到达它的最大值,但也为它的逐步稳定创造了条件。在市场上由于取消补贴,真正的价格得到体现,在此基础上,1949年取消了消费资料的配给供应制,没有造成新的供需不平衡,也没有引起物价的上涨。物价从1950年起开始回落。为了保证低收入人群的基本生活,1950年设立了行业间最低保障工资(Salaire Minimum Interprofessionnel Garanti,简称SMIG),与物价挂钩。此外,外贸的平衡也在逐渐实现,1948年马歇尔计划使法国得到大量美元,弥补了进口美国产品时外汇的不足,随着生产恢复,法国的出口增加,到1950年几乎实现了外贸的平衡。出口的增加和法郎的逐步稳定也有一定的关系。在1939年至1949年这十年里,法郎对美元的汇率从1939年8月的37.8法郎兑换一美元,贬值为1949年9月的350法郎兑换一美元,几乎贬值了90%。但贬值以后,法郎相对恢复了稳定,350法郎兑换一美元的汇率一直维持到1958年。[3]

---

[1] Pierre Bezbakh, *Histoire de la France de 1914 à nos jours*, 1997, pp. 345 - 346.

[2] Pascal Cauchy, *La IVe République*, Paris: PUF, 2004, p. 54.

[3] Albert Broder, *Histoire économique de la France au XXe siècle-1914-1997*, p. 119.

因此,重建的成就表现为两个方面:一个是生产的迅速恢复和超越原来水平,二是一些经济不平衡问题得到初步控制。需要指出的是,这两方面的成绩不能同日而语。生产的强大增势在此后得到确立,不再有反复,而后一项成就仍然是十分有限的,是不巩固的。

第二节　"辉煌三十年"

1979 年经济史家让·福拉斯蒂埃(Jean Fourastié)创造了一个成语来表示法国从二战后到 1970 年代初法国的经济成就——"辉煌三十年"(Trente Glorieuses),[①]很快被大家所接受。当然这个词汇在时间上划分是不太精确的,因为在 1940 年代末法国经济还处在重建之中,1974 年夏天法国经济又一次陷入了困境,所以法国经济真正辉煌的时期还不到 30 年。它之所以被大家接受,是因为它较形象地概括了法国经济长期增长的特征,也反映出法国人对新的辉煌的期待。的确,从 1950 年代开始到 1973 年,法国的经济面貌发生了根本的变化,出现了质的飞跃,总结这二十多年法国经济的变化,可以概括为三个特征:高速增长,实现现代化,向欧洲和世界开放。

一、经济的腾飞

正确认识法国 1950 年代后的经济增长,有必要将它与 20 世纪前半叶的增长作个比较。下表呈现出法国 20 世纪直到 70 年代的增长趋势:

---

① Jean Fourastié, *Les Trente Glorieuses ou la Révolution invisible de 1946 à 1975*, Paris: Fayard, 1979.

表1 法国经济平均年增长率(%)①

	国内生产总值	工业生产
1896—1913 年	1.9	2.4
1913—1929 年	1.5	2.6
1929—1938 年	—0.3	—1.1
1938—1949 年	1.1	0.8
1949—1969 年	4.6	5.3
1969—1973 年	6.6	6.5
1973—1978 年	3.2	2.4

从这两组数字中,我们看到从 1950 年代开始法国真正进入经济飞跃的时期,增长率是史无前例的,时间长达四分之一个世纪,甚至在 1973 年后经济走下坡路的时候,国内生产总值的年增长率仍达到 3.2%,高于 1896 年至 1929 年的快速增长期。法国有些经济学家认为法国长期经济增长的起点可以确定为 1900 年,也可以确定为 1950 年,但这两个起点后的增长率,从上面的数字看是不能相提并论的。也许和 19 世纪相比较,1900 年确实可以看作是新的长期增长的一个起点,而且在 1900 年后至 1930 年,曾经有两个时期工业年增长率达到过前所未有的 4%(1907—1913 年,1924—1929 年),但繁荣的时期十分短暂,而且不包括农业。相反,战后的增长时间长,并且包括了所有经济部门的普遍增长。

这一时期增长还有一点值得注意的是,它是在法国就业人口数长期徘徊不前的情况下实现的,由此更显得难能可贵。法国的就业人口直到 1965 年才达到 1913 年的数字,此后才开始超越 1913 年。可以说 1929—1969 年工业就业人口几乎没有增长,所以法国经济和工业的增长完全是生产率提高的结果。

二战后,经济的飞速增长是西方工业国家的普遍现象,不论是总产

---

① François Caron, *Histoire économique de la France XIXᵉ-XXᵉ siècles*, Paris：Armand Colin, 1981, p. 158.

量和生产力水平都出现了前所未有的飞跃发展,但法国在这一轮的发展
速度上,显然比许多西方工业国要快。在增长速度上,它不及日本,却超
过英国、比利时和美国,和联邦德国相当(后者的增长速度有波动)。见
下表:

表 2　法国、联邦德国、美国等国经济年平均增长率(%)①

国别	1949—1959 国内生产总值	1955—1968 国内生产总值	1968—1973 国内生产总值	1972—1977 国内生产总值
法国	4.5	5.7	6.0	3.2
联邦德国	7.4	5.1	5.1	2.2
美国	3.3	4.0	3.6	2.7

　　法国战后的经济腾飞由多重原因促成。首先是政治因素。法国政
局逐渐走向稳定,尤其是第五共和国改制后,随着阿尔及利亚问题的解
决,法国政治走上比较健康的发展道路,内阁不再频繁更迭,同时国家通
过实行国有化和计划化,管理经济活动的能力进一步加强,对于合理分
配国内资源,安排发展的顺序起了重要作用。然而这一轮经济迅速发展
并非法国的特有现象,因此国际环境是第二项促进因素。二战后出现了
相对和平的国际环境,有利于政府把发展经济作为头等重要的任务来对
待,主要的财力物力可以集中用于发展经济,此外国际因素中还包括马
歇尔计划所带来的外援,以美元为中心的较为稳定的国际货币体系的建
立,世界经济逐渐消除隔阂,促进了国际间的竞争和交流。

　　第三是纯国内经济方面的因素,包含两方面,一是生产要素的变化:
劳动力数量的增加和素质的提高,对法国而言后者的作用更加突出;资
本投入的大幅度增加;最重要的是技术进步,优化了劳力与资本的配置,
先进的生产工艺的采用、实行有效率的企业管理、根据行业特点适当扩
大企业规模等都是法国这一时期经济发展的显著变化,这种技术现代化

---

① François Caron, *Histoire économique de la France XIXᵉ-XXᵉ siècles*, p. 159.

是增长的最主要原因。法国学者曾就各项生产要素对增长的作用作了量化的分析,从下表可以看出,技术进步所代表的"其余因素"对国内生产总值增长的贡献最大,它占了增长的 50%(2.5/5.0)。

表3　国内产值增长的效因分解①

增长要素	1951 年至 1969 年的效因评估
国内生产总值年平均增长率%	5.0
其中:劳动力数量	0
劳动时间	−0.1
劳动力质量(年龄、教育程度等)	0.4
职业流动	0.6
净资本量	1.1
资本更新	0.4
市场需求	0.1
其余因素(主要是技术进步)	2.5

　　纯国内经济因素的第二方面,是市场需求的扩大。需求是生产的直接动力。从 1951 年至 1973 年,国家不断刺激家庭消费,通过增加工资等劳动收入和投资收入等资本收益、建立社会保障体系,提高了人们的生活水平。而到了 1960 年代中期,人口相对快速的增长以及城市化等因素也促进了家庭消费的增加。与此同时,在 1951 年至 1973 年这个阶段,企业一直维持高投资,因此企业的需求也很旺盛。此外,这一时期由于西方各国经济的普遍增长,国际市场的需求也有所增加,法国的出口量不断扩大。最后,在经济因素中还有一些无形的推动力,如经济信息的及时掌握,企业主对扩大再生产的欲望等等,同样推动了增长。

　　经济增长快慢有其自身的节律,就如潮落总会有潮涨一样。对经济增长的节律,有许多人作出过探索,最为著名的是尼古拉·康德拉季耶

---

① Michel Margairaz, *Histoire économique：XVIIIᵉ-XXᵉ siècle*, Paris：LAROUSSE, 1992, p. 393.

夫(Nikolai Kondratieff)提出的增长周期理论。康德拉季耶夫周期是根据价格的涨落而确定的较长时段的周期。他认为,一般在价格上涨时期,经济呈上升趋势,反之,则是经济的下降时期。价格的一涨一落的周期大约为半个世纪。这种周期形成的原因可能是自然的和人为的诸多因素交互影响的结果,解析它十分困难。但经济呈周期性变化的现象则是客观存在的。法国从19世纪以来经济增长的历史基本应验了这种理论。从19世纪上半叶起为经济增长期(1815—1860年),1860—1895年法国经济进入增长减慢和止步不前的时期,1896年起法国又进入新的经济增长期,一直延续到1929年。1929年开始到20世纪40年代又是经济增长回落的时期,50年代开始新一轮的增长又正好符合50年左右一涨一落的节律。

经济增长有长周期,也有短周期。在这一轮总的增长趋势下,法国的增长过程又包含了若干个短周期。根据著名经济学家让-弗朗索瓦·艾克的研究,从50年代直到1973年,法国的增长可分为四个短周期:第一个周期是从1949年至1953年中期,[1]第二周期从1953年中期至1958年,[2]第三个周期从1959年至1967年中期,[3]第四个周期从1967年的中期到1973年。[4] 每一个周期都包含一个经济快速增长期和一个减缓期,这个减缓期在前两个周期持续时间较短,减缓的幅度却较大,而后两个周期中快速增长持续时间较长,减缓的幅度较小。周期的划分是粗略的,而且周期结束的年份,往往并不是增长率最低的年份,这是因为周期的划分不是仅仅考虑国内生产总值一个因素,它是对投资、消费、工业生产等指数综合考察的结果。国内生产总值增长最慢的一年,往往也是复苏的一年。

---

[1] 让-弗朗索瓦·艾克:《战后法国经济简史》,杨成玉译,北京:中国社会科学出版社,2020年,第22页。
[2] 让-弗朗索瓦·艾克:《战后法国经济简史》,第24页。
[3] 让-弗朗索瓦·艾克:《战后法国经济简史》,第44页。
[4] 让-弗朗索瓦·艾克:《战后法国经济简史》,第46页。

　　1950—1951年法国刚刚结束重建,增长的步履还略显艰难,这一时期的增长被通货膨胀问题所困扰。1949年,政府采取一种小心谨慎的政策,财政赤字减少,通货膨胀也趋缓,当年由于英镑和欧洲其他货币贬值的压力,前文已经述及,法郎也实行了贬值。但从1950年开始,通货膨胀又出现过热现象。朝鲜战争爆发后,工业原料的价格迅速上涨,增加了企业的成本,对外贸易出现了新的不平衡,工业品和农业品的价格也相继上涨。接着,法国又卷入印度支那战争,增添了新的军事预算。1952年3月,安托万·比内上台,采取了一系列自相矛盾的经济措施,试图稳定经济形势。比内政府和企业家们谈判,并采用冻结物价的强硬手段,同时大量发行公债,鼓励储蓄,减少公共工程的投资规模,但政府并不增加税收,也不寻求公共开支的平衡。这些措施取得了一些效果,通货膨胀停止了,价格从1952年开始回落,并在以后两年中得到维持。但鼓励储蓄的措施并不成功,也没能压缩财政赤字,而且在这些措施下,经济增长开始减缓。1952年和1953年上半年的增长成为1949年以来的最低点,标志这一增长周期的结束。

表4　国内生产总值年增长率(%)①

1950年	1951年	1952年	1953年
8.6	5.8	3.1	3.5

　　在1952年和1953年上半年的短暂衰退后,接着是一个较长时期的增长,一直延续到1957年底。见下表:

表5　国内生产总值年增长率(%)②

1953年	1954年	1955年	1956年	1957年	1958年
3.5	5.6	5.3	5.0	5.5	2.7

---

① "Évolution du produit intérieur brut et de ses composantes Données annuelles de 1950 à 2020", INSEE.

② "Évolution du produit intérieur brut et de ses composantes Données annuelles de 1950 à 2020", INSEE.

　　在这个增长周期中,前三年是没有通货膨胀的增长。这轮增长主要是先后担任财政部长和总理的爱德加·富尔利用比内创造的通货稳定环境,加大投资力度实现的,富尔特别鼓励住房建设,固定资本投资的增加提高了劳动生产率,因此也保持了物价的稳定。1955年甚至实现了自1926年以来的第一次外贸出超。在此期间,政府还进行了一些富有远见的改革,如工业放权,建立农业市场,设立增值税,反对妨碍竞争的行业协定等。然而这种稳定的局面是脆弱的,因为首先外贸的平衡是脆弱的,1956年初,这种外贸平衡就不存在了,法郎和其他外币的比价过高,专家们却反对贬值,影响了外贸,国际支付的平衡主要依靠美国的经济援助。在国内,由于大量青年应征入伍参加阿尔及利亚战争,市场缺少劳动力,工资上涨,接着牵动了物价。与此同时,国内需求增加,行政开支也增加了。此外还由于苏伊士运河战争导致运河一度关闭,引起石油价格上扬。1957年底,加亚尔政府放开了物价。这一切都引发了通货膨胀。

　　1958年是衰退的一年,本次衰退是1957年物价上涨引起实际收入下降的必然结果,同时也受世界性的经济衰退的影响。不过这次衰退十分短暂,戴高乐的复出、第五共和国的建立带来的政治稳定局面使政府采取了一系列有效的措施。特别重要的是,1958年12月28日,法郎又一次实行贬值,幅度为17.55%。为了使法郎的票面价值更接近于国际上其他强劲的货币,1959年政府颁布法令从1960年采用新法郎,1新法郎相当于100旧法郎。这次贬值是成功的,不久世界经济也开始回升,共同刺激了国外对法国产品的需求直至1961年。从1959年底起,投资又进一步加速。1960年和1961年家庭消费和投资出现持续高涨。

　　然而,1962年再次开始出现通货膨胀的征兆,戴高乐任命吉斯卡尔-德斯坦为新的财政部长来整顿经济形势。1963年政府出台了严厉的经济稳定措施,冻结物价,减少财政支出。1964年下半年经济增长速度开始放缓,工业生产开始停止增长,到1965年国内生产总值的增长又出现一个低点。但这个低潮后马上出现了反弹,只是反弹的后劲不足,从

1966年第二季度起增长速度又逐渐放慢,到1967年初出现了停滞。投资直到1968年底都难有起色,失业人数却由于战后出生的"婴儿潮"一代进入劳动市场而不断增加。这次经济增长的疲软主要原因应归咎于国际经济形势的不景气,由此影响了法国的出口。

表6　国内生产总值增长率(%)①

1959 年	1960 年	1961 年	1962 年	1963 年
2.7	8.0	5.0	6.8	6.2
1964 年	1965 年	1966 年	1967 年	1968 年
6.7	4.9	5.3	4.9	4.5

从1968年初起重新出现快速增长的迹象,但5月的社会危机影响了增长,物价开始上涨。其原因是多方面的:在消费层面,《格勒内尔协定》提高了工人的工资;在生产层面,新的社会保障费用使企业负担增加,成本由此上升;在市场层面,需求大于供应,罢工造成一个月的停产;在国家财政方面,出现高额财政赤字。通货膨胀又重新突破5%的界线。政府再次回归紧缩政策,但收效并不大。然而在戴高乐的严厉紧缩政策下未能达到的财政稳定,在蓬皮杜相对宽松的经济政策下却得以实现。蓬皮杜上台后,吉斯卡尔-德斯坦重返财政部长之职,恢复了实业界的信心。1968年11月强大的要求贬值的压力到1969年恢复了平静。1971年至1973年外贸再次出超,国际收支平衡,同时财政赤字也消失了,在蓬皮杜任期的五年中,财政收支平衡,甚至略有节余。经济增长迅速。

表7　国内生产总值增长率(%)②

1968 年	1969 年	1970 年	1971 年	1972 年	1973 年
4.5	7.1	6.1	5.3	4.5	6.3

---

① "Évolution du produit intérieur brut et de ses composantes Données annuelles de 1950 à 2020", INSEE.

② "Évolution du produit intérieur brut et de ses composantes Données annuelles de 1950 à 2020", INSEE.

不过,在 1970 年刚刚有所减缓的物价上涨重新抬头。这是银行信贷发展过快的结果,同时也受国际货币系统危机引发的通货膨胀的影响。对于这轮物价上涨,政府也无意加以遏制,因为它有助于经济的增长和失业率的减少。然而谁都不会想到,随之而来的将是经济长期的徘徊局面。

二、现代化的实现

在 1950 年代至 1973 年这一历史性时期,法国经济的飞跃不仅表现在经济增长速度上,或者说数量上,更重要的是表现在质量上,法国经济真正实现了现代化。

现代化过程中表现最为突出的是农业。在二十五年的时间里,法国农业经历了比过去两个世纪还要深刻的变化。1938 年,法国农业勉强能够维持人口出生率不高的法国人的生计,收成好的年份,略有出口。而到了 1974 年,法国成了仅次于美国的第二大农业出口国,[①]但是不要忘记美国的人口密度只是法国的八分之一,疆域辽阔得多。

农业现代化的实现与农民现代意识的增强、国家的重视、农业投入的增长,先进技术的采用、农业融入更广阔的市场等诸多因素都是分不开的。在农民现代意识的增强上,原农村教会组织"基督教农业青年"(Jeunesse Agricole Chrétienne,简称 JAC)发挥了意想不到的重要作用,它积极宣传农业必须进行结构改革的思想,积极推进现代化。该团体经常组织各种形式的活动,如举行推广新技术的会议,将青年农民送到外地培训,也经常组织舞会保持与全体农民的联系。此外,工业企业在乡间的促销活动,大量乡间小商人的宣传,现代文明通过报纸、电台和电视台等各种媒体得到传播,唤醒了农业劳动者的现代意识。各级政府认识到农业在现代化和国家经济独立中的重要地位,把原来口头上的重视真正落实到行动上。农业教育发生了深刻变化,进行了更新,受过专业农

---

① Albert Broder, *Histoire économique de la France au XXe siècle-1914-1997*, p. 155.

业教育的青年人数大量增加。

农业现代化最引人注目的方面是农业机械化。其中,拖拉机的发展特别迅速,以至于人们把这一阶段农业的机械化称为"拖拉机革命"。1950年,法国农村拥有的拖拉机数量为13.7万台,1960年达68万台,1977年达140万台,其他农业机械的增长速度也很快,每位农业经营者都以装备机器为荣,甚至有时已经超出了真实的需要。见下表:

表8　农业机械数量[①]

	拖拉机	联合收割机	捆草机
1950 年	137 000	5 000	51 000
1960 年	680 000	48 000	292 000
1970 年	1 310 000	300 000	441 000
1977 年	1 400 000	380 000	

在使用机械之外,农业生产中还大量采用了生物技术,在小麦、玉米、油料植物和水果等各类作物中培育出众多良种,牲畜也实行严格的配种。同时,在生产中使用各种工业产品,如化肥、杀虫剂和杀菌剂等。

更重要的是,农业生产越来越和市场挂钩,尤其是农业信贷银行对农业市场化起了重要的作用,它开始大量贷款给农业经营者。从1950年到1974年,农业银行的短期借贷从11.74亿增加到268.14亿,中期贷款从3.51亿增加到743.31亿,长期贷款从2.32亿增加到188.59亿。[②]这些贷款将整个农业世界推向了市场。从此以后,农业经营者成了真正的企业主,他必须通过出售他的产品,才能履行他的贷款合同。气候灾害、市场价格下降和销路不畅不仅意味着生活困难,而且将危及农业的进一步经营。

随着农业生产的不断市场化,农产品产量的提高,农产品价格的剧

---

① Albert Broder, *Histoire économique de la France au XXᵉ siècle-1914-1997*, p. 157.

② Albert Broder, *Histoire économique de la France au XXᵉ siècle-1914-1997*, p. 156.

烈变动对农业生产者收入的影响越来越大,为此国家采取各种措施完善农业市场,对市场进行组织管理,对农业进行保护。大致做法是:当农产品过剩,价格跌至下限时,由国家和行业代表组成的市场组织负责购进多余部分,贮藏起来,当价格升至上限时,将贮藏的产品出售,其他情况下,价格由市场调节。从 1945 年至 1962 年,各类农产品都逐步建立了这样的机构,如 1945 年成立了"谷物行业全国办事处"(ONIC),1953 年成立了"奶类行业组织"(Interlait)、"家畜和肉制品行业联社"(SIBEV)和"酒类饮料研究所"(IVCC),1961 年建立了涵盖所有农产品的"农业市场规范指导基金会"(FORMA)。从 1962 年起,欧洲经济共同体内部实行共同的农业政策,但市场组织没有消失,有些只是简单改名而已,如"家畜和肉制品联社"改名为"家畜和肉制品行业全国办事处"(ONIBEV),"酒类饮料研究所"改名为"饮用酒行业全国办事处"(ONIVIT)。不过,它们失去了自治的性质,成为欧共体决定的执行者,负责管理欧共体用于保护农产品价格的基金。

从 1960 年代开始,国家的农业政策有所变化,从纯粹的市场保护走向对农业结构性的指导。因为国家用于农业市场保护的代价过于昂贵,从 1945 年至 1961 年,国家的农业开支翻了三番,而且将农产品和整体物价水平挂钩的做法加剧了通货膨胀。从 1960 年起,国家颁布了一系列农业指导性法律,如 1960 年的德勃雷法、1962 年爱德加·皮萨尼的补充法等,这些法律归纳起来有以下几方面内容:

1. 农业生产者的年轻化。鼓励 55 岁以上的农业生产者把土地让出来,给予退地的年长生产者一笔终身年金(IVD),同时给予年轻的农业经营者以安家费(DJA);2. 扩大经营规模。针对地价过高、不利于建立规模较大的农业经营的地区,国家建立了"乡村安置和土地整治协会"(SAFER),由它负责购买、出售土地,甚至对土地进行整治,该组织拥有购买土地的优先权;3. 鼓励生产领域方面的联合。愿意在生产上联合的农业生产者可以建立"农业共同经营社"(Groupements agricoles d'exploitation en commun,缩写为 GAEC),两人以上的经营者可以将他们的部分或全部土地和生产资料合在一起,收入的分配一部分以基础工资的形式,另一部分以分红形式实现;4. 鼓励流通领域里的合作,建立了合作社,1967年对合作社的地位进行了重新规定,建立"农业集体利益协会"(SICA),农业生产者集体将产品交由该组织销售。

随着农业的现代化,农业产量和收入都有不同程度的增加。法国农业从低产走向高产,在世界上也进入了农业最先进的国家行列。

表9　农产品产量的变化①
（单位:谷物为公担,奶和酒为升,其余为吨）

	1949年	1955年	1963年	1971年	1974年
小麦	8 100万	1.038亿	1.018亿	1.497亿	1.89亿
大麦	1 450万	2 660万	7 380万	8 910万	1.001亿
玉米	200万	1 000万	3 870万	8 950万	8 880万
谷物总量	1.365亿	1.806亿	2.524亿	3.706亿	4.05亿
牛肉	67.5万	102万	100万	130.4万	151.8万
猪肉	77万	95万	120.8万	141.7万	151万
家禽	—	—	49.4万	65.2万	82.1万
肉类总量	186.5万	254.5万	384.5万	461.6万	510.7万
奶	1.3亿	1.78亿	2.54亿	2.68亿	2.84亿
酒	4 290万	6 110万	5 590万	6 180万	7 500万
蔬菜	—	—	722.5万	741.7万	678.1万
水果			243.6万	334.2万	368.5万

考虑到法国农业人口的减少,这一时期是农业劳动生产率提高最快的时期,1949年至1963年,每人每小时的产值翻了一番,每年劳动生产率的增长也和工业一样达到7%。至于农业收入,情况要复杂一些。由于农业实行了机械化,农业的成本就相应提高,所以农业收入的增加幅

①　Georges Duby, Armand Wallon (sous la direction de), *Histoire de la France rurale*, *tome* 4: *Depuis 1914*, Paris: Seuil, 1976, p. 112.

度要小于产量增加的幅度,但由于农业劳动人口的减少,人均收入仍然有所增加。"1959 年—1973 年,法国农业生产者平均净收入实际上增长了一倍,平均每年约增长 5％"①。

　　法国工业的现代化开始得较早,这一时期在结构上的变化虽然没有农业那样明显,但是对经济的快速发展同样起了重要的推动作用。

　　在企业结构上,法国工业这一时期的变化是相对稳定的,重要的趋势是小型企业继续减少,但特大型企业发展也不快,相反大中型企业的力量增强。

表 10　1962 年至 1972 年法国企业分布比例(％)(不计 10 人以下的企业)②

企业规模	工人数		企业数	
	1962 年	1972 年	1962 年	1972 年
1 000 人以上	27.31	29.2	0.93	1.3
500 至 999 人	13.37	14.0	1.79	2.4
200 至 499 人	18.47	20.1	5.55	7.9
100 至 199 人	13.12	13.4	8.58	11.3
50 至 99 人	10.83	10.5	14.22	17.5
20 至 49 人	11.65	10.2	34.00	36.9
10 至 19 人	5.25	2.7	34.93	22.7

　　在 1962 年至 1972 年,10 人以上的企业总数明显减少,从 51 517 个下降到 42 756 个,但是企业的平均大小却明显增大,1962 年企业的平均大小为 91 人,1972 年上升至 119 人,表明企业总体规模的扩大。但再深入分析,在这种变化中发展最快的是中型企业而不是特大型企业。1 000人以上的企业工人比例从 1962 年的 27.3％增加到 29％,增加了 1.7 个百分点,而 200 至 999 人的企业工人比例却从 1962 年的 31.8％增加到

① 让-弗朗索瓦·艾克:《战后法国经济简史》,第 79 页。
② Ernest Labrousse, Fernand Braudel (sous la direction de), *Histoire économique et sociale de la France*, *tome* 4, *volume* 3 : *années 1950 à nos jours*, Paris：PUF, 1982, p. 1150.

1972 年的 34.1%,增加了 2.3 个百分点。特大型企业的平均规模从 1962 年起也有轻微的缩小,1962 年为 2 695 人,1972 年为 2 659 人。[1] 这种变化趋势是由于企业日益资本化,即越来越求助于社会资金的结果,大企业的技术优势被它组织管理上的困难所抵消,而中型企业兼有两方面的长处。

工业结构上的另一重要变化是能源结构的变化。能源结构的变化其实是技术变化的反映,表明法国的工业采用了更多的新动力和新技术,煤炭的老大地位丧失了,让位给了石油。

表 11 能源初级消耗比例(%)[2]

	1950 年	1960 年	1968 年	1972 年	1978 年
固体燃料	74.0	54.0	32.0	19.0	17.7
石油	18.0	30.5	51.0	65.0	58.6
煤气	0.5	3.5	6.0	8.0	11.5
水电	7.5	12.5	10.5	6.5	8.7
核电			0.5	1.9	3.5

这种能源的比例结构反映出法国石油战略的成功,但也潜伏着一定的隐患。因为在这些能源中,只有水电和核电是完全由本国提供,其余或多或少要靠进口,尤其法国工业过分倚重石油以后,法国本身又是贫油国,经济就越来越受到国际石油价格的影响。

法国工业的增长速度和其他经济部门一样也是前所未有的,然而在工业内部各部门之间的增长率存在差异,这种差异也反映出拉动工业经济发展的是一些新兴的工业部门,法国工业的现代化程度得以进一步提高。

---

[1] Ernest Labrousse, Fernand Braudel (sous la direction de), *Histoire économique et sociale de la France*, *tome* 4, *volume* 3 : *années 1950 à nos jours*, p. 1149.

[2] François Caron, *Histoire économique de la France XIXᵉ-XXᵉ siècles*, p. 284.

表 12 各工业部门的实际增长(以 1959 年价格为基准)①

	1972 年指数(1952＝100)	1952—1972 平均年增长率
农业加工与食品工业	229	4.25%
能源	403	7.2%
中间工业	379	6.9%
设备工业	416	7.4%
生活消费品工业	248	4.7%
建筑与公共工程	355	6.55%

　　我们可以看到,设备工业(包括汽车和家用设备)和能源工业是发展最快的。尽管如此,法国能源仍然大量依赖进口,1963 年初级能源的 49.6%需要靠进口解决,到 1973 年这个比例增加到 76.3%。设备工业中的汽车生产是占尽风流的,它是大众产品的象征。1952 年,法国的汽车产量仅为 50 万辆,6 年以后,增至 112 万辆,1970 年产量更高达 270 万辆,1965 年至 1973 年的年增长率为 10%,和日本相同。中间工业也是发展较快的部门,它包含了冶金工业和化学工业,它们既生产生产资料,也生产生活资料,其中化学工业的表现更为突出。化学生产的物品十分多样化,从化肥到洗涤剂,从合成纤维到塑料制品,从胶水到药物,可以认为它是现代工业的核心之一。1960 年至 1972 年,它的年增长率为 8.1%。然而作为传统工业的消费品生产,尤其是纺织业表现欠佳,从 1952 年至 1972 年,年增长率仅为 4%。②

　　经过二十多年的发展,重工业部门和新兴工业部门不仅是增长最快的部门,而且在整个工业中的比重也由原来的小弟成了龙头老大。下表是各工业部门所创造的附加值的比例:

---

① Denis Woronoff, *Histoire de L'Industrie en France. Du XVIe Siècle à nos jours*, Paris: Seuil, 1998, p. 538.

② Denis Woronoff, *Histoire de L'Industrie en France. Du XVIeSiècle à nos jours*, p. 540.

表 13　各工业部门提供的附加值比例(%)①

	1952 年	1972 年
农产品加工与食品工业	7.6	5.9
能源	6.6	9
中间工业	6.4	8.3
设备工业	11.4	16.1
生活消费品工业	10.5	8.8
建筑与公共工程	8.2	9.9

　　二十年里,农产品加工业与食品工业、生活消费品工业相对萎缩,而能源、中间工业、设备工业和建筑与公共工程业相对扩大,尤其是能源和公共工程超过了以前最具代表性的生活消费品工业,法国工业发生了质的变化——不仅是生产香水、酒、服装和奢侈品的工业,也是生产汽车、飞机的工业,面貌焕然一新。

　　在农业、工业快速增长的同时,法国的第三产业也蓬勃发展,就业人数逐渐超过了第一和第二产业,预示着产业结构的变化。

表 14　法国就业人口在三大经济部门的分配比例(%)②

	第一产业	第二产业	第三产业
1946 年	36.0	29.5	32.5
1954 年	28	35.7	35.9
1962 年	21.0	39.5	39.5
1972 年	12.0	39.1	48.9
1975 年	9.5	39.2	51.3

　　第三产业人数在 1946 年已经超过了第二产业,1954 年成为就业人口最多的部门,到 1975 年,就业人口超过了一半。在第三产业中,也出

---

① Denis Woronoff, *Histoire de L'Industrie en France. Du XVIe Siècle à nos jours*, p. 541.
② François Caron, *Histoire économique de la France XIXe-XXe siècles*, p. 176.

现了一些新的趋势,如商业领域出现了超级市场这种新的销售方式,旧的商业单位开始逐渐失去独立性;交通运输领域中铁路和水路的运输逐渐萎缩,陆路运输重新独领风骚等。水路的萎缩是 19 世纪的现象,而铁路的萎缩则是 20 世纪交通运输领域新的革命性变化。

表 15　交通运输量的分布比例(%)①

	铁路	水路	输油管	陆路
1955 年	64	12		24
1959 年	59.8	10.6		29.6
1962 年	59	9		32
1966 年	47	8.4	6	38.6
1970 年	42.5	7.8	8.8	40.9
1972 年	39.1	7.5	10.9	42.5
1973 年	36.9	6.4	10.5	46.2

铁路运输下降的主要原因,一是煤炭消耗量的减少,铁路运输的一项重要优势就此丧失;二是陆路运输的灵活性,它允许将货物送到家门口;三是铁路经营长期受到许多政府行为的束缚。

三、经济的国际化

法国战后经济发展中最重要的特征之一,是经济日益融入世界经济体系,日益向世界开放,尤其是向欧洲开放。二战后的法国吸取了一战的教训,开始与联邦德国和平相处。同时,面对美苏两个超级大国,法国也觉得有建立强大欧洲的需要,倡导欧洲联合的思想开始流行。此外,战后的非殖民化进程粉碎了法国依赖殖民帝国市场发展经济的幻想,不得不寻求新的商品出口渠道。

① Ernest Labrousse, Fernand Braudel (sous la direction de), *Histoire économique et sociale de la France*, tome 4, volume 3 : *années 1950 à nos jours*, p. 1239.

马歇尔计划的实行,一定程度上促进了欧洲的协调和联合。前文述及,1948年,为了配合马歇尔计划的执行,欧洲国家和美国、加拿大建立了欧洲经济合作组织(OECE),主要任务有两个:一是负责美国援助的分配,二是促进欧洲国家之间商品交换和货币支付的自由流通。

真正促使欧洲一体化的设想开始落实的第一项举动是1951年4月18日,在法国外长舒曼的提议下,法国、联邦德国、意大利、荷兰、比利时和卢森堡六国在巴黎签署协定,建立了欧洲煤钢共同体。两种主要的工业产品可以在六国中自由流通,由一个跨国的管理机构来实行控制。然而煤钢毕竟只是工业中的个别产品,法国的许多工业品还必须加入世界范围的循环,重建和现代化的过程中也不断需要从国外进口能源、原材料和设备等,于是出现了外贸和金融上的赤字。1950年外贸刚恢复平衡,1955年形势又恶化,法国经济现代化过程中迫切需要国际贸易的进一步发展。

1953年以后,欧洲煤钢共同体的优越性逐渐体现出来,人们开始酝酿将这一模式扩大到其他工业品,许多企业家对此持肯定态度。与此同时,经过几年的争论,1954年欧洲防务共同体被法国人所抛弃,但这反而推动了欧洲经济一体化的进程,因为主张欧洲统一的人在政治领域的失败,使他们把精力集中到了经济领域。1956年,专家们提出了一个关于欧洲经济统一的报告(即斯帕克报告),在此基础上,欧洲煤钢共同体六国在布鲁塞尔举行了商谈,最终成果是1957年3月签署了《罗马条约》,建立了欧洲经济共同体,于1958年1月1日生效。

《罗马条约》设定了12至15年的时间表,欧共体在成员国内最终要实现商品、资本和人员的自由流通,还要取消所有的政府商品补贴、配额和价格协定。从实施的情况来看,取消内部关税进展顺利,1968年7月1日提前18个月完成。同时,欧共体还需要对世界其他国家进一步开放,成员国对外实行统一关税,税率采取的是原先各国关税的平均值。由于此前法国的关税高于欧共体的其他国家,因此对法国来说,实行统一关税意味着降低了关税。

长期实行贸易保护主义的法国最终向欧洲敞开了国门,这对于促进法国经济的国际交流,提高国内工农业生产的竞争能力,推动法国经济的现代化具有重要意义。从 1960 年代开始,法国所有的经济部门出口产品的比例直线上升,但增长速度各部门有所差别。增长势头强劲的是两大部门:农业和设备工业。农业出口占产品比率从 1959 年的 3.9% 增到 1972 年的 13.8%,设备工业从 18.5% 增加到 26%。在其他一些部门,如农产品食品加工业、中间工业、消费品工业等,增长相对缓慢,有的甚至到 1967—1968 年还出现倒退,之后才有较大的增长。而且出口的增长率高于国内生产的增长。从 1959 年至 1972 年,出口的平均年增长率为 12.2%,国内生产附加值的年增长率为 10.5%。在出口增长的同时,进口也增加了。从 1959 年至 1972 年,进口与国内生产的比例在中间产品从 18% 增至 31%,设备从 7.6% 增至 21.1%。[1] 法国越来越多地依赖于国际市场,这一趋势也影响了国家的经济政策,如果说在 1950 年代,法国寻求的是国内经济的一体化,那么,到 1960 年代法国开始寻求增强在外部市场的竞争力。

法国经济国际化的过程中,进出口的结构也发生了一些重要变化。地域上的变化是向法郎区出口转为向欧共体出口,1952 年法国向法郎区出口的比例达到 42%,1970 年下降到 10%,而向欧共体其他国家出口比例从 16% 增至 50%。[2] 从各分类商品的进出口比例来看,出口的结构变化并不大,只是工业制成品的比例略有下降,食品略有增加,但进口结构呈现出新面貌,法国进口的工业制成品的比例大大增加,而食品类明显减少。

---

① François Caron, *Histoire économique de la France XIXe-XXe siècles*, p. 186.
② François Caron, *Histoire économique de la France XIXe-XXe siècles*, p. 250.

表 16 各分类商品的进出口比例(%)①

	出口		进口	
	1959 年	1973 年	1959 年	1973 年
食品	11.75	18.40	23.58	12.41
工业原料	13.10	7.83	44.13	22.84
工业制成品	75.15	73.77	32.29	64.75

　　食品进口比例的下降,反映出法国农业的巨大进步和恩格尔系数的下降,工业原料的相同趋势则是原料价格上涨的结果。工业制成品进口比例的大幅度上升,表明对工业品的需求旺盛和本国生产能力相对不足的矛盾,并非法国工业的后退。在工业品的出口方面,法国保持了老牌工业强国的地位,出口总量一直位居世界前列,人均出口量排名更高,1970 年代后期仅次于联邦德国,位居世界第二。

表 17 工业制成品出口量的国家排序②

1952 年	1965 年	1973 年
美国	美国	联邦德国
英国	联邦德国	美国
联邦德国	英国	日本
法国	日本	法国
比、荷、卢关税同盟	法国	英国

第三节　危机和恢复

一、经济危机及其表现

　　从 1974 年开始,法国经济和其他世界工业强国一样进入了一个困

---

① Denis Woronoff, *Histoire de l'Industrie en France. Du XVIᵉ Siècle à nos jours*, pp. 519-520.

② Denis Woronoff, *Histoire de l'Industrie en France. Du XVIᵉ Siècle à nos jours*, p. 521.

难和不稳定的阶段。大家习惯上称之为经济危机阶段,尽管有些现象和
1880 年代与 1930 年代有些相像,但本质上是不同的。它没有出现经济
严重的滑坡,也没有危机通常的那种自动复苏现象,它是一种长期的和
顽固的停步不前和不景气,在前期甚至出现了严重的通货膨胀,失业现
象日益严重,而且不论是经济增长快的时期还是慢的时期,不论是物价
飞涨时期还是价格稳定时期,失业都成为历届政府难以解决的问题。

这一时期法国经济的困难表现在以下几个方面:

首先,经济增长速度逐渐放慢。1973 年和 1974 年第一次石油危机
爆发时,大部分工业国家都出现了经济衰退现象,但法国比其他国家慢
了一拍,它的经济还在一段时间呈现增长趋势。甚至在 1975 年,法国工
业在 1945 年以后第一次出现倒退,但国内生产总值还保持了原来的水
平,后面甚至出现强烈的反弹。但在 1979—1980 年第二次石油危机后,
法国经济风光不再,而且当日本、美国和联邦德国在 1980 年代初出现短
暂经济反弹时,法国却被排除在这一趋势之外。接着是一段经济发展低
迷的阶段,经过一段令人心焦的等待后,终于在 1988 年至 1989 年迎来
了经济复苏的迹象。不过好景不长,从 1990 年第二季度起,经济又重新
陷入困境。这次的经济困境与 1975 年的情况不同的是,经济出现通货
紧缩的局面,物价上涨缓慢,工业重新出现倒退,整体经济的增长率令人
大失所望。

表18　1973—2003 各国国内生产年增长率(%)①

	1973—1979 年	1980—1985 年	1986—1991 年	1992—1995 年	1996—2003 年
英国	1.8	1.0	2.5	2.0	2.7
德国	2.6	1.3	3.0	1.0	1.2

---

① 让-弗朗索瓦·艾克:《战后法国经济简史》,第 49 页。

续表

	1973— 1979 年	1980— 1985 年	1986— 1991 年	1992— 1995 年	1996— 2003 年
意大利	2.9	1.3	2.6	1.2	1.5
美国	3.0	1.8	2.4	3.2	3.3
法国	3.2	1.2	2.7	1.3	2.1
日本	4.0	4.1	4.6	0.4	1.2
经合组织成员 国平均水平	3.0	2.0	3.0	2.0	2.6

其次,从通货膨胀转变为通货紧缩。通货膨胀的迹象其实在 1973 年前就已显露,不过此后愈演愈烈,到 1970 年代中期以后物价上涨率高达两位数,这是自从第五共和国成立以来未曾出现过的情况。这和石油价格的上涨有密切关系,影响甚至能够延续两三年,如 1975—1976 年和 1981—1983 年仍然是物价上升较快的年份。此后,政府采取了一系列措施,1986 年后,石油价格也开始迅速回落,通货膨胀现象得到了控制,随后出现通货紧缩现象,物价上涨幅度很小,一些时候甚至低于其他工业国家。

表 19 1970—2003 年各国零售物价指数年增长率(%)①

	1970— 1973 年	1974— 1979 年	1980— 1985 年	1986— 1991 年	1992— 1995 年	1996— 2003 年
美国	4.6	8.4	5.2	3.9	2.6	1.9
德国	5.9	4.7	3.9	1.6	3	1.2
法国	6.2	10.5	9.6	3.4	1.9	1.5
意大利	7.1	16.6	13.8	6.3	4.5	2.5
日本	7.6	9.7	2.7	1.6	0.5	—0.4
英国	8.5	15.5	7	6	2.6	1.5

---

① 让-弗朗索瓦·艾克:《战后法国经济简史》,第 50 页。

最后,失业现象严重。由于经济增长速度放慢和就业人口迅速增长的双重影响,法国失业人数和比例都呈现上升的势头。从 1960 年代开始,法国就业人口经过长期徘徊后,开始迅速增长。1962—1972 年和 1972—1982 年就业人口增长均为 190 万,1982—1992 年增速放慢至 130 万,1992—2002 年又增至 150 万。[①]

就业人口增长的主要原因,一是战后出生的一代成长起来,开始进入劳动力市场,劳动适龄人口增加,二是妇女就业人口增多。但经济相对缓慢发展跟不上就业的需要,新增加的就业机会明显不足。同时由于劳动工资昂贵,企业主宁肯投资提高劳动生产率也不愿意多雇劳动力。1973 年第一次石油危机爆发前夕,法国的失业人口还不到就业人口的 3%,然而到 2003 年,失业人数达到 285.5 万,占就业人口的 9.6%,是 30 年前的 3.5 倍。[②]

20 世纪末法国失业问题具有四个特征,以 1995 年 3 月的数据为例:一是长时间失业者的人数多,失业者的平均失业时间为 14.6 个月,一年以上的失业者比例为 39.5%,而且失业时间越长的人越难再适应新的工作;二是妇女失业人数比重大,妇女的失业率高于平均水平,总体失业率为 11.6%,妇女失业率为 13.9%,男性失业率为 9.8%;三是青年人失业严重,在失业人群中,25 岁以下的男性失业率高达 21.0%,女性失业率高达 32.2%;四是非技术性工种和低学历者失业现象尤为突出,管理人员和高级知识分子行业失业率为 5%,而一般雇员和工人失业率分别高达 14.6% 和 14.2%。没有文凭者的失业率为 16.5%,取得业士文凭(高中)者的失业率为 10.1%,获高等学历者的失业率为 6.9%。[③] 随后几年的情况也未能得到改善。

---

① 让-弗朗索瓦·艾克:《战后法国经济简史》,第 184 页。
② 让-弗朗索瓦·艾克:《战后法国经济简史》,第 183 页。
③ *Tableaux de l'économie française Edition 1996 – 1997*, INSEE, p. 73.

表 20　1990 年代首尾法国失业人数(单位:万)①

	1990 年 1 月	1997 年 3 月	1998 年 3 月	1999 年 3 月
男性	96.9	152.3	143.7	145.2
女性	128.5	162.9	161.3	160.8
总数	225.4	315.2	305.0	306.0

表 21　1990 年代首尾法国失业率及性别、年龄分布比例(%)②

	1990 年 1 月	1997 年 3 月	1998 年 3 月	1999 年 1 月
男性 15—24 岁	15.3	24.6	21.9	24.2
25—49 岁	6.0	9.9	9.5	9.2
50 岁及以上	5.4	8.0	7.8	8.0
男性失业率	7.0	10.8	10.2	10.2
女性 15—24 岁	23.9	32.8	30.0	29.7
25—49 岁	10.9	13.4	13.3	13.2
50 岁及以上	8.0	9.2	9.2	9.1
女性失业率	12.0	14.2	13.8	13.6
总失业率	9.2	12.3	11.8	11.8

二、经济的结构性变化

在困难的经济环境下,法国经济仍在发生着结构性的变化。首先,战后开始的经济国际化进程仍在继续,在危机年代甚至有加强的趋势。从 1970 年代开始,法国的对外贸易一直呈现扩张的态势。1993 年,法国出口总值占国内生产总值的 14.5%,2002 年,这个比例上升到了 22%,③法国仍然保持着世界出口大国的地位。

---

① *Tableaux de l'économie française Edition 1999 - 2000*，INSEE，p. 75.
② *Tableaux de l'économie française Edition 1999 - 2000*，INSEE，p. 75.
③ 让-弗朗索瓦·艾克:《战后法国经济简史》,第 200 页。

表 22 六大工业品出口国国际市场份额(%)①

	1973 年	1980 年	1992 年	2002 年
德国	17	14.5	13.7	9.6
美国	13	13.2	13.1	10.9
日本	10	11	11.8	6.5
英国	7.5	7.5	5.4	4.3
法国	7.5	7.5	7.1	4.8
意大利	5	6	5.6	4.0

注:2002 年,中国占世界出口的 5.1%,超过法国、英国、意大利,排行世界第四。

在 1990 年代,法国的服务输出仅次于美国,列世界第二位。旅游业为法国创造了大量的外汇,航空服务也曾在较长的时间里填补了法国在海运上的一些外汇亏损。许多企业在法国本土为一些外国顾客服务,最为典型的是"法国核物质总公司"为德国、瑞典、美国、日本处理放射性物质。一些建筑与公共工程公司积极参与国外大型工程的建设,输出技术,如北海、巴西、尼日利亚和苏联的一些油气平台,沙特阿拉伯的一些码头设备,科威特和阿拉伯联合酋长国的海水淡化处理站,开罗、墨西哥、加拉加斯和香港等地的地铁,巴西和撒哈拉沙漠以南的非洲一些水坝建设等;有些法国企业在国外开设了分公司,比如家乐福、欧尚等超级市场在周边国家都有自己的分店,有的甚至远涉重洋,在巴西、阿根廷、美国、中国开设了连锁店。

法国的国外投资也大幅度增加,从 1985 年起海外投资超过了外国在法国的投资,就国际资金流动而言,在 1992 年法国同样成为仅次于美国的世界第二位。法国国外投资的主要对象是欧洲国家和美国,而传统的非洲法语国家则被逐渐遗忘。欧洲经济一体化在这一时期取得了重要进展,1979 年建立了欧洲货币体系,确定欧共体国家间相对稳定的汇率。1991 年 12 月欧洲国家签订了建立欧洲经济和货币联盟的马斯特里

---

① 让-弗朗索瓦·艾克:《战后法国经济简史》,第 202 页。

赫特条约,1993 年 11 月 1 日该条约正式生效。1999 年 1 月 1 日,欧洲统一货币欧元正式在包括法国在内的欧洲 11 国流通。

然而经济的国际化也给法国经济带来多方位的挑战。尤其是 1980 年代以来,一些进口商品对法国传统优势部门形成冲击,比如汽车行业。尽管法国仍然是世界出口强国,但商品出口份额增长乏力。服务输出虽然在法国国际支付的平衡中起着重要的作用,但发展并不顺利。旅游业在吸引国外的游客人数上位居世界第一,但外汇收入只能屈居美国之后列第二位,而且法国的旅游业经常受到货币汇率和国际形势的影响。法国银行进军国际市场的努力也遭到日本的强烈挑战。在法国资本大量输出国外的同时,国外的资本也同样渗入法国。

结构性变革的第二个方面是经济的第三产业化。前文述及,在 1970 年代危机之前,第三产业已有很大发展。到 1970 年代,第三产业不仅吸引了一半的就业人口,产值也跃居三大生产部门的首席,成为时代的先锋。

第三产业内部在经营方式上发生了革命性的变化。以商业为例,传统的彼此独立的经营方式在 1960 年代中期还占主导地位,但很快走向衰落,取而代之的是一种整合的形式。最典型的是创办于 1959 年的家乐福超市。它将每件商品的利润压缩到最低限度,加快货物的周转。由于采购量大,家乐福向供货商的付款期限可以延长到 60 天,而商品平均在货架上存放 15 天即可卖出,这样商场就可以将卖出货物后的收入投放到资本市场 45 天,于是商业活动又和金融管理联系在一起。这类商场的繁荣不仅是靠出售便宜的商品薄利多销,同时也靠流动资金在资本市场上的增值。

超市的发展速度十分惊人。除了一些包罗万象的大型超市外,还出现了一些专业性的超级市场,如家具(Conforama)、电器(Darty)、书籍和视听产品（FNAC）、装璜（Castorama）、园艺（Floralies）、肉食品(Boucheries Bernard)、香水(Sephora)等。在这个过程中,食品超市的进步更为神速。1970 年,大型超市销售的食品只占食品总销售的 4.5%,

而到 2002 年,增长到 67％。①

银行业的发展也同样令人目不暇接。1960 年代中期以后,法国银行取消了存款银行和商业银行的划分,银行的业务大大扩展了,它们的营业所遍地开花,进行广告宣传,推出各种形式的储蓄服务,如流动账号、定期和活期存款、银行债券、由银行统一负责购买管理的股票和债券(SICAV,Société d'investissement à capital variable)等等。银行在技术上也不断革新。1968 年,磁卡投入使用,可以用磁卡在自动取款机里取款,大银行间也能互相结算。从 1979 年起,采用了微机联网服务(télématique),使许多银行交易都可以不去银行就能实现,信用卡很快普及。

通讯是第三产业中另一颗耀眼的明星。邮政和电报电话公司根据 1990 年 7 月 2 日的法律实行分离,法国电报电话公司自此更像一个企业。邮政的发展乏善可陈,而电话通讯的进步令人瞩目。不仅家用电话得到普及,而且新的服务项目不断推出,公共电话亭不断增加,并实现了磁卡化,进入 21 世纪后普及了移动电话和智能手机。此外,早在 1970 年代,法国就开始设计电话终端信息机(Minitel),并于 1970 年代末正式投入使用,当时在信息高速公路的建设上处于领先水平,但从 1990 年代中期之后,这种终端机受国际互联网的严重挑战,发展基本停顿,最终被互联网取代,不能不说是一个遗憾。

交通的发展速度比不上通讯,但交通网络全面得到了更新。法国高速公路的建设相对滞后,20 世纪五六十年代才开始起步。国家路桥局在 60 年代初采取了循序渐进的保守策略,1964 年后的几个严冬对大部分新建公路造成了很大的破坏,真正的启动从 70 年代开始,1987 年又制定了新的规划。至 1994 年,法国的高速公路长度居美国、加拿大和德国之后,列世界第四位。铁路方面的重大进展是高速火车(train à grande vitesse,简称 TGV)的使用。法国于 1974 年 3 月决策建造高速火车,

---

① 让-弗朗索瓦·艾克:《战后法国经济简史》,第 133 页。

1978年电力高速机车开始交付铁路公司,1981年9月建成东南高速铁路第一段,1983年全部建成通车,获得巨大成功。此后,法国又在1989年和1993年先后建成了大西洋高速铁路和北方高速铁路。时至今日,法国的高铁技术仍居世界领先地位。

第三产业在这一时期另一项重要的变化是企业的集中化程度提高。以1997年为例,按照产值排序的法国前15家大企业,有8家属于第三产业,占据了半壁江山。这些企业包括五家商业企业——英特马奇集团(Intermarch)、家乐福集团(Carrefour)、勒克莱尔集团(Leclerc)、奥尚集团(Auchan)和普罗莫代集团(Promodes);一家综合性集团——苏伊士-里昂水公司(Suez-Lyonnaise des eaux);一家服务业企业——维旺帝集团(Vivendi)和一家电信企业——法国电话电报公司(France Télécom)。[1] 在旅游行业,法国的"地中海俱乐部"集团位居全球榜首。银行业的集中也迈出了重要的步伐。1970年以前,从资产上来看,没有任何法国银行能够跻身世界十强,1976年起有了四家,其中1981年巴黎国民银行(Banque nationale de Paris)曾经一度跃居世界第一大银行。此后法国银行的世界排位有些后退,但仍然位居前列。以1994年为例,在世界前20家大银行中,法国占据了四席,分别是农业信贷银行(Crédit agricole)、里昂信贷银行(Crédit lyonnais)、兴业银行(Société générale)和巴黎国民银行。如果在欧洲范围内,这四家银行分别可以排在第2、3、6、7位。[2] 1999年,巴黎国民银行和巴黎荷兰银行(Paribas)实行了合并,于2000年正式成立了巴黎国民银行—荷兰银行集团(BNP Paribas),成为当时法国最大、世界第四大银行。至本书截稿时,2021年世界前二十大银行中,法国拥有两家:农业信贷银行和巴黎国民银行—荷兰银行分别名列第12和第13位。在欧洲范围内,则名列第2和第3位,仅次于英国的汇丰控股。[3]

---

[1] *Tableaux de l'économie française Edition 1999–2000*, INSEE. p. 135.
[2] *Tableaux de l'économie française Edition 1996–1997*, INSEE. p. 163.
[3] www. thebankerdatabase. com.

在经济第三产业化的过程中,农业和工业的发展面临重大考验。

农业在国民经济中仍然占有重要地位,尽管从数据来看,它在整体经济中的比重并不大,1992 年农业只占就业人口的 5.1%,2002 年下降为 4.1%,在国内生产总值中的比重约 2.5%,但它是法国经济在国际竞争中的一张王牌。[①] 1994 年,法国的农业生产占到欧洲联盟的四分之一,尤其在谷物、酒、糖和奶等方面更为突出。它经营的平均土地面积是欧盟平均水平的一倍。从 1978 年起它重新从荷兰手里夺回了世界农产品第二出口大国的地位,仅次于美国,在欧洲处于第一位。但法国农业发展具有自己的弱点,虽然法国的拖拉机数量和化肥的消耗量都居欧共体国家第一位,但如果与土地面积相比,就只能排在第六位和第七位。在世界市场上,法国出售的主要是纯农业产品,如谷物、肉和奶制品,这些产品依靠欧共体的补助,因此法国农业发展好坏很大程度上取决于欧共体的财政状况。农产品进出口相抵虽然有结余,但形势并不稳定,法国的牲口饲料仍然不能自给,需要进口。此外,法国还需要进口一些农产品基础上的工业原料,如纺织纤维、皮革、天然橡胶、木材和纸浆等,进口一些相对次要的农产品如罐头食品、水果蔬菜、鱼虾、动物油、烟草等,农业的情况就没有那么乐观。

法国农业的发展在危机年代遇到的最大困难,是如何处理与欧洲市场的关系。1962 年欧共体开始实施"共同农业政策"(Politique agricole commune,简称 PAC),由部长联席会议来决定欧洲农产品的统一价格。各国根据汇率,计算出本国的价格。这一体系在各国货币汇率相对稳定的时候能够顺畅运行,但是 1969 年法郎贬值,情况就发生了变化。如果遵守欧洲统一价格,法国国内农产品的法郎价格就要上涨,但政府为了控制通货膨胀,仍然维持原有的价格,于是在法国和其他国家进行的农产品交易中,价格就相对较低,在竞争中处于有利地位。因此,为了维持

---

① Mathias Bernard, *La France de 1981 à 2002*, Paris: Librairie Générale Française, 2005, p. 208.

竞争的公平性,保证统一价格政策得到贯彻,欧共体规定法国农产品的出口要征收附加税,而法国进口欧洲其他国家的农产品可获补贴,称为物价补偿费(MCM)。几个月以后,马克升值,联邦德国政府为了避免国内农产品价格下跌,影响农民的收入,同样维持原来的国内价格,于是和法国相反,联邦德国的农产品出口可获补助,而进口别国农产品需要征税。

这项政策制定的初衷是权宜之计。通常情况下,当汇率重新稳定后,农产品的差价就会消失。然而 1970 年后,各国货币一直处于不稳定的状态,这一权宜之计成为固定的运行机制。税收的征收和补贴的发放由欧洲农业指导和保障基金会(Fonds européen d'orientation et de garantie agricole,简称 FEOGA)负责。这种补偿费的实行有利于货币强劲的国家,如联邦德国和荷兰等。在货币强劲的国家,维持农民高收入的政策,可以刺激生产的发展,而对于货币疲软的国家,维持国内农产品较低的价格水平,有利于消费者,但不利于生产者。由于联邦德国农产品出口可获补助,因此有利于扩大其农产品市场。1973 年加入欧共体的英国同样从中得利,它的农产品进口超过出口,享受进口补贴,由此可以从欧共体获得一笔不小的收入。而对法国而言,出口多于进口,出口既要支付税收,还要面对货币强劲国家的竞争,利益由此受到损害。

1978 年 12 月欧洲议会决定建立欧洲货币体系,确定欧共体国家间货币汇率的相对稳定,只允许在很小范围内作蛇形浮动。原来预定为 1979 年 1 月 1 日启动,实际进入运行是 1979 年的 3 月。随着欧洲各国货币汇率的渐趋稳定,1985 年后,物价补偿金制度不再实行,然而由于 1993 年金融形势的恶化,这项补偿金死灰复燃,而且计算方法越来越复杂。同时欧共体内部由于农产品的相对过剩,对一些产品开始实行配额生产的政策:如 1984 年实行了奶产量的配额和多余葡萄的强制酿酒;1985 年规定了谷物和某些水果蔬菜的保障价格的上限;从 1988 年起鼓励缩小耕作面积,对超产进行罚款等等,受打击最大的又是法国的农业生产者。

　　法国农业面临的另一重大问题是农业收入的下降。农业的收入不完全等同于农业产量,它是产值扣除了生产成本的部分。在 1973 年以前,农业生产者的收入增加较快,但在 1973 年后,农业劳动者属于危机中购买力下降的社会阶层。造成农业收入下降有多方面的原因:首先是农业的工业化带来了生产中使用的工业产品越来越多,生产成本迅速提高,如维修保养机械的费用、机器燃料的消耗、购买农药化肥和牲畜饲料等各种开销日益增加;其次,农业生产中的其他开支也不断增加,例如为了推进现代化,农业生产者越来越多地求助于银行贷款,1960 年代以前,农民一般在收成不好时才借款,大部分是短期贷款,从 1960 年代开始,这种借款变成不可或缺,并且成为长期贷款,由此,贷款的利息成为新增的负担;第三,欧共体的共同农业政策从最初实行较高的农产品保障价格,到后来演变为限制农产品价格的上涨,造成农产品价格偏低,也影响了农业的收入。

　　工业仍是国民生产的基础部门,它的业绩直接影响到经济的各个方面,如就业、投资和世界地位。然而,与经济第三产业化相伴随的却是非工业化趋势。工业部门的就业人数持续下降。1970 年,占就业人口总数的 38％,1980 年降为 34％,1992 年进一步降为 28％,到 2002 年只有24％。[1] 其主要原因来自投资的减少,不过这种趋势在欧洲各传统工业强国中是普遍现象。这一时期法国工业的发展并非一无是处。技术改造在不断进行,1970 年代中期开始,一些新的工厂采用了计算机管理和全自动化,大大减少了人工操作。在雪铁龙汽车制造厂里,零件的模压是自动化的,切割和焊接利用激光技术,组装应用了自动的机械臂。技术的改进改变了以前的企业文化,以简化人的动作为基础的泰罗制已成为明日黄花,泰罗制导致人对生产的厌倦,使人在生产中处于被动的地位,而新的技术要求人的责任心和创造精神。泰罗制将生产分解,而新技术要求将生产重组。严格的等级制也受到挑战,工人需要越来越多的

―――――――――

① Mathias Bernard, *La France de 1981 à 2002*, p. 210.

劳动技能,需要从各自工作岗位的封闭状态走向对企业的系统认识,人们更注重团队的价值。

表 23　1973—2002 年法国经济结构(%)①

各领域占国内生产总值比率			各行业占劳动总人口比率		
	1973 年	2002 年		1973 年	2002 年
农业	6.4	2.6	第一产业	10.9	3.9
农产食品加工业	4.4	2.6	第二产业	37.8	21.9
能源业	5.0	2.4	第三产业	51.3	74.2
中间产业	9.6	6.1			
设备产业	9.5	5.1			
消费品工业	6.1	3.1			
建筑及公共事业	7.2	4.9			
运输及通信业	6.0	6.4			
外贸	11.0	9.8			
市场服务	24.1	36.4			
非市场服务	10.7	20.6			
共计	100	100	共计	100	100

其实,经济的第三产业化是法国近半个世纪以来社会发展的结果。城市化进程加速,人口职业流动和地理流动频繁,就业人口中女性人口的增加,家庭消费结构发生变化,人们更注重身体、旅行和娱乐,这些都是时代变迁的表现。尽管法国经济从发展速度看,始终看不到突飞猛进的现象,但是在经济结构上始终在进行调适,为新的增长创造条件。

三、政府应对之策

在 1974 年以前,政府的经济政策相对容易选择:或是采取轻度通货

---

① 让-弗朗索瓦·艾克:《战后法国经济简史》,第 52 页。

膨胀的策略,刺激经济增长和保证就业;或是采取适度从紧的政策,保持发展的平衡。然而进入危机阶段后,以前有效的手段失去了作用,通货膨胀和失业相伴随,货币贬值也没有带来外贸上的平衡,在没有先例可以遵循的情况下,政府的政策更多地取决于当政者的思想观念和政治主张。

1974 年 5 月至 1976 年 8 月希拉克政府时期,法国政府最初采取的政策基本上沿用的是吉斯卡尔-德斯坦担任财政部长时的做法:政府干预和自由放任相结合。财政部长让·皮埃尔·福尔卡德是总统吉斯卡尔-德斯坦的旧友,他求助于一些短视的措施,希望能够尽快刹住石油危机造成的通货膨胀。1974 年 6 月实施经济降温计划,控制银行信贷,对企业增收利税,试图阻止投资过热。但是经济活动突然凝固造成的结果是灾难性的,工业生产在 1945 年后出现第一次退步,失业人数大大增加,而通货膨胀并没有放慢速度。因此必须调整政策,接着出现了 180 度的大转弯。1975 年 9 月推出振兴计划,通过减税和降息鼓励对私营企业的投资,维持赤字财政,加大公共事业的投资,增加社会福利以刺激家庭消费。效果仍然不能使人满意,经济出现了振兴的迹象,但通货膨胀迅速升温,在西方国家中摘取了"金牌",外贸出现赤字,法郎汇率一路向下。

1976 年 8 月至 1981 年 5 月为雷蒙·巴尔政府阶段。巴尔将反通货膨胀作为政府的首要任务,在上任伊始就兼任了财政部长,认为控制通货膨胀是确保法国经济走出危机的关键。巴尔政府最初采取了冻结物价和公共事业开支的政策,随后从 1978 年起逐渐放开物价,体现了新自由主义反通货膨胀的做法:用竞争来抑制物价上涨,增加企业的利润,减少对银行贷款的依赖,以此降低企业生产成本。政府创造新的储蓄品种鼓励家庭储蓄,反对工资和物价水平挂钩。这段时期的政策取得了部分成功,在三年时间里,物价上涨速度放慢,1979 年只比经合组织国家平均水平高出一个百分点。1978 年还出现了外贸盈余和国际收支的盈余,货币流通量也得到控制。然而问题没有得到根本解决:法郎一直贬值,直到前文述及的 1979 年欧洲货币体系建立;同时,高于通货膨胀率的利率抑制了投资,加重了企业的金融负担;失业人数仍在攀升,一方面造成巴尔逐渐失去民众支持,另一方面庞大的救济开支使消除财政赤字的计划付诸东流。当第二次石油危机来临时,法国陷入更深的危机之中,并没有出现西方国家在 1980 年代初普遍的复苏迹象。

1981 年 5 月至 1982 年 6 月为莫鲁瓦内阁的前期阶段,政府主要的目标是反失业。这一目标的确定一方面源于左派上台执政,另一方面也来自当政者对经济形势的判断。政府认为大量失业的存在抑制了消费,造成需求不足。如果想消除失业,那就需要扩大生产,创造出更多的就业机会,而刺激生产就需要扩大消费,推动力应该来自政府。于是政府采取了一系列刺激消费的措施:家庭补助、对老年人的补助和住房补助等各项福利在一年内提高了 40%;最低工资提高了七次;财政赤字也增加了一倍半,公务员岗位由此增多。与此同时,政府也对工业增加了财政补助。为了减少失业,政府还采取减少工作时间的做法,如每周工作 39 小时,每年增加一周的付薪假期,提前退休年龄到 60 岁,有些职业甚至到 55 岁和 50 岁等等。

这些政策明显区别于以前的做法,但带来的还是失望:失业人数的增加放慢了脚步,但失业总人数还是突破了两百万大关;消费得益于家庭收入的增加而开始升温,但生产并没有跟进;而且刺激起来的生产的主要获益者是外国企业;通货膨胀成为难以克服的顽症;外贸又出现赤字,大量资金外流;法郎继续疲软,在欧洲货币体系中被迫三次贬值。究其原因,在于政府采取了一种与其他工业国家正好相反的政策。当其他国家采取紧缩政策的时候,法国选择了刺激消费和生产的政策,在世界经济日益全球化的情况下,这样的做法只能带来得不偿失的后果,法国又一次面临改弦易辙。

从 1982 年 6 月起,法国政府开始推行紧缩政策。最初的发端是在法郎第二次贬值之后,莫鲁瓦推出全新的紧缩政策。此后在密特朗的两个任期之内,无论是左派政府,还是右派政府,经济政策的方向基本保持一致。这种政策的连续性和政府人选的连续性有关,比如贝雷戈瓦和巴拉迪尔在担任总理之前都担任过经济和财政部长,但更重要的原因是各届政府都采取了一种更为现实的政策,暂时将政治理念放在一边。

为了摆脱通货膨胀的恶性循环,莫鲁瓦政府不再顾及工人的一时利益,采取了快刀斩乱麻的非常措施,从 1982 年 7 月至 11 月,不仅冻结物价,而且冻结工资,将工资维持在原来的水平。这是自 1950 年以来,政府第一次放弃了工资的协商。同时采取的措施还有增加增值税、提高社会保险费和冻结行政开支等。接着为了鼓励竞争,加入世界反通货膨胀的行列,莫鲁瓦政府和后来的法比尤斯政府逐渐放开工业品及一些服务业的价格和私营企业的工资,1986 年希拉克再次担任总理后进一步实行自由主义的政策,没有引起新的通货膨胀,这一政策取得了成功。在工资政策上,政府采取间接控制的方式,只是严格控制国有企业和单位的工资,给私营企业提供榜样。当政者相信在就业困难和工会力量相对软弱的情况下,私营企业也不会过快地增加工资。政府这种在物价上采取自由主义,在工资上采取控制的做法实际上否定了将工资与物价挂钩的做法,以此控制通货膨胀。

公共财政方面,政府对赤字进行消肿。在 1983 年后,加重了对家庭的税收,主要是所得税。政府还通过控制医疗支出压缩社会保险的赤字,同时增加个人保险费的投入,新设了社会保险税。社会保险税(一译社会普摊税,contribution sociale généralisée,简称 CSG)开始是临时性的,主要向领薪者征收,1990 年扩展到所有有收入者。金融政策方面,为了控制货币投放量,政府完善了 1976 年开始实行的货币年度投放目标控制制度,货币目标控制不仅包括纸币和信用货币,还包括定活期储蓄和投资债券等。对于利率,政府始终将其维持在通货膨胀率之上,以控制信贷规模。政府还进一步发展资本市场,1983 年开设了第二股票市场,方便了中型企业融资,同时使资本市场现代化,以适应不增加货币投放的情况下金融发展的需要。

这些现实主义的政策适应了同期世界形势的变化,取得了初步成效,尤其在控制通货膨胀和消除外贸赤字方面。我们在前面已经提到过,法国由通货膨胀转为通货紧缩,与国际大环境有关,同时也是法国政府紧缩政策的结果。尽管外贸赤字要到 1990 年代初才最终消除,但是得益于服务业,尤其是旅游业等行业的发展,以及资本输出的增加,法国的国际收支基本达到平衡,而且时有结余。资本市场也呈现出活跃的景象,大量国有企业的私营化,使许多大公司的股票进入资本市场,吸引了许多中小投资者,股指从 1983 年到 1994 年一直大幅上扬。生产也在1980 年代后期出现了复苏现象,1990 年代初又一度出现低潮,随后有所好转。然而,有些问题仍然未能解决,如前文述及的失业率居高不下等,政府对经济的治理任重而道远。

表 24 1981—1995 年法国国内生产总值增长率 (%)[1]

1981 年	1982 年	1983 年	1984 年	1985 年	1986 年	1987 年	1988 年
1.1	2.5	1.2	1.5	1.6	2.3	2.6	4.7
1989	1990	1991	1992	1993	1994	1995	
4.3	2.9	1.0	1.6	−0.6	2.4	2.1	

在经济决策中,法国政府主要面临着两项重大的结构性政策选择:大型企业的国有化程度和社会福利制度。

根据法国长期的经验,大型企业,尤其是垄断性企业的国有化是摆脱经济危机和促进经济发展的良方,虽然人们不时对国有企业的经营提出种种批评,但并不否认国有化的必要性。1936—1937 年和 1944—1946 年的国有化被人们认为是不可逆转的潮流。在新的危机面前,国家最初仍然想通过加强国有化来寻求出路。1978 年,两家大型冶金企业面临破产,国家和国有金融机构免除了它们 20 年累积的巨大债务,条件是由国家和国有金融机构控制这两家企业 85% 的资本,并由国家任命企业

---

[1] "Évolution du produit intérieur brut et de ses composantes Données annuelles de 1950 à 2020", INSEE.

的领导人。前文已经述及，1981 年至 1982 年左派政府掀起了新一轮国有化的浪潮，国家先后对 12 家大型工业集团、2 家金融公司和 36 家银行实行了部分或全部的国有化。

从 1984 年起，甚至在右派重返政坛之前，人们对国有化已经提出了疑问。国有化的财政和经济后果是负面的。在这轮国有化的浪潮中，法国经济没有像其他西方国家那样出现复苏，而且国有企业在旧的财政赤字基础上又增加了国有化带来的新开支，被认为是一种财政浪费。更有甚者，在经营上，虽然规定企业在经营上享有自主权，但国家经常强行干预，比如重组佩施内公司、不批准圣戈班集团在计算机和信息领域的发展等等，这些都影响了企业的活力。因此当右派上台后，就采取了和英美等国同样的政策，对企业实行私有化。

1986 年希拉克担任总理之后，巴拉迪尔先作为希拉克政府的经济和财政部长，提出了一整套私有化的计划。私有化不仅涉及 1981 年至 1982 年国有化的企业，而且扩展到很早以前就由国家掌握的企业，只要这些企业不是垄断性的或涉及公共服务的。1986 年至 1988 年这一计划初步完成。在 1993 年巴拉迪尔担任总理之后，私有化计划进一步扩大。有些企业的私有化获得了成功，如圣戈班、巴黎荷兰银行和巴黎国民银行等。有些却由于经济环境的变化，私有化进程受阻，如一些企业亏损严重，被迫推迟向公众出售。然而引人注目的是，这些私有化没有遇到任何来自政治理念上的障碍和政治力量的反对。1988 年左派再次上台后，如前所述，罗卡尔政府首先提出了不实行新的国有化和私有化的"双不"原则，但后来发生了改变，朝着右派政府的同一方向继续向前。

和 1930 年代的经济危机不同，由于有了社会保险和失业保险，经济危机对民众的冲击相对减弱，社会保障体系保证人们基本的衣食住行条件。在这些社会保障支出以外，政府的社会福利支出还包括医院的运作费用、国家和地方政府的各种救济款项等，国家的负担日益沉重。这种福利国家的模式已引起越来越多的批评。社会保险金的一部分是由雇主和雇员们共同承担的，投入的部分计入生产成本，社会保险金的增加也就成为通货膨胀的重要因素。另外,社会保障的费用越来越入不敷出。危机中,失业人数的增加,加重了社会保障的负担。还有生活水平的提高、医疗技术和设备的进步,进一步加大了家庭在健康上的投入。最后人口的老龄化,更加剧了这一问题。国家负担的加重,对经济发展产生了重要的影响。第三章已经介绍了从朱佩政府开始,法国对社保制度,特别是退休制度进行了多次改革的尝试,目前这一进程还在继续。

20世纪末以来,随着全球化、信息化的迅猛发展,世界经济发生了新的变化。若斯潘政府上台后,进一步降低国有股份的比例,推动里昂信贷银行、法国电信公司、国营宇航集团等国有企业的私有化。法国企业也掀起了兼并的浪潮。道达尔公司与埃尔夫公司合并,成为世界第四大石油企业。家乐福和普罗莫代斯合并,组成欧洲最大、世界第二的超市集团。雷诺公司收购了日产汽车公司和日产柴油汽车公司的股权,成为欧洲第一、世界第四大汽车集团。宇航-马特拉公司与德国航空公司合并,组成了欧洲最大、世界第三的航空集团。应该说,20世纪最后几年的法国经济发展有所复苏。法国按时、顺利地达到欧盟标准,加入了欧元区。1996年,法国吸收的外资数量仅次于美英,名列西方国家的第三位,对外投资居西方国家第五位。① 法国消费者的购买力上升,国内投资也逐步上升。经济结构开始向"新经济"过渡,移动电话、个人计算机、互联网基本普及。如前文所述,国内生产总值持续增长,1997年为2.3%,1998年为3.6%,1999年为3.4%,2000年达到3.9%,势头良好。②

进入21世纪,法国的经济增速开始放缓,国内生产总值2001年降为2.0%,2002年进一步下降到1.1%,2003年更是只有0.8%。拉法兰政府采取减税、继续推进私有化进程等措施,经济增长在2003年的低谷之后有所回升,2004年国内生产总值增速恢复到2.8%,2005年为

① *Tableaux de l'économie française Edition 1999 - 2000*, INSEE. p. 189.
② "Évolution du produit intérieur brut et de ses composantes Données annuelles de 1950 à 2020", INSEE.

1.7%,2006 年为 2.4%。① 萨科齐上台后,菲永政府加大减税力度并且从结构改革、促进竞争、吸引人才等诸多方面刺激经济发展。这些政策收到了一定效果,2007 年法国经济增长保持在 2.4%,②失业率下降为7.7%,失业人数减少到 212.2 万,处于 1980 年代中期以来较低的水平。③ 直至 2008 年初,法国经济依然发展势头向好。

2008 年开始的金融危机沉重打击了法国的经济,虽然正如前文所述,法国成功地渡过了危机,但是金融危机给法国带来的后遗症也是十分严重的。财政赤字从 2008 年占国内生产总值的 3.4%,④猛增到 2009年的 7.5%⑤公共债务的情况与此类似。法国被欧盟委员会列入"过度赤字程序"的状态。2012 年 1 月,国际三大信用评级机构之一的标普公司将法国的主权信用评级从 3A 下调至 2A$^+$。在失业方面,法国的失业率和失业数量在 2008 年一度降到 7.1%和 197.1 万人,然而在 2009 年经济负增长的情况下回升至 8.7%和 245.8 万,创下 21 世纪以来的新高,⑥此后一直居高不下。

奥朗德执政后,采取重振工业、扩大投资等措施刺激经济发展,通过国家财政补贴的手段,为青年创造就业岗位,还通过政府全员减薪、削减公共开支等手段试图减少赤字,然而始终未能走出困境。截止到奥朗德下台前夕,法国的经济增长率仍然不高,2015 年和 2016 年的增长率均只有 1.1%⑦,而就业情况仍然严峻,总统选举时的 2017 年年中,失业率达

---

① "Évolution du produit intérieur brut et de ses composantes Données annuelles de 1950 à 2020", INSEE.

② "Évolution du produit intérieur brut et de ses composantes Données annuelles de 1950 à 2020", INSEE.

③ "Chômage et taux de chômage au sens du Bureau International du Travail (BIT), par sexe et par tranche d'âge quinquennal et regroupé, en moyenne annuelle"(1975 - 2014),INSEE.

④ *Tableaux de l'économie française Edition 2010*, INSEE, p.124.

⑤ *Tableaux de l'économie française Edition 2011*, INSEE, p.124.

⑥ "Chômage et taux de chômage au sens du Bureau International du Travail (BIT), par sexe et par tranche d'âge quinquennal et regroupé, en moyenne annuelle"(1975 - 2014),INSEE.

⑦ "Évolution du produit intérieur brut et de ses composantes Données annuelles de 1950 à 2020", INSEE.

9.4%,失业人数280万人。① 2017年底,财政赤字和公共债务分别占国内生产总值的2.7%和98.5%,②前者尚算合格,但后者远超欧盟规定的60%及格线。

可喜的是:进入21世纪以来,法国历年用于科技研发的投入都占国内生产总值的2%以上。2010年以来的几届政府通过三轮未来投资计划共拨款570亿欧元进行科技创新,取得了不俗成绩。在汤森路透2015年发布的全球百强创新机构排名中,法国有十家机构上榜,居于欧洲首位。③

---

① *Tableaux de l'économie française Edition 2019*, INSEE, p. 44.
② *Tableaux de l'économie française Edition 2019*, INSEE, p. 125.
③ 吴国庆:《法国政治史(1958—2017)》,北京:社会科学文献出版社,2018年,第564页。

第五章　社会变迁

第一节　人口与家庭

一、战后人口演变的基本走势

　　人与人、人与自然的关系在很大程度取决于人口的多少和稠密程度，近代以来法国人口发展的轨迹十分富有特色。从 19 世纪开始，法国就较早地进入了人口出生率下降的时期，而当时周边国家由于工业化的发展，人口迅速增长。20 世纪法国人口增长的趋势出现很大反差，在上半叶，人口出生率进一步走低，再加上两次世界大战的巨大人力损失，法国人口不增反降，二战结束时的人口数量低于 20 世纪初的水平，约和 19 世纪末相近。然而进入 20 世纪中叶以后，出现了近二十年人口快速增长的时期，随后出生率又呈现下降趋势。不过，最后阶段的下降是和其他工业化国家同步的，从某种程度上说，法国的出生率下降速度还比周边国家要慢。

　　从人口数量的变化来看，在 19 世纪初的 1801 年，法国拥有 2 734.9 万人口，[1]到 2000 年，人口达到了 6 050.8 万（见表 1），两个世纪人口翻

---

① Pierre Guillaume，*Histoire sociale de la France au XXᵉ siècle*，Paris：MASSON，1993，p. 24.

了一番多,然而,在前面的一个半世纪,法国人口从 1801 年的 2 734.9 万
到 1951 年的 4 216 万(见表 1),增加的数量还不到 1 500 万,而从 1951
年的 4 216 万到 2000 年的 6 050.8 万,半个世纪就增加了 1 834.8 万,超
过了前面的一个半世纪。从人口密度的变化来看,19 世纪初法国的人口
密度为每平方公里 50.8 人,20 世纪末增加到 102 人,翻了一番。[1] 不过
这一人口密度仍然低于欧洲的平均水平,法国因此还可以说是一个不缺
乏空间的国家,这也在很大程度上为它带来了丰富的旅游资源。

表 1　法国二战后人口演变的基本数据[2]

年代	年中人口 (万人)	出生数 (万人)	死亡数 (万人)	比例(‰)		
				出生率	死亡率	婴儿死亡率
1945 年	3 970	64.3	64.1	16.2	16.1	113.7
1946 年	4 029	84.02	54.22	20.9	13.5	77.8
1951 年	4 216	82.28	56.19	19.5	13.3	50.2
1956 年	4 384	80.31	54.19	18.3	12.4	36.2
1961 年	4 616	83.52	49.69	18.1	10.8	25.7
1966 年	4 916.4	86.02	52.55	17.5	10.7	21.7
1971 年	5 125.1	87.86	55.15	17.1	10.7	17.2
1976 年	5 289.1	72.04	55.71	13.6	10.5	12.5
1981 年	5 418.2	80.55	55.48	14.9	10.2	9.7
1985 年	5 644.5	79.61	56.04			
1990 年	5 799.6	79.31	53.44	13.4 *		
1995 年	5 928.1	75.91	54.03			
2000 年	6 050.8	80.74	54.06	13.1 *		

[1] Pierre Guillaume, *Histoire sociale de la France au XXe siècle*, p. 24.

[2] 1945—1981 年数据选自 Andre Armengaud et Agnès Fine, *La population française au XXe siècle*, Paris：PUF, 1992, Annexe Statistique；1985—2017 年数据选自 *Tableaux de l'économie française*, *Edition 2019*, INSEE, p. 25；带 * 号数据来自 *Tableaux de l'économie française*, *Edition 2019*, INSEE, p. 33.

年代	年中人口（万人）	出生数（万人）	死亡数（万人）	比例(‰)		
				出生率	死亡率	婴儿死亡率
2005 年	6 273.1	80.68	53.81			
2010 年	6 461.3	83.28	55.12			
2015 年	6 642.3	79.89	59.37			
2017 年	6 676.8	76.96	60.63	11.3 *		

人口的增长主要取决于三项因素：出生率、死亡率和国外移民，其中前两项因素决定人口的自然增长。从 1945 年开始，法国外部没有大的战争，处在和平的环境中；内部经济快速发展，至少到 1970 年代初，经济一片繁荣。人口的发展没有受特殊的历史事件的干扰，处于较为自然的发展阶段。

从出生率来看，法国在 1945 年后经过了差不多二十年的出生率上升和稳定期。战后初期，明显是由于战争的代偿效应，出生率迅速向上攀升，1945 年为 16.2‰，1946 年即增加到 20.9‰，直到 1950 年，出生率都在 20‰之上。随后稍有回落，但直至 1960 年代中期始终保持在 18‰左右。由于人口基数增大，法国每年出生的总人数仍很可观。从 1946 年至 1964 年，历年出生人数都超过 80 万，1964 年的数据是 87.4 万，1965 年达到 86.3 万，都是自 1904 年以来所未曾达到过的。[1] 人们称这一时期为"婴儿潮"（baby-boom）时期。同时死亡率有明显的下降，从 1946 年的 13.5‰，下降到 1966 年的 10.7‰。因此在这二十年时间里，法国人口的自然增殖非常快，1946 年法国人口 4 029 万，到 1966 年已经达到 4 916.4 万，增幅达 22%。

从 1960 年代中期开始，支撑着人口增长的育龄妇女生育率开始下跌。这与时代变迁引起人们观念和生活方式的改变有关，如男女平等的要求、妇女独立性的增强、结婚率的下降、避孕方法的普及和避孕技术的

---

[1] Andre Armengaud et Agnès Fine, *La population française au XXe siècle*; p.55.

提高等。从 1950 年代开始,生育指数一直保持在每位妇女 2.66 个孩子的水平之上,1964 年甚至达到 2.94。但从 1965 年后,生育指数突然下跌,这种下跌趋势分为两个时期,首先是 1960 年代中到 1970 年代初迅速下滑,指数从每位妇女 2.9 个孩子跌至 2.47 个孩子。1970 年至 1971 年稍作停顿,从 1972 年起开始再次下跌,到 1975 年,指数变为每个妇女 1.8 个孩子。从那以后,一直稳定在 1.8 个孩子左右,1980 年至 1982 年曾上升至 1.9 个,但也没有保持住。[①] 1993 年跌至最低点——每位妇女 1.66 个孩子。此后开始回升,2006 年增长到每位妇女 2.0 个孩子,2.0 左右的生育率一直保持到 2014 年。从 2015 年开始,生育率连年下降,2015 年为每位妇女 1.95 个孩子,2016 年为 1.92 个,2017 年进一步下降到 1.88 个。[②]

要全面了解和评估法国二战后出生率和死亡率的意义,必须和主要的周边国家作一点比较。在 1940 年代中期至 1960 年代中期,法国出现更为明显的出生率上升的势头,而随后下降的速度又比周边国家缓慢,同期死亡率的下降则比周边工业强国要快。尽管法国人口的增长速度还不能令人满意,但和周边国家比,尤其是进入 21 世纪以来,法国还是形势较好的国家。

表 2 西欧五国出生率(‰)[③]

	1955 年	1965 年	1981 年	1991 年
法国	18.5	17.7	14	14
英国	18.1	19.3	13	14
德国	15.7	17.7	10	11
意大利	17.7	18.8	12	10
西班牙	20.4	21.3	16	11

---

① Andre Armengaud et Agnès Fine, *La population française au XXe siècle*; p. 60.

② *France, Portrait Social, Edition 2018*, INSEE, p. 148.

③ Pierre Guillaume, *Histoire sociale de la France au XXe siècle*, p. 27.

表 3　西欧五国死亡率(‰)[1]

	1955 年	1965 年	1981 年	1991 年
法国	12.0	11.1	10	9
英国	12.1	12.1	12	12
德国	11.9	13.5	12	11
意大利	9.1	9.8	9	9
西班牙	9.3	8.5	8	8

表 4　西欧四国人口增长率(‰)[2]

	2000 年	2017 年
法国	5.6	3.3
德国	1.2	4.0
意大利	0.7	−1.7
西班牙	4.8	2.8
欧盟平均	2.3	2.3

　　这种人口形势的变化和国家采取鼓励生育的政策有关。早在 1939 年以前,甚至在 1914 年以前,有些非官方人士已经把人口出生率的下降看作是有损国家利益的大事,但政府采取的措施相当有限。一战后,由于人口损失严重,又是右派上台执政,它们较注重维护传统观念,因此,1920 年 7 月 31 日通过一个法案,惩治一切鼓吹避孕的宣传,禁止出售所有避孕用具,加强对人工流产的打击。不过这项措施一直受到舆论的批评,它的真正效果是值得怀疑的。1930 年代经济危机期间,法国人口出现了负增长,这一现象引起严重关注,1938 年 2 月 8 日,政府在一战后首次因人口问题受到议会的质询。环境十分有利于政府采取切实可行的鼓励生育的措施,1938 年,政府将家庭补助扩展到劳工阶层,并对多子女

---

[1] Pierre Guillaume, *Histoire sociale de la France au XXe siècle*, p. 27.

[2] *Tableaux de l'économie française*, *Edition 2019*, INSEE, p. 25.

家庭给予特殊补助,有意朝着鼓励生育的方向倾斜。1939 年 7 月 29 日制定了家庭法,在财产继承、税收和补贴等方面都作了有利于多子女家庭的规定,并对人工流产采取更有力的禁止措施。政府还建立了人口最高咨询委员会。然而还没等到这些措施取得明显效果,二战就爆发了。

不过,这种鼓励生育的政策并没有受到战争多大的冲击,维希政权"民族革命"的口号之一就是家庭,它也注重鼓励生育,1942 年,人工流产甚至成了危害国家安全罪,有可能被处死刑。法国光复以后,戴高乐对人口问题更为重视,1945 年,他甚至发出号召,要求青年夫妇在十年内生育 1 200 万孩子。同年 12 月,政府继续推进有利于多子女家庭的税收改革。1946 年,政府实行家庭补助普遍化,给予所有一人领薪(妇女回到家中照顾孩子)的多子女家庭以补助,并创立了国家人口研究所。此后,法国陆续建立了系统的社会保障制度,实行婚前体检和产前体检,创立学校卫生服务单位。1949 年建立向多子女家庭倾斜的住房补助制度,提高家庭补助金额。1979 年建立家庭补充津贴,发放给有三岁以下的婴幼儿和至少有三个孩子的家庭。

然而,有些政策显然不符合时代的要求,随着社会自由度的提高,以及争取妇女权利运动的开展,不允许妇女自由选择避孕和中止妊娠受到越来越多的批评,逐步被放弃。1967 年的纽维尔特法批准避孕节育,但不允许在医学类杂志外刊登有关节育的广告。1974 年法律规定有关避孕节育的开支可以由社会保障金报销。1975 年暂时批准可以自愿中止妊娠,1979 年这一权利最终得到确认。1991 年通过的法案在一定的条件下对节育广告开禁,政府在税收和家庭补助等方面继续采取有利于婚姻和有利于多子女的政策。

二、移民对法国人口的补充

人口的增长除了取决于自然增长外,还取决于双向移民的差额。自然增长相对容易统计,而移民的数量主要依靠估算。事实上,在 1940 年以前,法国政府无法测定移民进出的数目。1945 年,法国设立了国家移民局(Office National d'Immigration,简称 ONI),但无法控制全部移民,大量外国人是非法入境的。移民的概念也随着时代的变化而发生了变化。目前,法国对"外国人"(Etranger)和"移民"(Immigré)有严格的区分。"外国人"指的是:"居住在法国,但不拥有法国国籍的人,包括拥有另一个排他性单一国籍者和无国籍者。拥有包括法国国籍在内的双重或多重国籍者,在法国被视为法国人。"[1]而根据"国民融合高级委员会"(le Haut Conseil à l'Intégration,简称HCI)的定义,"移民"指的是:"现居住在法国,但出生于国外的外国人。其中包括到达法国后即获得法国国籍的人,但不包括出生在国外且出生即获得法国国籍,现居住在法国的人和在法国出生的外国人。"[2]外国人和移民的主要区别在于:外国人的身份取决于国籍,并不是永久性的,一个外国人可能会根据有关法律,通过入籍变成法国人身份;而移民身份取决于出生地,是永久性的,一位移民即便入籍之后也属于移民。

法国历来缺乏大规模向外移民的传统,长期以来,在大部分时间里,外国移民移入法国的人数多于法国移往国外的人数。在20世纪,第一次世界大战后到1930年代曾出现第一次大规模的外国移民潮,外国人占法国总人口的比例迅速增加:[3]

表5 1911—1931年法国移民比例

1911年	1919年	1921年	1926年	1931年
2.8%	3.7%	3.9%	6%	7.1%

1905年至1911年外国人口的增加速度是平均每年2%,而从1921年至1926年平均每年增长10%,后者是前者的五倍。如果包括入籍的法国人,在法外国人的人数在1921年至1926年间增加了105万。这一结果使法国居美国之后,成为世界上第二个接收移民最多的国家,如果按人口比例计算的话,法国跃居首位:法国每十万居民中有外国移民515

---

[1] *Tableaux de l'économie française. Edition 2019*, INSEE, p. 221.

[2] *Tableaux de l'économie française. Edition 2019*, INSEE, p. 225.

[3] Andre Armengaud et Agnès Fine, *La population française au XXe siècle*; p. 24.

人,而美国只有 492 人。[①] 然而从 1930 年代起,受经济危机的影响,外国人向法国移民开始退潮。由于缺少技术和种族歧视等原因,外国人是法国企业裁减员工首当其冲的牺牲品,许多人离开了法国,另觅去处。法国的外国移民人数从 1931 年的 271.4 万人减至 1936 年的 219 万人。当然有些人加入了法国籍,1931 年入籍的法国人为 36.1 万人,1936 年达 51.6 万人,[②]增加了 15 万多人,但和外国移民减少的数量——超过 50万——相比,法国在这一时期是外国人外流的时期。

二战结束后,法国迎来了 20 世纪第二次移民高潮,而且人数比前次更多。在法国"辉煌的三十年"和"婴儿潮"的时代,法国人张开双臂欢迎来法国工作的人。从 1946 年至 1975 年,法国的外国人数量从 170 万人增加到 340 万人,占总人口比例从 4.1% 增加到 6.5%。[③] 1973 年开始的经济危机使法国失业人口大增,在这样的背景下,法国政府采取了限制移民的政策,在边境上实行严格的控制,最大限度地阻止移民进入,并且还一直鼓励移民返回本国。从这一时期起,移入人数的差额开始减少,然而移民却一直没有停止过,只不过范围缩小了,移民的性质也有一些变化。事实上,从那时起,除了来法国打工的之外,还来了一批非劳动者,主要是来法国与丈夫或父亲实现家庭团聚的。

表 6　外国移民差额的估计值[④]

年代	移民人数差额	年代	移民人数差额
1968 年	+103 000	1990 年	+80 000
1975 年	+13 000	1992 年	+90 000
1983 年	+56 000	1993 年	+70 000
1985 年	+38 000	1994 年	+50 000
1988 年	+57 000	1995 年	+45 000

---

① Andre Armengaud et Agnès Fine, *La population française au XXe siècle*; p. 24.

② Andre Armengaud et Agnès Fine, *La population française au XXe siècle*; p. 38.

③ Laurence Boccara, *La France et sa population*, Paris: Hatier, 1993, p. 49.

④ *Tableaux de l'économie française*, *Edition 1996 - 1997*, INSEE, p. 35.

从法国外国移民的原籍来看,19世纪的多数来自周边的欧洲国家,到20世纪,移民来源地发生了明显的变化。

表7 外国移民的来源比例①

单位:%

	1881年	1911年	1926年	1954年	1962年	1982年
比利时	42	25	14	—	—	—
意大利	24	36	32	28.7	29	9.1
西班牙	—	9	13	16.4	20.4	8.7
波兰	—	—	13	15.2	8.2	—
葡萄牙	—	—	—	—	—	20.8
阿尔及利亚	—	—	—	12	16.2	21.6
摩洛哥	—	—	—	—	—	11.7
突尼斯	—	—	—	—	—	5.2
其他非洲国家	—	—	—	—	—	8
亚洲各国	32	30	28	27	26	10

从上表可以看出,20世纪下半叶特别是60年代开始,法国移民来源的地域更为广泛了,尤其是第三世界国家的移民增多,原为法国殖民地的北非马格里布国家的移民达到了40%。同样根据1982年的人口统计数字,在法移民人数超过十万的有七个国家:阿尔及利亚(79.6万),葡萄牙(76.5万),摩洛哥(43.1万),意大利(33.4万),西班牙(32.1万),突尼斯(18.9万),土耳其(12.4万)。这七个国家的移民构成法国移民总数的80.5%。② 1980年代以后,马格里布三国的移民数量基本保持稳定,略有增加。来自土耳其、撒哈拉沙漠以南的非洲以及亚洲国家移民增加的速度更快。欧洲移民的比例进一步减少,从1975年的66%下降到2015年的35%。尤其是来自西班牙和意大利的移民减少,主要原因

① Pierre Guillaume, *Histoire sociale de la France au XX* siècle*, p. 29.
② Andre Armengaud et Agnès Fine, *La population française au XX* siècle*; p. 120.

是去世或者返回本国。[1] 根据 1997 年对移民原籍的统计数据,当年法国入籍的外国人共有 10.25 万,排名前八位的来源国分别是摩洛哥、阿尔及利亚、突尼斯、土耳其、葡萄牙、柬埔寨、越南和黎巴嫩的移民,占入籍总数的 70%。[2] 随着欧洲一体化进程的推进,从 1999 年开始,欧洲移民的成分也发生了变化,来自东欧国家和英国的移民比重增加。第三章已经述及,大量第三世界国家移民与法国存在着一定的文化差异,如何融入法国社会是当下法国面临的一项挑战。

外国移民对法国经济的发展作出了重要的贡献。他们的到来为法国提供了人力资源,在许多行业成为不可缺少的劳动力来源。以 1973 年为例,移民劳工占建筑和公共事业劳动力总数的 25%,冶金、机械、电子工业劳动力总数的 15%,卫生和家政服务业劳动力总数的 13%,农业、渔业、林业劳动力总数的 12%。此外,很多外国劳工承担了法国人不愿问津的艰苦工作和重体力劳动,在最艰苦的行业中,移民劳工占劳动力总数的 9%,而且往往收入偏低。[3] 战后法国的经济繁荣,离不开移民的辛勤工作。

在政治上,大量外国移民的存在产生了两种效应,一是排外主义总是有它的市场,尤其当经济不景气的时候,种族主义和排外主义就有可能抬头,但又由于法国人有长期接纳移民的传统,法国人口中许多人具有外国血统,所以种族主义和排外主义总是成不了大气候。第三章同样已经述及,尽管极右翼的国民阵线在 2002 年和 2017 年两次总统选举中都进入了第二轮对决,但两次都遭遇了惨败。

在社会层面,1998 年之前,一半外国移民的年龄在 15—64 岁之间,按照法国的标准属于"工作年龄"(âges actifs),[4]因此移民的涌入减缓了法国老龄化的过程。同时,20 世纪的法国经历过两次世界大

[1] *Tableaux de l'économie française. Edition 2019*, INSEE, p. 36.

[2] *Tableaux de l'économie française*, *Edition 1999-2000*, INSEE, p. 35.

[3] Andre Armengaud et Agnès Fine, *La population française au XXe siècle*; p. 120.

[4] *Tableaux de l'économie française. Edition 2019*, INSEE, p. 36.

战,男性人口损失过重,女性人口大大多于男性。而移民中男性居多,这样也有利于法国人口性别的平衡。此外,移民人群的生育率往往高于法国人,又在一定程度上弥补了法国出生率较低的不利形势。某种程度上说,大量移民的涌入是对法国人口自然增殖水平较低的一种补偿。

截止到 2015 年,共有 440 万外国人和 616.9 万移民居住在法国,分别占法国总人口的 6.7％和 9.3％。[①] 在移民当中,来自欧洲国家的占 35.4％,其中来自欧盟国家的占 30.8％;来自非洲国家的占 44.6％,其中来自阿尔及利亚的占 12.8％,来自摩洛哥的占 12％;来自亚洲国家的占14.3％,其中来自土耳其的占 4.0％,来自印度支那三国的占 2.6％;来自美洲和大洋洲的占 5.6％。[②] 近年来,移民中的女性比例有所提高,从 1968 年的 44％增加到 2015 年的 51％,到法国求学者的数量日益增加,移民的文化程度也越来越高。[③] 从入籍方面来看,2017 年法国入籍总数为 11.43 万,其中 55.2％通过"归化"(naturalisation)、15.3％通过婚姻、24.1％通过"提前申请"(déclaration anticipée,法国出生的孩子在成年前申请入籍)获得了法国国籍。[④]

三、老龄化和家庭的变化

法国老龄化的过程开始得比较早,从 18 世纪末就已开始,出生率下降是最主要的原因。人口老龄化是世界性的问题,但法国的特殊性就在于它的早发。到二战后这一问题更显得突出。

① *Tableaux de l'économie française*, *Edition 2019*, INSEE, p. 36.
② *Tableaux de l'économie française*, *Edition 2019*, INSEE, p. 37.
③ *Tableaux de l'économie française*, *Edition 2019*, INSEE, p. 36.
④ *Tableaux de l'économie française*, *Edition 2019*, INSEE, p. 37.

表 8　1946 年至 2017 年法国人口的年龄分布(每年 1 月 1 日)①

	20 岁以下(%)	20 至 59 岁(%)	60 岁以上(%)	其中 75 岁以上(%)
1946 年	29.5	54.4	16.0	3.4
1950 年	30.1	53.6	16.2	3.8
1960 年	32.3	51.0	16.7	4.3
1970 年	33.1	48.9	18.0	4.7
1980 年	30.6	52.4	17.0	5.7
1990 年	27.8	53.2	19.0	6.8
2000 年	25.6	53.8	20.6	7.2
2010 年	24.5	52.7	22.8	8.9
2017 年	24.2	50.3	25.5	9.2

从上表我们可以看到,1940 年代中期至 1960 年代中期的人口增长一定程度上缓和了人口老龄化的趋势,20 岁以下人口比例增大。1970 年代以后,60 岁以上老年人比例的下降是由于一战出生低潮出生的人步入老龄阶段的结果。过了 1980 年代后,社会老龄化的节奏明显加快。截止到 2017 年 1 月 1 日,法国 65 岁以上老人数量占总人口的 19.2%,20 年内增长了 3.9 个百分点。同一时期内,75 岁以上老人的数量增加了 2.6 个百分点,接近人口总数的十分之一,而 20 岁以下人口数量减少了 1.7 个百分点,20—59 岁人口数量减少了3.5个百分点。②

根据法国国家统计和经济研究所(Institut National de la Statistique et des Etudes Economiques,简称 INSEE)的推算,如果保持目前的老龄化发展速度,到 2040 年,65 岁以上老人的数量将超过法国人口总数的四分之一。

---

① *Tableaux de l'économie française*, *Edition 2017*, INSEE, p. 27.

② *Tableaux de l'économie française*, *Edition 2017*, INSEE, p. 26.

表 9　2025—2070 法国人口的年龄分布推算(每年 1 月 1 日)①

	总人口(万)	20 岁以下(%)	20—59 岁(%)	60—64 岁(%)	65—74 岁(%)	75 岁及以上(%)
2025 年	6 910	23.7	48.3	6.2	11.0	10.8
2030 年	7 030	23.0	47.4	6.2	11.2	12.2
2035 年	7 140	22.4	46.5	6.2	11.4	13.5
2040 年	7 250	22.2	46.1	5.6	11.5	14.6
2050 年	7 400	22.3	44.9	5.7	10.8	16.3
2060 年	7 520	21.7	44.9	5.5	10.7	17.2
2070 年	7 640	21.3	44.2	5.8	10.8	17.9

　　与老龄化问题紧密相关的是家庭问题。家庭是社会的细胞,人口出生与死亡与家庭行为有着直接的关系。二战后的法国,人们常常听到这样的惊呼声:家庭的危机到来了。确实,在二战后,法国的家庭模式,家庭成员的行为,人们对家庭的态度都发生了很大的变化,传统的家庭观念受到了重大的挑战。其实在 20 世纪的上半叶,法国家庭的变化并不大,基本还是 19 世纪那种传统的家庭:家庭关系稳定,结婚生孩子,并共同将他们抚养成人,男性在家庭中还是占据着支配地位,对孩子们来说,父亲象征着权威,母亲体现为温柔,性还是难以启齿讨论的问题,没有结婚而生育孩子的母亲要受指责,被贬称为"姑娘妈妈"。但是从 1960 年代中叶起,家庭行为和观念都发生了重大的变化。

　　在 19 世纪,家庭常常几代人同住,子孙满堂,家庭相对较大,直到二战之后。20 世纪五六十年代由于国家鼓励生育,生育出现高峰,家庭甚至比过去有扩大的趋向。然而从 1970 年代开始,由于生育率下降,家庭规模越来越小,人们甚至称之为"原子家庭"。

---

① *Tableaux de l'économie française*, Edition 2017, INSEE, p. 27.

表 10　法国家庭规模演变①

年份	家庭平均人数
1968 年	3.08
1975 年	2.90
1985 年	2.72
1990 年	2.59
1999 年	2.42
2010 年	2.27
2015 年	2.23

表 11　1968 年至 2015 年家庭结构的演变②

年份	家庭总数（百万）	家庭结构(%)					
		单身男子	单身女子	单亲家庭	无子女夫妇	有子女夫妇	复合家庭*
1968 年	15.8	6.4	13.8	2.9	21.1	36.0	19.8
1975 年	17.7	7.4	14.8	3.0	22.3	36.5	16.0
1982 年	19.6	8.5	16.0	3.6	23.3	36.1	12.5
1990 年	21.5	10.1	17.1	4.6	23.6	32.9	11.7
1998 年	24.0	12.0	18.2	6.9	27.0	33.9	2.0
2010 年	27.8	14.2	19.6	8.3	25.9	26.8	5.2
2015 年	29.0	15.1	20.2	8.9	25.5	25.5	4.8

　　* 复合家庭包括几代同堂,兄弟姐妹几个家庭住在一起的,或子女成年后不结婚仍和父母同住的。

　　从法国家庭结构的演变我们看到,法国的独身家庭、单亲家庭、无子女家庭的比例都逐步上升,而有子女的夫妇家庭和复合家庭的比例在下降。这是人们婚姻家庭观念发生变化的结果。

① *Tableaux de l'économie française. Edition 2019*, INSEE, p. 31.
② *Tableaux de l'économie française*, *Edition 1999 - 2000*, INSEE, p. 29. 2010 年和 2015 年数据来自 *Tableaux de l'économie française*, *Edition 2019*, INSEE, p. 31。

　　二战后法国人的结婚率,除了战后初期短暂的补偿行为,一直呈下降趋势。开始是一段相对平稳发展的时期,结婚率虽有下降,但下降幅度很小,而且从 1950 年代至 1970 年结婚的绝对人数上还略有上升。[1]

表 12　1950—1970 年代结婚人数

五年期	结婚人数(年平均)
1946—1950	397 400
1951—1955	313 800
1956—1960	311 400
1961—1965	333 000
1966—1970	363 300

　　从 1970 年代开始,法国和西方其他国家一样进入了结婚率持续下降的时期。这一趋势最初是在 1965 年左右从北欧(瑞典和丹麦)开始的,然后扩展到西欧大部分国家(瑞士、德国、英国、法国和意大利)。法国从 1973 年开始结婚率和结婚人数都有明显的下降。

表 13　法国本土结婚人数与结婚毛率(结婚人数与总人口之比)的演变[2]

年份	结婚人数(万)	结婚毛率(‰)
1970 年	39. 37	7.8
1980 年	33. 44	6. 2
1990 年	28. 71	5. 1
2000 年	29. 79	5. 0
2010 年	24. 53	3. 9
2017 年	22. 78	3. 5

　　法国从 1970 年起直到世纪末每年的结婚人数减少了 35.5%。这种结婚人数的减少小部分原因是有些人实行独身主义。目前男女独身的

---

[1] Andre Armengaud, *La population française au XXᵉ siècle*, p. 92.

[2] *Tableaux de l'économie française Edition 2019*, INSEE, p. 29.

家庭比例已经超过了家庭总数的三分之一,主要原因是一些年轻人实行"青春同居"(Cohabitation Juvénile)。与此同时,法国人正式结婚的年龄出现了不断向后推迟的趋势。

表 14　法国本土第一次结婚平均年龄[1]

年份	男性	女性
1970 年	24.7	22.6
1980 年	25.1	23.0
1990 年	27.6	25.6
2000 年	30.2	28.0
2010 年	31.8	30.0
2017 年	33.0	31.4

与结婚率下降相对应的是离婚率的上升。离婚率的上升其实从 21 世纪初就已经开始,和战争后造成结婚率上升不同,战争甚至加剧了离婚的趋势。1920 年和 1945 年都是离婚的高峰年。二战后,从 1950 年代开始,离婚人数曾出现稳定趋势,从 1953 年至 1963 年,每年基本稳定在 34 000 人左右。从 1964 年起,离婚人数有规则递增,至 1988 年增加到 106 096 人。[2]

表 15　法国离婚数的演变[3]

年份	宣布离婚人数(万)	每一万对夫妻的离婚数
1970 年	3.89	33
1980 年	8.12	63
1990 年	10.58	84
1996 年	11.74	96

---

[1] *Tableaux de l'économie française*, *Edition 2019*, INSEE, p. 29.

[2] Andre Armengaud, *La population française au XXe siècle*, p. 101.

[3] *Tableaux de l'économie française*, *Edition 1999 - 2000*, INSEE, p. 27.

从上面的数据我们似乎可以认为,1970 年代是离婚人数增长最快的时期,但事实并非如此,在统计数字上,尽管显示 1980 年的离婚人数比 1970 年增加了 4.23 万,但这里不能忽视这样一个历史事实:1975 年通过的法案允许一些事实离婚的夫妻公开宣布他们离婚,这就使以前已经事实离婚的人数计入了 1976 年和以后几年的离婚数之中,造成这几年的离婚数偏高。但是离婚数目上升的总趋势是无可争议的,到 21 世纪之初的 2005 年达到一个高峰,之后有所下降。

表16 21 世纪的离婚情况[1]

	2000 年	2005 年	2010 年	2015 年	2016 年	2017 年
离婚数量(万)	11.67	15.53	13.39	12.37	12.80	9.06
每千人的离婚率	1.92	2.47	2.07	1.86	1.92	

伴随着结婚率下降和离婚率上升的是人们在性观念上采取更加自由宽松的态度,传统道德标准的影响力逐渐下降。直到 1960 年代,性的话题还是夫妻间的私密话,公开谈论性问题,还被当作放肆和轻浮的行为。从 1970 年代起,性解放被作为个性解放的重要方面。这种道德开放的外部表现到处可见:街头广告亭的裸体招贴,对非正常性行为的肯定(如同性恋等),电视上的色情节目等等,年轻人第一次发生性关系的时间越来越早,未婚先孕的现象也十分普遍,非婚生子女也越来越多,他们的人数占全部新生儿的比例逐渐扩大,1977 年在 7% 左右,1988 年上升到 26.3%。[2]

于是,法国的家庭中又出现了新的一种类型——单亲家庭,即父母单方抚养子女。这一家庭类型 1960 年代起开始具有统计意义,和其他类型的家庭区分开来,随后它们的数目发展特别快,如表 17 所示:

① *Tableaux de l'économie française*, Edition 2019, INSEE, p. 29.

② Andre Armengaud, *La population française au XXe siècle*, p. 102.

表 17 拥有孩子的家庭数目及演变①

	1985 年	1995 年	1985—1995 年(%)
1 个孩子家庭	2 879	2 871	—
2 个孩子家庭	3 107	2 988	−3.8
3 个以上孩子家庭	1 720	1 583	−7.9
单亲家庭	851	1 084	+27.7
其他拥有孩子家庭	1941	1 898	−2.2
有孩子家庭总数	10 498	10 424	—

我们看到,其他有孩子的家庭数目在这十年里,都有不同程度的下降,唯有单亲家庭一枝独秀,增幅高达 27.7%。

从 1960 年代后,法国的家庭虽然在各方面都发生了很大的变化,但简单地把这种变化称为"家庭危机"其实是言过其实的。在当今法国,传统的家庭还是占多数,真正的家庭亲情依然保留着,一些传统的家庭节日仍受到重视,如圣诞节和复活节等,星期天与节假日,人们仍把时间花在家庭的团聚与娱乐上,家庭依然是人们在处理完纷繁的事务后可以小憩的避风港。法国的家庭是变小了,但这种小家庭,我们不能用老眼光去看它。当代社会交通和通讯手段有了很大的进步,年轻人和父辈们虽然分开居住,但是电话往来是很频繁的,节假日因为有汽车,互相来往也很方便,家人也常常聚会。而且在整体的社会舆论上,白头到老还是人们歌颂的美德和人们美化的目标。最后,虽然从 1960 年代中期开始,性自由取得了胜利,但 1980 年代以来,和世界潮流一样,法国回到家庭中去的生活方式又逐渐有了回潮,原因可能不能简单地归之于艾滋病。

四、妇女社会地位的提高

法国社会也长期存在着男女不平等,二战之后这种状况有了很大的

① *France, portrait social, Edition 1997–1998*, INSEE, p. 84.

改观,当然离妇女的理想尚有一段距离,但进步是显而易见的。

二战之后妇女在家庭中的地位有了根本的改变。主要原因是1965年对婚姻制度的改革和1970年对父母权力的法律规定。根据1965年法律的规定,夫妻双方各自管理他们自己在结婚前或结婚后所获得的财产。一般丈夫仍然是他们共同财产的管理者,但他必须向妻子汇报在管理中可能出现的错误。房屋的买卖和抵押、签订农业和商业租约或者分期付款购买物品都得经双方同意。至于1970年法,将以前家庭中父亲对孩子单方面的权力扩大为父母亲的权力,一切有关未成年孩子的决定都应该由父母双方作出。1975年还制定了新的有关离婚的法案,也可以被看作是妇女解放的重要步骤。婚姻生活中的过失行为不再作为离婚的必需条件,夫妻双方可以协议离婚。这以后,妇女在离婚方面越来越主动,1965年妇女提出离婚的达55%,1975年,这一比例达到66%。①

在尊重妇女生育愿望方面,战后取得了突破性的进展。早在1955年,威伊-阿累(Weill-Halle)医生建立了"幸福生育协会",不顾1920年法律的禁止,开设了第一批计划生育中心。1967年12月26日在戴高乐派议员吕西安·纽维尔特努力下通过了法案,在医生的严格控制下,可以实行自由避孕。在1968年"五月风暴"的推动下,妇女运动进一步高涨,她们希望尽快真正实行纽维尔特法,并要求堕胎自由。在妇女运动的压力下,1972年11月,一位堕胎的青年女子在博比尼的司法案件中被法院宣判无罪,实际上否定了1920年的法律,接着新闻界也给予妇女运动以极大的支持。1974年6月28日通过了第二个纽维尔特法,真正使避孕实现了自由化。堕胎合法化的实现是出于多重考虑,一方面实际上的地下堕胎行为十分普遍,而且大多数在医疗条件很差的情况下进行,严重危及孕妇的生命安全,另一个也是为了反对社会的不公正和不平等,因为一些有钱的妇女可以到瑞士和英国条件优越的诊所去进行安全的堕胎。1975年1月17日的维伊法规定先对自由中止妊娠试行五年,

① Pierre Guillaume, *Histoire sociale de la France au XXe siècle*, p. 160.

1979 年最终正式使堕胎合法化,1982 年规定堕胎费用可从社会保险费
中报销。

　　妇女在家庭生活中虽然获得了自由,但也为此付出了沉重的代价。
家庭关系的脆弱,受害最多的还是妇女。就如我们前面提到过的那样,
法国社会由此增添了许多单亲家庭,而在单亲家庭中,单独由母亲抚养
孩子的占绝大多数。以 1981 年数据为例,全法 92.8 万个单亲家庭中,
75.8 万个是单亲妈妈家庭。① 在这样的条件下,妇女经常被迫接受报酬
很低、劳动强度较大的工作,生活常常是困难的。

　　二战之后也是妇女进一步走向社会、走向工作的时期。这一时期妇
女的工作更具特色。妇女就业比例没有太多的增加,甚至在一段时间里
比例有所下降,1968 年后才开始上升。

表 18　就业妇女占总就业人口的比例②

单位:%

年份	比例
1946 年	38
1968 年	35
1974 年	37
1981 年	39
1988 年	42

　　最初就业比例的下降是由于学龄延长和农业劳动岗位减少。从
1946 年至 1968 年,在第三产业中,妇女就业人数的增加一直超过男性。
她们在公共服务业、教师和卫生行业的人数越来越多,而且在一些新兴
工业部门,例如电器制造业,大量的非熟练工人的岗位是由妇女占据的。
到 20 世纪末,仍然存在“男性职业”和“女性职业”之分。如在工商业上,
煤炭、建筑与土木工程、冶金、航空、汽车制造和交通还是男人的天下,男

---

① Pierre Guillaume, *Histoire sociale de la France au XXe siècle*, p. 161.

② Pierre Guillaume, *Histoire sociale de la France au XXe siècle*, p. 77.

性占了 80％。反之,在纺织与服装、皮革与制鞋、零售商业和服务业中,女性的比例都在 60％以上。在一些社会职业如职员、教师、卫生部门和社会工作的中间职业上,妇女的比例高达 75％以上。而在企业工程师、企业中级管理人员、警察和军人、熟练工人等职业上,妇女的比例往往低于 7％。[1] 然而妇女地位逐渐有所提高的趋势还是清晰可见的。我们从 1980 年代到 1990 年代的变化中可以看到,妇女在一些高级岗位上的比例有了提高。

表 19　1982 年和 1994 年各社会职业中女性比例的变化[2]

单位:％

	1982 年	1994 年	差额
农业生产者	39.48	38.21	−1.27
手工业者	27.02	26.75	−0.27
商人	47.55	41.98	−5.57
十人及以上企业的企业主	17.42	14.74	−2.68
管理人员	24.74	32.79	+8.05
中间职业	40.72	45.78	+5.06
职员	75.4	77.18	+1.78
工人	21.51	21.63	+0.12
退休者	38.04	42.75	+4.71
其他不劳动者	71.98	65.19	−6.79

　　此外,以前妇女参加工作主要集中在结婚以前和中年以后,而现在除了生育孩子有一两次短期哺乳的停顿外,一直在工作。

---

[1] Louis Dirn, *La société française en tendances 1975 – 1995*, Paris：PUF, 1998, p.54.

[2] Louis Dirn, *La société française en tendances 1975 – 1995*, Paris：PUF, 1998, p.55.

表 20　各年龄段妇女就业率①

单位:%

	15—24 岁	24—49 岁	50—64 岁	15—64 岁整体
1990 年	39.7	75.0	38.0	58.0
2000 年	32.8	79.9	46.4	62.4
2010 年	34.8	83.3	53.6	65.4
2017 年	33.4	82.6	62.9	67.6

妇女受教育的权利在二战之后有了进一步的扩大。1960 年代,男女混合学校已经普及,在高中阶段,女生甚至超过了男生。1968 年,通过高中学业的男女生人数达到相等,但在最高学府里,女生的比例还是有限。中央大学校在 1930 年代只接受过一位女生,二次大战后,国家行政学院也开始招收女生。1971 年,综合理工大学校接受了第一名女生,此举赢得社会一片掌声。不过到 20 世纪末,综合理工大学校女生的比例仍然很低,其他大学校的情况也与此类似。在高等教育上,女生主要集中在文科类专业。

表 21　高等院校女生的专业分布②

单位:%

	女生占学生总人数比例		占女生总数比例	
	1982—1983 学年	1993—1994 学年	1982—1983 学年	1993—1994 学年
法学	52.5	59.9	15.4	15
经济	42.4	51.2	7.6	10
文科	67.8	71.4	41.7	45.2
医学	43.9	50.2	13	7.4
药剂	61.7	65.9	5	2.4
理科	33.4	36.4	11.1	14.3
其他			6.2	5.7
总数	51.1	55.4	100	100

---

① *Tableaux de l'économie française*, Edition 2019, INSEE, p. 43.

② Louis Dirn, *La société française en tendences 1975 - 1995*, p. 395.

　　争取男女同工同酬也是妇女长期斗争的目标,19世纪女工的工资只相当于男性的一半。但在20世纪上半叶,在这方面的进展不大。1936年人民阵线时期的《马提翁协定》,完全没有提及妇女的工资问题,就最低工资也只是提到职业的区别和地区的区别。1945年4月7日,当时的劳动和社会保险部长提到要缩小男女报酬上的差距。在这之后,出台了一系列关于男女同工同酬的法律文件和规定。在1946年宪法的序言里就规定了要保障妇女在一切领域与男性权利的平等。1950年2月11日关于工资集体协商的法律包含了妇女和年轻人在就业和工资上的平等原则。1957年关于欧共体的罗马协定中也有相关条款。最为重要的是1972年12月22日的法律,它规定:"承担相同工作,或同价值工作的所有人,男女的报酬相等。"此外,还有一些适应不同部门的法规,如1946年关于国家工作人员的条例,也规定了报酬没有性别差异。

　　尽管有了多项法律保证,但男女就业和报酬的不平等依然存在。在总体上,妇女的报酬和男性的报酬差距在缩小,1994年,一名妇女的收入相当于一名男子的76.6%,而在20年以前只有67.1%。但总体差距还有20%,这一差距其实与第二次世界大战前的水平相仿。[1] 然而男女不平等在一些高学历层次的对比中,差距要更大。

表22　不同学历男女工资差异的变化[2]

单位:%

	1970年	1977年	1985年	1993年
无文凭者	42	27	19	22
专业技能合格证	43	31	21	24
高中第一阶段结业证书	44	30	21	29
职业高中	48	44	45	41

[1] Louis Dirn, *La société française en tendences 1975 - 1995*, p. 55.
[2] Louis Dirn, *La société française en tendences 1975 - 1995*, p. 56.

续表

	1970 年	1977 年	1985 年	1993 年
普通高中	59	33	25	17
普通大学文凭	60	14	17	18
技术大学文凭	16	32	26	35
大学第二阶段(硕士)	39	38	28	29
大学第三阶段(博士)	26	26	31	35
大学校文凭	53	45	32	40
总体	39	29	18	19

根据 2017 年的统计,在就业市场中,女性失业率为 9.3%,男性的失业率为 9.5%,基本持平。[1] 然而工资差距仍然存在。2015 年男性税前平均月薪为 2 438 欧元,而女性税前平均月薪为 1 986 欧元,仅为男性的 81.5%。[2]

最后,二战后妇女的政治权利进一步扩大,取得了决定性的成果。法国历史发展的一个重要悖论是,妇女在法国近现代的政治斗争中历来发挥着重要的作用,只要回顾一下法国大革命和巴黎公社的历史事实,就能看到许多女英雄的身影,如果再往前,法国最有名的民族英雄贞德也是一位女性,然而,法国的女性在很长的时间里没有政治权利。当它周边国家的妇女纷纷获得政治上的选举权的时候(英国 1918 年,德国 1919 年),法国的妇女还要为此抗争几十年。在 20 世纪二三十年代,法国一些妇女团体曾为争取妇女的选举权积极活动,其中有布伦茨威格(Brunschwicg)夫人领导的"争取妇女普选权法兰西联盟",舍努(Chenu)夫人领导的"妇女社会行动"和由拉罗什福科(La Rochefoucauld)公爵夫人推动的"争取妇女选举权全国联盟"等。但是在 1922 年和 1932 年,参

---

[1] *Tableaux de l'économie française*, *Edition 2019*, INSEE, p. 45.

[2] *Tableaux de l'économie française*, *Edition 2019*, INSEE, p. 57.

议院两次否决了众议院通过的给予妇女选举权的法案。直到二战之后，根据1944年4月21日的法律，妇女在1945的选举中第一次获得了选举权。1945年，有35名妇女当选为制宪议会的成员。在初期，妇女的选票往往倾向于投给保守派，战后人民共和运动的一半以上的选票来自妇女，戴高乐派也得到妇女更多的支持，后来女性的政治行为逐渐与男性趋同。

女性进入内阁的历史比获得选举权要早。1936年，在人民阵线内阁中就有三名女性的副部长。1974年，新总统吉斯卡尔－德斯坦要求总理希拉克任命弗朗索瓦丝·吉卢（Franesoise Giroud）为负责改善妇女条件的国务秘书。1991年出现了法国历史上第一位女总理克勒松。前文第三章已经述及，1998年7月，社会党提出宪法修正案，将"法律鼓励男女任职机会均等"加入宪法第三条关于国家主权的条文中，获得了议会批准。若斯潘政府先后出台了两项法律，规定今后在各级选举中，各政党提出的候选人名单必须男女各半。在使用比例代表选举制的选举中，当选议员总数必须男女持平。随着时代进步，内阁组成中女部长也越来越多。

第二节　社会财富与生活水平

一、收入的增长和分配

社会财富积累和增长的基础是国民经济的发展，我们在本书的经济部分已经详细地叙述了法国二战后经济发展的历程，读者可以参照阅读。这里我们要着重分析的是，社会意义上人们收入的增长，考察的重点是人均国内生产总值的增长情况和人们生活水平的演变。

表 23 　1949 年至 1989 年人均国内生产总值指数(1949 年＝100)①

1950 年	107	1960 年	152	1970 年	235	1980 年	318
1951 年	112	1961 年	158	1971 年	245	1981 年	316
1952 年	115	1962 年	166	1972 年	257	1982 年	321
1953 年	118	1963 年	172	1973 年	269	1983 年	327
1954 年	123	1964 年	181	1974 年	276	1984 年	327
1955 年	128	1965 年	188	1975 年	275	1985 年	334
1956 年	133	1966 年	196	1976 年	288	1986 年	343
1957 年	139	1967 年	204	1977 年	296	1987 年	346
1958 年	141	1968 年	211	1978 年	305	1988 年	359
1959 年	143	1969 年	224	1979 年	314	1989 年	372

　　从上文各表中我们可以清楚地看到,20 世纪末的法国人的收入已经是世纪中叶法国人的三倍多。法国人收入的持续增长是从 20 世纪下半叶开始的,从那时起,只有一两年有极小的后退,整个提高是规则的,当然有时也带来一些节奏快慢的变化,但上升趋势一目了然。然而,这些数据是一些平均数据,它在一定程度上掩盖了地区、行业和社会阶级和阶层之间的差别,因此为了更正确地把握法国人收入和生活水平的变化,我们必须更深入地分析法国人个人收入的具体情况,其中包括工资收入、财产收入和社会补助等。

　　1949 年后,法国人家庭收入结构发生了变化,一方面,工资在收入中的比重逐渐增大。20 世纪是工资普及化的时期。付薪的工作在 1955 年占了全部工作的 66％,1985 年占 84％,到 1990 年代中期已经超过了90％。② 1949 年法国家庭收入中,工资占了 37％,到 1970 年已经超过50％。相反地,法国家庭中个人经营性收入从 1949 年的 37％,下降到

---

① Pierre Guillaume, *Histoire sociale de la France au XXe siècle*, p. 3.

② Pierre Guillaume, *Histoire sociale de la France au XXe siècle*, p. 70.

1963 年的 27.5%,1982 年少于 14%;①另一方面,社会补助金在收入中占据越来越重要的地位。所谓社会补助金,指的是由社会保障体系每年支付给每个家庭的补助。社会保障体系是在 1945 年开始建立的,现在已经涵盖所有在法国长期居留的人。最初保障的部分是疾病、工伤事故和退休,从 1959 年起对失业工人进行救济。社会保障体系还负责调节社会成员之间的收入,向高收入者征税,然后通过家庭补助和住房补助等形式,将这部分收入转移到低收入者手中,以缩小贫富差别。总体上说,社会补助金包括四大部分:健康补助金(疾病、残疾、工伤);家庭补助金(根据孩子数所给的补助、产假补助、住房补助等);就业补助金(失业补助、提前退休补助);退休补助金。1949 年,它占家庭收入的 11.5%,1963 年为 17%,1975 年为 29.1%,在危机期间,这部分收入比重进一步扩大,1983 年达到 35.2%。② 然而,法国人收入和所拥有的财产是不平等的,下面我们对法国人的收入和财产的情况作进一步分析,以揭示其中的不平等性以及这种不平等性演变的趋势。

从 1945 年到 1960 年代初,法国人的工资十分有规则地向上增长。如果每小时平均工资指数 1949 年为 100,1957 年达到了 228,同期物价的上涨水平只是从 100 上升到 159。③ 然而这一时期各阶层之间工资的差距扩大了,工资增长最多的是企业各级部门的管理人员。

表 24　社会各阶层平均工资水平与总体平均水平的比例关系④

	1950 年	1962 年	1967 年	1968 年	1973 年	1980 年	1983 年
高级管理人员	2.89	3.52	3.63	3.50	3.25	2.60	2.53
中级管理人员	1.48	1.70	1.74	1.66	1.56	1.34	1.31

① Dominique Borne, *Histoire de la société française depuis 1945*, Paris, Armand Colin, 2005, p.135.
② Dominique Borne, *Histoire de la société française depuis 1945*, pp.135-136.
③ Dominique Borne, *Histoire de la société française depuis 1945*, p.138.
④ Dominique Borne, *Histoire de la société française depuis 1945*, p.139.

	1950 年	1962 年	1967 年	1968 年	1973 年	1980 年	1983 年
职员	1.03	0.89	0.88	0.88	0.87	0.84	0.82
工人	0.87	0.82	0.80	0.79	0.81	0.82	0.80
总体平均水平	1.00	1.00	1.00	1.00	1.00	1.00	1.00

　　为了保障工人的最低生活水平,早在1950年,国家设立了行业间最低保障工资(le Salaire Minimum Interprofessionnel Garanti,简称SMIG)。经过老板和工会的谈判,确定了213种最低必需品,它们价格的变化决定了最低工资的确定和变化。国家由于害怕最低保障工资上升得太快,从而牵动工资总额的上涨和通货膨胀,往往采取操纵物价指数的做法,尽量将最低保障工资保持在一个较低的水平上。然而到了1960年代初,最低保障工资增加的滞后效应越来越明显,从1960年至1967年,最低保障工资的购买力每年的增加幅度为0.4%,而工人平均每小时工资的购买力每年上升的幅度为4%,[1]普通工人和熟练工人以及管理人员的收入差距就拉大了。1968年"五月风暴"期间,政府与工会签订的《格勒内尔协定》大幅度提高了最低保障工资。1970年,最低保障工资被行业间最低增长工资(le Salaire Minimum Interprofessionnel de Croissance,简称SMIC)所取代。最低工资不仅与物价指数挂钩(物价指数由法国统计和经济研究所根据295种商品价格计算出),而且还根据工人的平均实际工资变化而变化。最后,政府在年终还要对最低工资的购买力作出评估。这样最低工资就跟上了其他工资的增长步伐,反过来又促进了低工资行业整体工资水平的提高。正由于此,从1970年代开始,普通工人和管理人员工资的差距开始缩小(参见上文各表)。这种差距缩小的另一个原因是,失业率上升,失业的牺牲者主要是不熟练工人,也就是工资比较低的那些工人,这些人离开领薪者队伍后,留下的工人都是熟练工人或工龄较长的工人,工人的平均工资自然就提高了。

---

① Dominique Borne, *Histoire de la société française depuis 1945*, p. 139.

　　然而,根据法国统计和经济研究所的统计资料,最高和最低收入的差距在 1970 年代缩小后,在 1980 年代稳定下来,但从 1990 年代起又出现扩大趋向,这种趋向大致和工资运动方向相一致。这种差距的扩大不是由最低收入者的收入增长慢造成的,它的原因是高收入者的收入增长明显高于其他人。在这一轮的增长中,中间收入者的增长幅度最小。1984 年至 1994 年,家庭的货币收入平均年增长率为 1.1%,因此在这期间家庭收入的总体平均水平提高了 12%。但是占总家庭数 60% 的收入居中家庭只增长了 5%,收入最低的家庭增长了 10%,已经接近平均水平。占家庭总数 30% 的高收入家庭增长基本高于平均水平,其中 10% 的最高收入者增长幅度在 18.5% 至 22.4% 之间。①

　　工资的差距不仅存在于各阶层之间,而且还存在于性别,年龄、工作性质和工作地点上。男女差别区分的困难在于男子和妇女往往从事的工作不一样。就总体而言,男性的平均工资在 1950 年代一般比女性高出 35% 到 37%,这一差距从 1965 年后逐渐缩小,1974 年相差 32%,到了 1980 年代差距为 26%。② 男女差距最大的是在高级管理人员这一阶层。从年龄上看,到 20 世纪末的发展趋势越来越不利于年轻人,收入最高的是五六十岁的人。

表 25　家庭收入水平的比较(根据家长的年龄)③
(当年法国平均收入水平为 100)

	<30 岁	30—39 岁	40—49 岁	50—59 岁	60—69 岁	70—79 岁	80—89 岁
1984 年	92	97	99	109	106	98	93
1994 年	75	91	98	120	110	107	96

　　行业间的工资差距在逐渐缩小,工资的协商制度使各行业间的工资水平基本拉平。事实上行业间的工资差距往往和男女工资的差距是重

---

① Louis Dirn, *La société française en tendences 1975－1995*, p. 106.

② Dominique Borne, *Histoire de la société française depuis 1945*, p. 140.

③ Louis Dirn, *La société française en tendences 1975－1995*, p. 107.

合的,工资最低的一些行业往往是女工较多的行业,如皮革、制鞋业、纺织行业,制衣业等,男工占优势的建筑和公共工程业是个例外。最后,还有地区差别,巴黎地区的工资往往高于外省。

在收入方面还有一些特殊的社会集团需要给予特别关注。一是国家工作人员,或称公职人员(包括机关工作人员,公立学校的教员,警察,国有企业的职工等)。法国在二战中刚获得解放,立法机构就对公共事业和企业单位的成员地位作了规定。只要正式获得国家工作人员身份,工作就有了保障。全部国家工作人员被分为四大等级:A,B,C,D。最低等级 D 的工资指数为 100,最高等级 A 的工资指数为 800。除此之外,还有一些少量的高级公务员为等级外成员(1984 年占整个公务员的 1%,约为 25 000 人)。随着时间推移,由于大学教员和中学教员人数的增加,A 级公职人员的比例有所提高,1962 年达到 19%,1984 年增至 27%。[1]而且,四个等级的收入差距也在缩小。1990 年代中期,A 级公职人员的总年薪平均为 18 万多法郎,B 级为 12 万多,C 级和 D 级为 10 万多。但国营单位的收入增长要低于私营单位的增长,如果以 1962 年的工资指数为 100,私营部门的工资指数到 1983 年达到 179,而公职人员工资指数仅为 150。[2]然而,公职人员的实际收入很少只局限于正式的工资,还有补贴和奖金。这些奖金很长时间是对公众保密的,后来也就成了公开的秘密,人们逐渐认识到它的重要性。一般隶属于教育部的成员奖金额相对较少,1980 年占基本工资的 5.9%。但在有些部门比重却不小,比如财政部下属公职人员的奖金和附加工资可以达到基本工资的 25.2%,A 级公职人员甚至达到 33.8%。[3]同时,有些公务员,特别是官员,还享受实物利益,如住房、公车等。

另一些需要关注的集团是不领薪的劳动者。首先是农业劳动者,他们的收入根据经营规模和经营产品的不同差距很大。农业劳动者的收

---

[1] Dominique Borne, *Histoire de la société française depuis 1945*, p. 140.

[2] Dominique Borne, *Histoire de la société française depuis 1945*, p. 140.

[3] Dominique Borne, *Histoire de la société française depuis 1945*, p. 142.

入总体上来说,在 1960 年代和 1970 年代初稳步提高,接着从 1974 年至
1980 年收入开始减少,不过从 1980 年代中期开始农业劳动者的收入增
加相对较快,而且农业劳动者的农业经营往往不是他们唯一的生活来
源。其次还有手工业者,企业主和商人,他们的收入更难计算,最直接的
是根据他们纳税的情况,但由于逃税的现象十分普遍,这种计算方法往
往是低估的。我们只能简要地概括一下他们收入的大致水平,在 1981
年,手工业者和商人的平均收入相当于企业中级管理人员的平均工资。
但是最低层次的(如小手工业者和出租汽车司机)和最高层次的(如药房
老板)的收入比为 1∶7。① 最后还有各种各样的自由职业者,在 1981
年,就平均水平来说,他们的收入要高于企业的高级管理人员,但从公证
人到代理商,从外科大夫到护士,差距也是很大的。

根据 2016 年的统计,一个未婚无子女的法国人平均税前年收入是
38 049 欧元,低于德国,高于意大利。② 2018 年增加到 39 436 欧元,低于
德国和英国,略高于欧盟平均数 35 779 欧元,高于意大利和西班牙。③
性别和职业之间仍然存在明显的收入差距。

表 26 2016 年税后月薪的性别和职业差距④

单位:欧元

	女性	男性	总体平均
企业领导层	3 477	4 377	4 060
中间职业者	2 055	2 396	2 241
职员	1 549	1 681	1 590
工人	1 441	1 731	1 681
总体平均	1 969	2 431	2 238

① Dominique Borne, *Histoire de la société française depuis 1945*, p. 142.
② *Tableaux de l'économie française*, *Edition 2019*, INSEE, p. 57.
③ *Tableaux de l'économie française*, *Edition 2020*, INSEE, p. 55.
④ *Tableaux de l'économie française*, *Edition 2020*, INSEE, p. 55.

表 27　税后时薪的性别和职业差距①

单位:欧元

	2015	2016	增长 %
女性	12.9	13.1	0.9
男性	15.7	15.8	0.5
企业领导层	25.9	26.0	0.2
中间职业者	14.7	14.8	0.1
职员	10.5	10.6	0.2
工人	10.9	11.0	0.6
法定最低税后时薪	7.49	7.53	0.3
总体平均	14.6	14.7	0.6

在工资之外,人们财富的多寡也是决定人们收入的重要因素。在 20 世纪初,财富往往集中在少数人手里,1911 年,根据死者的遗产调查,在巴黎,10%的死者拥有全部遗产的 84%,波尔多为 79%,图卢兹为 73%。在巴黎和波尔多都是 1%的人掌握 30%的财富。② 这种财富集中的现象在整个世纪的演变中虽然集中程度有所减轻,但变化并不大。下面是 1977 年统计的情况:

表 28　富有家庭拥有遗产的比例③

单位:%

以最富有的 1%的家庭计	26
以最富有的 5%的家庭计	45
以最富有的 10%的家庭计	57
以最富有的 20%的家庭计	69

因此,大约 80%的法国家庭只拥有全部私人财产的 31%。不过,拥

---

① *Tableaux de l'économie française*,Edition 2020 , INSEE , p. 55.

② Pierre Guillaume , *Histoire sociale de la France au XXᵉ siècle*, p. 72.

③ Pierre Guillaume , *Histoire sociale de la France au XXᵉ siècle*, p. 73.

有少量财产的人增多了,死后不留下一点财产的人数也大大减少了。

表29   1992年底各种社会职业家庭平均财产数①

	每户财产数 (万法郎)	财产构成(%)		
		家庭财产	有收益财产	职业必需财产
自由职业	390	24.2	49.2	26.6
前独立工作者	290	22.6	76.6	0.8
手工业者、商人、企业主	283	21.7	51.4	26.9
农业经营者	234	19.6	28.3	52.1
高级管理人员	183	40.6	57.8	1.6
前领薪者	117	38.3	61.3	0.4
前农民	105	30.5	60.3	9.2
中间职业者	83	54.2	43.3	2.5
职员	45	58.5	39.7	1.8
工人	42	68.0	30.4	1.6
总体平均	111	38.0	52.6	9.4

从财产构成的演变情况看,大致有这样的趋势:有收益财产(土地、森林和出租房)部分大大缩小了,而人们自己居住的房产部分有很大的增加,但是个人所拥有的金银和艺术品非常难估计。房产部分增加的主要原因在于一些靠出租土地和房屋为生的小资产阶级人数的减少,而许多家庭通过储蓄和分期付款获得了房产。

表30   1970年至1992年主要住房占有比例状况②

单位:%

	1970年	1978年	1984年	1988年	1992年
所有者	30.6	26.8	26.3	27.4	30.3
接近所有者	14.2	19.9	24.4	26.1	23.5
租无配套家具房者	40.1	41.0	38.9	37.2	37.7

① *Les revenus des ménages*, Données sociales, 1996, INSEE.
② *Tableaux de l'économie française*, Edition 1996-1997, INSEE, p. 51.

续表

	1970 年	1978 年	1984 年	1988 年	1992 年
其中低租金房(HLM)者	9.5	13.3	14.6	15.0	15.3
其他租房者	2.5	2.0	1.9	1.5	1.5
租田户	1.5	0.9	0.6	0.4	0.3
免费居住者	11.1	9.4	7.9	7.2	6.7

整个过程表明,房屋的所有者越来越多,尤其是"接近所有者"部分,这是一些通过分期付款购房的家庭,等到分期付款全部结清,他们就成了完全的所有者。我们看到从 1988 年到 1992 年,完全所有者比例突然有了很大的增长,其原因就是 1970 年代采用分期付款的购房户已经结清了全部款项,所以对应的,在"接近所有者"一栏,他们的比例出现了下降。到 1992 年,已有 53.8% 的家庭成了他们自己住房的所有者,租房户的比例下降到 39.2%。21 世纪基本延续了这一趋势。

表 31 21 世纪主要住房占有比例状况①

单位:%

	2001 年	2004 年	2007 年	2010 年	2013 年	2016 年
所有者总数	55.9	56.6	57.2	57.5	57.7	57.7
其中完全所有者	34.9	36.4	37.7	37.8	37.9	37.8
接近所有者	21.0	20.2	19.6.	19.7	19.8	19.9
租户	39.7	39.4	39.3	39.4	39.5	39.8
其中公租房租户	17.9	17.7	17.5	17.3	17.2	17.1
私有房租户	21.8	21.7	21.8	22.1	22.3	22.7
其他	4.4	4.0	3.5	3.1	2.8	2.5

总体而言,二战结束之后,法国家庭的可支配收入和购买力一直处于增长的趋势中,但增速逐渐下降,进入 21 世纪尤其是 2010 年代,速率始终在低位徘徊,增长乏力。

---

① *Tableaux de l'économie française*, *Edition 2020*,INSEE,p. 81.

表 32　家庭可支配收入和购买力增长率①

单位:%

	可支配收入	购买力		可支配收入	购买力
1960 年	11.7	7.7	1995 年	3.1	2.2
1965 年	7.5	4.7	2000 年	5.9	3.5
1970 年	12.6	7.3	2005 年	3.2	1.4
1975 年	15.1	3.1	2010 年	2.8	1.6
1980 年	13.4	0.3	2015 年	1.1	0.8
1985 年	7.0	0.8	2016 年	1.8	1.6
1990 年	6.9	4.0	2017 年	2.2	1.4

二、消费水平的提升

随着收入水平的提高,人们的消费水平也相应提高了,这意味着人们生活的改善。在二战之后,法国人在衣食住行和身体健康等方面都明显改善。根据恩格尔定律,当人们的饮食消费在消费结构中的比重下降的时候,就意味着人们生活水平的提高。二战后法国的恩格尔系数一直呈下降趋势。

表 33　20 世纪下半叶家庭消费结构演变②

单位:%

	1959 年	1970 年	1975 年	1983 年	1990 年	2000 年
食物	34.1	27.1	23.9	20.9	19.4	17.9
衣物	8.6	8.6	7.8	6.6	6.7	5.1
住房	11.9	14.5	14.9	16.3	21.7	24.3
房内用品	10.1	10.0	10.6	9.6	7.0	6.4
健康	7.2	9.8	11.8	14.8	3.4	3.7
交通	8.9	11.6	11.7	12.6	15.7	15.5
休闲、文化	5.4	6.2	6.8	7.8	8.7	9.1
其他	13.8	12.2	12.5	11.4	17.4	18.0

---

① *Tableaux de l'économie française*, Edition 2020, INSEE, p. 61.
② Dominique Borne, *Histoire de la société française depuis 1945*, p. 132. 1990 年和 2000 年数据来自 *Tableaux de l'économie française*, Edition 2001 – 2002, INSEE, p. 41.

表 34 21 世纪家庭消费结构的演变 ①

单位:%

	2007 年	2017 年
食物和非酒精饮料	9.7	10.0
酒、烟、麻醉品	2.6	2.8
衣物鞋帽	3.5	2.8
住房(含水电热)	18.7	19.9
房内用品	4.2	3.7
健康	3.0	3.2
交通	10.9	10.3
通讯	2.5	1.9
休闲、文化	7.1	6.1
教育	0.3	0.3
旅馆、咖啡馆、饭店	5.1	5.5
其他服务(保险等)	10.0	9.3
国土整治	−1.4	−1.1
非盈利性家庭服务	2.7	3.0
公共服务(公立学校、医院等)	21.1	22.2

　　食物消费比重的下降并不等于说法国人不重视饮食了。恰恰相反,比重的下降不等于绝对量的下降,法国人在饮食消费的绝对数量上,始终是在增加的。法国一直是重视饮食的国家,今天仍然是这样。聚餐是庆祝成功的最好形式,烹调被看作是一门艺术,有关餐桌内容的书籍和指南充斥着书市,杂志上到处介绍各种菜单,电视台每天的节目中将大量的内容贡献给美食,大厨师们是红角。从变化的眼光看,法国人总体的饮食水平在不断提高。

---

① *Tableaux de l'économie française*, *Edition 2019*, INSEE, p. 73.

表35　食物热量摄入量的演变①

年份	每日卡路里摄入量（卡路里）	动物卡路里所占比例（%）
1781—1790 年	1 753	16.7
1855—1864 年	2 875	16.6
1905—1913 年	3 323	21.4
1935—1939 年	2 975	29.0
1960—1964 年	3 106	35.8

　　该表显示，两个多世纪来，法国人的平均饮食水平在不断提高。一般认为，每日卡路里的摄入量达到 2 700 单位，就足以维持人的生活需要。法国在第二帝国时期（19 世纪中叶）就已达到这个水平。动物性食物的摄入代表了饮食的质量，从这方面看，法国发生的根本性变化是在 20 世纪。下面的图表进一步具体显示了法国人饮食结构的变化：

表36　两个世纪饮食结构演变②

单位：%

	面包	土豆	其他植物	植物总量	肉鱼	奶蛋	动物总量
1781—1790 年	78.9	0	4.8	83.3	9.6	7.9	16.7
1905—1913 年	54.9	9.2	14.5	78.6	11.1	8.7	19.9
1935—1939 年	36.9	9.2	24.9	71.0	16.2	12.8	29.0
1960—1964 年	30.3	6.9	26.6	63.5	19.0	16.5	35.5

　　在两个世纪里，法国人的饮食结构发生了深刻的变化。面包在食品中的比例越来越小，同样，在 19 世纪被看作消灭饥饿大功臣的土豆在二

---

① Pierre Guillaume，*Histoire sociale de la France au XXᵉ siècle*，p. 5.
② Pierre Guillaume，*Histoire sociale de la France au XXᵉ siècle*，p. 7.

战后也逐渐被人冷淡了,而在植物食品中,水果和蔬菜占据了越来越重要的地位,一些异国的和热带的食品,如可可、咖啡、茶和柑橘类食品也争取到了一席之地。同时,在整个植物性食品的比重下降时,动物性食品的消费比例不断上升。最后还需要提出,在二战后,加工过的食品越来越多地取代直接来自农业的食品,从而促进了农产品加工业和食品工业的发展。

表 37 20 世纪末以来食物结构的演变①

单位:%

	1990 年	2000 年	2007 年	2017 年
面包和谷物	14.3	14.8	16.7	18.5
肉类	33.1	31.1	26.7	25
鱼类和海产品	7.1	7.1	6.7	5.4
奶类、奶制品和蛋类	14.9	14.8	14.4	14.1
蔬菜和水果	18.2	17.0	20.0	21.7

人们在住房上的改善程度同样明显。法国长期以来面临住房不足的问题,在 19 世纪末人们已在寻求解决这个问题,1894 年通过第一个资助建造价格便宜的住宅的法令。然而两次世界大战的破坏,再加上两次世界大战之间实施了冻结房租的做法,使住房形势进一步恶化,住房不足和老化问题严重。在 1955 年,据推算有 30%的家庭住房不足,27%的家庭希望搬迁,经常几代人共住在一起。② 从 1950 年代起,政府下大力气加强了居民住宅的建筑,见下表:

---

① 1990 年和 2000 年数据来自 *Tableaux de l'économie française*,*Edition 2001 -2002*,INSEE,p.41;2007 年和 2017 年数据来自 *Tableaux de l'économie française*,*Edition 2019*,INSEE,p.73。

② Pierre Guillaume,*Histoire sociale de la France au XXᵉ siècle*,p.11.

表 38　1949 年至 1988 年完成的住宅数①

单位:万套

1949 年	5.8	1959 年	32	1969 年	42.7	1979 年	40.4
1950 年	7.2	1960 年	31.7	1970 年	45.6	1980 年	37.8
1951 年	8	1961 年	31.6	1971 年	47.6	1981 年	39
1952 年	9	1962 年	30.9	1972 年	54.6	1982 年	33.6
1953 年	12	1963 年	33.6	1973 年	50.1	1983 年	31.4
1954 年	16.2	1964 年	36.9	1974 年	50	1984 年	27
1955 年	21.5	1965 年	41.2	1975 年	51.4	1985 年	25.5
1956 年	23.1	1966 年	41.4	1976 年	44.9	1986 年	23.7
1957 年	27.4	1967 年	42.3	1977 年	45.1	1987 年	25.1
1958 年	29.2	1968 年	41.1	1978 年	44.5	1988 年	28.7

　　在第一个五年计划强调发展工业装备以后,从 1950 年代开始住宅建设成为经济发展的重点。数字显示从 1953 年开始,住宅建设发展速度显著加快。住房的总数从 1946 年的 1 394.5 万套增加到 1982 年的 2 362.4 万套,随后数量还在不断增加,到 1984 年,二战以后建造的住房占到全部住房的 52.5%。② 住房建设到 1970 年代达到高峰,这时法国住房短缺的现象得到根本改观,克服了住房困难。建房的速度随之放慢,重点开始解决住房的质量问题。由于最初强调数量,一些楼房并不适合人们改善居住条件的需要,于是人们进入了房屋改造更新的阶段,有些最差的房子,尽管投入使用还没有几年就被推倒重来。

　　在加快住房建设的同时,住房内部设备的改善也取得了重要的进展。在 1945 年,住房的陈设和 19 世纪末差不了多少。家庭日常生活的中心是饭厅,饭厅在一些资产阶级家庭里是独立的,而在乡村和城市一般民居中往往和厨房合在一起。1950 年代照片所留下的典型情景是:吊

---

① Pierre Guillaume, *Histoire sociale de la France au XXe siècle*, p.12.

② Pierre Guillaume, *Histoire sociale de la France au XXe siècle*, p.12.

灯下面是一张饭桌,人们围桌而坐,喝着咖啡,消磨饭后时光,小孩在同一张桌子上做着作业,母亲也在桌旁做着针线活,放针线的篮子在桌上一手够得着的地方;有一张靠背椅是给父亲或祖父母的;有个碗橱,常常有亨利二世风格的雕饰,里面放着餐具,碗橱上还放着结婚的照片和少量的艺术装饰品,墙上糊着印花壁纸,陈旧的程度可以想见这还是二战前的东西;餐厅里还有一个烧木炭或烧煤的取暖炉。另一个住房的基本单元是卧室:中间是张床,有个带镜子的大衣柜和床头柜。孩子没有自己的房间,小孩常常和父母睡在一个房间,在饭厅的桌子下玩耍。此外,在冬天往往只有一间房间是取暖的。在几乎所有住房里,都没有浴室,人们在厨房的水槽中洗脸擦身。

这种陈设当然带有地区差别,但基本上是当时大多数法国城乡居民住房情况的真实写照。在条件优越的家庭,饭厅也是家庭的中心,但它还附加了另一块天地:客厅。同样这也是19世纪资产阶级的遗产。它被设想为会见客人的地方,一般有低矮的安乐椅,独脚小圆桌,一架家中小女孩练习用的钢琴,还有一些古老的从前辈手中接过来的家具,挂着一些家庭藏画,一张黑木的长沙发上盖着一块褪了色的红灯芯绒。在这种家庭,人们饭后就去客厅喝咖啡,如果饭后还待在餐桌边,会被他们认为是乡下人的行为。于是,客厅经常是一块象征性的地方,而并不经常使用,经常的情况是,百叶窗紧闭,椅子常常蒙上罩子。在城市资产阶级家庭里,厨房专门有楼梯通向佣人的房间。

这种住房的布局从1950年代末起发生了根本的变化。住房更加宽敞和舒适,水、电、洗澡间和中央空调普及了。到1982年,99.2%的住房拥有自来水,85%的有厕所,94.7%拥有洗澡设备,67.5%拥有中央空调。[①] 孩子们也有了自己的房间和富有孩子特点的家具陈设,在家庭的日常生活中有了自己的空间。

但是根本的变化不在这里,最主要的变化是饭厅中心地位的消失。

---

① Pierre Guillaume, *Histoire sociale de la France au XXᵉ siècle*, p. 13.

家庭的活动中心被起居室所取代。1954 年 6 月 16 日,有位记者在报上写道:"(living-room)这一词是新近引入法语的……living-room 对应了住房空间安排新变化:它将饭厅和客厅合二为一,甚至还包括了工作间,但它同时既非前者,也非后者。"新建的住房结构千变万化,但起居室成为基本构件,老房子改建的重要项目就是辟出一间起居室。这是一种新的生活方式,新格局将吃饭的桌子挪到了角落,表明食品短缺的时代结束了,吃,不再是人们关心的中心。孩子做作业有了自己的房间,做针线活的篮筐似乎也完成了自己的历史使命。新的起居室配备了专门的家具:长沙发,两把靠椅,低矮的桌子,围绕着中间的一块地毯。新的空间事实上还是一块娱乐休闲的天地,家具的摆设常常根据电视的位置而安排,通过电视,人们在家里欣赏电影和戏剧,为了放松,沙发上常常堆积着各种靠垫。起居室仍然是社交的场地,人们在这里招待来访的朋友,喝着开胃酒,而且时不时也喝点威士忌,冰箱的出现使人们可以用上冰块,口中嚼着咸味饼干。当然,在某些家庭中,饭厅仍然保留着它们的传统功能,新事物从来都不会完全取代旧事物的。但这种新变化逐渐扩展开来,越来越成为当代住房的主要模式。还必须指出的是,根据社会阶层和文化背景的不同,这种相对一致的格局,也有一些花样上的变化,比如沙发可以是皮的,也可以是廉价的布包的。

在这样的背景下,人们的装修热开始在 1970 年代兴起,装修品市场、专门的装修报刊和电视节目都受到热烈的欢迎,取得巨大成功。派生出来的还有园艺的发展,在 1980 年代,人们估计 58% 的法国家庭拥有花园,一年人们栽种的月季花有 1 500 万株。[1] 在住房条件改善的同时,家里还新增了许多设备,下面两个表格反映了 1950 年代以来家用电器和电子设备逐渐普及与变化的情况:

---

[1] Dominique Borne, *Histoire de la société française depuis 1945*, p. 131.

表39　1954—1988年各种家庭电器拥有率①

单位:%

	1954年	1960年	1968年	1978年	1988年
冰箱	7.5	25.8	72.5	93.8	97.5
冷藏冰柜	—	—	—	23.0	39.7
洗衣机	8.4	24.4	49.9	76.6	86.5
洗碗机	—	—	—	12.7	27.9

表40　2000年和2017年各种家用电器及电子产品拥有率②

单位:%

	2000年	2017年
洗衣机	90	96.2
微波炉	61	89.3
彩电	93	96.2
移动电话	44	94.5
冰柜	47	91.9
网络	12	83.8
电脑	27	82.0
洗碗机	38	61.4

在耐用消费品方面取得重大进步的还有汽车的普及。汽车是在19世纪末与20世纪初开始发展的,最初拥有汽车当然是富人们的特权,但随着一般人生活水平的提高,汽车也随之进入寻常百姓家了。根据1953年第一次统计的数字,法国当时已有21%的家庭拥有汽车,这一比例在1988年达到75%。③ 2000年,51%的家庭拥有一辆汽车,29%的家庭拥

---

① Pierre Guillaume, *Histoire sociale de la France au XXe siècle*, p. 16.
② 2000年数据来自 *Tableaux de l'économie française*, Edition 2001 - 2002, INSEE, p. 43。
　2017年数据来自 *Tableaux de l'économie française*, Edition 2019, INSEE, p. 75。
③ Pierre Guillaume, *Histoire sociale de la France au XXe siècle*, p. 14.

有多辆。[①] 到 2017 年,拥有汽车的家庭比例已经达到 84.3%,其中 36.8%的家庭拥有两辆甚至更多。[②] 汽车的普及极大地改变了人们的生活方式,居住地与工作地的距离缩短了,并允许人们移居远离城市喧嚣的郊区,方便了人们的度假休闲和探亲访友。

生活水平的提高还反映在衣着的变化上。在 20 世纪的上半叶,对于普通大众来说,服装几乎是千篇一律的。人们较少有选择的余地。1950 年代的照片上,我们看到,男人们总是戴着一顶贝雷帽或扁舌帽。时装是属于上流社会的。此外,社会的等级化也使得各个阶层内部的服装趋于一致,比如上流社会的女子出门总是戴上帽子和手套,办公室的职员,则总是西装领带。在 1960 年代,产生了两方面的变化。一方面,由于经济的发展,成衣生产机械化带来服装价格的下降,同时产品也更加多样化;另一方面,在消费者方面生活水平提高正好与对传统等级社会提出挑战相汇合。自此以后,人们反对将服装作为身份的外部象征,服装的样式更加多样,这种多样化的结果,又使得各阶层的区别缩小了。年轻人在这场服装革命中起了先锋作用,他们成了服装最大的消费群体,服装的无性别化主要的推动力来自他们。1970 年代,牛仔服开始流行,同时体育服装的普及也促进了服装的无性别化。

最后,人们生活水平的提高还反映在人们健康水平上。首先人们的期望寿命越来越长,在一战前夕,法国人的平均期望寿命为 50 岁,1950 年达到 65 岁,1988 年为 75 岁。[③] 2000 年增加到男性 75.2 岁,女性 82.7 岁;[④]2017 年进一步增加到男性 79.5 岁,女性 85.3 岁。[⑤] 这种平均寿命的延长和卫生及医疗条件的改善密切相关。国家在人们健康上的投入大幅度地增加,这是提高医疗水平的保证。下表反映了从 1980 年至今,

---

① *Tableaux de l'économie française*, Edition 2001 – 2002, INSEE, p. 43.

② *Tableaux de l'économie française*, Edition 2019, INSEE, p. 75.

③ Pierre Guillaume, *Histoire sociale de la France au XXᵉ siècle*, p. 45.

④ *Tableaux de l'économie française*, Edition 2001 – 2002, INSEE, p. 32.

⑤ *Tableaux de l'économie française*, Edition 2018, INSEE, p. 34.

国家在卫生上的支出。①

表 41 1980—2017 年卫生开支

	1980(亿法郎)	1995(亿法郎)	2006(亿欧元)	2017(亿欧元)
治疗疾病开支	2 125	7 350	239	375
预防疾病开支	67	183	52	60
医药研究开支	48	263	75	87
医疗教育培训	21	31	13	23
医疗管理	29	121	122	155

随着国家对医药卫生投入的增加,法国的医疗资源也日益丰富。1990 年,平均每千人拥有的医生数量为 2.69 名,②2000 年增加到 3 名,2016 年进一步增加到 3.1 名,同年,每千人还拥有 10.2 名护士和 6.0 张病床。③ 此外,人们身体健康和饮食的改善也有关系,这一点我们前面已经提到了。最后,二战结束后建立并不断完善的社会保障制度,保证了每个人都能就医,实行了卫生的民主化。

三、贫困问题

法国社会在二战之后逐渐走向富裕,衣食住行的基本要求得到了满足,贫富之间在消费上的差距也在缩小,生活方式逐渐趋同。但这并不等于说,消灭了贫富差别。人们生活舒适的要件几乎都具备了,但物品的质量还是不能同日而语。在住房上,拥有别墅则仍然是富裕阶层的特权,低租金住房和巴黎奥德伊富人区的住房也决不在一个档次上。年轻工人和退休工人的二手车与管理人员的名牌轿车一眼就能分辨。同时贫困仍然存在。

如果说,20 世纪上半叶的贫穷还带着 19 世纪的烙印的话,20 世纪

---

① 1980 年和 1995 年数据来自 *Tableaux de l'économie française*,Edition 1996 - 1997,INSEE,p. 65;2006 年和 2017 年数据来自 *Tableaux de l'économie française*,Edition 2019,INSEE,p. 93。

② *Tableaux de l'économie française*,Edition 2001 - 2002,INSEE,p. 63.

③ *Tableaux de l'économie française*,Edition 2019,INSEE, p. 91.

下半叶的贫穷已经具有新的特点。在上半叶,贫穷是一目了然的,在生活方式上直接反映出来,在城乡接合部的贫民窟里,穷人们衣不蔽体,食不果腹,最穷的人往往是乡村的,年纪大,收入少的。但在战后三十年经济发展后,生活水平普遍提高,社会补助增加,以前受冻挨饿的人已经极为少见了,贫穷的标准也有了变化,新的贫穷者主要包括城市的年轻人、残疾人和失业者,以及母亲单独抚养子女的单亲家庭。下面三张表反映了从 1980 年代到 1990 年代的这种变化:

表 42　根据年龄区分的贫穷家庭比例[1]

单位:%

年龄参照组	1984 年	1994 年	1984—1994 年
30 岁以下	9.3	18.5	+99
30 至 39 岁	8	9.6	+20
40 至 49 岁	11.8	10.2	−13.6
50 至 59 岁	10.5	9.3	−11.4
60 至 69 岁	10.7	6.1	−43
70 至 79 岁	12.7	5.5	−56.7
80 岁以上	13.8	11.3	−18.1

其他各年龄组的贫穷率都有下降,而受到损害的主要是 39 岁以下的年轻人,特别是三十岁以下的年轻人的贫穷比例在十年里增加了一倍。

表 43　根据社会职业的贫困家庭比例[2]

单位:%

	1984 年	1994 年	1984—1994 年
农业生产者	35.9	25.6	−28.7
手工业者	15.1	12	−9.7
商人	17.3	16.1	−7

① Louis Dirn，*La société française en tendances 1975 – 1995*，p. 149.
② Louis Dirn，*La société française en tendances 1975 – 1995*，p. 150.

续表

	1984 年	1994 年	1984—1994 年
企业主、管理者、自由职业者	0.8	1.6	＋100
中间职业	1.7	2.2	＋29.4
职员	6	10.4	＋73.3
熟练工人	10.2	11.4	＋11.8
非熟练工人	18.6	27.7	＋49
退休者	13.7	8.9	−35
学生	57.5	60	＋4.3
60 岁以下丧失劳动能力者	26.1	31.8	＋21.8
60 岁以上丧失劳动能力者	14.6	14.5	−0.7

农村的贫穷家庭比例有明显下降。

表 44　根据家庭类型区分的贫穷家庭比例[①]

单位:％

	1985 年	1995 年
一个孩子的夫妇	5.2	5.9
二个孩子的夫妇	5.2	6.5
三个孩子有夫妇	12.9	11
单亲家庭	11.8	17
有孩子的其他家庭	13.6	12.3

在 1980 年代还是多子女家庭最为贫困,到 1990 年代中期,单亲家庭受贫困连累最重。

许多人陷入贫穷往往是心理和生理上的原因,或没有受到足够的教育,难以融入新的工业社会而造成的,人们称他们为"被社会排斥者"。要真正计算穷人的人数是有困难的,因为贫困的状态常常得到社会补助金的补偿,有的得到家庭的资助,所以很难确定某人是否真正穷困。但

---

① Louis Dirn, *La société française en tendences 1975 - 1995*, p. 150.

有些人即使有补助，其生活水平始终低于社会平均水平。一是失业者，前文已经述及，整个 1990 年代，失业者的比例基本都在 10％左右甚至更高；二是各种残障人士，在法国，无法工作的重度残疾人估计有 120 万人；[1]三是没有任何收入，靠领取"融入社会的最低收入救济金"（RMI）过活的人，这一救济金建立于 1988 年，但一般它只有最低增长工资（SMIC）的 50％，而领救济金的人每年却以 15％的速度增加；[2]四是无家可归者（无固定住址者），依不同的标准，这部分人在 10 万到 30 万之间，[3]每到冬天下雪天和结冰的日子，睡在大街上的流浪者就面临冻死的危险。根据 1993 年的统计，法国受到贫穷威胁者约有 750 万人。[4]

进入 21 世纪之后，法国的贫困率[5]在 2004 年一度降到 12.7％的低点，随后开始上升，2008 年受金融危机的影响，达到 13.2％，2012 年和 2013 年略有下降，从 2014 年开始，基本稳定在 14％左右。根据 2017 年的统计，法国本土的人均可支配年收入为 23 920 欧元，中位数为20 820 欧元，即有一半法国人每月可支配收入低于 1 735 欧元。[6] 照此标准，以一对夫妇带两个 14 岁以下孩子的家庭为例，此家庭的每月可支配收入只有 3 644 欧元。[7] 法国 2017 年的贫困率为 14.1％，贫困线为月收入 1 041欧元，约有 890 万人生活在贫困线之下。最贫穷的 20％人口只拥有总收入的 8.8％，而最富有的 20％人口则占有了总收入的 38％。[8]

根据欧盟标准的统计数据，法国 2017 年的贫困人口比例为 13.4％，

① Louis Dirn, *La société française en tendences 1975–1995*, p. 148.
② Louis Dirn, *La société française en tendences 1975–1995*, p. 148.
③ Louis Dirn, *La société française en tendences 1975–1995*, p. 149.
④ Louis Dirn, *La société française en tendences 1975–1995*, p. 149.
⑤ 法国当前的贫困标准采用相对贫困率的计算方法，即取平均收入中位数的 40％、50％、60％或 70％，最常用的是 60％，本节按照 60％的标准。
⑥ *Tableaux de l'économie française*, Edition 2020, INSEE, p. 62.
⑦ 按照法国当前的统计方法，一个家庭中，户主的收入系数为 1，其他 14 岁及以上每人收入系数为 0.5，14 岁以下每人收入系数为 0.3，此四口之家收入系数之和即为 1＋0.5＋0.3＋0.3＝2.1，乘以人均的 1 735 欧元，家庭总收入即为 3 644 欧元。
⑧ *Tableaux de l'économie française*, Edition 2020, INSEE, p. 62.

低于 16.9% 的欧盟平均值,也低于英国、德国、西班牙和意大利等欧盟主要大国,是欧盟贫困人口比例最低的几个国家之一。[1] 法国贫困人口的年龄、性别和职业差异参见下面两张表格。在贫困人口中,年轻人比例仍然最高,女性比例高于男性,农业生产者、手工业者、商人、企业主、职员和工人的比例远高于中间职业、管理人员和高级知识型职业。

表 45　2017 年法国本土贫困人口的年龄和性别分布[2]

截至 2017 年 12 月 31 日	比例(%)	数量(万人)
18 岁以下	20.1	279.8
18—29 岁	20.1	166.4
30—39 岁	12.9	101.7
40—49 岁	13.4	111.8
50—64 岁	11.1	136.4
65—74 岁	7.5	50.0
74 岁以上	7.9	42.8
总人口	14.1	888.9
女性	14.5	471.7
男性	13.7	417.2

表 46　2017 年法国本土贫困人口的社会职业分布[3]

单位:%

农业生产者、手工业者、商人、企业主	22.1
管理人员和高级知识型职业	3.4
中间职业	5.3
职员	12.6
工人	15.0
就业人口总体平均	10.4

---

[1] *Tableaux de l'économie française*, Edition 2020, INSEE, p. 63.

[2] *Tableaux de l'économie française*, Edition 2020, INSEE, p. 63.

[3] *Tableaux de l'économie française*, Edition 2020, INSEE, p. 63.

第三节　城市与乡村

一、人口流动和城市新面貌

法国社会 20 世纪最重要的变化,是城市人口最终超过了乡村人口,这意味着城市化的完成。根据法国统计和经济研究所的最新定义,"城市"(Agglomération 或 unité urbaine)指的是:"表现为连续性建筑物(相邻间距小于 200 米)地域的社区的聚合体,至少拥有 2 000 名居民。"[1]长期以来,法国乡村人口向城市的迁徙表现出一种细水长流的渐进特色,20 世纪出现了前所未有的加速趋势。到 1970 年代中期,农村人口移住城市的流动基本结束,城市人口开始迁往乡村小城镇居住,但已不是传统意义上职业的转移,因为城市和农村的面貌已经发生了根本的变化。由于交通的发展,居住在乡村的人可以从事城市的工作,乡村的安宁和无污染成为吸引人的重要原因。

表 47　法国城市人口占总人口比例的变化[2]

单位:%

1851 年	1881 年	1931 年	1954 年	1982 年
25.5	34.8	50.8	56	73.4

20 世纪法国乡村人口向城市转移出现过三次高潮。第一次是 19 世纪末到第一次世界大战前,第二次是第一次世界大战后到经济危机爆发之前,第三次是二战之后,尤其在 1950—1970 年代。这是法国农业现代化的必然趋势,随着农业经营规模的扩大和机械化,农业生产人口过剩,必然向别的生产部门转移。而且这次人口的大转移不仅局限于乡村人口向城市的转移,而且还包括小城市向大城市的转移,可以说是法国人

---

① *Tableaux de l'économie française*, Edition 2020, INSEE, p. 196.

② Pierre Guillaume, *Histoire sociale de la France au XXᵉ siècle*, p. 26.

大搬家的时期。根据 1954 年和 1975 年两次人口普查的数据,居住在 5 000 人以上的城市人口增加了 1 300 万人。从 1954 年至 1962 年,有 300 万人换了大区,1962 年至 1968 年同样有 300 万,1968 年至 1975 年为 450 万,这些数字还没有包括大区内的迁徙。在 1954 年至 1962 年,就有 1 200 万人更换了居住的城市和地址。[①] 这次人口的大迁徙,除了农业本身的现代化外,还有工业经济飞速发展,新的工业区形成,国家鼓励人口流动等多方面原因。

人口的大迁徙带来了许多城市和乡村的问题,也带来了人口地区分布的不均衡,为此国家进行了领土整治工作。1963 年,国家建立了"领土整治与地区行动代表委员会"(Délégation à l'aménagement du territoire et à l'action régionale,简称 DATAR),负责协调国家在工业区的设置、公共设施的安置、住房建设和城市建设上的行动,试图通过领土安排的计划化,使整个法国能够协调发展。最初,委员会推行城市平衡,帮助巴黎以外的大城市发展,以改善过于集中巴黎发展的格局,将一些小城镇集合到波尔多、里昂和里尔等城市。接着,是建立新城市的阶段,1965 年在大城市周围建立新的卫星城市。最后,从 1970 年代初起,开始注重中等城市的发展。

在这样城乡变迁的背景下,城市面貌发生了很大的变化。首先人口在大中小各类城市的分布有了明显的改变,法国的大中城市更趋向于平衡。如下表所示:

表 48　法国城市人口分布[②]

单位:%

	1911 年	1946 年	1975 年
巴黎	29	25	24
5 万人以上的大城市	27	26	48
1 万至 5 万的中等城市	23	27	16
3 000 至 1 万的小城市	21	22	11

---

① Dominique Borne, *Histoire de la société française depuis 1945*, p. 44.

② Pierre Guillaume, *Histoire sociale de la France au XXᵉ siècle*, p. 31.

法国的城市化比英国、德国要晚,但特征却十分明显,长期以来,除了巴黎,法国缺乏真正意义上的大城市。法国对大城市(grande ville)人口数量的标准相对较低,5 万人就被称为大城市了。到 1946 年,除巴黎以外,法国超过 10 万人的大城市有 18 个,其中只有两个超过 50 万:里昂和马赛。[①] 到 20 世纪中叶,对法国社会影响最大的对立不是城乡对立,而是巴黎和外省的对立。人们常常夸张地说,除了巴黎,其余都是沙漠。当然,巴黎的统治地位,不仅表现在人口上,它同样是法国政治、行政、经济和文化的绝对中心。这种不平衡性常常遭到严厉的批评,它也是后来领土整治中的一个重要课题。但事物都有两方面,在指出这种不利因素后,我们也应该看到,这种国力资源集中到一个地方,也可能是国家充满活力的有利因素。这种说法,在政治和行政管理方面可能会引起争议,在经济发展方面可能也值得商榷,但在人们的精神生活方面,在文化和艺术的创造力方面,巴黎的有利作用却是显而易见的。

在二战后,巴黎以外的大城市的人口比例迅速增加,它们是在吸纳乡村人口中得益最多的城市。1966 年 12 月 31 日国家通过法律,将波尔多、里尔、里昂和斯特拉斯堡周围的一些小镇与这些大城市一起组织城市共同体,在这些城市共同体里,资源共享,经费统一使用,统一组织各种服务设施。到 1975 年,被定义为大城市的人口数量已经超出巴黎一倍。尽管巴黎和其他城市的差距仍然很大,但巴黎垄断法国生活方式的时代一去不复返了。

城市人口的膨胀给城市建设带来了新问题。为了克服城市无序发展,更合理地安排城市的空间和时间,产生了一门新的学科:城市规划学。它将从建筑到水处理和网络科学等复杂的学科融合在一起。同时在城市建设中,政府的介入越来越多。经过一个世纪的建设,城市的外观和内涵同样都发生了很大的变化。

法国城市大部分的建筑是第二帝国奥斯曼城市改造后留下的遗产,

---

① Pierre Guillaume, *Histoire sociale de la France au XXᵉ siècle*, p. 30.

但还有更为古老的。这种旧面貌直到 20 世纪上半叶,变化不是很大。二战结束后,为了配合居民的住宅建设,1958 年政府推出了旧城改造计划,1962 年马尔罗法就文化遗产的保护作了规定,保证了旧城改造的健康发展。巴黎对蒙帕纳斯(Montparnasse)地区(1973 年落成的蒙帕纳斯塔高 200 米,对火车站进行了现代化的改造)、马赖(Marais)地区(中央菜场的改造)和十三区的改造都是成功的例子。像这样成功例子还有里昂的克鲁瓦·卢斯区、波尔多的梅丽亚代克区和马赛的勒帕尼埃区等。1960 年代中期后,政府还对城市的某些区域进行重点重建,如巴黎拉德芳斯区,开辟成一个全部由现代化建筑构成的新区。再如里昂的勒巴尔迪厄区,也是重建的新区。城市的交通条件进一步改善,巴黎在 1900 年建成第一条地铁后,到 20 世纪末,已经相继建成了纵横交叉的 14 条地铁线。许多城市建设了环城快速公路,缓解私人小汽车进出城市的困难。

1960 年代后,法国政府在继续对城市中心改造的同时,注重了郊区新城的建设。城市的郊区一般是在 1880 年代开始发展起来的,19 世纪末和 20 世纪初,由于城市交通的发展,比如有轨电车的发展,郊区与城市的联系大大加强。1965 年,法国提出在一些大城市的郊区建立新的卫星城市的设想,在巴黎周围建造若干个(塞尔日-彭图瓦兹、埃弗列、马恩-拉伐莱、墨兰-赛纳尔、圣康旦-昂-伊夫林等),另外的建在其他大城市的周围,如里昂(里丝莱-达波新城)、鲁昂(勒·芙澳德勒叶新城)、里尔(维尔纳夫-达斯克新城)和马赛(贝尔潟湖新城)等。本来是穷人集中的郊区,也越来越多地吸引中产阶级家庭。为了加强与郊区的联系,巴黎的地铁逐渐向外延伸。由于巴黎的地铁线路布局呈放射状,延伸解决了郊区与市中心的联系,但郊区之间的联系始终是个问题。为了缓解这方面的矛盾,从六七十年代开始,政府建造了巴黎郊区间快速铁路网(Réseau Express Régional,简称 RER),连接市区与地铁。

城市面貌的改观和住房问题的解决是分不开的。由于住房的紧张,在郊区和城市的工人区都能看到低矮的贫民窟。在 20 世纪前半叶,政府已经着手解决居民的住房困难问题,但由于大萧条和世界大战而进展缓慢。二战结束之后,1950 年 7 月 21 日法确定了建造低租金住房(Habitation à Loyer Modéré,简称 HLM)的条件,住房建设重新迈开新的步伐。为了建造低租金住房,一些公共机构和私营公司纷纷成立,它们享受长期、低利率的贷款优惠。地产信贷银行还向中产阶级,特别是有固定经济来源担保的公务员和国家工作人员提供购房贷款。在"辉煌三十年"中,1972 年是新建住房竣工最多的一年,达 54.63 万套,其中低租金住房占 32%,30%享受地产银行的贷款,只有 38%没有得到任何资助。[1]

在这股建房的热潮中,从 1950 年代中期到 1960 年代末,法国的城市规划者们设计了大量的"大楼群"(Les grands ensembles,一种居住小区的形式)。大楼群可以建造在城市边沿地带,也有建造在城市里面的,这是一些大型楼房的集合体,这种形式首先考虑的是建造速度快,造价相对便宜。一个大楼群里可以居住几百甚至几千个家庭,比如在巴黎郊区的拉古尔诺夫就有著名的"四千家城"。从 1954 年起,超过 1 000 套房子的大楼群在巴黎地区就建造了 153 个,经常使一些昔日的村庄在短期内发生翻天覆地的变化。比如格里尼(Grigny)在 1954 年还是个只有1 100人的村庄,开始的发展速度并没有使人惊奇的地方,1962 年为1 700名居民,1968 年达到 2 900 人,但从 1969 年到 1972 年,一个 4 900 套房子的大楼群建成,1975 年人口普查达到 25.6 万人。[2]

这些大楼群的住户,以青年人为主。根据 1965 年的调查,在超过1 000户人家的 190 个大楼群中,84%的居民小于 40 岁,最具典型意义的家庭是 25—30 岁的年轻夫妇,小孩一般小于 10 岁。从职业来看,工人和职员占据了多数,达到 65%—70%,如果加上中级管理人员,比例达到80%—85%。[3] 因此这基本上是领薪阶层,但又和他们工作的地点相隔

---

[1] Pierre Guillaume, *Histoire sociale de la France au XXᵉ siècle*, p. 35.

[2] Dominique Borne, *Histoire de la société française depuis 1945*, p. 48.

[3] Dominique Borne, *Histoire de la société française depuis 1945*, p. 48.

离。某些地段较好的大楼群中也有高级管理人员居住,有时比重还较高。如近凡尔赛的巴尔里二区,由于靠近凡尔赛花园,又有网球场,大部分居住者为高级管理人员。巴黎西部的大楼群和北部与东部的大楼群形成强烈反差,西部总是显得富裕和高贵。在外省的城市中,这样的地区差别也是存在的。这样在大城市的郊区,我们可以看到住在低租金住房中的工人和职员与住在舒适大楼里的高级管理员,常常在超级市场上擦肩而过,但互相间又没有多大联系。这些迅速建成的大楼群,特别是最普通的那些,在 1970 年代又迅速走向衰落。1970 年代,刚刚入住时的小孩长大了,青少年的比重过大,成为这些大楼群最严重的危机之一。这些居住区遭到越来越多的批评,人们逐渐追求住房的个性化,不喜欢居民的过分集中。但是这些居住区在 1960 年代,对改善人们的居住条件,使人们的住房具有最基本的舒适条件,比如洗澡间等,在消灭贫民窟等方面的历史作用不可否认。

城市在 19 世纪是和工业紧密结合在一起的,但进入 20 世纪,工业逐渐和城市分离,原先的工业城市出现了非工业化的过程。这一过程在二战之后伴随着城市更新一起进行。巴黎的许多工业企业迁往它们新的基地:郊区、巴黎盆地向外延伸的部分,甚至外省。这一过程是企业自发和政府鼓励相结合的产物,一方面从经济角度考虑,城市的地价越来越高,以巴黎为例,1954 年至 1964 年,地价涨了两倍,如巴黎东北角的维莱特地区,每平方米的价格从 246 法郎涨至 703 法郎;①另一方面,在国家领土整治政策推动下,有些企业进行了有计划的搬迁。于是,在巴黎,除了新区改造外,大约三分之二的新建筑是建在工商业迁出之后的土地之上。这种现象在外省大工业城市如里昂和马赛,也十分普遍。在里尔,社会福利性质的住房就是在原来的工厂和货场的旧基上建造的。昂热这座纯粹是 18 世纪工业革命产物的原工业重镇,如今我们在市中心

---

① Georges Duby, Marcel Roncayolo (sous la direction de), *Histoire de la France urbaine*, tome 5 : *La Ville aujourd'hui*, Paris:Seuil, 1985, p. 408.

看到的是一座充满了生活气息的城市,大量修缮一新的民居和鳞次栉比的时髦商店交织在一起,昔日的工业气息已经远去。

相反地,随着大工业城市非工业化的进程,写字楼在这些城市如雨后春笋般涌现出来。这一现象在 1960 年代末还不是十分明显。直到 1968 年,全法每年批准建造的写字楼面积平均为 40 万平方米。[1] 城市的第三产业化以及企业管理和生产的分离推动了写字楼的发展,市场需求十分旺盛,许多楼盘还未建造就已卖出。在 1970 年代中期,写字楼的建设达到高潮,就巴黎地区,1972—1975 年每年需求量就达 80 万平方米,建造面积甚至超过了 100 万平方米。[2] 此后由于写字楼逐渐过剩,这一势头才逐渐趋缓。外省各大城市的情况与巴黎相仿,下表是其他四大城市写字楼的建造面积:

表 49　四城市平均每年写字楼的建造量[3]

单位:万平方米

	1968 年	1970 年	1972 年	1974 年	1976 年
里昂	2.25	6.83	7.81	16.1	6.7
马赛	1.46	2.41	5.4	4.47	3.5
里尔	3.24	3.61	4.01	6.58	4.5
图卢兹	1.01	2.66	2.33	3.39	2.5

城市从 19 世纪起经常被作为负面形象而受到指责,诸如城市充满贫困,充满辛酸,城市是疾病和瘟疫的滋生地,城市犯罪的渊薮,城市拥挤和肮脏,到了 20 世纪又加上了污染的罪名。这些指责有些是有道理的,因为在工业革命过程中,由于资本原始积累过程的残酷性,工人常常

---

[1] Georges Duby, Marcel Roncayolo (sous la direction de), *Histoire de la France urbaine*, tome 5 : *La Ville aujourd'hui*, p. 410.

[2] Georges Duby, Marcel Roncayolo (sous la direction de), *Histoire de la France urbaine*, tome 5 : *La Ville aujourd'hui*, p. 411.

[3] Georges Duby, Marcel Roncayolo (sous la direction de), *Histoire de la France urbaine*, tome 5 : *La Ville aujourd'hui*, p. 410.

过着悲惨的生活。有些指责是城市本身活动的特点决定的,例如城市是医疗机构比较集中的地方,病人和残疾人就相对较多;城市有许多慈善机构,就必然吸引穷人前往;城市是不断吸纳新人的地方,这些新人往往在融入城市的新生活中有这样或那样的困难和痛苦,这些困难和痛苦有时也会将他们逼上犯罪的道路。而城市的负面形象更由于它是文人骚客们日常生活之地,所有的负面事物都在眼皮底下,随后通过他们的作品,或通过媒体公之于世,而备受世人瞩目。然而,我们在肯定城市存在着各种阴暗面的同时,也应该看到城市积极的方面,看到二战之后城市的新变化所带来的积极影响。

城市首先为新市民们提供了更多的工作机会,同时还有社会升迁的机遇,在经济繁荣时期,比如 20 世纪五六十年代,促使农村人口大量涌入城市的因素就是因为城市有大量的就业机会和更好的经济收入。同时城市还拥有比农村更大的自由,受传统、权贵和家庭的束缚就少,有利于个人才智的发挥。城市还拥有比乡村更多的文化娱乐设施,更丰富多彩的娱乐活动。早在 19 世纪,或者更早时期建成的剧院在 20 世纪对大众开放,越来越多的人在工作之余去剧院观看戏剧。在两次世界大战之间,电影院逐渐取代了剧院和咖啡音乐厅的地位,成为人们最主要的娱乐形式之一。法国城市中还有不少免费对群众开放的文化场所,如市立图书馆,巴黎分布在各区的市立图书馆有 60 多个;在一些公园还有一些音乐演奏亭,常有管乐队、室内乐队和合唱队的演出,这种方式在北方的城市比较盛行,还有教堂定期举行的各种音乐会。此外,在城市还有许多博物馆,让人们增长不少见识。在两次世界大战之间,体育作为重要的娱乐项目也发展起来。巴黎经过整治的布洛涅森林成为重要的体育活动场所,波尔多也建造了奥林匹克游泳池和体育场,1938 年成立了专业的足球队。二战以后,城市的体育文化设施得到进一步发展,1960 年代是城市游泳池和体育场大发展的时期,1970 年代网球场大量涌现,1980 年代盛行建造高尔夫球场。城市还有更好的医疗条件和设备,人们的生命也就更有保障。最后,城市还具有更好的教育条件,所有的高等院校都设在城市,城市的教育在较早的时候便实现了普及。迄今为止,城市仍然在社会中占据着支配地位,领导着文化和生活的潮流。

根据法国国家统计和经济研究所的数据,截止到 2017 年,法国共有七个百万人口以上的城市:巴黎、里昂、马赛、图卢兹、波尔多、里尔和尼斯。其中巴黎总人口为 1 262.8 万,市区人口 218.8 万,拥有 1 751 个社区,2012 年至 2017 年平均每年人口变化率为 0.5%。[1]

二、乡村巨变

20 世纪乡村的变化比城市要大得多,经过 20 世纪的变化,传统意义上把城市和乡村看作先进和落后的两极的那种对抗和差别不复存在了。在很大程度上,乡村被城市同化了,更加城市化和现代化。

从 19 世纪晚期开始,一些城市的现代因素不断渗入乡村之中。法国修建了大量的乡间铁路和乡间公路,改变了乡村闭塞的面貌,同时小学教育开始普及,乡村小学教员成为传播城市文明的先锋。由于有识之士的努力,乡村的医疗条件也有了很大的改善。两次世界大战之间,乡村最大的现代化工程是乡村的电气化,1950 年代可直接饮用水引入乡村的千家万户。随之而来的是农业机械的大量采用和生产方式的变化,大大减轻了农业劳动的强度。

这些现代因素的渗入逐渐改变了乡村的生活方式。伴随着收割季节到来而举行的村庄集体盛宴,洋溢着欢乐气氛和亲密无间的兄弟情谊的那种场面,不再容易看到了。1930 年代收音机和 1950 年代电视机进入农村家庭,最终夺走了农村开夜工的最后魅力。以前传播各种小道消息的社交场所,如妇女聚集的水槽边和男人围着的铁匠铺,都由于现代化而消失了。火车的开通带来了市场的变化,集市的重要性也大大减少。在汽车普及后,农村的居民也可以较容易地和城里人一样去超级市场采购东西,去电影院看电影。

---

[1] *Tableaux de l'économie française*, Edition 2020, INSEE, p. 15.

　　乡村20世纪最大的变化是居住者的变化。首先是居住者数量大大减少。在1968年,根据法国统计和经济研究所的数据,全国有乡村居民点33 600个,其中完全从事农业劳动的居民点是27 000个。三分之一的居民点不到200人,四分之三的居民点少于500人。而且这些保持乡村特色的居民点的人口还在减少。[①] 只是到了1970年代后,一些乡村居民点又出现人口增多的现象,但这是另一种性质的回流。

　　其次,乡村居民的成分也发生了变化,这种变化过程可以概括为,从异质走向同质,然后又走向新的异质。在1900年左右,与农业经营者共同生活在乡间的还有另一些法国传统乡村社会的成员,其中有农业雇佣工人,也有小手工业者。根据1929年的调查,乡村手工业者总人数为57万人。[②] 如果这个村庄是本地社区的治所,还会有公证人和基层法官。此外,村庄中还生活着牧师、杂货铺的小商人、小学教员、邮差和医生。这样复合型的乡村社会从一战开始解体,在二战后解体加速。这种解体的原因不纯粹是经济上的,一战在几年内隔断了许多农民与家乡的联系,和其他来自城市的战士并肩作战,无疑对他们产生了心理上的影响,同时战争造成的人员损失又大都来自农村,因此也加速了传统农业社会的解体。比如在洛特-加龙省,由于人口的减少,不得不引进意大利的移民。二战后,农业机械的采用无疑是推动农业人口向其他部门转移的重要因素,但它与人口流动的因果关系常常是复杂的,因为法国农业劳动者在这一时期开始采用机器生产的原因众多,和农业劳动力的外流,劳动力的缺乏,进而造成劳动力价格过高都有关系。

　　在这新的一轮农村人口向城市的迁移中,一些和农业没有直接关系的人员开始从乡村撤退,乡村的居民成分逐渐变得单一起来。由于人口的减少,一些商人、公证人和医生没有足够的顾客,被迫搬迁,然后,在1950年代末,乡村的教堂也逐渐停止使用,许多教区只是保留一些家庭

---

① Dominique Borne, *Histoire de la société française depuis 1945*, p. 46.

② Pierre Guillaume, *Histoire sociale de la France au XXᵉ siècle*, p. 40.

弥撒。乡村的小学也开始减少,从 1960 年到 1970 年,全法乡村小学关闭的班级数从每年 2 000 增加到 4 000 个,1971 年取消的乡村班级达到 6 500 个。接着减少的步伐开始放慢,1974 年减少 900 个班。[①] 小学教员也离开了乡村。最后国家机构和单位也从乡村撤离,从 1950 年起,乡村的邮件大量减少,一些邮局因此关门。到了 1969 年,只有 38% 的乡村居民点拥有邮局。[②] 最后许多铁路小站也废弃不用,于是一些邮局职员和铁路员工也在乡村的地平线上消失了。这些变化的发生不完全是人口方面的原因,这和汽车的普及也有着密切的关系。有了汽车,乡间的铁路就变得多余了;有了汽车,乡间极其分散的小学班级可以并在一起上课,学生可有班车接送;有了汽车,一个邮局可以照顾到更广泛的地区。有了汽车,农民可以进城购物,看医生,去银行,送孩子上城里的中学等等。此后,是农民走访城市,再也不用有人将城市文明送往乡村。

然而,从 1970 年代起,出现了人口向乡村的回流。在 1975 年至 1982 年之间,靠近城市的乡村居民点人口的增长第一次超过了城市居民点的增长。如下表所示:

表 50　人口年平均增长率[③]

单位:%

	1962—1968 年	1968—1975 年	1975—1982 年	1982—1990 年
城市中心	1.29	0.85	−0.06	0.12
城市郊区	2.66	2.09	0.93	0.86
近城乡村	−0.27	0.12	1.19	0.95
传统乡村	−1.35	−1.64	−1.05	−0.52
法国本土人口	1.15	0.81	0.46	0.51

在城市人口的增长中,只有小于 20 000 人的城市人口仍有较快

---

① Dominique Borne, *Histoire de la société française depuis 1945*, p. 46.

② Dominique Borne, *Histoire de la société française depuis 1945*, p. 47.

③ Louis Dirn, *La société française en tendances 1975 - 1995*, p. 250.

的增长。城市中心人口开始减少,郊区人口虽有增长,但速度已比前一调查年份大大放慢。城市人口流往乡村的现象,被称为"逆城市化"(rurbanisation),其原因是多方面的,其中有对独立住房的向往,有城市中心生活成本过高的考虑,汽车在生活中的普及允许工作和生活空间的分离,归真返璞的爱好等等。最后一组数据,表明这一趋势的继续,但又带有新的变化。远离城市的乡村地区人口仍在减少,但速度已在放慢,而靠近城市的乡村地区仍然快速增长,但已低于前一调查时期,并且城市中心也出现了人口重新增长的现象,和近城乡村人口增长的差距缩小了。另一些不是严格意义上的迹象也反映了"乡村的复兴"。1960年代,有许多乡村的房屋被废弃了。从1975年起,这些被废弃的房屋数量不断减少,翻新的房屋数量是新建的两倍。①

这种"逆城市化"的现象开始编织城乡世界的新关系。人们观察到,城乡的发展已经朝着同一方向进行。以前,城市发展,周边的乡村地区人口就减少,如今,在城市人口增长乏力的地区,这一地区的乡村人口增长也出现了停滞;而在人口增长较快的城市周围,它的乡村居民点人口也是增长最快的。

城乡关系的新变化还在于乡村居民中又加进了城市的成分。退休者越来越多,而真正从事农业劳动的人越来越少,在一些乡村小镇,农业劳动者不再占优势,工人、职员和中高级管理人员成为乡村小镇居民的主体。1975年的统计数据就已经显示了这种变化:

---

① Louis Dirn, *La société française en tendences 1975 - 1995*, p. 252.

表 51　乡村社会结构①

单位:%

	就业人口
农业劳动者(含农业工人)	41
其他	59
其中:工商业主	15.4
自由职业者和高级管理者	3.1
中级管理者	10.5
职员	13.1
工人	48.7
服务行业从业人员	6.4
其他	2.8

　　1980 年代和 1990 年代的发展趋势是,农业劳动者在乡村人口中的比重进一步下降,商人的比例基本保持不变,工人略有减少,而中高级管理者却有很大增加。到 1994 年,农业劳动者的比例接近 10%,农业工人几乎为零。管理人员的比例超过了 20%,工人为 30%。② 这种趋势的发展使得城乡的区分越来越模糊,也越来越没有意义,乡村在与城市的不断同化中获得了新生,但在乡村地区,旧的农业居民和新的城市居民间的矛盾和冲突仍然不可避免地存在着。

第四节　阶级与阶层

一、从农民到农业经营者

　　在二战刚结束的 1946 年,农民占法国劳动人口总数的 36%,③超过三分之一,这一比例明显高于西方其他的工业强国。农民在思维和行为

---

① Georges Duby, Marcel Roncayolo (sous la direction de), *Histoire de la France urbaine*, tome 5 : *La Ville aujourd'hui*, p. 562.

② Louis Dirn, *La société française en tendances 1975 - 1995*, p. 251.

③ Pierre Guillaume, *Histoire sociale de la France au XXᵉ siècle*, p. 77.

方式上强烈地表现出小生产的个人主义色彩,传统的生产技术在农业中仍然流行,没有受到根本的触动。只有少量的家庭农场(主要在北部和巴黎盆地)逐渐采用机械生产,并组织了保护自己利益的专业组织。然而,在两次世界大战和 1930 年代的经济危机的冲击下,农民的自我意识加强了,越来越成为活跃的和不可忽视的社会力量。维希政权迎合农民阶级意识提高的现实,竭力鼓吹回到乡村去,而且运用国家权力建立农业行会组织。维希政权的实验为期不长,但并非完全没有影响,其中最重要的是培养了一批农民的地方领袖,这些人在战后农民组织的建立和发展上发挥了重要作用。

　　不过农民的组成十分复杂,因此在组织乡村农民的运动中,二战后另有两股政治潮流发挥了重要作用。这两股潮流一为法共,一为基督教民主运动。法共更强调社会的平等,反映了乡村小农的利益。基督教民主运动 1945 年后在乡村以更现代化的面貌出现。其中"基督教农业青年"组织在农村中的影响迅速扩大。到 1950 年代末,该组织新的一代从各级学校毕业出来的青年成为中坚力量,在接下去的十年里,他们控制了"农业经营者工会联合会",在许多乡村小镇赢得了市政议会的选举,有些当选了镇长。他们思想活跃,眼界开阔,在农村积极倡导农业机械化,推动扩大农业的经营规模。他们的目标不仅是要实现农业的现代化,而且要改变农民的思想观念,将农民在国家事务中的消极被动角色转变为积极主动的重要力量,缩小城乡生活水平的差别。

　　在这些农村新一代的努力下,在农业技术人员和农业专家们的帮助下,在国家的大力推动下,农业最终实现了现代化,农民在这个过程中脱胎换骨。我们前面已经多次提到,农业人口在这一时期大大减少,这就意味着农民的流失。仅从劳动人口来看,农民所占比重从 1946 年的 36%,下降到 1968 年的 15%,到"辉煌三十年"结束的 1974 年进一步下降到 10.5%,1981 年仅剩 8%。[1] 1954 年法国尚有 512.7 万农民,1968

---

[1] Pierre Guillaume, *Histoire sociale de la France au XXe siècle*, p. 77.

年降为 304.8 万,1982 年仅剩 175.2 万,数百万农民离开了土地。[①] 但最重要的变化不在量上,而是在性质上。由于农业生产方式的改变,农业生产更多地采用工业、生物和化学技术。生产完全纳入市场经济,大量的生产资料要从市场获得,大量的产品要寻找市场出口,而且许多产品越来越依赖于农产品和食品加工业。农业生产就成了一种企业化的生产,农业劳动者也就成了企业主。因此从这个意义上来说,从 1960 年代起,法国的农民作为阶级已经消亡,取而代之的是"农业经营者"或"农业劳动者",这些词更具有社会职业上的含义,更为准确。

随着生产水平的提高,农民的经济收入也有所增加,相应地,生活水平也随之提高了。农民家庭用上了自来水和热水,住房里也有了厕所和浴室,除了一些山区的厨房还使用传统燃料炉灶外,其他住房都用上了煤气炉或电炉。1970 年代,三大件:冰箱、洗衣机和电视已成为农家不可缺少的耐用消费品,1974 年,79% 的农业经营者至少两天里有一天是看电视的,成为所有社会职业中看电视最多的一族。[②] 汽车对农民来说,就如同拖拉机一样,是不可缺的。汽车使他们能够搬运奶桶,去合作社购买小型生产用品,上银行和超市,或去参加行业协会的会议等等。

农民的这种变化,并不意味着全体农业生产者都有着相似的收入和相似的生活水平。其实在农业生产者内部贫富不均的现象仍然存在,一些传统农业生产模式的残余仍然存在。农民群体中,还有些"边缘农业劳动者",他们主要是一些年纪较大的人,生活在传统的小农盛行的地区,年老的夫妻耕种着小块土地,由于生产能力有限,不可能大量贷款,难以进一步扩大地产,无法采用机械生产。农业劳动者中,一些大农场主由于强大的经济实力和丰厚的收入,已经跻身于法国上流社会的行列,而布列塔尼的一些负债小农只有靠多种经营才能维持生活。同样,农业和其他部类生产部门在收入上也存在差距。农业经营者远不能和

---

① Andre Armengaud et Agnès Fine, *La population française au XXe siècle*, p. 110.
② Dominique Borne, *Histoire de la société française depuis 1945*, p. 168.

工商业企业主相比,在拥有生产资料这一点来说,他们有相似之处,所以在拥有财产的总量上是具有可比性的,但在收入上,农业生产者的收入不稳定,因此,在贫困家庭的比例上,1980 年代农业生产者家庭的比例仍然是最高的,到 1990 年代有所下降,但仍和工人的情况相仿。进入 21世纪,前文第二节已经述及,农业人口的贫困率依然高于就业人口的平均水平。

二、工人

与农民人数的急速减少不同的是,工人在劳动人口中的比例到 1960年代还一直是增加的,1946 年为 25％,1968 年增至 30％。从 1970 年代起,才有所下降。"辉煌三十年"结束的 1974 年为 29.5％,1981 年降至26％,1988 年为 23％。[①] 从数字上来看,变化幅度不大,但是工人阶级的面貌也有了很大的改变。

二战后,工人的社会地位有了进一步的提高,工人在抵抗运动中用自己的英雄行为证实了自己的价值,一些工商界的资产阶级却由于与维希政权的合作政策有牵连而威信扫地。当时法国总工会(Confédération Générale du Travail,简称 CGT)的会员迅速膨胀,达到创纪录的 550 万人。[②] 新的社会福利立法使工人的生活有了更多的保障。然而,工人阶级内部的不统一,削弱了工人的力量。1945 年,法共掌握了总工会的领导权,但在接下来的岁月里,工会组织内部发生了激烈的斗争,反对法共的一翼分裂出去,另组新的工会,称"工人力量总工会"(Confédération Générale du Travail-Force Ouvrière,简称 CGT-FO)。除此之外,受教会影响的工会团体——"法国基督教工会"(Confédération Française des Travailleurs Chrétiens,简称 CFTC)也拥有为数不少的成员。工人利益还因为二战后右翼的长期执政而受到伤害。第四共和国的大部分时间

---

① Pierre Guillaume, *Histoire sociale de la France au XXe siècle*, p. 77.

② Dominique Borne, *Histoire de la société française depuis 1945*, p. 123.

是由中间派和右翼统治的。在戴高乐的第五共和国时期,工人一直在抱
怨自己的地位没有改善。这种不满情绪在 1968 年的"五月风暴"中出现
了总爆发。

　　如果说,在这个发展过程中,工人的社会地位并没有提高的话,那么
由于"辉煌三十年"的经济起飞,却在一定程度上提高了工人的生活水
平。前文第二节已经介绍了这一阶段法国人收入的增长,此处不再重
复。在收入增长的同时,社会保障体系也进一步完善,工人的工时大大
缩短,1966 年每周仍实行 46 小时工作制,1976 年减少为 42.3 小时,
1980 年为 41 小时,进入 21 世纪,已经减少到 35 小时,前文第三章也已
述及。工人带薪年休假也不断增加,1936 年为一星期,1945 年为二星
期,1956 年为三星期,1968 年为四星期,1981 年达到了五星期。甚至
1974 年经济形势恶化后,也没有改变工资增加的趋势,并加大了对失业
者的资助力度。在一年里,一个未婚的失业者可以领取相当于三分之二
工资的失业救济金,已婚者和两个孩子的父母可领取相当五分之四工资
的救济金。收入的增加带来了消费水平的提高,购置耐用消费品成为潮
流。以汽车为例,1953 年,只有 8% 的工人拥有一辆汽车,到 1988 年,
85.4% 的工人至少有一辆。[1] 冰箱、电视、电话、洗衣机等也逐渐在工人
家庭中普及。

　　在肯定工人生活水平普遍提高的前提下,有必要指出,工人之间还
是存在着很大的差别,因为 20 世纪工人的成分发生了很大的变化。一
些在 19 世纪被归入工人队伍的小手工业者被排除出去了,但工人本身
的成分复杂起来,因此不同时期工人的定义也不断发生变化。大致来
说,二战之后,法国在进行统计时,将工人分成体力工人、非熟练工人
(ouvrier spécialisé,简称 OS)和熟练工人(ouvrier professionnel,简称
OP,或 ouvrier qualifié,简称 OQ)。熟练工人或控制电气开关和仪表,或
观察电视屏幕和监视生产过程,或保养和维修机器;非熟练工人主要在

---

[1] Pierre Guillaume, *Histoire sociale de la France au XXᵉ siècle*, p. 14.

自动流水作业线上从事相对重复性的劳动,体力工人则从事打杂等繁重的体力劳动。同时和工人处在同样境地的还有普通的职员。劳动强度不再是区分贫富贵贱的唯一标准,二战以后,工人可以操作有多种功能的机械,如行车,通过操纵杆和控制线,也有的甚至通过计算机。但邮局、铁路系统、商店店员,甚至办公室的打字员,他们的工作往往不用很多技术,同样属于重复性的和机械的劳动。他们专业培训的程度较低,工资水平相当于不熟练工人,所以在生活模式和消费模式上和工人如出一辙。

法国工人的复杂性还在于外国移民逐渐在工人内部形成一个更低的阶层。法国人从事体力劳动的人数逐步减少,他们转而从事有技术的工作。这些移民工人大多来自法国的前殖民地,如北非的马格里布国家和撒哈拉沙漠以南的非洲,或来自西班牙和葡萄牙。他们几乎都从事非熟练工人或体力工人的工作,报酬很少,住房条件差,融入法国社会比较困难,和其他的工人也有隔阂。

在总体水平上,熟练工人的比例在不断增加,体力工人的人数相应减少,但非熟练工人的人数几乎没有什么变化。根据法国国家统计及经济研究所 1982 年的数据,当年法国拥有 410 万熟练工人,占工人总数的 52.6%。[1] 熟练工人在许多外部特征上,如工作条件、生活水平和生活方式等方面已经接近于技术员,甚至工程师,但其他的工人还是处在社会的最下层。

工人之间收入水平和生活水平的不平等还取决于企业的规模,企业的地区和生产部门等因素。一般千人以上大企业的工资要高于二十人以下的小企业;老工业区比新工业区工人生活改善的速度更慢,其中相对较慢的有北方省,中央高原的边缘地区,而巴黎地区和东南地区相对较快;新兴的工业部门,如汽车制造、石油冶炼等比一些传统工业部门,如纺织、冶金等有更好的收入。

---

[1] Dominique Borne, *Histoire de la société française depuis 1945*, p. 110.

　　总体而言,工人和其他社会集团相比,生活水平仍处在下游,我们在第二节分析收入和贫困问题时已经看到:根据 2016 年的统计数据,工人的税后月薪和税后时薪都低于社会整体平均数;根据 2017 年的统计数据,工人中的贫困人口比例也高于就业人口的平均比例。

三、中产阶级

　　中产阶级的定义是社会学家和历史学家们长期争论的问题。本书仅从分类方便出发,借人们通常习惯使用的概念。一般它指的是资本家和较为贫困的工人之间的中间阶级和阶层,主要包括自由职业者、小商人和手工业者、管理人员和国家中下级公务员等。

　　自由职业者的总人数不多,1954 年约有 16.3 万,1975 年增至 25万,1982 年为 33 万。[1] 1954 年占劳动人口的 0.87%,1982 年增加到1.53%。[2] 这一阶层在战后经济发展和人们生活水平普遍提高的背景下,收入和生活水平的提高相对较慢。他们常常对国家的税收政策不满,却没有组织起来抗争的愿望。这一阶层中境遇较好的是有关健康消费的那些自由从业者,如医生和药剂师等,人数在不断增加,1948 年医生的人数为 3.14 万,1988 年达到了 17.5 万,[3]在自由职业者总数中所占比例从 1954 年的 37.7%提高到 1982 年的 50.5%。[4] 他们的收入提高仍然较快,但也逐渐工资化了,失去了独立劳动者的特征。

　　小商人和手工业者在二战结束之初,一度呈现上升的势头。1954年,小商人和手工业者的人数为 172.8 万,1965 年增加到 207.9 万。根据 1953 年的一项统计,全国共有 68 万家商店,其中 18.6 万家销售各类食品,17 万家销售专门食品,8.9 万家出售纺织品和服装,23.5 万家出售

① Dominique Borne, *Histoire de la société française depuis 1945*, p. 112.
② Dominique Borne, *Histoire de la société française depuis 1945*, p. 114.
③ Pierre Guillaume, *Histoire sociale de la France au XXe siècle*, p. 130.
④ Dominique Borne, *Histoire de la société française depuis 1945*, p. 114.

各种百货。① 虽然他们的社会地位已不如19世纪,但在战后初期仍然得到了一定的发展机会。如城市规划和领土整治,给小商业在新的地区发展开辟了道路,家庭消费需求也推动了一些新的手工行业的产生和发展,譬如汽车、收音机和电视机的维护和修理等。

1952—1954年对于小商人和手工业者来说,是个转折时期,商品价格放开了,带来了新的竞争,而人们新的消费习惯还没有形成。与此同时,国家对小商人和手工业者的态度也发生了变化。更多地追求现代化和经济效率,减少了对这部分人生存状况的关注。国家越来越强调科学技术的发展,而将这些小商业和小手工业看作是经济发展的绊脚石。国家倡导将中小企业纳入经济增长的轨道,但主要指中小工业企业,将小商人和手工业者排除在外。与此同时,二战之后社会保障体系的完善和社会补助金的提高也与这些人无缘,因为他们拥有的财产,不在保障或补助之列。此外,税收政策的变化也降低了他们的利润。在1950年代中期布热德运动的高潮中,小商人和小手工业者一度获得了政府的一些让步,例如手工业者免收增值税等,但进入1960年代,这些优惠逐渐被取消了。固定收税制让位于根据实际利润收税,1959年至1969年的十年中,营业税增加了两倍。1962年的新法令还取消了手工业者开业的资格审查,进一步加剧了行业内部的竞争。

在国家对他们冷眼相看的同时,工业和商业的现代化对小商人和手工业的生存构成了威胁,他们逐渐成为时代的弃儿。首先,前文经济部分已经述及,从1958年起,一些大商业,如大型的超级市场迅速发展起来。在1965—1966年,一些出售家用电器的超级市场,如达尔第(Darty)和芬纳克(FNAC)等,开展了售后服务和维修,使得一些刚刚转型修理业的手工业者难以为继。在建筑业中,预制构件技术的发展也赶跑了不少工匠,进入1980年代,一些小型餐饮业开始受到美国式快餐的冲击,后者的快捷和卫生以及低廉的价格适应了都市生活

---

① Pierre Guillaume, *Histoire sociale de la France au XXe siècle*, p. 120.

快节奏的需要。因此,小商人和手工业者在零售业销售总额中所占比重不断下降,1950 年为 89％,1975 年减少到 62％,1982 年进一步降至 60％以下。①

在此背景下,小商人和手工业者在二战后往往成为极端政治势力利用的对象。1944 年巴黎光复后,小商人和手工业者建立了自己的工会组织,如"中小企业总工会"等,但不久人数就被皮埃尔·布热德于 1953 年建立的"保卫商人和手工业者联盟"超过,前文第一章已经述及,布热德及其拥趸在 1956 年的选举中一度获得出乎意料的成功。1970 年代,咖啡店老板吉拉尔·尼库又组织了"手工业者和独立劳动者全国联盟信息和保卫委员会"。后两个极端团体主要以反对税收制度和税收官员为特征,带有极右的倾向。此后,他们许多人成为勒庞的"国民阵线"的支持者。

与自由职业者、小商人和手工业者不同,管理人员(cadre)属于领薪者。1950 年代开始,法国在统计中将管理人员分为高级和中级两类:高级管理人员(cadres supérieurs)包括企业主、工程师、中学和大学教员;中级管理人员(cadres moyens)包括技术员、中级行政官员、小学教员和除去了独立开业(属于自由职业者)的医疗和其他社会职业。总体而言,管理人员的数量在二战之后增长很快。1954 年,高级管理人员有 34.4 万人,中级管理人员 111.3 万人,1982 年高级管理人员增至 159 万人,中级管理人员增至 325.4 万人,同期,两类管理人员之和占劳动人口总数的比例从 8％增加到 26％。② 随后,法国在社会职业统计中,以"中间职业者"(professions intermédiaires)取代了"中级管理人员"。"中间职业者"包括小学和初中教员、卫生和社会工作的中级人员(护士,准医务人员,社会辅导员等)、宗教人员、行政管理中级人员(即国家 B 级公务员和地方行政人员,如监督员、市府秘书等)、工商业企业中级管理人员,技术

① Dominique Borne, *Histoire de la société française depuis 1945*, p. 113.
② Dominique Borne, *Histoire de la société française depuis 1945*, p. 114.

员和工头等。

在中产阶级中,"国家工作人员"具有鲜明的法国特色。根据法国的定义,所谓"国家工作人员"(fonctionnaires),是保证国有企事业运作的国家代理人的总和。与其说是个阶层的概念,还不如说是社会职业的概念,但即使是社会职业,它也是和其他概念部分重合的。我们在分析收入的问题时,曾经看到这些人分成不同的等级,除了等级,他们还分属于不同的部门。法官和军官就是十分不同的部门,而教师又属于另一个相对封闭的世界。但是考虑到这些差异之外,就这一集团的主体而言,仍然存在一些共同特征,比如拿的都是国家的薪金,收入稳定有保障,较少受失业影响等等。

二战后,法国对公职人员的录用采取更加开放的态度,不因政治观点和性别而受到歧视,通过竞争考试而录用。根据 1946 年 10 月的法令,公职人员拥有了组织工会和罢工的权利,第五共和国成立后继续得到确认,但国家安全部门和司法机构工作人员始终禁止举行罢工。1953年 8 月 7 日至 25 日,公职人员举行了总罢工。他们也参加了 1968 年"五月风暴"期间的斗争。尽管在 1975 年以后,公职人员的工资比私营单位工作人员的工资上涨得慢,但由于工作稳定,不受失业影响,多年来还是吸引许多人参加这些岗位的录用考试。一个较为明显的变化是某些职业中女性从业者的增加,尤其是教育岗位,因为教育岗位与其他职业相比,更能够兼顾家庭。

四、领导集团

最后涉及的是社会最上层的集团——"领导集团"(couches dirigeantes)。这同样是一个构成复杂的集团,该集团的某些成员往往还与中产阶级上层重合。他们是经济与政治上的领导者和决策者,或者在社会的政治文化生活中具有极大影响享有崇高地位者,其中包括大企业主、企业中最重要的高级管理人员、高级行政管理人员、某些自由职业者(大医生、大律师等)、有全国声望的新闻工作者、政界要人、最重要的社会团体负责人和若干知识分子。

二战之后,该集团一方面在人数上不断地扩大,另一方面在权力上却更加集中。

表 52　领导集团或与之相近的社会职业的演变①

	人数		占就业人口的比例		年增长率
	1954 年	1975 年	1954 年	1975 年	1954—1975 年
工业企业主	91 067	59 845	0.5%	0.2%	−1.9%
大商人	181 717	186 915	0.9%	0.9%	0.9%
自由职业者	120 341	172 026	0.6%	0.8%	1.7%
教授与文学科技界	80 380	377 215	0.4%	1.7%	7.6%
工程师	75 808	256 290	0.4%	1.2%	5.9%
高级行政管理人员	277 190	653 755	1.5%	3%	4.1%
总数	826 503	1 706 046	4.3%	7.8%	3.5%

在这些成员中,只有工业家的人数呈现减少的趋势,这和一些传统工业企业的消失和生产的集中有关。教授数量的增长和地位的提高是贯穿 20 世纪的重要现象,第三共和国的后期已经被人们称为"教授的共和国"。当然,表中的一些社会职业和领导集团并非完全重合,但他们数量的增加和该集团的相对开放是不可否认的事实。然而,从他们在整个社会人口的比例中看,这仍然是一个寡头集团。在权力上,一些外省的领导精英往往要失去他们的一部分权力。一些被安置在外省的大企业,比如图卢兹的飞机制造厂,雷恩的汽车制造厂,它们的决策中心仍在巴黎,因此权力越来越集中。

领导集团可以进一步细分为两大部分,一部分是工商大企业的所有者或领导者,或称为大工商业主;另一部分是国家高级管理层的成员。

---

① Yves Lequin, *L'Histoire des Français XIXe-XXe siècles*, *La société*, Paris: Armand Colin, 1984, p. 535.

在前一部分人中,企业所有者的人数在减少,而领薪领导者的人数在增加。这种变化主要来自所有权和管理权的分离,企业"经理化"的发展方向带来了企业法律地位和管理模式的变化。国家高级管理层人士主要集中在议员和政府成员的周围。他们常常为政界要人们的决策作前期准备,而且将作出的决定具体化。这些高级管理人员集中在一些重要的行政机构中,在法国这些机构被称作"大机构"(les grands corps):一部分是技术性的,如矿业局和路桥局;另一部分是财政和行政性的,如财政监察署、行政法院、审计法院、外交机构和省政府机构等。这些高级行政人员的生涯大体是从大学校开始,或是综合理工大学校、矿业学校和路桥大学校的毕业生,或是国家行政学院的高材生,再加上一定的家庭和政治背景,他们就进入了"大机构"中,但只是第一步,然后许多人转到企业去任职,政治与经济在这里搭起了桥梁,经过在省一级领导机构的锻炼后,又在私营企业或国家管理部门担任更高的职务。在第四和第五共和国,我们看到政府的部长们,不论是右派的还是左派的,许多来自"大机构"的高级管理人员,这些人又大多是综合理工学院和行政管理学院毕业生,因此"教授共和国"演变成了"高级行政官员的共和国"。

五、社会流动与阶级关系的模糊性

在逐个对各社会阶层进行分类分析以后,有必要指出,法国的社会阶级和阶层之间关系发展到 20 世纪后半叶,出现了一些新的变化。

首先在社会各阶层之间的流动上,人们社会地位的上升是主要的潮流。在各社会职业中,一些地位比较低下的职业出现衰落的趋势,人数不断减少,比如工人和农业经营者;一些曾经开始衰落的中产阶级的职业,如小商人和手工业者,逐渐停止了衰退,另一些中产阶级的职业,如"中间职业者"和一些职员(职员的上层当归入中产阶级行列,下层则与工人相近)则一直呈上升趋势,不过上升的势头在 1980 年代后,开始放缓;而最显著的是高层次的社会职业呈现加速增长的现象。如下表所示:

表 53 各社会职业的人口和年平均增减率①

	人口(万人)				变化(%)	
	1962 年	1975 年	1982 年	1994 年	1962—1975 年	1982—1994 年
农业生产者	304.5	169.1	139.7	76.8	−104.2	−52.4
独立职业	208.4	176.6	165.7	163	−24.5	−2.2
高级管理层和知识阶层	88.7	152.9	175.7	276.8	49.4	84.2
中间职业	210.1	339.4	396.3	456.5	99.5	50.1
职员	346.6	478.6	548.8	616.9	101.5	56.7
工人	737.6	778	681.5	568.3	31.1	−94.3
总数	1 895.9	2 094.6	2 107.7	2 158.3	152.8	42.1

我们可以看到,1960 年代和 1970 年代是法国社会"中间化"的重要时期,而从 1980 年代开始,上层社会人数的增长加快,表示整个社会的流动方向是逐渐向上的。社会集团的相互流动,很少出现从一个极端升到另一个极端的现象,暴发户极为罕见,下面各职业的社会来源表十分直观地揭示了社会上升的渐进现象。

表 54 1982 年和 1994 年 40—59 岁劳动人口中各类社会职业的流动比例②

单位:%

父亲职业 ＼ 本人职业	农业生产者	独立职业	管理人员	中间职业	职员	工人
1982						
农业生产者	32.2	7.6	3.7	11.0	7.8	37.7
独立职业	2.4	30.2	18.7	21.1	8.2	19.4
管理人员	0.6	9.2	54.6	20.0	8.6	7
中间职业	1.2	6.5	27.5	35.8	10.1	18.8

---

① Louis Dirn, *La société française en tendances 1975-1995*, p. 81.

② Louis Dirn, *La société française en tendances 1975-1995*, p. 96.

续表

本人职业 父亲职业	农业生产者	独立职业	管理人员	中间职业	职员	工人
职员	1.2	9	18.1	24.7	15.2	31.9
工人	1.8	8.1	6.7	18.7	10.5	54.2
1994						
农业生产者	23.1	9	6.9	14.5	8.3	38.2
独立职业	1.3	26.5	21.2	19.5	8.9	22.6
管理人员	0.9	9.7	56.0	21.6	5.6	6.2
中间职业	0.4	9.5	33.4	32.2	8.8	15.7
职员	0.5	8.2	20.6	27.9	14.2	28.5
工人	0.7	10	9.2	22.2	11.1	46.7

每一部类基本都是以自我繁殖为主,移动最多的是和自己职业相近的职业。相对来说,处在社会两极的工人和管理人员流动性比较小,而处在中间部分的职业流动性比较大,因为它们常常是向上走的过渡站。

第二,阶级和阶级的界限更加模糊。以是否占有生产资料来作为区分资产阶级和无产阶级、统治阶级和被统治阶级的标准已经无法准确反映事实,因为当代法国生产资料占有形式已是多样化的,有国家所有,也有个人所有,同时也有股份制。有些不占有生产资料的领薪者(如果说工资是出卖劳动力的外部特征的话,那么这些人是出卖劳动力者)从他们的收入、生活方式和生活水平显然是应该列入资产阶级和统治阶级行列的。有些握有一些大公司股票的人,尽管他也是拥有一定资本的人,但他们从他们的收入和职业上还只能归入工人的队伍。而且一些传统的阶级内部出现了严重的分化,阶级内部成员的差别甚至要大于和其他阶级的差别,比如熟练工人的生活方式更接近于技术员和工程师,而跟非熟练工人相去更远;国家工作人员的上层可以归入社会上流,是名副其实的国家管理者和统治者,但国家工作人员的下层与工人没有什么两样;农业经营者中的大农场主和工商业的企业主们可以平起平坐,而农业经营者中的下层依然是社会最底层的人物。

第三,人们的阶级意识淡化。在 20 世纪的五六十年代,许多专家十分注重法国人阶级意识的分析和研究,把它作为工业化时代的一个基本特征,工会和法共也一再强调工人阶级的利益。资产阶级的阶级意识似乎也是不容怀疑的,只是农民的阶级意识常常引起争论。然而,经过 1970 年代以后,这种阶级意识在法国人中有淡化的趋势。

多年以来,法国的一些舆论调查机构不间断地用同一个问题:"您有属于某一社会阶级的感觉吗?"在人群中进行调查。在 1966 年,持肯定回答的为 61%,1994 年,这一比例仍为 61%,但持否定回答的比例有了增加,由 1966 年的 30%,增加到 38%。态度不明的人从 9%,降到 1%。[1] 如果将各调查年份肯定回答的比例与否定回答比例之差连接起来,划出曲线,可以发现,从 1960 年代中期至 1970 年代中期,人们从属于某一阶级的感情不断增强,随后这种感情突然淡化,到 1988 年达到谷底,肯定回答与否定回答的比例之差低于 20%,之后保持了稳定的发展,到 1994 年又有轻微的抬头。[2] 这一曲线的变化,基本和经济增长的曲线相吻合,其中是否存在关联性,尚需进一步研究探讨。从几十年的发展来看,人们总体上的阶级意识在减弱。

这一减弱的趋势还表现在人们对自己所属阶级的认识上。在肯定自己从属于某一社会阶级的法国人中,越来越多的人认为自己是中产阶级,这也可以被解释为,人们越来越倾向于否定极端的阶级对抗。

---

① Louis Dirn, *La société française en tendances 1975－1995*, p. 87.
② Louis Dirn, *La société française en tendances 1975－1995*, p. 88.

表 55 持阶级意识肯定回答人群自认所属阶级的比例①

单位:%

	1966 年	1982 年	1983 年	1985 年	1993 年	1994 年
中产阶级	21	31	33	32	39	38
工人阶级	39	33	35	29	19	22
资产阶级	7	4	3	3	2	3
其他	33	32	29	36	40	37

有些回答自己属中产阶级的人,其社会职业并不一定属于中产阶级。工人中自认为中产阶级的人在增加,1966 年,工人中有 13% 的人自认为是中产阶级,而 1994 年这一比例上升为 30%。② 资产阶级中也有越来越多的人倾向于把自己认为是中产阶级的成员,虽然,正如前文所述,上层资产阶级的人数不断增长,但承认自己是资产阶级的人在不断减少。同时,根据调查,阶级意识的强弱根据人们的社会职业依次为教师、工人、职员、高级管理人员和自由职业者、中间职业者、商人和手工业者、农业生产者和失业者。如果根据年龄区分,五六十岁的为最强,往下依次递减,18 岁至 24 岁的人为最弱。60 岁以上者与二三十岁的人相仿。③

① Louis Dirn, *La société française en tendances 1975 - 1995*, p. 89.

② Louis Dirn, *La société française en tendances 1975 - 1995*, pp. 88 - 89.

③ Louis Dirn, *La société française en tendances 1975 - 1995*, p. 90.

第六章 战后法国外交

第一节 面对战后新格局(1944—1958)

一、法德和解和欧洲建设

如果按一般的标准,法国在战后初期似乎已经称不上一个强国。经济只相当于战前一半的水平,基础设施遭到严重破坏,人口锐减,本土与殖民地的联系基本被切断,军队刚刚开始重新建设。尽管如此,戴高乐仍然一直寻求法国的大国地位。即使在战争还在进行之时,在法国军队基本处于从属地位的情况下,戴高乐还是表现出了他的独立性。[①]

战后,法国临时政府第一项重要的外交活动就是争取得到国际承认,特别是美英苏的承认。1944 年 10 月 23 日,美国、英国和苏联经过一段时间的犹豫之后,最终承认了法兰西共和国临时政府。但在 1945 年的一些国际会议上,戴高乐遭到了冷遇:2 月 4 日至 11 日举行的雅尔塔会议没有戴高乐的身影,多亏丘吉尔出于与苏联保持平衡的考虑才为法

---

① Frédéric Bozo, *La politique étrangère de la France dequis 1945*, Paris:Flammarion, 2012, p. 14.

国盟友争取到一块德国的占领区和联合国安理会常任理事国的地位;7月17日至8月1日的波茨坦会议也没有戴高乐的位置,不过法国还是得到了参加为制定和平条约而设立的外交部长会议的权利。尽管在重大的国际会议上遭到冷遇,法国仍然从1944年夏天起,参加了许多国际组织的建立,如国际货币基金组织、联合国、国际粮农组织和联合国教科文组织等。

1945年,法国外交关注的头等大事是对德国的处理问题。法国的目标十分明确,就是要防止德国新的侵略,要将德国的经济资源用来振兴受它摧残的那些国家的经济,特别是法国的经济。具体的就是除了在德国实行非军事化外,要在经济和政治上肢解德国。法国建议,德国可以成为一个松散的联邦国家,萨尔区分离出来,至少在经济上并入法国,鲁尔区实现国际化,对莱茵区实行长期占领。总之,这是一个类似凡尔赛条约的方案。

但是,法国知道自己单方面不能实现这样的目标。戴高乐对美国一直抱有一种不信任感,同时与英国在叙利亚、黎巴嫩等问题上的分歧也影响了法国与英国的接近,戴高乐因此在战后初期与法国的传统盟国苏联加强关系。1944年12月10日,在戴高乐出访苏联期间,双方签订了为期20年的《法苏互助同盟条约》。同时,戴高乐还考虑,将西欧的一些国家(法国、比利时、荷兰、卢森堡、莱茵河以西的德国领土)联合起来,法国成为这个集团的首领,这样可以与苏联保持相对的力量平衡,并与苏联一起控制德国,与盎格鲁-撒克逊世界相抗衡。这样的地缘政治观左右着法国1944年至1945年的外交。

当戴高乐于1946年1月离开政坛的时候,现实与他的理想相差甚远。法国表面上成了世界大国之一,但事实上在国际上还是人微言轻,法国处置德国的方案没得到其他大国的支持。戴高乐不妥协的态度,以及对实现法国强国地位孜孜不倦的追求反而加重了法国的孤立,特别是当苏联和西方盟国还保持良好关系的时候。国际事务越来越取决于美苏两国,英国的地位也逐渐下降,因而法国加强自己在世界事务上发言权的目标更显得困难重重。

戴高乐离开政坛后,法国历史进入法兰西第四共和国阶段。第四共和国以内阁不稳定著称,但它的外交部长经常在内阁更迭中得以留任,所以保证了外交政策的相对稳定。整个第四共和国期间只有六位外长,他们是:乔治·比多(1947 年 1 月至 1948 年 7 月,1953 年 1 月至 1954 年 6 月)、罗贝尔·舒曼(1948 年 7 月至 1953 年 1 月)、皮埃尔·孟戴斯-弗朗斯(1954 年 6 月至 1955 年 1 月)、爱德加·富尔(1955 年 1 月至 2 月)、安托万·比内(1955 年 2 月至 1956 年 1 月)和克里斯蒂昂·比诺(Christian Pineau,1956 年 1 月至 1958 年 5 月)。第四共和国的外交政策与战后初期戴高乐的路线有一定的继承关系,体现出部分延续性,但也有重大的变化。延续性表现为法国继续贯彻恢复大国地位的方针。变化表现为两方面:从维持东西方平衡转而倒向西方阵营,对美国言听计从,追随美国的大西洋方针;从严厉制裁德国转而与德国和解,与德国携手,加强西欧的联合,推进欧洲统一事业。

戴高乐挂冠后,比多在外交上才有了行动自由,不过他基本上打算执行戴高乐的既定方针,希望维持东西方的平衡和对德采取严厉的政策。然而国内形势的变化使他推行这样的政策越来越显得困难重重。执政三党(人民共和党、共产党和社会党)对于外交的主要原则上,比如对德态度、与苏联关系和与英美关系等,产生了较大的分歧。同时在国际上,随着美国与苏联对抗的升级,也使法国与超级大国保持等距离关系的做法遇到了严重的考验。因此法国的外交政策表面上保持政策的延续性,实际上不得不改弦易辙,适应形势发展。

在对德国的处理上,美英与苏联的斗争日显尖锐,使得法国削弱德国的主张越来越难以实现。美英支持德国西占区迅速重整旗鼓,作为对抗苏联的重要筹码,肢解德国就成了法国的一厢情愿了。不过,两个德国分治却变得极有可能。到 1946 年底,美国和英国似乎接受将萨尔区在经济上归入法国,但条件是法国放弃关于莱茵区和鲁尔区的要求。尽管国内的舆论和法共的压力还不能让比多公开地背离以前的外交方针,但向美英逐渐靠拢的倾向已经显露出来,并且越来越多的领导人对此持支持态度。1946 年 5 月 28 日,经过莱昂·勃鲁姆和让·莫内在华盛顿通过艰苦谈判,签署了一项协定,美国答应给法国一定数量的经济援助。在勃鲁姆短暂执政期间(1946 年 12 月至 1947 年 1 月)还促进了与英国工党政府的合作,1947 年 3 月 4 日,法英签订了敦刻尔克协定,以反对德国潜在的威胁为主要目标。

1947 年对国际关系以及法国外交政策都是转折之年。国际关系逐渐过渡到冷战时期,法国外交正式公开倒向美国一边。1947 年春天开始的事件加速了法国的转向。1947 年 3 月 12 日,美国总统杜鲁门在国会两院联席会议上宣读了一篇咨文,宣称美国将给予受共产主义威胁的国家以援助,标志着东西方冷战的正式开始。在同年 3 月 10 日至 4 月 24 日在莫斯科举行的外交部长会议上,法国尝到了东西方关系恶化的恶果,会议上法国难以与苏联就德国问题达成协议,苏联对法国的要求也不予支持,尤其是萨尔区问题,使法国在这次会议上遭受了挫折。同时法国国内政治也影响到它的外交立场,1947 年 5 月 4 日,拉马迪埃政府将全部法共部长驱逐出政府,开始了法国战后第一次"反共"高潮。这一举动并不是为了讨好美国,但它受到国际环境的影响,因为法共与其他两党的分歧许多是集中在外交政策上的。这一举动得到了华盛顿的欢迎,反过来又进一步推动法国的外交政策向右转。1947 年 6 月,美国正式提出了马歇尔计划,欧洲就接受马歇尔计划又分裂成两个阵营,苏联和东欧集团拒绝接受,进一步加深了东西方的裂痕。

法国接受马歇尔计划对法国外交政策的影响是决定性的。它意味着法国今后的经济政治决定在很大程度上都要看美国的脸色行事,在外交上更是如此,第四共和国外交上的挫折感不可避免。同时接受马歇尔计划也意味着对德国政策的根本改变。马歇尔计划本身包括支持德国西部的经济复兴,法国对此不能再持反对意见,最好的办法是保持德国的分裂,支持建立联邦德国。1948 年 2—3 月和 4—6 月,法国、英国和美国在伦敦进行对话,最终在德国问题上达成一致意见。西方三国占领区实行合并,建立联邦德国,召开制宪议会;萨尔区不与联邦德国分离,但它的煤钢生产由一个国际机构控制。法国实际上放弃了肢解德国的目标。

法国对德政策的改变在国内引起极大的震荡。以法共为一方,传统右翼和戴高乐派为另一方,都起来反对政府的这一政策。舒曼内阁1948年7月19日倒台,比多也离开了外交部。但由于法国外交上转向亲美的大西洋政策,总的方向仍然无法改变。1949年5月,德意志联邦共和国建立,法德关系进入了新阶段。

法国倒向美国的第二个重要步骤是参与建立并加入北大西洋公约组织。最初,在美国的授意下,英国和法国有意建立西欧的共同防务体系。两国早在1947年底就正式提出了建立欧洲安全体系的建议。1948年3月,法、英、荷、比、卢五国签署了《布鲁塞尔条约》,条约的主要目标是加强西欧联盟的防务,它虽然含糊其词地点了一下德国的名,但总体上不是针对具体的国家,而将矛头宽泛地指向所有的侵略者,潜台词更多是针对苏联阵营。

在签署了《布鲁塞尔条约》后,法国和英国的外长宣布希望能够建立欧洲与美国的军事联盟。1948年7月,美国、加拿大和布鲁塞尔条约五国开始就美欧同盟开始谈判。1949年4月4日,美国、加拿大、布鲁塞尔条约五国、意大利、葡萄牙、挪威、丹麦和冰岛等12国签订了《北大西洋公约》。这一条约的签订引起法国领导人的一片欢呼声。然而,这一条约谈判的过程并不顺利,其结果用法国的观点来看也不尽如人意。美国的担保在条约中规定得并不明确,也没有具体的军事措施。而且法国在其中只是第三大国,美英的特殊关系很容易把法国排挤在一边。法国通过这一公约完成了它外交政策的方向性选择,它在得到了美国保护的同时,也增强了对美国的依附。

法兰西第四共和国外交政策的另一重点是加强西欧的联合,甚至希望实现欧洲的统一。欧洲统一和欧洲联合的思想可以回溯到很久以前的历史,在法国也拥有悠久的传统,就近来说,在一战后,白里安就曾主张建立"欧洲合众国"。二战后,随着对德和解方针的确定,法国传统的欧洲联合的思想又开始抬头。马歇尔计划的实施也间接地为欧洲联合开辟了道路。为了管理和分配美国的援助款项,1948年4月成立了包括14个西欧国家和美国、加拿大的欧洲经济合作组织(OECE),1950年又建立了欧洲支付联盟(UEP),这是西欧的跨国组织。法国在欧洲联合的事业中起了十分重要的作用。1948年5月在海牙举行的"欧洲大会",法国有许多代表与会。1948年夏法国倡议建立一个欧洲议会。结果,1949年5月5日,法、英、意、荷、比、卢、丹麦、挪威、瑞典、爱尔兰10国外长在伦敦聚会,建立了"欧洲委员会"(Conseil de l'Europe)。该委员会没有实际权力,主要起咨询作用,但它反映出当时欧洲需要联合的一种意识和潮流。

　　欧洲联合实质性的进展是欧洲煤钢共同体的建立。1949年9月,舒曼得知,美国在来年的春天将提出让联邦德国参加西方集团的建议。那么,怎样使联邦德国成为平等的伙伴加入西方集团的同时,又不使它成为失控的强国? 这是法国人苦思冥想的问题。1950年4月,由被人称为欧洲之父的让·莫内找到了解决办法,这就是建立一个有德国参加的欧洲一体化经济组织:欧洲煤钢共同体(European Coal and Steel Community,简称ECSC)。通过这一组织一方面将联邦德国拉入欧洲一体化的进程中,同时通过对重工业的基本要素煤和钢的联营,起到控制德国的作用,在经济组织中与德国平起平坐,也可以使法国人得到一时的适应,然后逐渐推进其他领域的合作。

　　经过秘密准备,1950年5月9日,由法国外交部长罗贝尔·舒曼提出了这一建议。第四共和国政治制度给了外交更大的自由,舒曼考虑到总理比多有可能反对,因此直到5月3日才在内阁中含糊地提了一下。在德国投降五年后,这一事件被各国政府认为是法国外交政策的重大转折,看作是欧洲历史决定性的时刻。6月20日,有关建立欧洲煤钢共同体的谈判在莫内的主持下在巴黎展开。当然达成最后的协议十分困难,联邦德国意识到加入西方集团是不可抗拒的,但它想尽量弱化强加在它身上的束缚,而法国对此一直存有戒心。不过,到了 1951 年 4 月,欧洲煤钢共同体的协定最终由法国、联邦德国、意大利、荷比卢三国在法国外交部签署。"舒曼计划"从提出到实现,着实使法国风光了一回。战后第一次法国又处在欧洲的领导地位上,这次它不是随波逐流,而是中流砥柱。

　　然而从 1950 年夏天起,法国又卷入了冷战的旋涡中。6 月 25 日,朝鲜战争爆发,西方世界借此鼓吹共产主义威胁论。东西方关系进一步恶化,给法国的欧洲计划提出了新的问题。作为美国军事介入欧洲的先决条件,美国要求联邦德国提供十多个师的兵力参加欧洲防务。这就意味着重新武装德国,这是触及法国人神经的敏感问题,也正是舒曼计划所竭力想回避的问题。但在形势所迫之下,在他们假想的共产主义威胁下以及美国的压力下,法国领导人似乎没有别的选择。在让·莫内的指点下,1950 年 10 月 24 日,法国总理勒内·普列文提出在欧洲框架内解决德国重新武装问题的建议,即"欧洲共同防务计划",又称"普列文计划"。根据这一建议,德国提供军队参加欧洲防务,但联邦德国仍然不得拥有国家军队,参加欧洲防务的德军编入新建立的"欧洲军"。普列文计划与舒曼计划的着眼点是不同的,舒曼计划着眼于未来欧洲的一体化,而普列文计划则是为了不得罪美国,又防止德国重新武装的权宜之计。因此,法国的这一计划并不怎么讨人喜欢。德国人从中看到了难以接受的歧视,美国最初也认为这是法国敷衍推诿之举,直到 1951 年夏,莫内向艾森豪威尔作了解释,美国才接受了这一计划。1952 年 5 月,法、意、联邦德国、荷、比、卢六国签署了《欧洲防务共同体条约》。不过这一条约受到法国国内舆论的反对,也遭到了法国议会的否决。最后,通过让联邦德国直接参加北约,在北约的框架里,才解决了联邦德国重新武装的问题。

　　欧洲防务共同体的建立虽然失败了,但煤钢共同体却继续发展,它的原则和领域扩展以后,最后产生了"欧洲经济共同体"(European Economic Community,简称 EEC)。欧洲经济共同体将整个欧洲市场连为一体,联合不局限于个别具体的产品,而是整个经济活动。1957年1月法国议会通过了签署欧共体条约的法案。同年3月25日,原煤钢共同体六国在罗马签订了建立欧洲经济共同体的《罗马条约》。条约规定:1.建立关税同盟,在缔约国之间,除了石油外,其他工业品可以自由流通,同时对从第三国输入的产品建立统一的关税;2.建立农业共同市场,统一农产品价格,保护共同体农业市场,共同抵御外部的竞争;3.统一劳动力市场和资本市场;4.协调各国的经济和社会立法;5.联合海外领地。协定正式生效定在1958年的1月1日,开始阶段实行12年的过渡期,在此期间,先建立工业共同市场和共同对外关税,废除共同体内部的关税。《罗马条约》同时还建立了"欧洲原子能共同体"(EURATOM)。

联邦德国进入煤钢共同体,以后进入了欧洲经济共同体,改变了它与法国的关系,它们不再是战胜国与战败国的关系了。在这种情况下,如何处理好萨尔区的问题,成为法德和解的关键,这也影响到欧洲联合的事业。波恩政府从来也没有接受过将萨尔的经济从联邦德国分离出去的事实(萨尔区在二战后政治上自治,经济上与法国结成货币与关税同盟,萨尔的煤全部用于法国经济),法国方面也从来没有想把萨尔区还给联邦德国的打算。甚至到1953年5月,法国和萨尔还续签了货币和关税同盟条约。但不久在国际压力下,法国不得不接受将萨尔欧洲化的方案,这一地区由新建立的西欧联盟委员会管理,以代替法国单独的管理,但萨尔在货币和关税上仍与法国统一。根据商定,这种状况维持到与联邦德国签订和平条约为止,萨尔区欧洲化的方案正式生效前必须经过萨尔区全民公决。1955年10月25日,萨尔区举行全民公决,否定了萨尔欧洲化的方案,同时也表明了萨尔区居民回归德国的愿望。法国爱德加·富尔政府明智地与联邦德国重开谈判,准备将萨尔归还,谈判还包括洛林与鲁尔的贸易、疏通摩泽尔河等问题,双方终于在1956年10月达成卢森堡协议。法国同意自1957年1月1日起将萨尔归还联邦德国,1959年9月7日起解散法国与萨尔的货币和关税同盟,法国在25年后撤离萨尔矿区,然后由联邦德国每年向法国提供一定数量的煤炭,并保证疏通法国蒂永维尔到联邦德国科布伦茨之间的摩泽尔河,促进洛林与联邦德国西南部的经济联系。萨尔问题的解决扫除了法德关系改善的一大障碍,由于联邦德国接受分裂的事实、同意限制军备和法国在其领土驻军,法国放弃了对德国的赔款要求,法德真正进入了合作的新阶段。

二、法美矛盾

法国外交政策虽然投向美国一边,但一切听命于美国的现状常常使法国的领导人们感到失意和沮丧,当法国在 1950 年代经济状况好转,对美国的经济依赖减少的时候,法国领导人就开始不满足这样的状况,1952 年 10 月,比内政府对美国政府企图干涉法国的国防预算,做出了十分强烈的反应,在国内赢得了意想不到的声誉。而且美国为了自身的利益,常常在发展军备和殖民地问题上打压法国,这样难免会产生一些外交磨擦。法国对美国的关系就呈现出又依赖又斗争这样一种复杂矛盾的局面。

法美矛盾最初通过印度支那战争表现出来。美国在二战后,打出反殖民主义的旗号,其实质是想在原老牌帝国主义的殖民地上扩大自己的影响,扩大自己的势力范围。冷战开始后,美国为了加强它和西方伙伴的关系,软化了反殖民主义的态度。同时由于中国革命的胜利和朝鲜战争爆发,美国将东南亚作为防止共产主义的重要前沿阵地,因此它对法国的印度支那战争不再采取袖手旁观的态度。

1950 年初,法国开始得到美国的军事援助。从此,印度支那战争似乎也成了美国的事情。法国与美国对印度支那态度的区别在于:法国要将印度支那留在它的帝国内,而美国则是想保证将印度支那留在西方阵营中。法国人很难接受美国对战争指挥的干预,对美国在印度支那不断增大的影响也感到不安,而美国则经常鼓励印度支那内部亲美势力,反对维持殖民地的现状,也就是要挑战法国的宗主国地位。随着美国对战争援助的增加,法美矛盾逐渐升级。1953 年,法国人在战场上连遭败绩,军事形势恶化,当他们看到要维持法国人的印度支那几乎不太可能时,他们越来越觉得自己是在为美国人打仗。

1953年7月27日,朝鲜战争结束。这使得法国人也产生了通过谈判结束战争的念头,但遭到美国的反对,美国认为这会危及整个西方的"反共"目标。内阁总理拉尼埃尔尽管面对国内公众的反对和军事形势的恶化,还是接受了柏林会议(1954年1月25日至2月18日)的原则,把印度支那问题留待4月底的日内瓦会议去讨论。在军事领域,法国在决定性的奠边府战役中遭到惨败。在这一过程中,法国曾寄希望于美国直接干预,但美国希望与英国共同行动,而使法国的希望破灭。

1954年6月17日,皮埃尔·孟戴斯-弗朗斯出任法国总理,兼任外交部长。当时为印度支那问题召开的日内瓦会议正陷入僵局:前任法国总理和外长没有清晰的思路;战场上,越南军队继续扩大战果;法美关系十分紧张,美国指责法国想随意丢弃西方在印度支那的阵地,法国怀疑美国有意让日内瓦会议失败。孟戴斯-弗朗斯主张迅速缔结和约,结束这场不讨人喜欢的战争,他出席日内瓦会议后,一方面同主张和平解决、反对扩大战争的英国外相艾登密切合作,借英国顶住美国的压力;另一方面积极与中、苏、越直接接触商讨和平解决的方案。与会各国最终于7月22日根据莫洛托夫提出的一个折中方案达成了恢复印支和平的日内瓦协议:越南以17度线分成南北两部分,越南民主共和国占据北部,1956年举行全越南的统一选举,实现国家统一,选举之前应撤出一切外国军队。协议的签订被法国人认为是法国战后违抗美国意志采取的重大独立外交行动。可以说法国摆脱了一场充满冷战氛围的殖民战争,如果没有美国的支持和莫斯科的同意,它在印度支那的影响力很快就无法维持,在1956年摩勒政府撤出了最后一支军队时,法国在印度支那的存在就已消失。尤其考虑到自1954始,法国最关心的地方已经转移到了北非。

印度支那战争刚刚结束,阿尔及利亚民族解放运动又起。阿尔及利亚和印度支那的情况不完全一样,印度支那战争带有"反共"的色彩,因此法国还能得到西方,尤其是美国的援助,阿尔及利亚却与"反共"丝毫不能挂钩。而且法国自己一直认为阿尔及利亚的事就是法国的事,反对阿尔及利亚问题的国际化,反对美国和英国插手,因此难免与不愿意疏远阿拉伯世界的美国发生矛盾。不过,在阿尔及利亚问题还没有达到白热化程度之前,法国与美国在苏伊士运河战争期间发生了严重的磨擦。

法国一直把埃及纳赛尔政权看作是支持阿尔及利亚独立运动的后台,是"叛乱者"的后方基地,因此必欲除之而后快;伦敦也把纳赛尔看作影响英国在中近东发挥作用的一块绊脚石,特别是纳赛尔政权已经威胁到以色列的生存。因此法英两国展开宣传战,把纳赛尔描绘成希特勒那样的独裁者,为推翻他的统治制造舆论。而美国却认为可以把纳赛尔争取到西方一边来,只要向他提供经济援助就行,因为埃及正急于建造阿斯旺水电站大坝。不过,埃及并不领美国的情,不愿倒向西方阵营。

1956 年 7 月 26 日,纳赛尔宣布将苏伊士运河收归国有。法国占有运河公司股份的一半以上,英国也占有 45%。这一举动被西方认为是挑衅,不过美国为了不得罪整个阿拉伯世界,寻求通过谈判解决问题,而法国却积极游说英国,要求它一起采取军事行动。以色列则把这一危机看作是消除纳赛尔威胁的最好时机。因此经过法国秘密的外交努力,三国就军事干预埃及达成了协议,决定先由以色列打头阵,先向埃及的西奈半岛发起进攻,然后英法政府借口保护运河正常航行实施军事介入,而美国对此并不知情。

10 月 29 日,以色列首先发起进攻。11 月 5 日,在以色列发动进攻一星期后,法英武装力量不顾国际社会的反对,用登陆和空降的方式进入运河区。但是法英较为成功的军事行动很快转为政治上的失败。苏联向伦敦和巴黎发出最后通牒,如果继续军事行动,苏联将对它们实行打击。美国艾森豪威尔政府向英国施加压力,尤其是给英镑制造困难,迫使英国政府退却。11 月 7 日,艾登屈服于美国的压力,宣布停火,联合军事行动是由英国指挥的,法国也别无选择。英法于 12 月 22 日将军队全部撤出运河地区,由联合国部队接替。

　　法英在这次苏伊士运河危机中丢尽了脸面。面对第三世界的迅速崛起和美苏在国际关系上的支配地位,法英受到了双重打击。作为昔日的殖民大国,面对民族解放运动,它们威风不再,作为中等强国,它们不得不对超级大国俯首听命。如果说,英国在苏伊士运河危机之后,调整了它的政策,向美国靠得更紧,与美国建立了一种"特殊关系",那么,法国却采取了相反的方向。对于法国领导人来说,苏伊士运河最大的教训就是美国"背叛"了它的两个最重要的盟国。法英的利益被它拿去与阿拉伯世界做交易,然后换回自己的利益,美国企图在欧洲强国的传统地盘取代它们的地位。在面对苏联的威胁时,美国不仅没有向法英承诺的那样提供保障,反而与苏联联手夺取它们的利益。

　　这种所谓的苏伊士运河的教训在法国领导人中影响很大,继而引起了他们对北大西洋公约组织的不满,法国甚至拒绝美国在其领土上布置核导弹,同时法国更坚定了要使自己拥有核武器的决心。早在1954年,孟戴斯-弗朗斯就做出发展核武器的决定,为此还专门成立了原子能军事用途委员会。苏伊士运河危机刚刚结束,法国政府就加快了核武器研制的步伐,确定了在1960年进行法国第一颗原子弹的试爆。最后,苏伊士危机也使法国进一步确定了与联邦德国加强合作的方针。

　　因此,苏伊士运河危机之后的法国已经出现外交政策的新转向。但法国当时正受到阿尔及利亚危机的困扰,苏伊士运河危机使得阿尔及利亚的冲突进一步加剧,而且加速了它的国际化,法国与盟国的关系,特别是与美国的关系越来越受到阿尔及利亚冲突的影响。一个重要的证据就是法国对阿尔及利亚解放阵线在突尼斯的基地进行轰炸后,遭到国际舆论的强烈反对,美英出面调停,又一次使法国遭到外交失败,加亚尔政府也由此下台。1958年,法兰西第四共和国在阿尔及利亚的危机中解体,戴高乐的复出开创了法国外交的新阶段。

第二节　非殖民化(1946—1962)

一、印度支那的独立

第二次世界大战以后,世界各地民族解放运动风起云涌,在这样的潮流推动下,法兰西殖民帝国分崩离析,经历了非殖民化的过程。法国的非殖民化与英国的不同,英国的非殖民化基本上是一种和平的过程,但法国的非殖民化过程充满了战争和悲剧,并且往往与国内政治联系在一起,造成国内政局动荡,甚至还引起了体制的变更。

战后法国的非殖民化过程是从印度支那的独立开始的。在第二次世界大战中,法国在印度支那的殖民地受到日本的侵扰。1945 年 3 月 9 日,日本人扶植安南皇帝保大(Nguyễn Phúc Thiển)上台,宣布越南独立。但在 8 月日本投降以后,由胡志明领导的越南共产党武装力量控制了越南的东京地区和安南地区的北部,保大伪皇帝于 8 月 25 日被废黜,胡志明于 1945 年 9 月 23 日在河内宣布成立越南民主共和国。

1945 年 10 月,英国军队将它们占领的越南南部交还给法国人,柬埔寨和老挝的君主也同意继续成为法国的保护国。于是怎样处理越南的问题就成了法国当局棘手的问题。在巴黎,接替戴高乐的新的临时政府首脑古安对此没有明确意见。法国政府驻河内的代表让·圣特尼(Jean Sainteny)与胡志明举行了谈判。1946 年 3 月 16 日,他与胡志明签署了一个初步协议,法国承认越南为自由国家,但它仍是法兰西联邦和印度支那联邦的组成部分。这一协议没有划定越南共和国的边界,所以对越南共和国应该包括哪些地方,各执一词。同时这一协议也没有得到法国驻印度支那高级专员、海军上将梯也里·达尔根略(Thierry d'Argenlieu)的支持。这位海军上将认为依靠越南南部的军队和中国国民党军队的支持,法军能够占领越南北部,因此他撕毁了协定,单方面宣布成立"交趾支那共和国"。此举遭到越南民主共和国的抗议,古安政府不敢贸然对越南北方发动军事行动,还是想挽救已经签订的协定,因此法国政府邀请胡志明到法国来谈判。1946 年 7 月至 9 月,法越会谈在枫丹白露举行,但谈判进行得十分困难,双方难以取得一致意见。9 月 14 日达成的临时协议,是一种没有实质内容的妥协,难以使越方满意,也不能平息法国殖民主义者的反对之声。

达尔根略海军上将准备不理会政府的做法,以强硬的姿态对付越南北方,并挑起事端,使事态扩大,迫使法国政府接受殖民主义者的主张,以武力解决越南北方,恢复法国的殖民统治。在一艘中国海船上发现大量运往越南北方的武器成为法国军方对越南进攻的借口,1946 年 11 月 23 日,法国舰队炮轰海防港,造成 600 多人死亡,成为印度支那战争的开端。12 月 9 日,河内民众出于义愤,杀死了 10 多个法国人。法军在海防登陆,不久便占领了河内,胡志明和越南政府被迫转移,巴黎的拉马迪埃政府根据外长比多的建议批准了军事行动。

战争初期,法国进展顺利,武元甲领导的越南人民军撤往北部和西北部山区。法国政府认为军事行动应该有越南傀儡作为掩护,以欺骗世界舆论,因此他们又将被废黜的日伪皇帝保大抬了出来,让他领导所谓"独立"的越南国,退隐中国香港的保大在得到法国关于"越南国"包括东京、安南和交趾支那(即越南北、中、南全部三大部分)并且独立的许诺后接受了法国指派给他的身份,1948 年 6 月签订了阿隆湾条约。同时法国与柬埔寨、老挝续签了以前的条约。

1949 年 10 月,中华人民共和国的成立使越南的形势起了变化,它改变了在越南问题上国际力量的对比。1950 年 1 月,越南民主共和国得到苏联、中国和东欧社会主义国家的承认。苏联的武器和装备通过中国运往越南,送交到越南人民军手中。越南军队在战场上不断取得胜利,迅速夺回了谅山等地。这时法国也从美国那里得到了大量军事援助,不过美援挽救不了法国失败的命运。美国甚至常常把法国撇在一边,直接与印度支那当地亲西方的势力发生联系,实行所谓的战争"越南人化"。这时,柬埔寨国王诺罗敦·西哈努克逃往泰国,1953 年 6 月 13 日宣布不承认法柬条约,要求柬埔寨实现完全的独立。保大也做出一些要摆脱法国控制的姿态,他要求建立越南军队,中止从属于法国的关系。法军六易其帅,在战场上节节败退,到 1953 年,除了一些大城市和交通干线外,越南北部的大部分地区都掌握在越南人民军的手中,越南中部很大一部分地区也被越南民主共和国控制。最后奠边府大捷决定了越南的命运,法国在日内瓦会议上最终放弃了越南这块殖民地,结束了这场"肮脏的战争"(la sale guerre),①柬埔寨和老挝也获得了主权和独立。

二、摩洛哥和突尼斯

相对印度支那来说,突尼斯和摩洛哥的解放要平静得多。不过这种平静是由于借助了印度支那日内瓦会议的东风,坚冰打破以后,航道就显得畅通了,而在这之前,突尼斯和摩洛哥的独立道路也经历了艰难曲折的历程。从法国方面来说,对待这两个国家独立的政策也是从僵硬转向灵活的。

在 1944 年的时候,突尼斯的形势从表面上看尚属平稳,蒙塞夫(Moncef)贝伊(Bey,突尼斯统治者的称号)被指定居住在巴黎,民族主义政党新宪政党的领袖哈比卜·布尔吉巴(Habib Bourguiba)流亡在开罗。但新宪政党的活动一直没有停止,队伍在不断扩大,另一个民族解放组织、由哈谢德领导的"突尼斯工人总同盟"也有 10 万成员。1946 年拉响了民族解放的第一声警报,这两大组织于 8 月份召开了地下的全国代表大会,法国总督马上采取镇压措施,逮捕了 200 多人,局势又暂趋平静。1948 年拉米纳(Lamine)贝伊继位,这位君主比较温和。1949 年,布尔吉巴被准许回国。1950 年,布尔吉巴向法国新闻界陈述了他希望突尼斯摆脱法国控制的主张。尽管总理比多对此的态度不太明朗,但法国似乎愿意在这样的基础上与突尼斯人进行谈判。新任总督路易·贝利耶

---

① Pascale Goetschel, Bénédicte Toucheboeuf, *La Quatrième République : la France de la Libération à 1958*, Paris: Librairie Générale Française, 2011, p. 314.

(Louis Perillier)开始在突尼斯推行一些改革,1950 年 8 月,他允许突尼斯组成带有民族主义色彩的谢尼克(Chenik)政府,政府成员中包括了新宪政党的总书记萨拉赫·本·优素福(Salah ben Youssef);他还宣布要逐步推行行政机构的突尼斯化,取消突尼斯政府各部中的法国顾问。但是这些改革措施引来法国殖民主义者的抗议,1951 年 12 月 15 日,普列文总理给谢尼克的信中宣布取消这些改革,1952 年 1 月,法国任命了态度更为强硬的新总督。突尼斯形势进入了危机阶段,优素福向联合国发出呼吁,请求审议法突冲突,得到联合国的支持。但法国在突尼斯采取了严厉的镇压措施,逮捕抗议者,对布尔吉巴实行监视居住,然后将他转移到法国。结果冲突逐步升级,1952 年 2 月,突尼斯人民举行了总罢工,到处发生起义,法国人的镇压造成流血事件,谢尼克政府的部长们受到监禁。1952 年 12 月,哈谢德被法国极端主义分子暗杀,愤怒的群众袭击了殖民者的农庄。

与突尼斯民族解放运动平行发展的是摩洛哥的民族解放运动。在摩洛哥,主张独立的有苏丹穆罕默德五世(Muhammad V)本人和摩洛哥独立党。1944 年 1 月 2 日,独立党就曾发表过一个要求独立的宣言,后来起义被镇压,但穆罕默德五世仍在 1947 年 4 月 10 日在丹吉尔港的讲演中表达了独立的愿望。

摩洛哥与法国的矛盾最初是通过苏丹与总督的矛盾反映出来的。1946 年,苏丹拒绝在一些有关摩洛哥改革的诏书上签字,认为这些改革会有利于法国保持在摩洛哥的统治地位,削弱独立运动的斗志,因此拒绝合作。法国政府随即启用阿尔方斯·朱安(Alphonse Juin)将军为摩洛哥总督。北非出生并参加了二战时期北非战役的朱安自认为可以得到大多数摩洛哥人的支持,采取了强硬政策。为了使苏丹屈服,他扶持马拉喀什地区的帕夏(Pacha,当地统治者的称号)与苏丹对抗。1950 年 10 月,苏丹对巴黎进行了一次访问,在法国政府的压力下,被迫让步,表示同意解散独立党。1951 年新上任的总督吉约姆将军(Général Guillaume)采取更严厉的镇压措施,1952 年 12 月,他残酷地镇压了摩洛哥人在突尼斯的哈谢德被暗杀后为声援突尼斯而举行的抗议罢工,并查禁了独立党和摩洛哥共产党,对违抗者进行大逮捕。这一切引起了联合国大会的不安。苏丹继续拒绝在诏书上签字。1953 年 8 月 20 日,苏丹被流放到科西嘉岛,然后又转到马达加斯加岛。8 月 21 日,法国人扶植了一位新苏丹穆罕默德·本·阿尔法(Mohammed Ben Aarafa)。摩洛哥国内的冲突迅速激化,恐怖事件横行,老苏丹被人们看作是民族英雄。摩洛哥的形势和突尼斯的形势都被人们看作是新的印度支那战争的前夜。

在关于印度支那的日内瓦协定签订后不久,孟戴斯-弗朗斯开始着手化解突尼斯和摩洛哥的危机。1954 年 7 月 31 日,他前往突尼斯,宣布法国将无条件地承认突尼斯的内部自治,他同意贝伊组成自己的政府,管理国内的事务,并负责与法国谈判,确定突尼斯和法国的新型关系。法国的这一立场使突尼斯的独立运动感到满意,不久秩序自动恢复,与法国的谈判也正常展开。1955 年 6 月 3 日,突尼斯与法国达成协议,法国承认突尼斯内部自治,即国内事务由贝伊任命的突尼斯政府全权处理,法国只负责国防与外交。

孟戴斯-弗朗斯还没来得及抽身处理摩洛哥问题,就因为阿尔及利亚问题于 1955 年 2 月 5 日下台。不过新上台的总理富尔和外长比内沿着孟戴斯-弗朗斯已经开辟的道路继续往前走。1955 年 11 月 2 日,穆罕默德五世从马达加斯加到达法国,与法国政府进行了谈判,双方签订了协议,协议承认摩洛哥为独立国家,同时与法国结成一种联盟关系。人们称之为互相依存的独立。几个月以后,双方发表了联合声明,宣布摩洛哥独立。

参照法国对摩洛哥的处理办法,1956 年 3 月 20 日,法国和突尼斯修订了 1955 年 6 月 3 日签订的协议,新协议承认了突尼斯独立。法国将它的部队从这两个保护国撤出,只在突尼斯的比塞大保留部分临时驻军。1957 年 7 月,突尼斯成立共和国,布尔吉巴担任总统。

三、阿尔及利亚战争

阿尔及利亚与法国的分离,对法国来说是一个十分痛苦的过程,带来的震动十分巨大。阿尔及利亚战争从 1954 年 11 月 1 日开始,一直延续到 1962 年 4 月,它与这近八年的法国内政外交息息相关,前文已经分析了它与法国政治变化的关系,在这里我们主要侧重于法国与阿尔及利亚民族解放运动的较量,两者之间关系的演变。

第二次世界大战后,阿尔及利亚和其他殖民地一样也存在民族主义运动,它们都要求管理本国事务的权利,但程度各不相同。民族主义运动由四部分组成:伊斯兰教神学者协会;梅萨利·哈吉(Messali Hadj)的阿尔及利亚人民党,对工会组织有较大的影响;阿尔及利亚共产党,它和法共联系密切;阿巴斯(Ferhat Abbas)领导的阿尔及利亚青年运动。二战期间,由于阿尔及利亚的特殊地位,它成为反对维希政权和反对轴心国的重要基地,二战后,阿尔及利亚人民要求自治与独立的呼声更加强烈。

法国政府也看到阿尔及利亚的这种倾向,但认为只要通过扩大阿尔及利亚人民的政治权利,做出一些让步,就可以使阿尔及利亚人得到满足。但这些政策的归宿不是让阿尔及利亚自治或者独立,而是一种同化的政策,因此遭到阿尔及利亚民族主义者的反对,他们与殖民当局始终处在一种敌对状态,民族主义的政党一度被解散。

1946 年以后,阿巴斯领导建立了"阿尔及利亚宣言民主同盟",主张建立与法国联合的、自治的阿尔及利亚共和国。哈吉也重新建立一个民族解放组织"促进民主自由胜利运动",要求完全独立。"促进民主自由胜利运动"的影响迅速超过"阿尔及利亚宣言民主同盟",不久内部也出现了分歧。1947 年底,年纪较大的哈吉不愿意发动一次总起义,遭到党内一些年轻人如艾哈迈德·本·贝拉(Ahmed Ben Bella)等人的反对,他们从"促进民主自由胜利运动"中分离了出去,组成"特别组织"。这些激进派积极准备发动反法武装斗争,不久他们的人数就达到 1 500 多人,但该组织1950年便被摧毁了。"促进民主自由胜利运动"却恢复了合法活动。1954年春,"特别组织"的成员重新建立了"行动和统一革命委员会",1954年10月改名为"民族解放阵线"(Front de Libération Nationale,简称FLN)。受到埃及纳赛尔掌权和印度支那人民斗争胜利的鼓舞,1954年11月1日,它在开罗向阿尔及利亚人发出起义的命令,宣布要结束法国的殖民统治,实现阿尔及利亚的独立。当天,在阿尔及利亚全境发生了一系列暗杀事件,造成8名欧洲人死亡,2人受伤。阿尔及利亚的民族解放战争就此拉开序幕。

阿尔及利亚不同于印度支那,居住着近100万的欧洲人,其中大部分在当地出生,这些人,被法国人称为"黑脚"(pieds noirs),他们把阿尔及利亚完全当作自己的国家,因此这些人决不会同意轻易放弃这块殖民地。在法国政界,除法共以外,所有的政党在阿尔及利亚问题上立场一致,就是不能让阿尔及利亚分离出去,其中包括在非殖民化方面持比较开明态度的孟戴斯-弗朗斯。于是法国迅速向阿尔及利亚增派了军队。

不过,阿尔及利亚战争与印度支那战争不同,它并不是真正军队之间势均力敌的对垒。阿尔及利亚民族解放军无论在人数还是在武器装备上都无法与法军相比。因此阿尔及利亚民族解放军从来也没有发动过大规模的军事行动,他们常常通过偷袭,或者通过恐怖活动,袭击殖民者的头面人物,或一般的殖民者,他们也常常处决一些与法国人合作的阿尔及利亚人。在城市,阿尔及利亚民族解放阵线通过组织示威和罢工与殖民当局对抗。法国军队后来被授予维持地方治安的权力,常常做些警察的事情,如逮捕、刑讯逼供、处决犯人等等,为了保证城市里法国人的安全,殖民当局对阿拉伯人实行隔离居住的办法,实行日夜监视。

法国和阿尔及利亚的战争就是这样通过镇压与反镇压的斗争方式进行着。但这场战争使法国耗资巨大,效果也不明显。于是法国政府在进行军事镇压的同时,也玩弄和谈阴谋。1956年2月28日,摩勒政府发表声明,呼吁停火。4月至9月,摩勒先后派其亲信同民族解放阵线代表秘密接触,但都未取得任何进展。关键是法国政府没有人敢于接触阿尔及利亚的独立问题,而阿尔及利亚民族阵线在此问题上也决不后退一步。1956年10月22日,法国军方还采取卑鄙手段,将载有阿尔及利亚民族解放阵线代表团的摩洛哥飞机劫持,绑架了民族解放阵线主要领导人本·贝拉等五人。但阿尔及利亚战争并没有因此而结束。

战争的旷日持久,再加上法国在苏伊士运河问题和轰炸突尼斯边境村庄等事情上的愚蠢,在国际上越来越孤立,国内对阿尔及利亚问题的分歧逐渐加深,政治家与军方、与阿尔及利亚殖民者之间的矛盾也越来越变得不可调和,最终引发了阿尔及利亚的军事叛乱,戴高乐由此重返政治舞台,第四共和国因此寿终正寝。

如何处理阿尔及利亚战争,这是摆在戴高乐面前的一个棘手的难题。第四共和国就是由于阿尔及利亚问题引起的危机而倒台的,一种看得到的解决前景就是让阿尔及利亚独立,但是戴高乐上台在某种意义上是那些希望保持"法国的阿尔及利亚"的人拥立的结果,所以阿尔及利亚问题采取什么样的方式解决,戴高乐是颇费踌躇的。审视他解决阿尔及利亚问题的做法,可以发现,戴高乐的阿尔及利亚政策是实用主义的,逐渐从想把阿尔及利亚维持在法兰西共同体之内,但采取一种新的形式,转为接受它的独立地位。阿尔及利亚问题的最终解决花了四年时间,一个常常被人忽视的现象是,其实阿尔及利亚战争在第五共和国时期持续的时间比第四共和国时期还长。

戴高乐首先考虑的是在法兰西国家的范围内对阿尔及利亚采取一种新的统治形式。怎样的新形式?戴高乐在经济、政治和军事各方面作了摸索和试探。1958年6月4日,宣布在阿尔及利亚的地方选举中实行"唯一选民团"制度,让欧洲人和阿尔及利亚原住民一起选举。1958年10月3日提出了康斯坦丁计划,包括分配土地、兴办教育、帮助发展工业等一揽子援助阿尔及利亚原住民的措施。同月,向阿尔及利亚民族解放阵线提出和平建议,同时恢复阿尔及利亚的民政权力,控制军队。10月9日,军官接到命令离开5月13日建立的"救国委员会"。12月19日,萨朗将军被召回法国。民事政权由一位高级行政官员保罗·德卢维里埃以总代表的名义接管,军队司令由夏勒将军接任。然而戴高乐这一阶段的政策是失败的,因为阿尔及利亚民族解放阵线根本不接受这样的安排,他们在 8 月 19 日建立了"阿尔及利亚共和国临时政府",由费拉特·阿巴斯担任政府主席,继续进行争取独立的斗争。"唯一选民团"的选举并没有改变阿尔及利亚原来的政治面貌,当选的绝大部分还是阿尔及利亚的欧洲人。

1959 年 9 月 16 日,戴高乐经过和一些军官的商谈,终于迈出了重要的一步。他在电视讲话中提出了让阿尔及利亚"自决"的政策。阿尔及利亚人可以在三种方案中做出选择:第一种,与法国分离,戴高乐认为,这是"不真实的和灾难性的";第二种,完全法兰西化;第三种,建立阿尔及利亚人的政府,这个政府将在经济、教育、国防、外交等方面依靠法国的支持,并和法国保持紧密的联盟关系。戴高乐倾向于第三种方案。但自决的前提条件是要实现和平与停火。[①]

可以通过自决获得独立的前景使阿尔及利亚感到鼓舞,而一贯坚持殖民主义立场的人士感到愕然和愤怒,认为戴高乐背叛了他们,他们决定重演"5·13 事件"的一幕。1960 年 1 月 22 日,马絮将军因批评政府政策被召回国,殖民政策支持者以阿尔及利亚当选议员保罗·拉加雅尔德和一位咖啡馆老板为首,发起示威游行,并演变成暴乱,被称为"街垒周"。他们筑起了街垒,拿起武装,和政府对抗。但戴高乐利用民众和军队的支持,坚决不妥协,迫使叛乱分子缴械投降。随后,表示反对戴高乐阿尔及利亚政策的两名部长被逐出政府,领导暴乱的头目被逮捕,殖民主义者的组织被解散。

然而,解决阿尔及利亚问题的进程在 1960 年陷于停顿状态。1960 年 3 月初,戴高乐又一次巡视了阿尔及利亚,他称法国还继续会留在阿尔及利亚,似乎从以前的立场稍稍后退了。1960 年 6 月 25 日至 29 日,

---

① Maurice Aguihon, Andre Nouschi, Ralph Schor, *La France de 1940 à nos jours*, Paris: Nathan, 1995, pp. 429 - 430.

法国政府和阿尔及利亚民族解放阵线在默伦举行会谈,没达成任何成果,法国坚持停火的先决条件,民族解放阵线则先要得到民族自决的保证。民族自决进程的停止不前,引起了法国知识界和一些工会领导人的不满,他们发起了和平运动。8月,著名作家、哲学家让-保罗·萨特(Paul Sartre)等121位知识界反战人士发表了《121人宣言》,积极声援激进的反战力量:"我们尊重拒绝以武力对抗阿尔及利亚人民的行为,这些拒绝是正当的。我们尊重这些法国人的行为——他们认为自己有责任以法国人民的名义保护和帮助那些受压迫的阿尔及利亚人,这种行为是合乎正义的。阿尔及利亚人民坚决摧毁殖民体系的事业正是所有自由人民的事业。"①

情况到1960年底有了变化。11月4日,戴高乐在一次新闻发布会上提到了"阿尔及利共和国",稍后又任命他所信任的路易·饶克斯担任负责阿尔及利亚事务的国务部长。12月9日至13日,戴高乐再一次巡视了阿尔及利亚,在此期间阿尔及利亚对立两方发生冲突,造成人员伤亡。回到法国后,戴高乐表示由法国人民来决定要不要给阿尔及利亚以自决的权利,确定1961年1月8日对此问题进行全民公决。结果75.2%的法国人投了赞成票,表达了法国人民尽快结束阿尔及利亚冲突的愿望。②

戴高乐的胜利使得一些殖民主义者和一部分军队将领极度不安,他们不惜采取更极端的行动来阻止阿尔及利亚的独立进程。1961年初,殖民主义者成立了地下军事组织"秘密军"(Organisation d'Armée Secrète,简称OAS)。4月22日,阿尔及利亚发生军事政变,夏勒、萨朗、茹奥、泽莱四位将军在部分伞兵部队的支持下夺取了阿尔及利亚的政权。戴高乐以强硬手段实施反击,在阿尔及利亚实行紧急状态。面对戴高乐的坚

---

① Olivier Wieviorka et Christophe Prochasson (ed.), *La France du XX siècle*, Documents d'histoire, Paris: Seuil, 2011, p. 497.

② Jean-Jacques Becker, *Histoire politique de la France depuis 1945*, Paris: Armand Colin, 2011, p. 106.

强决心和法国人民的反对,大部分法军官兵也不愿接受他们的指挥,政变者被迫在四天后投降。夏勒和泽莱向政府自首,而萨朗和茹奥逃亡转而支持"秘密军"的地下活动。

戴高乐粉碎了军事政变后决定加快解决阿尔及利亚问题的步伐。5月8日,戴高乐宣布重开与阿尔及利亚民族解放阵线的谈判。双方的谈判于5月20日至6月13日在埃维昂举行,但未取得进展,主要障碍是含有丰富石油储量的撒哈拉沙漠的归属问题。这时,群众的抗议示威事件和"秘密军"的恐怖活动层出不穷。

1962年2月10日至19日,法国政府和阿尔及利亚民族解放阵线在汝拉山区的小村庄卢斯恢复了秘密谈判,最后同意于3月7日在埃维昂进行第二次会谈。经过11天的谈判,3月18日,双方签署了《埃维昂协定》(les Accords d'Evian),双方实现停火,在民族自决之前,先在阿尔及利亚成立临时执行机构,保证留在阿尔及利亚的法国人的基本权利和安全,在独立的阿尔及利亚和法国之间进行经济和金融的合作,阿尔及利亚留在法郎区,撒哈拉沙漠归阿尔及利亚所有,但法国在若干年里保留一些军事基地。《埃维昂协定》签署后,"秘密军"在阿尔及利亚又进行了一系列骚乱和恐怖活动,攻击的目标既有穆斯林群众,也有持自由观点的欧洲人。但同时"秘密军"的头目也陆续被抓获。

接下去就是阿尔及利亚独立的最后时刻,这由两场全民公决来完成。第一场全民公决4月8日在法国举行,决定是否批准《埃维昂协定》,结果90%的投票者(有24.4%的选民弃权)投了赞成票。第二场全民公决7月1日在阿尔及利亚举行,决定阿尔及利亚是否独立,结果赞成独立的投票占总数的99.72%。[1] 1962年7月3日,法国承认阿尔及利亚独立,结束了法国对阿尔及利亚长达130年的统治和七年多的流血冲突。

阿尔及利亚战争的结束消除了影响法国政局稳定和经济发展的一

---

① Jean-Jacques Becker, *Histoire politique de la France depuis 1945*, p. 110.

个重大隐患,对法国政治和经济发展有着不可忽视的积极作用,也是法国战后非殖民化的重要里程碑。

四、撒哈拉以南非洲的独立

法国在撒哈拉以南非洲,即俗称的"黑非洲"的非殖民化相对就简单得多,除了马达加斯加,没有出现大的震荡和危机。之所以出现这样的现象,原因大致有以下三个方面:首先,当地的精英人物大多欧洲化了,他们认识到维持与法国的特殊关系对维持他们在社会上的特权地位与发展国家经济有利,而这些精英人物在当地具有决定性的影响力;其次,这些国家在法国殖民地中是最不发达的地区,民族主义的要求十分微弱,当民族主义逐渐形成气候的时候,法国已经从印度支那战争和阿尔及利亚战争中得到了教训,法国的领导人和公众舆论对它们的独立已经有了思想准备;最后,法国在这些国家没有太多的居民,所以处理这些国家的问题不会出现阿尔及利亚那样强烈的感情纠葛。

当然,我们说"黑非洲"独立过程相对简单,并不等于说"黑非洲"非殖民化道路是一帆风顺的,"黑非洲"最终能够获得独立,与非洲人民的长期斗争还是密不可分的。在法国做出让"黑非洲"独立的决定之前,非洲人民与殖民者的斗争时有发生。不过,二战后,在世界反殖民主义的潮流面前,法国也采取了一些扩大非洲人政治权利和促进当地经济发展的做法。但这些政策远不能满足非洲人民独立的愿望。以独立为目标的民族主义政党在非洲建立起来。1946年10月,一些殖民地议会的非洲议员在马里的巴马科集会,成立了非洲民主联盟,在各殖民地建立了支部,要求解放所有的殖民地,并呼吁法国本土进步力量的支持。

面对日益高涨的非洲民族主义潮流,经第四共和国摩勒内阁的海外法国部部长德弗勒提议,1956年6月23日,法国议会通过了一个"框架法案",向殖民地自治的方向前进了一大步:"黑非洲"殖民地实现了普选;间接选举改为直接选举;扩大海外领地议会的权限,它们有权决定殖民地的财政预算,制定地方法规;当地人有了更多的机会进公共机构任职；每块海外领地设立由领地议会选举产生的行政机构，由总督担任行政长官等。但此法案距离各殖民地独立尚有很大距离，非洲民族主义者1957年在塞内加尔的达喀尔集会成立"非洲公会"，1958年该组织转变为"非洲团结党"，坚持要求独立的立场。

1958年戴高乐重返政坛后，他继续按照"框架法案"的路线走下去。1958年的宪法把以前的法兰西联邦改名为"法兰西共同体"（Communauté Française）。海外领地可以保持以前的地位，也可以由领地的议会决定，成为法兰西共同体的"成员国家"。它们享有自治权，自己管理国内的事务，但许多领域的问题还是由共同体最高当局（法国）决定，如外交、国防、经济和财政政策、高等教育和司法等方面。法兰西共和国总统即为法兰西共同体总统，由一个共同体执行委员会和共同体参议院协助管理。共同体执行委员会由法国总理和各成员国政府首脑及负责共同体事务的部长组成，共同体参议院由法国议会两院议员和成员国立法议会的议员组成。

法国政府还决定每块海外领地于1958年9月28日都要进行全民公决，确定是否同意加入共同体，如果不同意加入共同体，可以马上独立，但它和法国的关系就彻底断绝，这就意味得不到法国的经济援助。1958年8月，戴高乐访问了"黑非洲"，宣传新宪法精神，除了几内亚之外，他所到之处，都受到了热烈欢迎。几内亚以外的海外领地的全民公决，都投票通过参加法兰西共同体。

然而非洲国家很快发现，这种所谓的自治是徒有其名的，所有一切重要的权力全部掌握在法国总统和政府手里，他们要求独立的愿望越来越强。因此，两年以后，1960年6月4日，法国通过了一个宪法法案，对宪法进行了修改：成员国家可以在独立后，保持和法国的关系。结果从1960年6月至11月，所有的"黑非洲'法兰西共同体'"成员国家全部选择了独立。这一年，共有17个非洲国家获得独立，被称为"非洲独立年"，其中14个是前法国殖民地，包括喀麦隆、多哥、马达加斯加、达荷美（现名贝宁）、尼日尔、上沃尔特（现名布基纳法索）、象牙海岸（现名科特迪瓦)、乍得、乌班吉沙立(现名中非)、刚果(布)、加蓬、塞内加尔、马里和毛里塔尼亚。法兰西共同体名存实亡了,但法国的国际地位却由此得到了提高。

第三节 戴高乐的外交政策及其遗产(1958—1988)

一、战后法国的国防建设

阿尔及利亚问题的解决和法兰西共同体的解体,为法国外交政策的一个阶段划上了句号,标志法国新的外交政策的开始。对于戴高乐总统以及他的后继者来说,他们摆脱了殖民战争带给他们的束缚,可以着眼于建设性的目标,如果还谈不上驾驭国际关系发展潮流的话,至少可以说他们能够对世界上各种悬而未决的问题发表自己独立的观点了。不过,我们也不能忽视法国外交上的另一个转折点,这就是 1958 年新的政治制度的诞生。伴随着第五共和国的出现,法国外交的决策权从总理转到总统手中,1958 年第五共和国宪法第五款规定共和国总统是"民族独立、领土完整、尊重法兰西共同体协定和国际协议的保证"。同时戴高乐也以他个人的外交风格决定了对宪法的解释。

戴高乐总统开创了法国外交的一个新时代,他为法国外交确定了新的方向,这些大方向在相当长一段时期内成为法国外交的基本方针。依戴高乐之见,外交政策是一个大国的重要表现形式,政府其他工作很大程度上是为它服务的,经济强大、个人富裕、社会有序只是一种基础,它们为法国在整个世界范围的大规模活动提供了条件。法国作为大国,就要在国际舞台上发挥更大的作用。一部戴高乐的重要传记的作者曾经将戴高乐的外交思想归纳为三点:1. 法国应该跻身于第一流大国;2. 国与国的关系,不论盟国与否,只能是建立在实力和计谋之上的;3. 在国际舞台上的竞争的真正力量不在思想意识形态,而在于民族。[1] 戴高乐的

---

[1] Jean Lacouture, *De Gaulle*, Paris: Seuil, 1969, p. 191.

后继者们在外交上一直遵循着这条路线。

至于这一时期涉及的具体外交问题,主要可以概括为三个方面:第一,法国与两个超级大国及其卫星国的关系;第二,法国的欧共体政策;第三,法国与第三世界的关系,其中以色列和阿拉伯这对矛盾和非洲法语区占据着法国这方面关注的中心,此外,作为法国外交活动的一个重要基础,应该把法国的国防建设与外交活动联系起来。因此,在涉及真正的外交领域之前,本节首先梳理戴高乐时期的法国国防建设。

第四共和国时期由于殖民战争形势需要,进行了扩军。对于基本的国防,它交付给了北大西洋公约组织,自己的军队加入欧洲的武装力量中。面对北大西洋公约组织,法国采取的第一个独立行动,就是试爆原子弹。1960 年 2 月 13 日,法国在撒哈拉沙漠试爆了第一颗原子弹。1968 年进行了第一颗氢弹的试验,成为了拥核国家。

戴高乐对北大西洋公约组织并没有成见,他最初只是不满组织内部美国与英国的特殊关系,根据修正的美国《麦克马洪法》,英国甚至可以分享美国核武器的秘密。1958 年 9 月 17 日,戴高乐向艾森豪威尔发去一份备忘录。这一备忘录的实质是要挑战美国在决定使用核威慑力量方面独一无二的权力,用三大国取代美国的霸主地位,希望法国能够与美国和英国平起平坐,并通过亚非国家建立广泛的反对共产主义的战线。但提议基本遭到美国的拒绝。

从此,在戴高乐看来,北大西洋组织对法国来说完全是一种痛苦的需要。说是需要,因为戴高乐仍认为西欧有可能遭到苏联的侵略,到那个时候,如果没有美国的援助,也许就难以抵挡。但是 1962 年 5 月,肯尼迪提出在与苏联发生冲突时美国将采取"灵活和渐进的反应"的战略,以取代以前艾森豪威尔的"大规模报复",使戴高乐认识到,美国也靠不住,萌生了欧洲防务中应该摒弃美国的想法。此外,1962 年 12 月,英国首相麦克米伦与美国总统肯尼迪在巴哈马群岛的拿骚签订的条约对戴高乐也是一种刺激,根据这一协议,美国保证用"北极星"导弹装备英国的潜艇。尽管美国告诉戴高乐,法国可以享受类似英国的安排,但戴高乐考虑到这是美国"多边核武器战略"的组成部分,就断然拒绝了。

在这个过程中,戴高乐采取一些步骤逐渐脱离北约的军事一体化组织。早在 1959 年 3 月,戴高乐就将地中海舰队撤出,用于法国本土与北非之间的航道安全;拒绝美国在法国领土储存核弹头和安装发射装置;拒绝北约空防一体化;1962 年从阿尔及利亚撤回的部队不再交北约指挥;1963 年 6 月宣布将大西洋舰队撤出。1966 年 2 月 21 日,戴高乐在记者招待会上正式宣布脱离北约的军事一体化组织。1967 年 4 月 1 日,美军全部撤离了法国领土,但法国军队继续驻扎在联邦德国。此举并非与盟国决裂,而是独立发展自己的国防,反对美国和北大西洋公约组织对这方面的干预。

在战略打击力量方面,法国的打击力量不依靠别人,也禁止别人染指,是完全独立自主的,它包括四种导弹,分别是被称为前战略导弹的冥王星式导弹、中程导弹、空对地导弹、海对地导弹。与此同时,法国常规武装力量经历了深刻的变化。军事人员减少了,而武器全部被更新。到冷战末期的 1989 年,法国的军事预算为全部国民预算的 14%,占国民生产总值的 3.7%,达到 1 820 亿法郎,武器门类齐全,军工实力强大,可以说是当时世界第三军事强国,但与列第一二位的美国苏联相比差距很大,军事实力只有它们的十分之一。①

二、法国与两个超级大国的关系

尽管法国在军事力量上远远落后于美苏两个超级大国,但戴高乐却敢于藐视它们,在外交上采取一种高度独立的姿态。正如我们在前面曾经论述的那样,法国在第二次世界大战后的一段时间里,在外交上很大程度上受美国控制,虽然有时也有反抗,但最终总是被迫屈服。戴高乐复出后,他把摆脱法国外交政策对美国的依赖,保持法国外交的独立看作是实现法兰西"伟大"的基本条件,因此与美国的关系始终存在着控制

---

① Max Tacel, *La France et le monde au XXe siècle*, Paris: Masson, 1989, p. 236.

与反控制的斗争。但同时,在戴高乐的外交思想中,一直希望保持美苏的平衡,在两大集团的对垒中,戴高乐又基本站在西方阵营一边,因此,法美也保持着合作的关系。

1958 年 9 月,艾森豪威尔总统访问法国时,美法关系似乎进入了良好关系的新阶段。戴高乐在联合国讨论阿尔及利亚问题时需要得到美国的理解和支持,所以与美国的这种良好关系保持了一段时间。1958年,在第二次柏林危机时,法国与美国站在一起,顶住苏联的压力;1960年 5 月,原定讨论裁军问题的各国首脑高峰会议在巴黎举行之际,美国一架无人驾驶的 U2 型侦察机在苏联领空被击落,赫鲁晓夫在会上痛骂了艾森豪威尔,会议陷入了僵局,戴高乐仍然给予美国有力的支持;在古巴导弹危机中,法国再一次坚定地站在美国一边。

1962 年 4 月,关于阿尔及利亚问题的《埃维昂协议》签订以后,法美关系出现了转折。1962 年美英拿骚条约的签订再一次使戴高乐尝到了1958 年他关于建立改革北大西洋公约组织的建议被否决时的那种苦楚。为了参加肯尼迪的葬礼,戴高乐最后一次踏上美利坚的国土,这以后,他就不断批评美国的世界主义政策,对约翰逊总统再也不表示丝毫敬意。1964 年九十月间,他在对一系列拉丁美洲国家进行访问期间,不指名地抨击美国在拉丁美洲实行霸权主义。同年,法国向美元发起挑战,戴高乐批评国际货币体系和美元的特权地位,他宣布决定用法兰西银行所拥有的美元向美国兑换黄金。1966 年,正如前述,戴高乐宣布退出北大西洋公约军事一体化组织。1967 年 7 月 24 日,戴高乐在加拿大的蒙特利尔向人群高呼:"自由的魁北克万岁!"同年 6 月,在金边,戴高乐指责美国造成了越南战争的拖而不决,要求美国撤出越南。1967 年,法国停止向以色列提供武器,采取反以色列的立场,实际上间接批评了美国的中东政策。

不过,在 1968 年以后,法国与美国的关系出现缓和。1968 年的"五月风暴"削弱了戴高乐的斗志,新当选的美国总统尼克松于 1969 年 2 月28 日访问巴黎,改善了法美关系。法国爱丽舍宫不久也换了主人,蓬皮杜总统对美国一改前任咄咄逼人的态度,于 1970 年 3 月对美国进行了回访。1973 年 6 月,蓬皮杜与尼克松在冰岛的雷克雅未克会晤,承认美国在欧洲驻军是必不可少的。北大西洋集团的一致还表现在经济和金融领域。1971 年 12 月 18 日,蓬皮杜第一次以欧洲代言人的身份在亚速尔群岛与尼克松会谈,帮助尼克松维护美元稳定,将联邦德国马克升值 13.58%,英镑和法郎升值 8.75%。1973 年建立了美国、欧洲和日本三边委员会,以保护自由经济政策。蓬皮杜任总统的最后一年,由于身染重病,被迫给外交部长米歇尔·若贝尔(Michel Jobert)在外交上更大的自由活动空间。若贝尔一改蓬皮杜"绵里藏针"的风格,公开以针尖对麦芒。法国拒绝参加美国为了对付石油危机而建立的国际能源总署,鼓励阿拉伯人反对以色列人,向美国的敌人利比亚提供武器。

到瓦莱里·吉斯卡尔-德斯坦时期,法美关系进一步缓和。吉斯卡尔-德斯坦总统是以积极推行大西洋政策而闻名的,而且他在国际舞台上一直抱息事宁人的姿态,对美国一味迁就,外交上常有一些创造性的想法,但缺乏深谋远虑。密特朗入主爱丽舍宫后,在外交上继承了戴高乐主义,维护法国外交的独立与尊严。他谴责美国对中美洲事务的干涉,支持中美洲与美国作对的政府,还抗议美国不正常地提高利率,以吸引外资,从而削弱了法郎的地位。不过法美联盟的基调并没有发生根本变化。

从戴高乐到密特朗的法国,总体而言,对美采取的是既联合又斗争的政策,基调是联合,因为法国的社会制度和意识形态决定了法国在冷战中必然站在西方阵营一边,由于美国强大的经济和军事实力,它必然成为西方集团的首领,法国对此不能等闲视之;但法国又不愿意完全听命于美国,因此又时时表现出一点独立性,与美国唱一唱反调就是维护自己独立地位的反应。

法国与苏联的关系缺乏如它和美国关系那样的完整性和系统性。法国往往把法苏关系作为与美国讨价还价的筹码。对于法国外交政策的制定者来说,法国应该在世界范围内促进美苏两个超级大国的和解,然后促成这两个超级大国领导的集团解体,这样才能给像法国这样的中等强国留出更多的活动余地。因此,法国一直坚持对苏联采取宽容的态度。1968年,当华沙条约国的部队开进捷克斯洛伐克,镇压"布拉格之春"时,戴高乐是不赞成的,但他把这一行动,看作是雅尔塔体系合乎逻辑的发展结果,认为这是雅尔塔体系的错误。在1979年12月,苏联军队入侵阿富汗后,吉斯卡尔-德斯坦拒绝对苏联实行经济制裁,1980年也决定不抵制8月在莫斯科举行的奥运会,1980年6月,他还在华沙会见了勃列日涅夫,得到苏联从阿富汗撤军含糊的承诺。

实际上,从戴高乐到吉斯卡尔-德斯坦,这三位总统对苏联一直抱有同情的态度。在戴高乐的心目中,苏联依然是法国的老盟国"俄国"。他认为共产主义政权在苏联是暂时的,因此他认为真正的欧洲应该是"大西洋到乌拉尔山脉的欧洲",真正的欧洲统一应该包括东欧与苏联。在吉斯卡尔-德斯坦任职期间,勃列日涅夫二度访法,吉斯卡尔-德斯坦也两次踏上苏联的土地。同时,法国这几任总统对东欧苏联集团的成员也采取类似的政策。此外,法国与苏联的经贸关系和技术领域的合作不断发展。

密特朗总统对苏联的态度,虽然没有根本性改变,但比前任几届总统冷淡得多。他1981年上任,但对苏联的访问一直推到1984年6月才成行,而且在访问期间,他公开批评苏联政府的国内政策。1983年8月,密特朗决定驱逐47名被怀疑从事间谍活动的苏联外交官和侨民。同时法国出现的支持苏联国内持不同政见者(如萨哈罗夫)的游行也得到法国政府的支持。但是,1981年12月,当波兰领导人雅鲁泽尔斯基宣布在波兰实行"战时状态",对团结工会进行镇压时,法国政府却没有表示抗议。1985年10月,戈尔巴乔夫到法国访问,受到密特朗的热情接待。

三、法国的欧共体政策

戴高乐曾是罗马协定激烈的反对者,因此人们认为第五共和国将寻求退出欧共体。但事实是戴高乐接受了罗马协定,并且迅速执行相关条款。他相信,1958 年的法国在经济上充满活力,欧共体可以给法国带来更大的发展机会。于是,处理好与欧共体的关系成为法国外交政策的一个基本点,这种关系包括经济一体化、政治一体化和与欧共体成员国之间的关系,与此相连的是接纳新成员的问题。

从整体的历史考察,戴高乐在欧共体的问题上极力维持现状,反对一切可能有损于法国国家主权的改革,反对超国家的欧洲联合与统一,阻止欧洲统一的进程。在他 11 年总统任期里,欧共体只在关税和农业市场上取得进展。这种对欧洲联合的消极态度到了蓬皮杜时期得到很大程度的缓和,蓬皮杜在此问题上就如在其他方面一样,采取一种经验主义的态度,审时度势,采取对策。而到了吉斯卡尔-德斯坦时期,这种"仇欧"心理一扫而光,他朝着欧洲统一的方向大踏步地前进。密特朗当选后,又回到相对谨慎的阶段,这不仅与他个性有关,同时也与他第一个总统任期中法国遭遇经济困难有关,法国的经济与联邦德国的经济相比处于劣势,这使得法国国内贸易保护主义抬头,这种贸易保护主义与欧洲联合的精神是格格不入的。

从具体的内容考察,这一时期可以概括为:经济一体化过程处在缓慢发展阶段;政治一体化遭遇挫折;与欧共体成员国的关系中,与联邦德国和英国的关系最为重要和密切。

在经济一体化方面,欧共体只在一个领域里取得了进展,这就是农业领域。这一进展是在戴高乐的压力下取得的。1962 年 1 月 14 日,有关共同农业政策的协定在布鲁塞尔共同体部长会议上签署。这一体制拯救了法国农业,使之可以不断增加农业产量和提高劳动生产率,而且通过出口获利颇丰。但这一体制运行后,欧共体的开支大大增加,而且在农民的压力下,农产品价格也在不断上涨。联邦德国和英国表示不满,它们贡献得多,回报得少,因为花在农业上面的开支多,但这有利于像法国那样农业比较发达的国家。同时农产品价格居高不下,对通货膨胀起了推波助澜的作用。欧共体从 1974 年开始控制农产品的物价上涨,并采取鼓励减少过剩的农产品生产的措施。这一政策遭到法国的抵制,由于得不到欧共体令人满意的支持,法国政府通过国内自己的补助和津贴鼓励农业发展。而由于各国货币汇率不稳定产生的农产品物价补偿金制度,也使法国利益相对受损,共同农业政策始终存在着不稳定因素。

经济其他方面的一体化没有很大的进展。1968 年欧共体内部的工业品关税全部取消,但欧共体国家内部工业品价格、生产的社会条件和商品化的程度都不一样,离经济一体化还有很大的距离。在货币领域,也有建立统一货币的想法,最初的步骤是确定各国货币的稳定汇率。在此基础上 1979 年建立了欧洲货币体系。但在实践中,这一体系被证明是不成功的,由于经济形势和金融投机的原因,每种欧洲货币升降的幅度都很大,很快使欧洲货币基金会对此显得无能为力。因此欧洲经济还没有实现一体化,各国人均国民生产总值、生产率、生活水平、出口竞争力和金融储备都不一样。这些差别鼓励着国家间的竞争,不利于欧共体的合作精神,成为对欧洲统一事业的严峻考验。

关于欧洲政治一体化的争论不断,但没有什么实质性的进展。法兰西第四共和国曾是欧洲政治统一的发动机之一,但戴高乐是这种主张的坚决反对者。在戴高乐的观念中,欧洲联合是各主权国家的一种"靠拢",而不是建立欧洲联邦,他常常不无揶揄地称舒曼和莫内主张的是"统一的神话"。

1961 年,当柏林墙正在建造的时候,西欧试图建立一个统一的欧洲政治组织来对抗苏联,于是产生了第一个政治一体化的方案。方案是由法国人福歇制定的,它设想将欧共体六国结成不可分割的政治联盟,六国实行共同的外交、国防和文化政策,欧洲议会仍属咨询性质,联盟的最高机构是部长会议,但对所有重大问题的决定必须全体一致通过才行。不过这一方案由于荷兰和比利时的反对而未能实现。接着在这个方案的基础上又作了若干调整,比如不再规定不可分割,加进了经济合作的内容等,也都没有成功。

1965 年法国和其他欧共体国家的分歧扩大。当时部长会议决定将三个共同体(煤钢共同体、原子能共同体和欧洲经济共同体)合并,组成一个委员会。担任委员会主席的是德国人豪尔斯坦,他是一位狂热的欧洲统一派,准备将欧洲议会的权力扩大,使之在预算方面有决定权,并将部长会议的一票否决制改为多数通过制。戴高乐从这些建议中看到了超国家的倾向,认为这对法国主权构成了威胁,并予以拒绝。

进入1970年代,欧洲政治一体化稍有进展。1979年6月,欧洲议会实现了普选,吉斯卡尔-德斯坦为这一方案的通过作出了巨大的贡献,但欧洲议会的权力还是没有什么扩大。

密特朗上台后为欧洲政治联合做了大量促进工作,1986年2月,欧共体各国在卢森堡和海牙签署了《单一欧洲文件》,文件的名称是表示要用这一文件取代自巴黎协定创立煤钢共同体以来的所有欧共体文件。根据这一文件,从1993年1月1日起,将在欧洲范围建立一个无边界的统一市场,文件在宣布了自由民主的原则后,决定要取消欧共体成员国之间的边境检查,服务业自由流通,实行共同的对外政策,在欧洲理事会(首脑会议)中引入多数表决通过制。不过文件没有对欧洲议会的地位做出修改,在各国内部的税收制度、社会立法、技术标准和职业标准上都没有做出统一的规定。

在欧洲建设上,法国与联邦德国的关系是关键,人称"法德轴心"。戴高乐任总统期间,法国与联邦德国的关系表现为一个宽宏大量的征服者帮助一位被征服者重新站起来。戴高乐认为,通过与德国和解,德国有可能成为法国领导欧共体,甚至称雄欧洲的忠实帮手。阿登纳与法国联合也有自己的打算和前提条件,联邦德国希望人们能够迅速忘却德国在世界大战的形象,并且着眼于未来的德国统一,同时联邦德国不愿疏远美国,它的经济建设需要美国的援助,面对苏联的威胁,它也需要美国的保护。

从1958年至1963年,阿登纳到法国的访问不下五次,戴高乐也两度前往德国。1963年初,阿登纳对巴黎进行访问。在这次访问中,法德双方于1963年1月20日签订了法德友好条约。不过,联邦德国议会在批准该条约时,在条约前加上了一个前言,前言肯定德国与美国合作的良好愿望,并表示愿意接纳英国加入欧共体,重申德国人民有权决定自己的国家统一等,以此表明德国与法国立场的区别,但这也使法德友好条约的意义受到了限制。

1963年10月阿登纳去职后,继任的是反对法德友好条约的原副总理、经济部长路德维希·艾哈德,他采取更亲美国的政策,在美法对立分歧的问题上,总是站在美国一边,法德关系进入低潮期。1966年11月德国社民党上台执政,与法国关系有所缓和,但两国从来没有在政治上达到完全一致,两国都按自己的利益行事,接近或者疏远依形势而定。从1970年代开始,法德关系又开始进入对话与合作阶段。特别是密特朗上台后,双方关系进一步发展,1984年9月在凡尔登的纪念一战爆发70周年活动中,法国总统密特朗和德国总理科尔共同向两次世界大战的受害者致敬,标志着法德的最终和解。[1] 在军事方面,法国加强了与德国建立共同防务的试验,1982年2月双方首脑会晤决定在共同防务上要加强合作,此后建立了法国安全委员会,1984年抛弃了对德国在常规武器上的歧视,1987年决定建立一个法德混合师,由法国和德国轮流指挥。

相比之下,法国与英国的关系比较疏远,原因是法国认为英国是美国忠实的卫星国,而且英国的地理位置导致它从来不存在被苏联威胁的问题,与法国的共同利益相对就少一些。

戴高乐对英国的首次访问是在1960年4月5日,完全是礼节性的。一年以后,1961年7月31日,英国麦克米伦政府提出加入欧共体的要求。荷兰、比利时、卢森堡和意大利对此持支持态度,它们认为英国加入可以对法德双雄构成一种平衡。同样一些德国人对此也持肯定态度,他们看到英国与德国在欧共体的进口政策上有着共同的观点。然而法国对此持坚决反对态度。戴高乐认为英国是美国送入欧共体的"特洛伊木

---

[1] Mathias Bernard, *La France de 1981 à 2002*, Paris: Librairie Générale Française, 2005, p. 249.

马",目的是要拆散欧共体。他在 1963 年 1 月 14 日的记者招待会上公开表态拒绝接受英国进入欧共体。随着英国经济形势的恶化,1967 年威尔逊工党政府再次提出要求加入欧共体的申请,再一次被戴高乐否决。

蓬皮杜的思路与戴高乐不同,他把英国看作是与德国经济强权保持平衡的一块重要砝码,于是问题迎刃而解。1972 年 1 月 24 日,正式接纳英国、爱尔兰和丹麦的协议签署,三国于 1973 年 1 月 1 日成为欧共体的成员国,欧共体第一次扩大规模。蓬皮杜认为有必要对这次欧共体的扩大征求法国人民的意见,因此于 1972 年 4 月 23 日举行了全民公决,结果赞成票达到 68.32%,不过弃权者甚众,达 39.76%,反映出法国人对这一问题缺乏应有的热情。[①] 自此以后,法英关系被纳入欧共体的框架之内,但变化多端。在石油危机的年代里(1973—1981 年),英国拒绝降低它向欧共体国家出口石油的价格。它要求修改欧洲共同农业政策,从 1980 年起与德国一起把矛头对准法国。

在欧共体与世界其他国家发展关系上,法国抱十分积极的态度。它是 1963 年与 20 个非洲法语国家签订雅温得协定的主要推动者,从此派生的协议将联系范围扩大到 60 个国家,组成了"非洲、加勒比海和太平洋"集团。这一集团在它们的商品输往欧共体国家时享受单方面的免税优惠,并得到一定的价格保证。法国在这方面担当保护人的角色也是它第三世界政策的一部分。

四、法国的第三世界政策

法国对第三世界的政策是在它的殖民帝国解体之后形成的,总的路线也是由戴高乐确定的。它的原则是,法国应该对第三世界进行指导,进行启发,起到领导作用,以此抗衡超级大国,在世界事务中拥有更多的发言权。这一原则的确定,一方面由于许多第三世界是法国的前殖民地,法国与这些国家有长期的接触,了解它们的国情;另一方面由于法国

---

① Jean-Jacques Becker, *Histoire politique de la France depuis 1945*, p. 162.

仍然是世界强国,或者至少是联合国安理会常任理事国之一,它可以在发展中国家和发达国家间扮演中间人的角色,为发展中国家作辩护,表达它们的愿望。但是,法国只是中等发达国家,经济实力和政治地位决定了它与第三世界的合作必须要有侧重点。因此将重点放在马格里布国家和撒哈拉沙漠以南的非洲法语区。

法国对第三世界的政策包括经济财政援助、科学技术与文化合作以及军事保护。财政援助主要从法国国库开支,1960年为41.9亿法郎,相当于法国国民生产总值的1.38%;1984年,援助款项总数达到331亿法郎,占法国国民生产总值的0.75%。与美国相比,法国在援款总额上不及美国,1984年法国的援助额折合26亿美元,美国则是82亿美元,但占国民生产总值的比例,法国要高于美国,美国仅为0.24%。技术文化领域的合作,主要由法国向第三国家地区派遣技术员、专家、行政管理人员、医生、教师等,他们的薪金根据协议按不同比例由法国和所在国分担。外派专家的总人数从1963年至1980年没有多大变化,总数在40 000人左右,其中半数为志愿人员。[1]

在军事保护方面,对象国主要集中于撒哈拉沙漠以南地区的法国前殖民地国家,在密特朗执政初期,还包括葡萄牙的前殖民地国家。这些国家在非殖民化后都与法国签订有军事合作的协议,法国向这些国家提供军事装备,在法国军事院校中培养军官,派遣军事顾问等等,法国在一些国家保持部分军事基地。从1960年到1986年法国对非洲的军事干预至少有14次,干预的原则是保护亲法国的政府,维持法国在非洲的影响,而不管这一政体是否更愿意遵守人权的原则。所以有人把这种军事干预称为"新殖民主义"。不过非洲也存在着希望摆脱法国影响的一些现象,主要体现在新的一代非洲领导人身上,他们修改与法国合作的协定,收回了大部分军事基地,加紧发展本国的国防,加快武器更新的步伐,有的转向美国寻求对法国压力的平衡。

---

[1] Max Tacel, *La France et le monde au XXᵉ siècle*, p. 249.

法国第三世界政策的另一个支点是阿拉伯国家,与之相联系的是以色列问题。以色列建国后,法国很长一段时间是支持以色列的,一方面以色列一直是西方集团的朋友,另一方面与阿拉伯国家相比,以色列更接近西方的价值观。法国向以色列提供武器装备和技术援助,在1956年的苏伊士运河危机中,以色列与法英站在同一条战壕里。戴高乐上台伊始,也向以色列领导人保证,法国仍然是以色列的朋友。

1967年是法国中东政策的转折之年,从亲以色列转为亲阿拉伯国家。转变政策的动机主要出于如下考虑:一是谋求恢复在阿拉伯世界中的传统影响;二是保障法国的石油利益,以配合国内的能源政策;三是反对美国霸权。1967年5月,法国驻联合国代表支持埃及提出的撤走1957年以来驻扎在埃及的联合国部队的要求。同年6月5日至10日的中东"六日战争"为戴高乐政策掉头提供了机会。戴高乐谴责以色列的战争行为并停止向以色列提供武器。以色列在"六日战争"中取得胜利后,法国在联合国大会上投票支持要求以色列从占领的阿拉伯领土上立即撤军的决议。尽管该决议最后未能得到执行,但是法国一直坚持要求以色列撤离,法以关系正式破裂。

戴高乐的继任者继续沿着这条路线前进。蓬皮杜于1969年12月对目的地为以色列的武器实行完全的禁运,却不断向利比亚和伊朗继续提供武器,理由是这些国家并没有卷入阿以冲突。1973年10月6日埃及攻击以色列军队阵地引发中东"十月战争",法国又一次站在阿拉伯国家一边,并借助欧共体的力量与美苏超级大国抗衡,大大改善了与阿拉伯国家的关系。

吉斯卡尔-德斯坦更明显地表现出亲阿拉伯政策,在巴勒斯坦问题上,支持巴勒斯坦解放组织。1974年10月,法国外交部长让·索瓦尼亚尔格(Jean Sauvagnarques)在贝鲁特接见了巴解组织领导人阿拉法特,这是西方国家的政府部长首次会见巴解组织首脑。1978年3月,法国参加了联合国派驻黎巴嫩监督以色列撤军的部队,并且是派兵最多的国家。法国计划充当阿拉伯世界与以色列的调停人,因此对美国主持下于

1979 年 3 月 26 日达成的埃及与以色列的戴维营和平协议持保留态度。1980 年 3 月 8 日,吉斯卡尔-德斯坦表示承认巴勒斯坦民族自决的权利,在同年 6 月的威尼斯欧共体首脑会议上,他的观点得到了欧共体各国领导人支持。

密特朗的政策在大的方向上没有变化,只在细节上有一些不同。他表现出对恢复与以色列友谊的兴趣,他是第一位访问以色列的第五共和国总统(1982 年 3 月),但在以色列议会,他发表了有关中东政策的讲话,强调巴勒斯坦人有建立自己国家的权利。1983 年 10 月 23 日,贝鲁特法国驻军遭到烈性炸弹暗杀行动的袭击,58 人丧生,在法国引起震动,1984 年 3 月,法国部队撤离黎巴嫩,但对阿拉伯国家的军售一直没有中断,甚至还有不断加强的趋势。

法国与阿尔及利亚的关系在法国的阿拉伯政策中具有重要的代表性。自从阿尔及利亚共和国成立以后,所有的法国政府都希望改善同阿尔及利亚的关系。在埃维昂协定签署后,法国继续向阿尔及利亚提供经济援助。1971 年 2 月,阿尔及利亚对法国石油企业实行国有化,使蓬皮杜总统大为恼火,法国与阿尔及利亚关系一度恶化。但吉斯卡尔-德斯坦上台后与阿尔及利亚重新修好。密特朗于 1983 年签署了一项购买阿尔及利亚天然气的合同,法国购买的价格高出国际价格 15%。但在法国与阿尔及利亚的关系中仿佛只是一头热,阿尔及利亚对法国不停地进行谴责,对法国在撒哈拉沙漠进行核试验一直也持批评态度,甚至说法国是把阿尔及利亚人当"试验品"。

第四节　苏东剧变和冷战结束后的法国外交(1989—2017)

一、大变局中的密特朗外交

1988 年,密特朗总统连任,然而,第二个总统任期开始还不到一年,他就不得不面对世界格局自 1947 年以来最深刻的变化:东欧剧变;柏林墙倒塌;雅尔塔体系终结。法国的外交政策开始调整。

　　法国外交政策的重心首先还是放在欧洲一体化的建设上。1989 年11 月 9 日柏林墙的拆除,立刻向法国提出了如何对待德国统一的问题。法国公众显然比政治家们持更大的支持态度,而法国的政治家们却显得有点举棋不定:从理性上讲,德国统一是大势所趋,而且从欧洲建设角度看,维持法德轴心至关重要,法国对德国的统一也不便反对;但从情感上,法国不愿意以一个强大的德国作为邻居和欧洲的伙伴。法国领导人首先寄希望于苏联会提出反对,这样统一进程就有可能延缓。不过考虑到美国对统一进程的支持,密特朗又不愿意表现出像撒切尔夫人那样公开的抵制态度。1990 年,当密特朗看到苏联不会提出反对时,他也只能顺其自然,但法国在德国统一过程中缺乏热情,已经在法德关系上投下了阴影。而且密特朗在 1989 年 12 月 6 日到基辅与戈尔巴乔夫的会面,12 月 20 日至 22 日访问民主德国,显得不合时宜,还被解释为法国试图对德国统一设置障碍。

　　冷战结束之后,欧洲一体化建设加快了步伐,同时也提出了许多新的问题。1992 年,欧共体国家签订了《马斯特里赫特条约》,该条约推动欧洲联合又前进了一大步。条约在政治层面上,确定了一些目标,如建立欧共体的公民权,凡是欧共体的公民都有权参加欧共体国家的欧洲选举和市政选举;共同制订共同外交政策和国家安全政策,在某些方面加强欧洲议会的权力,扩大欧共体在环境保护、社会政策、卫生健康、文化、司法合作等方面的权限。在经济层面,建立经济和货币联盟,分三个阶段实施。《马斯特里赫特条约》在法国以微弱多数获得通过,反映出许多人对欧洲统一的前景缺乏信心,对欧洲联合的形式存在较大的分歧。1995 年 1 月 1 日,欧盟进一步扩大,奥地利、瑞典和芬兰加入进来。1995年 3 月 26 日,取消边境检查的申根协定生效,法国、德国、意大利、荷兰、比利时、卢森堡、西班牙、葡萄牙、奥地利、希腊等国互相之间实现了边境开放。这无疑是欧洲一体化的重大进展。

　　但是欧洲的一体化仍然存在不少问题。首先是经济上的,欧盟内部成员国之间经济发展水平不相一致;在一些国家看来,实行统一货币危害了国家的主权,例如英国对此就持否定态度;经济问题还与关贸总协定(后改称世贸组织)的谈判纠缠在一起,使欧盟与美国的关系,欧盟成员国的关系变得复杂化。

在政治层面,距离统一的欧洲还十分遥远,尽管密特朗总统在这方面做出了不懈的努力,但是成果甚微。1991 年 11 月,12 国同意密特朗建立"联邦欧洲"的建议,但各自的理解却并不相同。有人认为,这是由独立国家组成的松散联邦,然而密特朗试图建立的是在外交、国防、经济和金融上相对统一的联合体。不过后一种想法在法国国内也遭遇到强烈的反对,因为它不符合戴高乐的传统。随着东欧集团的解体,欧盟有了东扩的计划。1997 年 7 月,布鲁塞尔委员会在提出申请的 11 个国家中挑选了 6 国(匈牙利、波兰、捷克、斯洛文尼亚、爱沙尼亚和塞浦路斯)作为第一批准备发展的对象。但这种东扩的政策,遭到俄罗斯的反对。

在军事层面,法国在密特朗时期一直放弃发展核武器,同时继续留在北大西洋公约军事组织之外,但法国却一直坚持要实现欧洲的共同防务。冷战结束后,这种共同防务的政策遇到了挑战,东方再也不存在潜在的敌人了,欧洲未来的敌人是谁? 危险来自何方? 欧洲还需要加强军备吗? 这种不确定性使得欧洲在随后爆发的世界两大冲突——海湾战争和前南斯拉夫地区危机面前显得软弱无力,他们只进行"人道主义行动",或在联合国的框架内活动。

在新的世界秩序中,法国应扮演什么样的角色? 这也是需要法国领导人重新定位的。海湾战争对法国来说是一次考验。1990 年 8 月 2 日,伊拉克入侵科威特将法国置于两难境地:作为联合国安理会常任理事国、美国的主要盟国,法国面对这样的典型侵略行为,不可能采取姑息迁就的态度,同样也不会去拆美国的台;但参加美国领导的行动,是不是与法国传统的中东政策发生矛盾,与自己坚持独立自主发生矛盾? 是不是会让人认为被美国牵着鼻子走?

危机一爆发,密特朗认为第一种可能性,即不与美国站在一起,是不能接受的。从 9 月起,他觉得法国不能拿国际原则做交易,应该担负起一个世界大国应有的责任。不久,根据美国的决心和伊拉克的不妥协态度,他已意识到战争不可避免,尽管他的亲信中也有人提出不同意见,但他对维护西方的团结从来没有动摇过。伊拉克战争爆发以后,法国参加了由美国指挥的战斗,使华盛顿颇感满意。

然而法国参加这场战争,对法国本身没有带来任何好处。战争结束后,美国在中近东的势力明显增强,那里几乎成了它的经济与政治的特权领地了。在随后的和平进程中,除了美俄两国外,法国和欧洲其他国家似乎都被排除在外。更令人失望的是,法国长期以来一直努力倡导的以色列与巴勒斯坦直接对话的成果也就此被毁了。在海湾战争刚结束时,密特朗在法国人中的威信突然提高,但是这种威信也只是昙花一现,像美国总统布什和英国首相梅杰一样,密特朗的国际威望马上由于国内的困难形势而被侵蚀了。尤其是当大获全胜的美国要求领导世界的时候,法国越来越难以确定自己合适的地位。

经过海湾战争,意识到自己在中东的影响受到削弱后,法国外交希望在东欧得到补偿。早在海湾战争之前的 1989 年 12 月 31 日,密特朗就提出了要建立包括东欧的"欧洲邦联"的想法。1990 年 11 月,第二届欧安会首脑会议在巴黎举行,签署了《新欧洲宪章》,埋葬了欧洲大陆分裂对抗的历史,似乎为建设"从大西洋到乌拉尔山脉的欧洲"打下了基础。1991 年 6 月根据密特朗和捷克斯洛伐克总统哈维尔的联合倡议,在布拉格举行了欧洲邦联国际会议。不过密特朗的这一目标并没有达到预期效果,首先,这一计划把美国排除在外,没有给美国应有地位,而海湾战争以后,东欧许多国家的领导人已经把美国看作是他们的保障。而且密特朗将邦联设计为东欧国家参加欧盟的"过渡阶段",要让这些国家在"邦联"里等待几十年,这使东欧国家十分失望。再加上德国也不怎么热心。所以密特朗的"邦联"方案热闹了一阵以后,就没有了下文。在苏联解体之际,密特朗一直犹豫不决,大大损害了法国外交在西方世界中的声望。

从 1991 年夏天开始,南斯拉夫危机成为法国外交关注的重点。当南斯拉夫的解体刚刚开始的时候,美国不打算直接介入的情况下,法国和欧洲应该在解决危机中起到中心作用。但事态发展十分迅速,很快超出了控制,并使法国显得对此无能为力。1991年夏天,寻求独立的克罗地亚人与维持统一的塞尔维亚人发生冲突,法国在9月向它的欧洲伙伴建议成立一支调停部队,但欧洲并没有自己的军队,也没有合适的机制,英国则对干预持坚决反对态度,而德国却过于积极,于1991年底率先承认了斯洛文尼亚和克罗地亚的独立。法国本来认为,在没有对边界和少数民族权利做出令人满意的安排前,这两国的独立是不成熟的。但是为了不与德国发生冲突,法国于1992年初和德国保持一致,也承认了两国的独立。然而南斯拉夫危机并未因此平息,反而加剧了波斯尼亚的紧张局势,不久波斯尼亚的独立也获得了德法等国的承认,而战争在1992年春进一步扩大了。法国与英国准备在联合国的框架内承担起解决南斯拉夫地区危机的领导责任,在维持前南斯拉夫地区和平行动的蓝盔部队中,英法派出的士兵数量最多。经过一段摸索,法国确定了解决前南斯拉夫危机的原则立场:寻求政治解决的途径,维持调停部队。从1993年春天起,法国表现出新的外交活力,寻求集中大国的力量来对付危机。当年秋天,法德共同提出了朱佩-金克尔计划,同时向波斯尼亚的塞族施加强大的军事压力。但是,形势仍然不断恶化:在战场上联合国未能阻止波斯尼亚和塞尔维亚的冲突;在外交上,1994年至1995年引发了法英与美国的矛盾,美国支持向波斯尼亚的穆族提供武器,并对波斯尼亚的塞族人进行空中打击,但在陆地上不派一兵一卒,这样使得在地面的英法蓝盔部队面临更多的危险。

东欧和苏联的变化也影响到法国传统的势力范围非洲的形势。原先苏联的影响削弱以后,其他西方国家趁机填补真空,引起非洲许多国家局势动荡。面对新的形势,法国在非洲的外交政策上也做出了调整,以前在非洲支持谁反对谁仅以是否亲法国画线,经过调整的政策越来越重视"人权"和"民主"的价值观。在"民主化"的旗帜下,法国试图将非洲国家纳入西方的一统天下,继续维护它在非洲的利益。但在非洲强行推行"民主化",造成了非洲许多地区战乱纷起,法国常常失去对局势的控制,打乱自己的步骤,为此法国又放低了"民主化"的调子,1992 年 10 月法非首脑利伯维尔会议把中心议题转为"稳定"和"发展"。

二、从希拉克到奥朗德的外交

密特朗之后的三位法国总统都比较重视外交,在外交领域中十分活跃,希望能够在风云变幻的国际舞台上发挥法国的大国作用。在冷战后的国际新格局下,法国外交体现得更为务实和灵活。学界一般认为,希拉克重视文化外交,充分利用法国的软实力,而萨科齐在一定程度上将人权外交重新引入法国的外交政策之中,奥朗德的人权外交色彩有所淡化,更重视经济外交。[①]

在防务政策方面,希拉克上台之后进行了重大改革。首先是恢复核试验。1992 年 4 月,密特朗宣布法国暂停核试验,希拉克当时即表示反对。就职总统伊始,希拉克即于 1995 年 6 月宣布恢复核试验。从 1995 年 9 月到 1996 年 5 月,法国在南太平洋先后进行了 6 次核试验。其次是 1996 年 2 月开始实行的国防改革。这次改革取消了义务兵役制,实行志愿兵制,计划在六年内完成军队的职业化,同时裁减法军兵力,压缩国防开支,使军队更为精干。此外,还调整了核威慑力量的布局。1987 年开始建造、1994 年下水的戴高乐号核动力航母,从 2001 年开始正式执行任务。至本书截稿为止,它仍是全球海军除美国之外唯一一艘现役核动力航母。萨科齐当选后,开始将国内安全与欧洲防务相结合,打造快速反应部队,发展太空军事科技,重新部署军事力量。其任期中最大的举措是全面回归北约。2009 年 3 月,在戴高乐宣布法国退出北约军事一体化机构的 43 年之后,法国国民议会投票通过,批准法国重返北约军事一体化机构。奥朗德任期内,法国不幸遭遇了"伊斯兰国"极端组织的多次恐怖袭击,法国通过了一系列法案加强对恐怖主义的防备。

---

① 吴国庆:《法国政治史(1958—2017)》,第 398、483、592 页。

进一步推动欧洲一体化仍然是法国外交政策的重要基石。希拉克上任之后,欧盟的建设取得了重大进展。1998 年欧洲央行成立,2002 年欧元正式流通。2004 年 5 月 1 日,欧盟从 15 国扩大到 25 国。在单一货币为标志实现了经济联合之后,法国开始大力推动政治一体化的进程。2001 年,希拉克提议制定一部欧洲宪法。同年 12 月召开的欧盟首脑会议上,提议得到与会首脑的赞同,决定成立以吉斯卡尔-德斯坦领导的制宪筹备委员会,制定《欧盟宪法条约》。《欧盟宪法条约》出台后,于 2004 年 10 月在罗马获得 25 个成员国领导人的签署,此后开始了争取全部 25 个成员国的议会或公民投票逐个通过的历程。在法国公投之前,已经有 9 个国家投票批准了条约,但是,作为欧盟创始国和重要"发动机"之一的法国,却在 2005 年 5 月举行的公投中,否决了《欧盟宪法条约》,此后,条约又被另一个创始国荷兰公投否决,这使得欧洲一体化的进程遭遇重大挫折。

为了尽快走出困境,法国推出了欧盟宪法的修订版,淡化其中具有"宪法"性质的部分,去除了其中的盟旗、盟歌等宪法性要素,强调其国际条约的性质。形成了一个简化版的文件。新文件依然保持欧盟政策的稳定性和对外政策的一致立场。兼顾欧盟内部要求机构改革和弱化"超国家性"两派主张的要求,因而得到各成员国的支持。萨科齐任内的 2007 年 12 月,欧盟国家领导人在葡萄牙签署了这份新文件,定名为《里斯本条约》。但是,2008 年 6 月爱尔兰公民投票否决了《里斯本条约》,新条约再次面临夭折的危险。经多方斡旋,爱尔兰于 2009 年 10 月再次举行公投,终于通过了条约,2009 年 12 月生效,欧盟终于走出了危机。

一波未平一波又起。2010 年上半年,希腊的主权债务危机引发了欧盟多个国家的主权债务危机。面临危局,法国提出欧盟出手援助希腊的主张,并且提出建立欧洲稳定机制的设想。经反复磋商,2010 年 5 月,救援的主力德国在欧盟峰会上接受了救援方案,欧盟决定向希腊提供 1 100 亿欧元的救援,并设立了 4 400 亿欧元的金融稳定机制,以制止欧债危机的蔓延,2011 年 10 月,法德联合推动欧盟再次救援,银行业减免希腊

1 000亿欧元债务,帮助希腊度过第二次危机。

鉴于金融危机之后欧盟国家经济增长乏力的现状,奥朗德当选后提出,欧盟国家应该遵守《马斯特里赫特条约》中严格控制财政赤字的规定,但也应该设法促进经济增长以克服经济危机和债务危机。2012 年 6月,法国向欧盟提出了 1 200 亿欧元的《欧洲增长契约》并获得通过。欧盟国家共同签署了一项增长契约,将投资和创新放在首位,维护欧盟的生产,这是对德国强调的稳定财政政策的一项重要补充。由于希腊经济连续多年收缩,欧洲有呼声要求希腊退出欧元区,奥朗德重申欧盟的"互助一体化"原则,继续力主救助希腊,并与德国协调,再次帮助希腊度过了危机。2016 年 6 月,英国公投脱欧,欧盟继续在挫折中前行。

法国和美国的关系,既有合作,也有抗争。在 1999 年的科索沃战争中,法国追随美国对南联盟进行空袭。2001 年的"9·11 事件"发生后,希拉克于 9 月 18 日访美,是为事件之后第一个访美的外国元首。法国表示积极支持美国的反恐事业,派兵参加了赴阿富汗打击塔列班的行动。但是法美之间依然存在不小的分歧。法国反对美国在国际事务中的单边主义,认为美国发展导弹防御系统会引发新一轮军备竞赛,从而破坏世界局势的均衡,因而对此持保留态度。1999 年,美国和欧盟发生贸易摩擦,美国对欧盟多种产品加征 100% 关税,其中包括法国的农产品。愤怒的法国农民捣毁了南部阿韦龙省的一家麦当劳快餐店,并持续在麦当劳门口抗议美国的关税政策。

2002 年下半年,美国陈兵海湾,公开表示要以武力推翻伊拉克的萨达姆政权。法国则公开表示反对,强调对伊拉克动武必须得到联合国的授权,2003 年 2 月 10 日,法、德、俄三国在巴黎发表联合声明,呼吁以和平方式实现解除伊拉克武装的目标。18 日,法国外长德维尔潘在联合国发表演讲,重申对动武的否定。因此,伊拉克战争之后,法美关系陷入停滞。萨科齐上台后,通过加强对以色列的支持、在阿富汗反恐行动中增兵、重返北约军事一体化组织等政策调整,法美关系得到修复。在奥朗德任期内,法美关系继续升温,双方在叙利亚、伊朗、非洲反恐等问题上的态度基本一致。

法国与俄罗斯的关系，也经历了一番波折。1997年希拉克访俄，双方宣布建立"优先伙伴关系"。然而，车臣战争爆发后，法国支持车臣武装，并于2000年冻结了俄罗斯驻法国官方机构的银行账户，两国关系出现裂痕。同年10月，普京首次访法，希拉克改变了车臣问题上的立场，双方关系有所改善。2002年7月，连任的希拉克打破法国总统当选后首访德国的传统，选择了俄国作为首访对象，这一举动推进了法俄之间的关系。2003年普京回访，希拉克亲自到机场迎接，双方签署一系列文件，在多方面展开合作。在法国的鼎力支持下，俄罗斯加入了八国集团。在萨科齐任内，法俄关系进一步得到发展。2008年斡旋俄罗斯和格鲁吉亚冲突，2009年，法国在俄罗斯举办法国文化年，2010年俄罗斯在法国举办俄国文化年，两国元首互访，宣布建立"特殊关系"。最引人注目的是，法国宣布向俄罗斯出售四艘"西北风"级两栖攻击舰。这是1949年北约成立以来，北约成员国第一次向苏联＋俄罗斯出售重型武器装备。

2014年3月，美国和欧盟因俄国吞并克里米亚，支持乌克兰东部分裂势力引发动乱，对俄罗斯实行制裁。法国参加了对俄制裁的行动，并取消了"西北风"级两栖攻击舰的军售合同，同年6月，奥朗德利用诺曼底登陆70周年纪念的时机，邀请奥巴马、普京和乌克兰总统波罗申科共同参加庆祝，试图从中进行斡旋，创造缓和的机会。同年底，奥朗德在西方主要大国中第一个提出缓和对俄国的制裁，但是法俄关系因叙利亚内战等问题，仍然存在很大的不确定性。

在中东地区，法国力图在巴以之间保持平衡，起到斡旋作用。在非洲，法国与北非国家存在历史恩怨，但在反恐，特别是撒哈拉地区的反恐问题上有着共识。对于西非和赤道非洲国家，法国继续发挥着影响。希拉克任内，法国一方面削减驻扎在非洲的军队数量和军事设施，另一方面继续维持"非洲宪兵"形象，积极参与维和活动，以多国维和部队代替单独军事干预。与此同时，法国增加对非洲的发展援助，成为非洲最大的贸易伙伴之一。

2011 年,中东、北非和西非一些阿拉伯国家先后掀起民主化浪潮,被称为"阿拉伯之春",利比亚、科特迪瓦、叙利亚爆发内战。法国重提人权和民主的理念,倡导人道外交,援引 2005 年联合国通过的"保护责任"理念——独裁者屠杀民众,大国有权利和义务干涉,直接采取军事行动。2月,法国放弃前几年与利比亚卡扎菲政权的合作政策,与英国联手提议经济制裁利比亚并获得安理会通过。3月,法国率先承认利比亚反对派,又推动联合国通过在利比亚设立"禁飞区"的决议,并率先轰炸利比亚,拉开多国部队对利比亚展开军事行动的序幕。8月,利比亚反对派攻占首都的黎波里。同年4月,法国出兵科特迪瓦,活捉了选举失败拒绝下台的科特迪瓦独裁者巴博。这两次外交行动的成功,提高了法国的国际威望。此外,同年3月,叙利亚内战爆发,法国率先承认叙利亚反对派,支持阿盟对叙利亚的制裁,推动安理会谴责并制裁巴沙尔政权。

奥朗德继续与非洲推进经贸关系并积极参加维和行动。2013 年 1月,应马里总统请求,法军实施代号为"山猫"的行动,派遣空军打击马里北部叛军据点,随后增派地面部队参战,成功地驱逐了马里的恐怖分子,保障了马里的安全,并启动马里国内的政治过渡。7月,奥朗德访问突尼斯,充分肯定突尼斯的民主化,推动两国合作。同年底,为防止中非共和国国内的暴力升级引发人道主义危机,联合国授权法国军队到中非保护平民,维护安全。法军圆满完成了任务,并于2016 年底将任务移交给联合国驻中非机构。2015 年,法国向埃及出售先进的阵风战斗机,继续加强与阿拉伯世界的关系。对于法国在中东和非洲的各项行动,评价存在着争议,但总体而言,在反恐斗争中,法国仍然起着重要的作用。

最后值得一提的是,在 2015 年 11 月 13 日恐怖袭击的阴影之下,当月 30 日,法国成功举办了巴黎气候变化大会,150 位国家领导人在大会首日出席会议,近 2 000 个非政府组织参会。会议一致通过了《巴黎协定》,这是 1997 年达成的《京都议定书》以来,参与范围最广泛的一项气候协定。2016 年 4 月,175 个国家在联合国总部正式签署了协定。

第五节　中法关系

中华人民共和国成立以后,法国拒不承认新中国,追随美国实行"反共"反华的政策,对越南的侵略战争直接威胁中国南部边陲,遭到中国政府的强烈反对。此外,法国在联合国支持蒋介石集团,阻挠中国恢复在联合国的合法地位。因此,中法两国的关系在相当长一段时间内比较冷淡。

但在政府关系冷淡的阶段,民间的文化和经济交往却一直不断。特别一些有远见的法国政治家开始致力于中法外交关系的建立,他们的活动构成了中法建交的前奏曲。1957 年 5 月,法国前总理爱德加·富尔应中国人民外交学会的邀请,访问中国。他是途经香港到达北京的。在香港,富尔就对记者表示,他主张承认新中国。到达北京后,富尔在各种场合表明自己希望中法建立外交关系。访问期间,他受到了毛泽东主席的接见。毛泽东在谈到中法关系时,引用了"鹬蚌相争,渔人得利"的典故,阐明中法关系的利害。正是在这次访问中,富尔读了毛泽东诗词的俄语译文。回国后,他写了一本介绍中国情况的书,借用毛泽东诗词"龟蛇锁大江""一桥飞架南北,天堑变通途"等诗句的含义,将书取名为《龟山与蛇山》(*Le Serpent et la Tortue*),[①]希望架起中法友谊的桥梁。

1958 年戴高乐上台后,从独立自主的外交方针出发,开始重视与中国的关系。1961 年,戴高乐与富尔探讨和新中国建交的可行性,但当时法国正在进行阿尔及利亚战争,而中国坚定地站在阿尔及利亚人民一边,所以建交的条件还不具备。1963 年,法国十分关心印度支那的中立化,认识到离开中国不能解决亚洲问题,这时戴高乐再次召见富尔,委托他与中国谈判建交。在双方没有外交关系的情况下,戴高乐无法把富尔的"授权书"直接送给中国政府,于是采取了策略性的做法,由戴高乐本

---

① Edgar Faure, *Le Serpent et la Tortue*(*les problèmes de la Chine populaire*), Paris: Juillard, 1957.

人给富尔发一公函,委任富尔为他的"个人代表"前往中国密谈。这封信名义上是给富尔个人的,实际上由他转交给中国政府。

1963 年 10 月 18 日,富尔离法,为了掩人耳目,转道柬埔寨和香港地区,21 日到达北京,进行了为期两周的访问,与周恩来总理和陈毅外长进行了会谈,就建交的有关原则达成了协议。富尔回国前,又受到毛泽东主席和刘少奇主席的接见。1963 年 12 月和 1964 年 1 月,中法互派代表在瑞士伯尔尼举行了四轮会谈,拟定公告文件。中方代表是中国驻瑞士大使李清泉,法方代表是法国外长委派的代表雅克・德・博马舍。会谈决定在巴黎和北京同时发表同一内容的建交公报。上述会谈都是在秘密状态下进行的,所以当时世人尽管感到中法建交势在必行,但普遍认为不会很快实现。然而,在 1 月 8 日,富尔却放出了第一个试探性的气球。当晚,他会见了法新社记者和《费加罗报》记者,发表了主张中法建交的谈话,认为应该"立即"恢复外交关系。这次谈话的文字是事先精心拟定的,并经戴高乐亲自审定,目的是为中法建交作舆论准备。

1 月 27 日,中国和法国同时发表关于建立外交关系的联合公报,中法正式建交。法国是西方大国中第一个和中国建立大使级外交关系的国家。当时联合公报中并不涉及台湾问题,根据双方协商,在中法建交后的第二天,中国单方面宣布:"中华人民共和国政府是作为代表全中国人民的唯一合法政府同法兰西共和国政府谈判并且达成两国建交协议的",并重申了只有一个中国的原则立场。法国不想自己宣布与台湾当局断交,它希望台湾当局按国际法惯例,自动脱离和法国的关系。2 月10 日,台湾当局宣布与法国断交,从而使这一问题得以圆满解决。

5 月和 6 月,中法双方互派大使,法国第一任大使是佩耶,中国第一任大使是黄镇。中法建交后,两国间的友好往来和经济文化交流得到顺利而稳步的发展,没有出现大起大落的情况。1973 年 9 月 13—17 日,蓬皮杜总统访华,双方发表了《中法公报》。1975 年 5 月,当时主持国务院工作的邓小平副总理对法国进行正式访问,这是中国领导人首次正式访问西方国家,受到了吉斯卡尔—德斯坦总统和希拉克总理的热情接待。

中国共产党十一届三中全会后,对外开放被确定为中国的一项基本国策,中国重视与西方国家的政治对话与文化交流,中法关系又得到了进一步的发展。这一时期,两国部长级的互访更为频繁,两国军队高级领导人也进行了互访。而最引人注目的是国家领导人的频繁接触,所有法国新任总统都访问过中国,中国的主要领导人也都到过法国。1979年10月,中法签署了《关于中法经济关系的发展》《关于互设领事机构》和《1980年至1981年文化交流计划》等协议。1980年10月,两国在上海和马赛互设总领事馆。1984年,两国政府签署了投资保护协定和避免双重征税协定。

从密特朗的第二任期开始到希拉克上台,中法关系走过了一段曲折的路程。在1989年春夏之交中国发生政治风波后,两国关系进入中法建交以来最冷淡的时期。之后,由于中国始终坚持改革开放的路线,法国对华关系有所松动,逐步朝正常化的方向发展,经济贸易联系开始恢复。1991年4月,法国外长洛朗·迪马对中国进行了为期三天的访问,标志中法政治关系开始解冻,双方外长并就两国增设总领事馆达成了协议。同年8月,法国研究与技术部长贝尔·居里安访华,中法政府间的科技合作恢复了正常。然而,法国向台湾地区出售武器的问题阻碍了中法关系的进一步发展,尤其是1992年8月法国达索公司决定向台湾地区出售幻影2000-5型战斗机,明显危害中国安全。12月23日,中国副外长召见法国驻华大使,限期关闭法国驻广州总领事馆,同时中国还中止了与法方在一些经贸项目上的合作。

1994年1月12日,中法两国政府发表联合公报,法国政府承诺不再批准法国企业向台湾地区出售武器,标志着两国关系正常化的开始,两国领导人恢复互访。1997年5月,中法联合发表声明,宣布建立长期的全面伙伴关系。双方决定进一步密切合作,推动世界多极化进程,支持在尊重多样化和独立的基础上,为创造财富和福利作出努力,致力于建立公正、合理的国际政治、经济新秩序,反对国际事务中任何进行支配的企图,以实现一个更加繁荣、稳定、安全和均衡的世界。自此,中法关系进入了一个新的发展阶段。

2002年希拉克连任之后,两国关系达到一个新的高度。9月,双方签署了《法中政府和文化合作协定》。11月,巴黎中国文化中心正式挂牌成立。这是中国在西方国家建立的第一个文化中心。2004年是中法建交40周年,两国元首签署了《法中联合声明》,把两国"全面伙伴关系"提升到"全面战略伙伴关系"的新高度。2005年4月,双方签订了农业、航空、能源等领域的20项双边合作协议。12月,继续签署了涉及多个领域的15项合作文件。2006年10月,两国元首再次签署《法中联合声明》,宣布两国将在政治、中欧关系、司法、安全、经济合作等领域采取一系列共同行动。两国政府还签署了涉及空间合作、核电项目开发、购买"空中客车"飞机等多项合作协议。

在此基础上,中法经贸关系有了很大的提升。截至2006年,法国在华投资项目3 271个,实际投资金额78亿元,在欧盟国家中,仅次于德国和英国,列第三位。两国的贸易额的发展尤为明显。据中国海关总署统计,2006年双边贸易总额为251.9亿美元,同比增长22%。其中中国出口139.1亿美元,同比增加19.5%,进口112.8亿美元,同比增长25.2%。① 双方的文化交流也有了快速发展。2003年10月至2004年7月,中国文化年在法国举办。内容涵盖文艺、科技、教育、体育、旅游等众多领域,共计300多个项目,充分展示了中国的文化。香榭丽舍大街举行了中国彩装行进表演,埃菲尔铁塔也被染成了中国红。2004年10月至2005年7月,以"浪漫、创新、以人为本"为主题的法国文化年在中国举办。北京、上海、广州、武汉等城市举办了200多场法国文化活动,包括各类艺术展览、科技研讨会和文教活动。两国领导人共同出席了法国印象派画展的开幕式。

2009年2月,法国前总理拉法兰率十余名法国议员代表访华,双方发表了《法中新闻公报》,法国重申一个中国的政策,坚持西藏是中国领

---

① 吴国庆:《法国政治史(1958—2017)》,第410—411页。

土不可分割的一部分,拒绝支持任何形式的"西藏独立"。4月,在伦敦举行的G20金融峰会上,两国领导人恢复了会晤。2010年4月上海世博会开幕之际,萨科齐访华并参加开幕式,中方给予高规格接待。11月,两国发表了《关于加强全面战略伙伴关系的联合声明》,波折基本平息。

奥朗德重视中法关系,在当选总统的第二天,接见的首位大使就是中国驻法大使。2013年,两国发表《法中联合新闻公报》,认为"法中关系至关重要,是两个不同社会制度和文化传统国家间和平共处、互利合作、共同发展的典范。双方愿以战略高度和长远眼光,继续本着稳定、互相尊重和互利原则推动两国关系发展。"[1]2014年是中法建交五十周年,也是中法全面战略伙伴关系建立十周年。中法两国分别召开了庆祝大会,并分别举办了庆祝活动。3月,双方发表了《法中联合声明——开创紧密持久的法中全面战略伙伴关系新时代》和《法中关系中长期规划》,签订了有关经济、技术和金融合作的50项合同。2015年9月,法国派外长法比尤斯为首的代表团参加了在北京举行的纪念中国人民抗日战争暨世界反法西斯战争胜利七十周年大会。同年11月,两国元首发表了《法中元首气候变化联合声明》,共同支持对全球气候变暖的治理。2016年9月,两国元首在20国集团杭州峰会期间举行会谈。至本书截稿之时,中法关系保持着良好的势头。

[1]《法中联合新闻公报——共建和平、民主、繁荣、进步的世界》,新华网,2013年4月25日。

第七章　文学、艺术和大众文化

第一节　从萨特到莫迪亚诺

　　作为文化大国，法国为人类文明贡献了许多杰出的文学家。自从20世纪初诺贝尔文学奖设立以来，到本书截稿为止，法国的诺贝尔文学奖得主数量居世界首位，20世纪的法国文学和20世纪的历史一样有着飞速的发展，同样发生着激烈的动荡和变化。读者的增加和国际化的发展使文学的题材和风格更加多样化，文学作品的数量也不断增加，对于作家们来说，这是一个丰收的季节。然而，这也是作家们感到困惑的季节，各种前所未有的历史事件的发生（世界大战、核武器的产生、集中营等），常常使作家感到自己的无能为力。二战结束之后，文学在文化中至高无上的地位被哲学所取代，在存在主义者那里，文学只是哲学的奴仆；同时在发展迅速的广播、电影、电视等新的文化形式面前，文学似乎显得更加无足轻重，常常成了为这些新文化形式服务的工具；从超现实主义到最简约的抽象派艺术的各种造型艺术的变化，影响着人们的审美情趣，也对文学创作带来冲击，往往使作家们无所适从。

　　战后法国文学的国际化趋势十分明显，翻译作品的数量大大增加。

这些作品有来自邻近的西欧国家,如英国的乔伊斯、艾略特等,德国的勃雷切、曼恩、莫西尔、伯尔等;也有来自遥远的美洲大陆,如美国的海明威、多斯·帕索斯、福克纳、斯坦贝克、米勒等;拉丁美洲的博尔赫斯、加尔西亚·马尔克斯、聂鲁达等;甚至还有苏联的高尔基、索尔仁尼琴等。许多法国的作家也到国外去寻找创作的灵感,去欧洲邻国和俄国的有马尔罗(André Malraux)、贝尔纳诺、纪德、凯塞尔、莫朗、桑德拉尔等,去了撒哈拉沙漠以南的非洲的有纪德(André Gide)、塞利纳等,还有北非出身的加缪(Albert Camus)。杜阿梅尔、克洛代尔、莫朗等去了美国,洛蒂、塞加伦、克洛代尔、马尔罗等还去了遥远的东方。

此外,战后法国文学的另一个特征是参与了文化大众化的进程。这不仅表现在它为适应广播、电视、电影的发展而作出的贡献上,也表现在它对大众读物的创作上,如侦探小说、科幻小说等。同时,随着读者数量的扩大,作家也越来越注意观众的反应,他们希望自己的作品被更多的人所阅读和承认。作家与出版商的联系得到加强,也被迫卷入到竞争、评论、评奖、受媒体采访等旋涡中,他需要不断地为自己申辩,向别人解释,取悦于他人。小说在这个过程中占据了文学的重要地位,而诗歌则显得困难重重。

最后,战后的法国文学与其他学科的交叉得到加强,互相影响。电影一方面在小说写作的方式上,尤其是故事性方面打下了自己的烙印,同时也为文学提供了新的表现形式:电影剧本。在自然科学相对论的影响下,作家在小说的创作中引入了新的时空观。最重要的,是文学与其他人文科学的接近,这种接近常常使得文学的流派贴上来自其他学科的标签,如哲学的存在主义、心理学和人类学的结构主义等。

二战结束之初,20世纪上半叶成名的重要作家仍然在文坛发挥着影响力。1947年和1952年,安德烈·纪德和弗朗索瓦·莫里亚克(François Mauriac)分别获得诺贝尔文学奖,得到世界的承认。考虑到作品获得国际承认需要一段时间,因此从某种意义上可以说,是两次大战期间的法国文学获得了这个荣誉。真正属于战后的文学流派是新兴的存在主义。作为哲学流派的存在主义于 1930 年代已经在法国出现，但在文学上的表现要到 1940 年代才显露出来，战后逐渐在法国文坛占据了主导地位。一些著名的存在主义作家，如让-保罗·萨特、西蒙娜·德·波伏瓦(Simone de Beauvoir)、阿尔贝·加缪等，既是文学家，也是哲学家或思想家。文学成为哲学家们诠释自己观点，扩大自己在公众中影响的阵地。

让-保罗·萨特于 1938 年发表了他的第一部小说《恶心》。小说的主人公洛冈丹是位从事历史研究的知识分子，整日无所事事，他对自己研究工作的意义也不甚了解，为了消遣，开始以记日记打发日子，但周围的环境使他患上了一种不治的"恶心"病，对周围一切的"存在"都感到恶心，他觉得所有的人和物都是多余的，尤其是人。这一著作表达了作者对现实世界的否定和厌恶。萨特的其他主要作品还有剧本《苍蝇》(1943年)、《禁止旁听》(1944 年)和小说《自由之路》等。1964 年，瑞典皇家科学院决定授予萨特诺贝尔文学奖，但萨特以"谢绝一切来自官方的荣誉"为由拒绝接受。

阿尔贝·加缪一直否认自己是存在主义者，但他和萨特同样是存在主义文学的重要代表人物。加缪出生于阿尔及利亚一个贫困的法国人家庭，后来到了巴黎。1942 年，加缪出版了小说《局外人》，描写一名公司小职员，对所有一切抱无所谓态度，对落到自己头上的命运，也如自己是局外人那样无动于衷。他无动于衷地杀了一名阿拉伯人，对被捕和被判死刑也一样无动于衷。以此表示在现实生活中，人完全处在被动地位，表达了与萨特的《恶心》同样的观点。加缪的重要作品还有小说《鼠疫》、剧本《卡里古拉》和《戒严》等。1957 年，加缪获得诺贝尔文学奖，成为诺贝尔文学奖历史上最年轻的得主之一。与安德烈·纪德和弗朗索瓦·莫里亚克有所不同，加缪那些享誉世界的作品大多出版于二战之后，这标志着战后法国文学的新进展开始获得国际的认可。

西蒙娜·德·波伏瓦是萨特的终生伴侣，她在 1929 年与萨特同时获得哲学教师资格，先后在马赛、鲁昂和巴黎等地任教。作为一名女性作家，波伏瓦的作品在很大程度上为唤起女性自我意识的觉醒作出了重要的贡献。她在1943年创作了小说《女客人》，特别是1949年出版了关于妇女问题的论著《第二性》，勾勒出妇女长期处于低下地位的历史，"妇女不是与生俱来的，而是后天变成的"成了常被女权主义者们挂在嘴边的警句。波伏瓦最成功的小说是1954年完成的《名士风流》，这个关于失恋的故事凝聚了对当时知识分子理想幻灭的思考，真实地反映了冷战开始后知识分子的思想彷徨，是文学史上公认的杰作。

即使在存在主义占统治地位的时期，法国文坛也不只是一种声音，比如有些不愿意介入政治的文学家们，喜欢独来独往，反对给自己贴上任何标签，但他们最后还是被人归入"轻骑兵"的行列，其中就有罗杰·尼米埃（Roger Nimier）等，同时还有一些反现实主义的和受超现实主义影响的作家继续着他们的创作活动。此外，法国的诗歌创作继续保持着旺盛的生命力。著名诗人圣琼·佩斯（Saint-John Perse）"由于他高超的飞越与丰盈的想象，表达了一种关于目前这个时代之富于意象的沉思"，于1960年获得诺贝尔文学奖。他的代表作有长诗《流亡》《雨》《雪》《风》和《航标》等。

进入1950年代，存在主义开始逐渐衰落，哲学社会科学领域中，结构主义兴起。与之类似，文学界也出现了新的流派：新小说（Le Nouveau Roman）和荒诞派戏剧（Le Théâtre de l'Absurde）。

新小说派的代表人物之一娜塔丽·萨洛特（Nathalie Sarraute）将其一部重要的论文集取名为《怀疑的时代》，反映了当时法国文坛的现实。文学家们向一切传统的文学形式提出挑战，形成了新的文艺理论。首先是一批小说家，尽管他们之间也存在分歧，但通过在创办于抵抗运动中的"子夜"出版社（Éditions de Minuit）共同出版作品，他们逐渐形成了一种共识，将自己新的文学探索称为"新小说"。为此，他们从1950年代到1970年代陆续推出了一些理论著作，作为他们的纲领，其中包括娜塔丽·萨洛特的《怀疑的时代》（1950年），阿兰·罗布－格利耶（Alain Robbe-Grillet）的《为了新小说》（1963年）和米歇尔·布托尔（Michel

Butor)的《论小说》(1970年)等。这些作家崇拜纪德、乔伊斯、福克纳和卡夫卡,在这些作家看来,生活是杂乱无章的,个人被淹没在周围庞杂的事物之中。从他们的理论和实践中,我们可以整理出有关"新小说"的一些特点:首先,"新小说"要求给读者更多的探索和自由思考的空间,因此它摒弃传统小说比较清晰的叙述方式;其次,"新小说"拒绝小说成为思想的代言人,认为作品有它自身的目的;第三,"新小说"否定人物的典型性,它所描写的人物往往是难以归类的,而且淹没在不连贯的意识和事物中;最后,"新小说"否定小说传统情节,在它那里时间并非是线性发展的,空间也是无序的切换。不同层次的意识同时表达出来,叙述断断续续,人物常常游离或消失在一些没有休止的问题之中。

在这样的总原则统摄之下,"新小说"派作家在创作中又具有各自的独特风格。罗布-格利耶崇尚客观,通过将事物、行为、动作等客观物体和幻觉等主观感受结合在一起,不厌其烦地展开描述,取代了传统的精神分析。例如在《橡皮》(1953年)中,通过游来荡去的侦探瓦拉斯的眼睛,描写了一座扑朔迷离的城市。在《嫉妒》(1957年)中,一个对自己妻子存有疑心的丈夫到处不停地窥视,把真实的现象与幻觉混合在一起。罗布-格利耶还把他这种独特的现实主义手法运用到电影中,创作了不少电影剧本。

娜塔丽·萨洛特更多地受普鲁斯特的影响,寻求对复杂的心理活动和意识流的解读,试图捕捉稍纵即逝的、难以把握的心理运动。她对所谓的"内心对话"(sous-conversation)表现出浓厚的兴趣,这种内心的对话往往通过表面的手势和话语表达出来。因而她的小说更多的是表现了内心的对话和无意识。代表作有《马尔特罗》(1953年)、《行星仪》(1959年)和《黄金果》(1962年)等。

米歇尔·布托尔不愿像罗布-格利耶那样纯粹描写客观事物,对萨洛特的"内心对话"也不感兴趣,他坚持认为要全方位地揭示现实、解读现实,提出用数学的方法将世界隐藏在深处的真实含义展示出来,让观众自己将真实的现实世界拼装起来。在《米兰匆匆过》(1954年)中,布托尔描写了一幢七层大楼里的住户从晚上七点到早晨七点的生活,叙述通俗易懂,也完全按照时间顺序,但和传统的小说不同,他所要描写的各部分在一个空间中同时出现,通过每层楼、每个房间毫无联系的详细描写,组成了一个大谜语,让读者自己去解谜。他的作品经常引起争议,不易为读者所接受,比较成功的作品是《改变》(1957年),描写一个叫代尔蒙的人从巴黎坐火车去罗马会他的情妇,空间的变换使他不断将生活记忆中的零碎片断拼装起来,最后改变了要把情妇带到巴黎去的最初打算。小说用第二人称复数写成,向读者暗示一种不确定的过程。

"新小说"的重要作家还有1985年诺贝尔文学奖得主克洛德·西蒙(Claude Simon)。他的作品完全和传统小说的叙述方法决裂,超越时空观念,将过去和现时的场景随意拼接。《弗兰德尔公路》(1960年)是法国1940年崩溃时三个逃亡者的叙述,三种声音混杂在一起,人们分不清到底是谁在讲话,增加了谜一般的色彩。西蒙的代表作还有《作弊者》(1946年)和《历史》(1967年)等。

新小说在法国文坛流行二十年,后来也得到了如加利玛尔(Éditions Gallimard)这样重要的出版社的支持,结构主义的文学刊物《原样》(*Tel Quel*)、左派刊物《快报》(*L'Express*)和《法兰西观察家》(*France Observateur*)等的支持对它的传播也起了很大的作用。

和"新小说"相呼应,在戏剧界也出现了"新戏剧",后来被称为"荒诞派"戏剧。与小说相比,法国戏剧的革新是一个长期的相对缓慢的积累过程。20世纪之初,剧作家阿尔弗雷德·加雷(Alfred Jarry)开始向古典戏剧传统挑战,在舞台上使用一些变形和粗俗的语言来引起人们的注意。在两次世界大战之间,罗杰·维特拉克(Roger Vitrac)以超现实主义的姿态出现,在他的戏剧中充满了使人感到吃惊的一些荒诞和挑逗的成分,人物的语言常常是缺乏连贯性。二战结束后,戏剧革新的趋势在鲍里斯·维昂(Boris Vian)那里得到延续。尽管如此,前述剧作家对传统戏剧的挑战仍然是零星的,显得势单力孤。从1950年代开始,这股零散的改革力量逐渐汇聚起来,厚积薄发,以"新戏剧"面貌出现,开始了系统和深刻的革新。

"新戏剧"的原则是和一切传统的戏剧评价标准决裂,传统戏剧的所有要素,如时间、地点、情节、人物、语言等在"新戏剧"中都显得无足轻重。具体而言,"新戏剧"的特征包括:1. 抛弃戏剧的教育功能。与主张作家要积极"介入"社会生活的萨特相反,"新戏剧"反对在作品中进行任何形式的宣传或说教,摒弃一切政治主张和意识形态,没有思想信息,没有心理动机,这就是所谓"反戏剧"。在剧本的创作中,这就意味着语言不一定需要有条理和连贯性,人物前后不一定一致,布景不一定适应时空的变化;2. 强调语言的冲突性。由于否定了心理活动的表现,戏剧人物被置于一个荒唐和难以预测的世界中,他们存在的方式就是讲话,语言成了他们与他人交流的唯一媒介,人物不仅需要重复那些令人瞠目结舌或令人捧腹大笑的陈词滥调,而且要求语言具有冲突性,言辞激烈,有时甚至像家庭内的争吵;3. 突出象征意义。"新戏剧"常常将人物变得不近人情,正常的情感让位于夸张和象征性。为此,舞台上的主要形象往往是一些社会边缘人物,如流浪汉、疯子等;4. 否定现实社会。尽管"新戏剧"反对一切思想主张,但它本身仍然带有思想倾向。它将人类的内心痛苦、人类生存条件的荒唐、人类希望的可笑暴露在光天化日之下,加以无情的嘲讽和鞭挞,反映了对现实世界的不满。

"新戏剧"的主要代表人物是欧仁·尤内斯库(Eugene Ionesco)和1969年诺贝尔文学奖得主塞缪尔·贝克特(Samuel Beckett)。尤内斯库原籍罗马尼亚,父亲是罗马尼亚人,母亲是法国人。他反对把戏剧分成喜剧和悲剧两大类的传统,在他的作品中只有荒诞。尤内斯库常用的手段有:让舞台上充斥着椅子等道具,设计一些如尸体膨胀、犀牛繁殖等令人作呕的粗俗场面,剧中的人物往往是一些假装权威但十分愚蠢的人,如濒临死亡的国王、对任何事物都无动于衷的英国夫妇、只会教一些蠢事并最后杀害无辜学生的教师等等,人物常常是不近人情、非人化的,或如木偶,或如机器人,说一些空洞无物的套语。剧情的发展采用不断加速的模式,话越说越快,舞台上的道具越来越多,最后呈现十分激烈的场面。1950 年,尤内斯库推出了他的第一部荒诞剧《秃头歌女》,遭到观众的抵制,但他并不气馁,1952 年创作了他的代表作之一《椅子》。剧情以舞台上的椅子数量的增加来展开。椅子以加速度的方式,不断涌上舞台,等待着人来坐,有两个痴呆的老人,不断地念叨着,但使用椅子的人始终没出现,暗示人们的期盼往往是荒唐的。1957 年,尤内斯库在《雇佣杀手》中,第一次创造了贝朗吉这个角色,此后成为他所有新剧本的主角,但在不同的剧本中具有不同的身份。如在他最著名的戏剧《犀牛》(1959 年)之中,贝朗吉是一位职员,该剧讲述了发生在一个小镇上的荒唐事,镇上先是来了一头犀牛,然后出现了第二头,但每出现一头新犀牛,就会消失一个人。原来镇上流行一种瘟疫,得病的人会变成犀牛,这个过程不断加速,最后只剩下贝朗吉一个人。他觉得自己和犀牛相比越来越丑,终于觉得自己成了魔鬼。他想变成犀牛,却始终不能如愿,最后发出一声含义深刻的呐喊:"我是最后一个人……"作者以此抨击了人类集体可能产生的歇斯底里,以及表明人类抵抗这种集体性狂热的无能为力。

塞缪尔·贝克特生于爱尔兰,后在法国定居。1952 年创作了《等待戈多》,获得了意想不到的成功。全剧描写两个流浪汉在路旁一棵树下,一边讲着一些无聊的话,做些把鞋脱下又穿上等无聊的动作,一边等待着一个叫戈多的人的到来,然而戈多始终没有出现。该剧和尤内斯库的《椅子》的含意相近,嘲笑人类不切实际的希望,表现社会的空虚。除此之外,贝克特的作品还常常表现人与人之间相互交流的困难,他把这种难以交流的状态称为"难以名状"(l'innommable)。贝克特戏剧中的人物常常处于如下的处境:当他想要表达某种想法的时候,总是感到词不达意,一会儿结结巴巴,然后又归于沉默,打一会儿哈欠,接着再说,或做些哑剧动作,或发出肚子叫的声响。这种交流的困难也说明了存在的艰难,因此贝克特式的人物往往都是一些半死不活的人,如乞丐、穷困潦倒的、钻在垃圾箱里的、坐在残疾轮椅中的等等,整部戏剧表现了虚无和黑暗。

　　经过五六十年代"新小说"和"新戏剧"潮流的冲击后,法国的文坛开始出现了向传统的复归。作家的创作由虚无回归真实,从冷峻回归抒情,从客体回归主体,从世界回归人物,作者和读者群体都表现出一种怀旧的情绪。传记体的小说重新受到公众、媒体和评论界的欢迎,许多小说家开始写作传记。与回归主体和人物的潮流吻合,自传体作品的数量从1970年代起不断增加,一些前卫作家也回到有关"我"的叙述上来,如乔治·佩雷克(Georges Perec)的《W或者童年的回忆》(1975年),萨洛特的《童年》(1983),罗布-格利耶的《回来的镜子》(1985年),玛格利特·杜拉斯(Marguerite Duras)的《情人》(1984年)等。

　　进入21世纪,法国文学继续不断取得卓越的成就。2008年,著名作家让-玛丽·古斯塔夫·勒克莱齐奥(Jean-Marie Gustave Le Clézio)因"富有想象力、情感强烈,善于创新,探索游离于主流文明之外的和被主流文明遮蔽的人性"而荣获诺贝尔文学奖。他出生于法国尼斯的一个双语家庭,在毛里求斯长大,其父具有英国血统,家族在毛里求斯从事银行业。勒克莱齐奥的早期作品仍带有"新小说"的痕迹,1963年因出版《诉讼笔录》而一举成名。1970年代,他在巴拿马和印第安原住民共同生活了一段时间,之后受其家族背景、自身游历及对美洲印第安文化的喜爱等因素的影响,作品开始以寓言,幻想为主题,题材涉及儿时回忆,自传及家族历史等,至今出版了四十多部作品,代表作除《诉讼笔录》之外,还有《寻金者》《罗德里格岛游记》等。

　　2014年,著名小说家帕特里克·莫迪亚诺(Patrick Modiano)凭"以记忆的艺术唤起人类最幽微的命运,揭开二战法国被德军占领时期的世界"斩获诺贝尔文学奖。他的作品多数聚焦在二战期间的巴黎,描写那个混乱时代以及小人物承受的历史重负。莫迪亚诺善于运用大量的回忆、想象,把现实和虚构结合起来,探索和研究人的存在及其与周围环境、现实的关系,至今已创作了30余部小说,代表作有获得1972年法兰西学院大奖的《环城大道》和1978年龚古尔文学奖的《暗店街》等。

第二节 美术和音乐

一、美术流派的延续和发展

在西方现代美术形成的过程中,法国起着关键性的作用。近代以来直至二战前,巴黎一直是西方美术最重要的中心,成为世界各国艺术家向往的"麦加"。许多其他国家的艺术家长期生活在法国,很多加入了法国国籍。二战结束后,美国艺术界摆脱了追随欧洲的现象,纽约开始成为新的美术中心。不过法国的艺术家们仍然进行着富有成果的探索,创造了许多属于全人类的艺术财富,与美国艺术家分庭抗礼。

如同战前一样,战后法国美术界依然是群星璀璨,大批战时流亡异乡的画家回到了巴黎。许多战前早已蜚声世界的画家继续保持着旺盛的创造力,从某种意义上可以说是他们的长寿保持了法国美术发展的延续性。巴勃罗·毕加索(Pablo Picasso)不断地求新求变,仍然受到人们的尊敬。他还在 1944 年加入了法国共产党,投身于争取世界和平的事业,创作了不朽的"和平鸽"形象。"野兽主义"(一译"野兽派",Le Fauvisme)精神领袖亨利·马蒂斯(Henri Matisse)的健康状况有所恶化,但创作热情不减当年。除油画之外,他创作了大量版画、插图和剪纸作品,尤其是以《天空》(1947),《海洋节日》(1950),《蓝色裸女》(1952)等为代表的剪纸作品,为艺术史留下了宝贵的遗产。1948—1951 年,马蒂斯还在尼斯郊外的小城旺斯,设计了旺斯小礼拜堂,包括建筑的外观和内部设计。与毕加索共同创建"立体主义"(Le Cubisme)的乔治·布拉克(Georges Braque)在战后进入了自己艺术生涯的巅峰时期。他于1945 年创作了《台球案》系列,1949—1956 年创作了八幅《画室》系列作品,1952—1953 年为卢浮宫亨利二世厅的天花板创作了两幅《飞鸟》作品,充分展现了自己优美、精练的艺术风格。1961 年,布拉克在卢浮宫举办了作品展,成为第一位生前就在这所艺术殿堂展出作品的画家。当1963 年布拉克逝世时,文化部长安德烈·马尔罗向他致敬,感叹道:"曾经是法国荣誉一部分的这个人逝去了。"①马克·夏加尔(Marc Chagall)在创作一系列以圣经为主题的杰作之外,于 1964 年为巴黎歌剧院绘制了穹顶壁画,1974 年为兰斯大教堂创作了一组新的彩色玻璃窗,将古典风格和现代元素完美地融合在一起。早在夏加尔逝世前 12 年的 1973年,法国政府就在尼斯为他建立了夏加尔美术馆。

此外,野兽主义重要代表人物乔治·鲁奥(Georges Rouault)、安德烈·德兰(André Derain)、莫里斯·德弗拉芒克(Maurice de Vlaminck)和立体主义代表人物安德烈·洛特(André Lhotte)、雅克·维隆(Jacques Villon)、费尔南·莱热(Fernand Léger)等其他老一辈艺术家同样发挥着影响。费尔南·莱热追随毕加索的步伐加入了法共,他关注现实,主张美术要与时代融合在一起,并在 1950 年创作了以工人劳动为主题的名作《建设者们》。

战后初期,法国美术发展中最令人瞩目的是两次大战之间出现的抽象派美术(l'Art Abstrait)的发展。随着战争的结束,抽象派美术涌现出许多很多新的流派,如"斑点主义"(Le Tachisme)、"抒情抽象"(L'Abstraction Lyrique)等。1952 年,美术评论家米歇尔·塔皮耶(Michel Tapié)出版了著作《另一种美术》,将它们统称为"无定形美术"(一译"非形象美术",L'Art Informel)。战后的抽象艺术与二战之前的抽象艺术有很大的不同,战前的艺术家采用的是理性色彩浓厚的构成性画法,以几何抽象为主;而战后的艺术家更强调非理性的自发性技法,创造出更为活泼大胆的艺术手法,更具有表现力。

让·福特里埃(Jean Fautrier)是战后抽象艺术的重要先驱之一。他从 1943 年开始创作著名的《人质》系列作品,控诉纳粹的暴行。福特里埃将经过处理的纸贴在画布上,在上面运用浓厚的色彩和奔放的线条,形成一个类似浮雕的抽象形态。作品凹凸不平的表面让人联想起尸骨,

---

① 乔治·杜比主编:《法国史》(三卷本),吕一民、沈坚、黄艳红等译,北京:商务印书馆,2010年,第 1569 页。

红色像是斑斑血迹。《人质》系列的创作手法，后来就成为福特里埃作品的特色。另一位先驱和中坚力量是让·杜布菲（Jean Dubuffet）。杜布菲在二战期间开始投身于绘画，他反对传统的美术创作方式，推崇巴黎街头和地铁里的涂鸦、儿童画及业余未受过专业训练的作者的作品，将其称为"粗美术"（L'Art Brut），认为这些未受过文明熏陶的美术更具有艺术价值，体现了未受污染的创造性。在自己的创作中，杜布菲经常违反解剖原理，积极开发各种新的材料，如石膏、油灰、沥青、煤末甚至砂石等，与颜料混合在一起，采用厚涂的技法，使作品极具视觉冲击力。代表作有《分娩》（1944）、《权力意志》（1946）、《贵妇人之躯》（1951—1952）等。在绘画的同时，杜布菲也从事雕塑的创作，代表作有面积 1 610 平方米的大型公共雕塑《盛装别墅》（1971—1973）等。

抽象艺术在战后初期的法国很快成为影响最大的美术流派，许多画廊成了这类作品的支持者，大量的书籍也对之津津乐道，从中涌现出许多出色的艺术家。如早逝的尼古拉·德斯塔尔（Nicolas de Stael），擅长用大小不同的方形或长方形色块配置成画面；乔治·马蒂厄（Georges Mathieu）强调作画时的直觉和速度，经常当众一气呵成地完成创作；汉斯·哈登格（Hans Hartung）的作品以明亮的薄块作为底色，加上奔放的线条，类似东方的书法；皮埃尔·苏拉日（Pierre Soulages）善于使用灰暗底色，各种黑色线条进行创作，2014 年被奥朗德总统称为"在世的最伟大的艺术家"[1]。

战后法国的雕塑艺术也取得了很高的成就，最杰出的代表是奥西普·查特金（Ossip Zadkine）。查特金的艺术生涯起步于 20 世纪初的立体主义，战后进入创作的黄金岁月，最著名的作品是大型纪念雕塑《被毁灭的城市》（1948—1953）。1947 年，查特金重访荷兰的鹿特丹，目睹这座世界第一大港被德军炸成一片巨大的废墟，心中充满悲愤，因此创作了一座大型青铜雕像：一个巨人，双臂伸向苍天，仰头张口，痛苦地呼喊着、

---

[1] "Rodez：Hollande cherche la lumière au pays de Soulages", *Le Monde*，30 mai 2014.

抗争着。那大胆夸张的形体处理、借助扭曲的块面组合和强烈的光影对比,直率而有力地抒发着雕塑家的激情,成为抗议法西斯暴行的现代杰作,有着深刻的艺术表现力。

从1950年代末开始,战后成长起来的新一代法国艺术家开始寻求对抽象派艺术的突破,先驱者是伊夫·克莱因(Yves Klein)。1958年,他举办了名为《空无》的作品展览。展室内除了四堵空墙之外,一无所有,但有门卫,展览开幕仪式也一如平常。克莱因试图通过展览说明:审美体验并不需要特定的物质载体。1960年,他指挥浑身涂满蓝色颜料的裸体模特在画布上翻滚,创作了《人体测量》。1961年,克莱因又采用喷枪作为画笔,在石棉布上燃烧各色颜料作画。同年,他还创作了一场行为美术,将出售作品所得的黄金扔到塞纳河里,以此说明,美术创作的行为本身比作品更有价值。克莱因的一系列大胆的尝试,对法国美术的创新产生了全方位的影响。

青年艺术家们力图克服抽象美术强烈的主观性和远离现实的特点,倡导美术回归现实生活。他们否定传统的绘画形式,运用现实的材料、人造制品、新的技术手段等媒介,表现人的生存环境、人的行为等现实主题。受达达主义运动(Le mouvement Dada)代表人物马塞尔·杜尚(Marcel Duchamp)的名作《自行车轮》(1913)的启发,巴黎的一些美术家开始将一些或新或旧的现代工业产品,聚集起来,通过一定的组合,加以标题,作为一件艺术品。1960年,艺术评论家皮埃尔·雷达尼(Pierre Restany)将这类创作概括为"新现实主义"(Nouveaux Réalisme),发表了宣言并举办了作品展,将这些艺术家集合起来,同时也表明他们是超现实主义(Le Surréalisme)的继承者。

"新现实主义"带来了许多艺术创新。阿尔芒(原名费尔南德·阿尔芒,Fernandez Armand)通过摆放物品的碎片和零部件进行创作,代表作有《小提琴的愤怒》(1962),《雷诺装置》(1968)等。他强调的并非破坏和毁灭,而是碎片引起的独特审美体验和智力思考。马夏尔·雷斯(Martial Raysse)早期聚集塑料物品和霓虹灯管创作,后期将法国传统绘画样式或古典绘画名家的作品,用塑料、丙烯等现代的材料和喷枪等现代技法创作出一些别出心裁的模拟之作,代表作有《单纯宁静的绘画》(1965)等。塞萨尔(原名塞萨尔·巴尔达西尼,Cesar Baldacini)喜欢用各类铁制品来创作各种作品,代表作《黄色别克车》(1961),将一些废旧汽车用水压机进行压缩,压成一个整体的团块结构。他还为法国主办的电影凯撒奖雕刻了奖杯。

进入1970年代,法国艺术界更是各种前卫艺术轮番登场,同时也引发了许多反艺术的现象的产生,艺术的创新与大众的欣赏之间产生了隔阂。艺术成了艺术家们和艺术批评界的孤芳自赏。正是在这样的背景下,1970年代中期,著名艺术评论家让·克莱尔(Jean Clair)发起了"新主观"运动,主张回到"优美的艺术"去,继承古典艺术的优秀传统。法国开始出现向艺术传统的回归。

1990年代,法国艺术界围绕后现代主义艺术展开了热烈的讨论。在1996年举行的"威尼斯国际艺术双年展中",让·克莱尔断然将物品艺术和装置艺术等作品排斥在展览之外,从而表明法国艺术界对长期充斥艺坛的这类作品的鄙视。1997年,法国出版界推出了包括《艺术的危机》《艺术之根》和《艺术家的责任》在内的一系列艺术理论著作,对当代艺术开始进行重新评价。

二、十二音音乐和具体音乐

与20世纪的法国美术类似,20世纪的法国音乐同样具有丰富的创造力,拥有一大批杰出的音乐家,但是与19世纪相比,法国音乐"输出"得少了,相反它"引进"得很多,成为当代音乐的一块接收地和表演场所。其他国家的作曲家们继续来到法国,但不是像以前那样在这块土地上定居,而是来寻求被世界认识和获得世界的承认。

二战以后,法国的音乐界发生了明显的变化,一切轻浮的东西不见了踪影,音乐重新寻找新的更为严谨的理论。在二战结束初期,乐坛出现了"革新派"和"延续派"两种对立的主张。这种对立常常和政治主张联系在一起,在美学上的意义往往小于政治、社会和经济主张上的差异。不过这种情况并未持续多久。从 1950 年开始直至 1980 年代,按照创作理论将作曲家划分音乐流派变得十分困难,各派艺术主张越来越混杂在一起,越来越难以区分。音乐评论家和理论家不得不借助于音乐历史上曾经出现过的术语,用到当今的一些音乐家身上,这就很难避免牵强附会的情况发生。本书从音乐表现技巧的发展角度,对二战后法国音乐的发展进行勾勒和分析。

二战后法国音乐主要出现了两种新的表现趋势,二者经常处于对立和冲突的状态之中。其一是十二音音乐(Le Sérialisme),以皮埃尔·布列兹(Pierre Boulez)和让·巴拉凯(Jean Barraqué)等作曲家为代表,另一边是具体音乐(La Musique Concrète),以皮埃尔·夏费尔(Pierre Schaeffer)和皮埃尔·亨利(Pierre Henry)等作曲家为代表,从中派生出电声音乐(La Musique Electro-Acoustique)。前者注重乐谱和谱曲中结构的严谨性,而常常忽视听众的感观;后者缺乏清晰的理论,主张音乐是通过耳朵来形成的,并为耳朵服务的,常常不用乐谱而进行即兴创作。

十二音音乐的兴起经过了较长时间的酝酿过程,理论创始人是奥地利作曲家阿诺德·勋伯格(Arnold Schönberg)。根据他的定义,十二音音乐是用彼此独立的十二个音来作曲,将音列中的半音也作为独立的音来对待。勋伯格的学生阿尔班·伯格(Alban Berg)和安东·冯·韦伯恩(Anton von Webern)接受并发展了这套理论,形成了音乐史上的新维也纳乐派(一译"第二维也纳乐派",La Seconde Ecole de Vienne)。将十二音音乐理论引入法国,促进战后法国音乐领域革新的关键人物是音乐教育家奥利维埃·梅西安(Olivier Messiaen)和作曲家勒内·莱波维茨(Rene Leibowitz)。

梅西安从 1941 年开始在巴黎音乐学院任教,向学生介绍了当时几乎已经被人遗忘了的勋伯格和勋伯格的乐谱,在这些学生中,许多人后来成了十二音音乐的中坚,其中包括皮埃尔·布列兹、让·巴拉凯、莫里斯·勒鲁(Maurice Le Roux)和塞尔日·尼格(Serge Nigg)等。勒内·

莱波维茨则是勋伯格的弟子,撰写了两部重要的理论著作《勋伯格及其学派》(1946)和《十二音音乐导言》(1949),通过开设讲座、创作各种音乐作品、在世界各地指挥一系列勋伯格作品音乐会等方式,不遗余力地介绍十二音音乐,产生了广泛的社会影响。

经过这样的铺垫,法国形成了以皮埃尔·布列兹和让·巴拉凯为首的十二音音乐的学派。布列兹于1946年写的长笛和钢琴《小奏鸣曲》、1948年的《钢琴奏鸣曲第二号》、1951年为18种乐器所作的《复调 X》、1952年两架钢琴的联奏曲《结构 I》等作品显示了他对十二音音乐的深刻理解和创新。韦伯恩的十二音音乐寻求音乐的简化,而布列兹追求一种十二音的普遍化和复杂化,同时用十二音的方式表达丰富的感情。这在他的后期作品中表现得更为明显,如1954年的《无主的锤子》和1958—1962年的《马拉美的画像》,从中反射出德彪西的影响。布列兹还于1954年创办了"音乐领地"乐团,举行一系列音乐会,推广十二音音乐。让·巴拉凯的作品严谨而富有浪漫抒情气息,拥有众多的崇拜者,甚至有人把他看作是贝多芬的传人,代表作有《钢琴奏鸣曲》(1950—1952)等。遗憾的是他英年早逝,未能留下更多佳作。

十二音音乐学派包含了众多不同个性和不同风格的人,有的甚至常常是独往独来的。有些人中途退出了同道的行列,如塞尔日·尼格和让-路易·马蒂内(Jean-Louis Martinet);有些人则转向别的音乐分支发展,如安德烈·霍代尔(André Hodeir)转向爵士乐,米歇尔·法诺(Michel Fano)成为电影声带制作者,莫里斯·勒鲁担任交响乐队的指挥,专为现代音乐服务。这一学派发展到布列兹的学生一代也发生了明显的变化,因此常被人冠以"后十二音乐派"的称谓。吉尔贝·阿密(Gilbert Amy)曾接替布列兹担任"音乐领地"的领导,他创造了独特的更加严谨和精巧的音乐语言。让-克洛德·埃罗瓦(Jean-Claude Eloy)渐渐抛弃了他抽象的风格,被东方音乐的魅力所深深吸引,并在作品中加入电子乐器,甚至参加了电脑制作音乐的研究。保罗·梅法诺(Paul Méfano)进一步朝着更加抒情的方向发展。

与十二音音乐的诞生经历了长期酝酿的情况不同,具体音乐的出现更多地表现出一种自发性,和科技的进步有密切的关系,如录音技术和电子设备的出现和改进。具体音乐是将自然界的声音录制下来加以剪辑编排而成,当美术界的先锋派从具象走向抽象的时候,音乐的先锋派却从抽象走向具象。具体音乐的第一件作品出现在 1948 年,是由法兰西广播电台的工程师皮埃尔·夏费尔制作的。但这一发明在一段时间里并没有引起音乐界的注意,一些音乐家对这种不用乐谱制作的音乐作品不屑一顾。1950 年,皮埃尔·夏费尔与皮埃尔·亨利(Pierre Henry)合作举办了第一场具体音乐作品的音乐会,才引起了许多青年音乐家的兴趣。

在具体音乐出现的同时,电子音乐与之齐头并进。电子音乐和具体音乐的制作方法略有不同,它不是录取自然的声音,而是通过电子仪器由人工创造声音,然后进行转变和编排而成。后来这两股潮流合二为一,形成了电声音乐,开拓者是皮埃尔·亨利。1958 年,他离开夏费尔建立的"具体音乐团体",另辟新路,创建了阿普索姆工作室。在工作室里,亨利储存了大量自然和人工合成的声音,创作的节目受到公众的欢迎。法国的电声音乐家们后来形成了三个中心,包括弗朗索瓦·贝勒(François Bayle)领导的由"具体音乐团体"演变而来的"音乐研究团体"、由克里斯蒂安·克洛奇埃(Christian Clozier)和弗朗索瓦丝·巴利埃尔(Françoise Barrière)于 1970 年创立的"布尔日实验音乐团体"和马塞尔·弗雷米奥(Marcel Fremiot)于 1968 年建立的"马赛实验音乐团体"。另外,雅尼斯·克塞纳齐斯(Iannis Xenakis)在电声音乐中引入数学的方法,丰富了电声音乐的理论。

战后法国音乐的发展十分迅速,十二音音乐和具体音乐、电子音乐、电声音乐等新兴音乐现象,很快被音乐家们吸收,转眼成了传统,成了样板,成了新的起点,一些不满现状的音乐家们不断寻找新的领地。然而音乐家们越往前走,就越不愿意认同于前人,甚至讨厌说受过什么人的影响,于是没有了流派,没有了主义,没有了权威,音乐家们走向独立和分化,但没有赢得观众。前卫音乐在国家的资助下,还在音乐学院等机构里取得进展,但在音乐厅里却越来越难得见到这类音乐的身影了,音乐创造和消费之间形成了一条危险的鸿沟。

在这样的背景下,从 1970 年代中期开始,西欧乐坛出现了回到音乐巴洛克时代的倾向。这种倾向要求用最原始的方法演奏从 16 世纪至 18 世纪中叶的音乐,是要恢复音乐原创者的演奏,而不是 19 世纪浪漫主义时期的重构。这就意味着要缩小交响乐团的规模,用那个时代的乐器替换交响乐的乐器,采用新的歌唱声音,特别是男声最高音和童声。这一潮流的先驱者,在奥地利是尼古拉斯·哈农库尔特(Nikolaus Harnoncourt),在荷兰是古斯塔夫·莱昂哈德(Gustav Leonhardt),在英国是约翰·加尔迪纳(John Gardiner),在法国则是让-克洛德·马尔古瓦尔(Jean-Claude Malgoire)等。他们的行动遭到来自各方面的批评,被认为是历史的倒退。但这一潮流却使差不多被人们忘却和受到轻视冷落的巴洛克时期的一些法国音乐家,如让-菲利普·拉默(Jean-Philippe Rameau)、让-巴蒂斯特·吕利(Jean-Baptiste Lully)和马克-安托万·夏邦提埃(Marc-Antoine Charpentier)等恢复了荣誉。在法国,巴洛克音乐赢得了当代观众的欢迎,在所有大型的音乐节上都有它们的一席之地。随着巴洛克音乐的走红,巴洛克时期的舞蹈也随之复活。1987 年,在作家、音乐理论家菲利普·勃桑(Philippe Beaussant)的领导下,凡尔赛巴洛克舞蹈和音乐中心建立。唱片业也紧跟这一潮流,出版了许多巴洛克音乐的专题唱片。

第三节　大众文化勃兴

一、报刊和书籍

20 世纪法国文化方面发生的最深刻变化不是思想的变迁,也不是文学艺术形式和潮流的变化,而是文化的社会化和大众化。文化越来越贴近人民大众,社会各阶层的文化消费习惯也日趋接近,许多新大众文化形式诞生并不断发展,取代了一些传统的文化形式,大众的文化消费水平不断提高。可以说,20 世纪是大众文化的世纪。这一过程从 20 世纪初开始,在战后加速。

文化的大众化首先表现在报纸数量的激增,更加面向大众。法国报业的黄金期始于第三共和国。识字率的提高和排版印刷技术的发展,为书报业提供了坚实的基础,1881 年,法国政府先后颁布集会法和出版法,确立了言论自由的原则,因言获罪的情况越来越少,极大地促进了印刷读物的增加。最显著的表现是报刊的发行进入了历史上的黄金时期,成为 20 世纪初大众主要的信息来源。1914 年巴黎拥有 57 种报纸,每天发行量高达 500 万份,每份售价一个苏(Sous)的四家报纸——《小日报》(Le Petit Journal)、《小巴黎人报》(Le Petit Parisien)、《晨报》(Le Matin)和《日报》(Le Journal)——销量最大。外省的报纸的种类也十分丰富,每天的发行量达到了 400 万份。[1] 记者队伍不断扩大,1900 年,人们估计在法国已有 6 000 名记者,其中一半以上在首都。[2] 各种专门化的期刊也开始涌现。

在两次世界大战之间,报业一度由于 1930 年代的经济危机,价格上涨而遭遇到一定的困难,但报业在内容和形式上的不断更新,赢得了更广泛的读者。法国报纸报道的内容更加广泛,尤其明显的变化是外国新闻的报道增加了,有些报社有了专门派驻国外的记者。法国人从报上阅读着记者们和文人们的游记,因此对法国的殖民地产生越来越浓厚的兴趣,《巴黎晚报》(Paris-Soir)在登载这样的游记方面是独树一帜的。此外,报纸迎合大众的口味,还大量报道社会新闻,各种司法审判和各种的凶杀抢劫案件常常激起读者们强烈的情绪。1928 年创刊的、以专门报道社会悲剧性事件为特色的《侦探报》迅速获得巨大成功。报纸内容上的

---

[1] 让-皮埃尔·里乌、让-弗朗索瓦·西里内利:《法国文化史(卷四)大众时代:二十世纪》,吴模信、潘丽珍译,上海:华东师范大学出版社,2012 年,第 65 页。

[2] 让-皮埃尔·里乌、让-弗朗索瓦·西里内利:《法国文化史(卷四)大众时代:二十世纪》,第 66 页。

新变化还表现在体育新闻的大量增加,拳击、网球、足球,特别是自行车运动成为许多读者关心的中心之一。

报纸形式上的革命主要集中反映在《巴黎晚报》的成功上,它的新形式影响了其他报刊。《巴黎晚报》创办于1923年,1930年被普卢伏斯特集团收购。1931年它的发行量仅为13万份,到1934年迅速增加到160万份,1930年代末每天要销出200万份。[1]《巴黎晚报》在版面的安排上实行了革命性的实验,摒弃了以前版面安排过于呆板正规的面貌,而是采用更多的图片,标题更加鲜明和醒目,这样改变了人们的阅读习惯,人们可以先浏览一下大标题,对自己感兴趣的文章再详细阅读,而且每一版内容的安排也更加专门化。《巴黎晚报》首创的这些形式逐渐被其他报纸所采纳,受到越来越多的读者的喜欢。

二战结束之初,法国的报业仍然有所发展,其中引人瞩目的是各类期刊的发展。以创建于1945年的《她》(Elle)为代表的各种女性刊物、创建于1946年的《队报》(L'Équipe)为代表的体育报刊、创建于1949年的《巴黎竞赛》(Paris Match)为代表的画报、创建于1953年的《快报》(L'Express)等政治周刊、创建于1946年的《丁丁周刊》(Le Journal de Tintin)等连环画报拥有大量的读者,直至1990年代,法国各类刊物的消费仍然在欧洲名列前茅。然而,在广播、电视的冲击下,法国的报业遭遇到前所未有的困难,陷入了危机。传统的综合性报刊的发行量大幅度下降,种类减少。1958年,70%的法国人每天读报,1973年下降到55%,1981年46%,1997年只有36%。巴黎发行量最大的十二家日报在1958年每天能出售350万份,到半个世纪之后的2006年只能售出210万份。[2] 只有《世界报》(Le Monde)、《费加罗报》(Le Figaro)和《解放报》(Liberation)处境尚可。1994年,这三家大报拥有470万名读者,但同年

① Pascale Goetschel, Emmanuelle Loyer, *Histoire culturelle de la France de la Belle Epoque à nos jours*, Paris: Armand Colin, 2011, p. 89.
② Jacques Cantier, *Histoire culturelle de la France au XXe siècle*, Paris: Ellipses, 2011, p. 141.

的法国电视一台的电视新闻已经拥有了 900 万名观众。[1] 不过与广播电视相比,报纸在背景分析和资料提供这两方面仍然有强劲的竞争力。

伴随着报刊发展的是书籍。与报刊发展的情况相似,书籍发行在一战前也经历了它的黄金时期,和大众化的潮流相一致,而且受到报业发展的拉动。报纸的介绍文章和一些摘录炒作则成为某些书迅速走俏市场的催化剂。在书籍中最畅销的是一些小开本的小说。这些小说价格比较低廉,一般纸张比较差,而且需要自己用小刀将书页裁开。有些这样的小说以丛书的形式推出,封面特别生动活泼,如 1905 年法亚尔出版社推出的"人民丛书"和 1909 年塔朗迪埃推出的"民族丛书"。这些书的销售也一反常态,更多地是在火车站、报亭、大百货商店和杂货店里销售,而不是仅限于书店的书架上,并且通过大幅招贴和报纸插页大做广告。这类小说的内容广泛,从侦探小说、武侠小说、伤感言情小说,再加上以前古典和畅销的小说,从凡尔纳、雨果到大仲马,应有尽有。大众喜欢的书中还有一些生活实用指导书,如烹饪、园艺、实用机械、资产阶级的社交礼节、学校用书和给汽车司机的旅游指南等等。

这样的潮流加剧了出版社的竞争。原有的大出版商如阿谢特(Hachette)、克拉马纳-莱维(Calmann-Lévy)组成了新的现代公司,而另一些出版社的力量也在不断增强,如普隆(Plon)、法亚尔(Fayard)和弗拉马里翁(Flamarion)等,还出现了一些采取新策略、雄心勃勃的出版社,如 1907 年诞生的格拉赛(Grasset)和 1911 年创建的伽利马尔(Gallimard)等,为了保证出版社的声誉,它们积极争取让他们的作者去角逐文学奖,如 1903 年设立的龚古尔奖(Le Prix Goncourt)和 1904 年设立的费米纳奖(Le Prix Femina)。一些老牌的出版社开始走向衰落。

1941 年,保罗·昂古勒方(Paul Angoulvent)决定将科学知识向大众传播,用小分册的形式组成一套大百科全书,形成了"我知道什么"

---

[1] 让-皮埃尔·里乌、让-弗朗索瓦·西里内利:《法国文化史(卷四)大众时代:二十世纪》,第 350 页。

(*Que sais-je?*)丛书,今天这套丛书已经超过了 1 000 种,被翻译成 45 种文字,每年新出 30 多种,重印 100 多种。[①] 1953 年,在法国以前廉价丛书的基础上,借鉴了英国"企鹅丛书"的模式,法国书商昂利·费里帕奇(Henri Filipacchi)推出了"袖珍图书"(*Livre de Poche*)系列,第一次只推出了三种图书,每种售价仅两法郎。虽然许多文化名人对此抱怀疑甚至抵触态度,但很快取得成功。1958 年,"袖珍丛书"售出了 800 万册,1969 年售出了 2 800 万册。至 2013 年"袖珍丛书"诞生 60 周年之际,已经出版了超过 2 000 名作者的 5 200 多种图书,总销售量超过 10 亿册。[②] 在 1960 至 1970 年代,词典和百科全书的出版也迎来了繁荣时期,1958 年,《罗贝尔法语词典》获得很大成功,不久就推出了《大百科词典》。

1980 年代以来,由于大量涌现的音像制品的激烈竞争,书籍出版受到沉重的打击。1981 年,法国通过了以时任文化部长雅克·朗(Jack Lang)命名的法案,规定了图书价格由出版社按成本定价,并在固定位置明确标示,任何图书销售机构都不得擅自加价或减价销售图书,稳定了图书价格。出版业开始集中,以报纸和音像制品为核心,向各文化部门扩展,形成了大型的出版集团。全国性的文体用品连锁店和大型超市成为书籍销售的主力,各类图书的发行量保持稳定,1994 年全国图书市场总营业额为 145 亿法郎,书籍销售量为 3.7 亿册,其中包括 1.5 亿册新书。[③] 进入 21 世纪之后,继续保持增长的态势。

---

① https://www.quesaisje.com/Qui_sommes-nous.
② " Le Livre de poche fête ses 60 ans", *Le Monde*, le 8 février 2013.
③ 让-皮埃尔·里乌、让-弗朗索瓦·西里内利:《法国文化史(卷四)大众时代:二十世纪》,第 348 页。

表1 法国书籍销量变化①

	1990 年	2000 年	2017 年
出版书籍种类(万)	3.91	5.18	10.47
其中新出	2.03	2.58	4.75
重印	1.88	2.60	5.71
书籍销量(亿册)	3.86	4.23	5.23
其中新出	2.12	2.43	3.20
重印	1.74	1.80	2.03

书籍在今天的各种文化形式中保留着不可忽视的地位。法国人喜欢将小说作为礼物馈赠亲友。今天在法国的地铁里和公共汽车上人们可以看到不少人仍在津津有味地抓紧时间阅读,一些超市般的书店里人头济济,人们仍将大捧大捧的书抱回家,星期六和星期天在各大图书馆门口读者常常排起长龙等候进入图书馆,从这些现象中,我们仍能感受到书籍在法国传播文化知识和信息中的力量,它的魅力仍存。

二、广播、电视和电影

20 世纪广播和电视的产生、发展、壮大,给社会的文化生活带来了革命性的变化,给大众文化注入了新的生命力。不论是上流社会的成员,还是下层民众,不论男女老幼,广播和电视节目成为大家重要的文化消遣,大家的文化活动越来越标准化、统一化。

无线电是一战的产物,原来是用于军事目的,一战结束后,无线电技术转为民用。1921 年,第一家国家广播电台——埃菲尔铁塔电台成立,次年第一家私营广播电台——拉迪奥拉电台创建。随后民间收音机的数量快速增加。不过法国的广播事业与它的邻国和美国相比,还是显得发展迟缓。1939 年,法国的收音机数量已经达到 550 万台,但同一时间,

① *Tableaux de l'économie française*, *Edition 2019*, INSEE, p. 79.

英国为 830 万台,德国为 840 万台,美国达到 2 600 万台。[①] 有关电台的法律比较模糊,电台的设置理论上是由国家垄断的,但政府的一项法令又暂时批准可以设立私营电台。1923 年对使用频道作了规定,国家的广播网主要由法国邮电局控制。到 1939 年,已经有 26 个电台,其中只有一个(巴黎电台)电波覆盖了整个国家。而且收音机的发展也存在着明显的地理差别,法国的北部明显强于南部,城市要强于乡村。

在二战前十年,法国人和收音机之间建立了一种亲密无间的关系。收音机被完全融入家庭的氛围里,成了家庭重要的成员。体积还相当大的收音机被"供奉"在家庭最显眼的地方,小孩大人们围坐在它的周围,听它讲述着人世间的喜怒哀乐。同时家庭也不是收听收音机的唯一地方,集体收听收音机的现象也十分普遍,或在咖啡馆,或有某些政党组织收听。收音机不仅改变了法国人的活动空间,也在时间上决定着法国人的生活节奏。人们建立了节目时刻表,有固定的节目栏,使一些忠实的听众能够按时收听他们喜爱的节目。于是,一天的时间安排常常受到广播节目的支配。

在短短的几年内,这种新媒体就形成了自己的独特风格,它抛弃了以往媒体那种庄重外表,没有了报纸那么多滔滔不绝的论证,也没有辩论会上的激烈言辞,它表现出一种更随意、更亲切的姿态。在这种风格的创新上,私营电台起了十分重要的作用。收音机的发展促进了新闻业的竞争。广播在新闻上体现出它快捷的特点。电台经常中断正常广播,插播一些重要新闻,这在当时是革命性的变化。不过广播还未能充分发挥它的社会作用,直到 1940 年,戴高乐在伦敦通过电台发表"六一八讲话",号召人民起来反抗。

第四共和国时期是广播的黄金时代。1945 年以后电台实行了国家垄断,直到 1980 年代初,私营电台(也称自由电台)重新获得批准。但周

---

① Pascale Goetschel, Emmanuelle Loyer, *Histoire culturelle de la France de la Belle Epoque à nos jours*, p. 90.

边国家的一些电台在法国也拥有很多的听众,如"卢森堡电台""蒙特卡罗电台"和 1955 年后出现的"欧洲第一电台"。它们在法国领土之外,但播音室却设在法国,听众主要也是法国人。1950 年代仍然是收音机发展的时期,而且原来对此不屑一顾的许多知识分子加盟到这一事业中来,使广播更具有书卷气。收音机的数量也大大增加,由于半导体收音机的逐渐普及,人们可以随身携带,大众与收音机的关系更加亲近,几乎每个家庭都拥有了收音机。1954 年 3 月,调频节目开始播出,广播节目更为丰富。丰富多彩的音乐节目,为 1960 年代青年文化的兴起,打下了基础。

直到 1960 年代初,广播仍在法国的社会中发挥着重要的作用。1961 年"将军叛乱"之时,戴高乐总统在电视里对"一小撮退役将军"进行了谴责,但在解决这场危机中起到决定性作用的,还是戴高乐的广播讲话。在阿尔及利亚的法军士兵,通过半导体收音机,听到了要尊重共和国合法性的呼吁,最后,诞生不久的第五共和国取得了胜利。虽然随后电视开始走进法国家庭,但是广播的社会地位和文化作用并未因此而快速衰落,汽车广播和半导体收音机仍然为广播保持着灵活性和流动性。收音机的数量并未减少,反而在第五共和国成立之后的二十年又增加了两倍,成为电视的有益补充。虽然在晚上,广播无法与电视竞争,但是在白天的许多时候,它仍然拥有众多的听众。

与广播的情况类似,法国的电视事业和西欧北美其他国家相比也是起步较晚的。1939 年,巴黎已经开始每天发送电视信号,但是直至 1955 年,法国只全国只拥有 26 万台电视,同时期的英国已经有了 450 万台。[①]不过进入 1960 年代,电视事业开始了不可逆转的发展。到 1960 年代末,70% 的法国家庭拥有了电视,1974 年上升到 80%,1984 年达

---

① 让-皮埃尔·里乌、让-弗朗索瓦·西里内利:《法国文化史(卷四)大众时代:二十世纪》,第 285 页。

到 91%。①

1964 年诞生了第二个电视频道。1965 年,电视台开始首次直播法国总统的选举,许多人是最先从电视上得知戴高乐在第一轮选举中没有获得半数以上的选票。1967 年,法国电视二台第一次播送彩色信号。1972 年,旨在推动电视节目"地方化"的第三个频道诞生。1974 年,法国对广播电视管理系统进行了改革,原来"法国广播电视署"管辖的广播电视业被分成七个独立的实体,这样出现了电视一台、电视二台和电视三台之间的竞争。电视一台作为国家电视台的身份在 1987 年结束,它在 1987 年和 1996 年分两次被国家转让给了布伊格集团(Bouygues),两个国有电视台电视二台和电视三台从 1989 年起实行统一管理。1984 年,付费收看的加密频道(也被人通俗地称为电视四台)诞生,由于它的高质量信息,以及大量的体育实况转播和新的高水平的电影,很快赢得了法国人的青睐。1986 年意大利传媒商人西尔维奥·贝尔卢斯科尼(Silvio Berlusconi)在法国开办了私营的电视五台,不过在 1992 年便破产了,该电视台被法国政府收购后,改成一个专门为"知识、信息和就业"服务的频道,主要在白天时间播出,晚间时间由 1993 年创立的法德艺术频道代替。1988 年私营的电视六台诞生。因此到 1980 年代,法国人普遍能收看到六个电视频道(其中一个为加密频道)。从 1986 年起,随着卫星电视和有线电视的发展,法国人可以收看到法国一些地方台(如巴黎一台)和世界各地的电视节目,如果安装有线电视,能收看频道就更多,其中包括中国的中央电视台第四套节目(1999 年 2 月起)。

与此同时,法国电视的节目播出量不断增加,1965 年,全年播出节目的时间为 4 600 小时,1975 年为 7 500 小时,1980 年为 10 000 小时,1985 年为 15 000 小时,1991 年跃升到 48 000 小时。法国人在电视机前度过的时间越来越长,按有电视机的家庭为单位计算,每个家庭的平均收视

① 让-皮埃尔·里乌、让-弗朗索瓦·西里内利:《法国文化史(卷四)大众时代:二十世纪》,第 286 页。

时间 1982 年为 230 分钟,1996 年增至 300 分钟,这就意味着许多电视机每天要亮 4 个小时以上。按照个人统计,15 岁以上的电视观众平均收视时间从 1968 年的 90 分钟,增加到 1980 年的 120 分钟,1994 年延长到 190 分钟。法国观众的收视率处在美国和斯堪的纳维亚半岛国家之间,1994 年,美国人的平均收视时间为 4 小时,而北欧国家只有 2 个半小时。①

电视的普及真正迎来了大众文化的时代,或者如有些人所称的文化民主化的时代,文化在电视层面实现了人人平等。晚间 20 时的新闻成为大家关注的焦点,好的电影和体育实况转播,总是吸引着相同的观众。然而这种文化生活的非个性化,已经在法国人中引起了一定程度的反感。人们对电视的批评越来越尖锐,有些迹象表明人们对电视的热情开始减退。人们已经再也不像六七十年代那样,早晨见面谈论最多的话题是前一晚的电视节目;神圣的晚间 20 时新闻时间收视率也在降低。人们看电视常常采取一种漫不经心的态度,时不时瞄上一眼,除非十分精彩的电视。人们尤其反感充斥电视屏幕的广告和电视中的暴力画面。电视观众出现分化,如果说大部分观众仍是三大主要电视台的忠实观众的话,年轻人则更钟情于一些新的频道。

除了传媒的发展变化之外,20 世纪还是新的大众文化形式层出不穷和发展成熟的时期。其中影响最大的新大众文化形式是电影。

法国是电影的故乡。1895 年卢米埃尔兄弟(Auguste Lumière 和 Louis Lumière)制作并播放了世界上第一部电影。两次世界大战之间,法国的电影业进入了艺术的黄金时期。二战期间,巴黎被德军占领,法国许多优秀导演流亡国外,加上经费短缺,给法国电影发展造成了困难。但法国电影工作者克服了种种困难,保持了法国电影的活力,同时涌现出罗贝尔·布勒松(Robert Bresson)等一些有才华的新人导演。

---

① 让-皮埃尔·里乌、让-弗朗索瓦·西里内利:《法国文化史(卷四)大众时代:二十世纪》,第 343 页。

　　第四共和国时期,法国电影受到了电视节目和好莱坞电影的冲击,但仍然恢复了繁荣,被称为第二个黄金时期。在 1950 年代初,法国平均每年生产 130 部电影,有 3 亿 8 千万人次观看电影。① 电影技术继续发展,出现了宽银幕和立体声电影。更重要的原因,法国电影出现了名为"新浪潮"(La Nouvelle Vague)的电影革新运动,取得了很高的艺术成就。1957 年,法国女报人弗朗索瓦丝·吉卢在《快报》杂志上第一次使用了"新浪潮"一词,原来是指英国戏剧界艺术家年轻化的现象。而就在这时,法国的电影界同样涌现出出生于 20 世纪二三十年代的新一代电影工作者,他们在电影中采用了一些新的手法和电影语言,给电影界送来了一股清新的空气,批评家们就套用了"新浪潮"一词,来形容法国电影的新生代。

　　"新浪潮"影片追求生活的真实,常常在场景布置上不用太多的装饰,采用自然光,现场录音,保留周围的嘈杂声,影片关心的中心也不是故事情节,而是把对社会和人生的思考放在思考的中心等等。他们主要以 1951 年创刊的《电影手册》杂志为理论阵地。其中重要的代表人物有阿兰·雷乃(Alain Resnais)、让-吕克·戈达尔(Jean-Luc Godard)、克洛德·夏布洛尔(Claude Chabrol)、弗朗索瓦·特吕弗(François Truffaut)、雅克·里维特(Jacques Rivette)、埃里克·候麦(Eric Rohmer)、罗杰·瓦迪姆(Roger Vadim)、路易·马勒(Louis Malle)等。常常被人提及的影片有:《广岛之恋》(阿兰·雷乃,1959)、《精疲力竭》(让-吕克·戈达尔,1960)、《俊美的赛尔吉》(克洛德·夏布洛尔,1958)、《四百下》(弗朗索瓦·特吕弗,1959)、《上帝创造女人》(罗杰·瓦迪姆,1956)、《情人们》(路易·马勒,1958)等。需要指出的是,归入"新浪潮"行列中的电影艺术家,他们的影片风格还是多种多样的,他们的共同点主要在于"新"。

---

① 让-皮埃尔·里乌、让-弗朗索瓦·西里内利:《法国文化史(卷四)大众时代:二十世纪》,第254 页。

1970 年代以后,法国电影又出现了向传统复归的倾向,包括一些"新浪潮"成员的作品也采取了传统的电影语言,如有完整的故事情节,真实可信的人物,传统的蒙太奇手法等。同时还出现了一些内心独白风格的电影,如安德烈·特西内(Andre Techine)《法国生活的记忆》(1975),伯努瓦·雅各(Benoit Jacquot)的《衣柜里的孩子们》(1977)和香特尔·阿克曼(Chantal Akerman)的《我你他她》(1976)等。法国电影越来越朝着故事性和纯粹娱乐的方向发展,题材也更加广泛和多样。通过《电影手册》反映出来的情况看,在美国电影的冲击下,票房收入不落下风的电影中,有许多是旧式的喜剧片,如《宪兵与外星人》(1979)、《山羊》(1981)和《不速之客》(1993);有冷酷和催人泪下的悲剧,如《圣诞老人是垃圾》(1982)、《萌芽》(1993)。也有反映青年意识和环境问题的影片,如 1988年反映潜海探险的《碧海情》(也译《蓝色的大海》)和《熊》。还有一些前新浪潮导演拍的一些怀旧影片,但手法明显回归传统,如路易·马勒的《拉贡勃·吕西安》(1974)和《再见了孩子们》(1987),还有我们中国观众熟悉的弗朗索瓦·特吕弗导演的影片《最后一班地铁》(1980)。法国的电影像好莱坞那样的大制作比较少,但以这样模式拍摄的片子也不乏取得成功的例子。

当前法国电影面临着许多的问题,这些问题从二战结束后一直存在,如观众的减少、好莱坞电影的竞争、电视的排挤、还有经费的不足等,但法国电影重视艺术的传统仍然得到保持,电影作为大众文化的重要形式依然具有很强的生命力。根据 2017 年的统计,在三周岁以上的法国人中,有 4 260 万人在本年度去电影院观看了电影,其中 60 岁以上的人群平均每人观看了 6.6 部,20—24 岁的人群平均每人观看了 6.2 部。[①]

三、文化活动

根据法国文化部 2008 年公布的调查数据,我们可以清楚地勾勒出

---

① *Tableaux de l'économie française*, *Edition 2019*, INSEE, p. 78.

1970 年代以来法国人文化活动的变迁。法国人喜欢看电视、听音乐、读报和读书,而在家庭之外的文化活动中,看电影、参观博物馆或艺术展览、去图书馆是人们外出文化活动的首选。

表 2 　1973—2008 年文化活动的变迁①

每 100 名 15 岁以上的法国人	1973 年	1981 年	1989 年	1997 年	2008 年
看电视(%)	88	91	90	91	98
每天或几乎每天看(%)	65	69	73	77	87
平均每周看电视时间(小时)	16	16	20	22	21
听音乐(广播节目之外,%)	63	75	73	76	81
每天或几乎每天听音乐(%)	9	19	21	27	34
读日报(订阅或购买,%)	77	71	79	73	69
每天或几乎每天读报(%)	55	46	43	36	29
最近一年来至少读了一本书(%)	70	74	75	74	70
最近一年来读了20 本书及以上(%)	28	23	24	19	16
最近一年外出参加的文化活动					
电影(%)	52	50	49	49	57
舞蹈表演(%)	6	5	6	8	8
戏剧(%)	12	10	14	16	19
古典音乐会(%)	7	7	9	9	7
摇滚或爵士音乐会(%)	6	10	13	13	14
博物馆或艺术展(%)	27	30	30	33	30
古迹(%)	32	32	28	30	29
图书馆/音像资料馆(%)			23	31	28

① Pascale Goetschel, Emmanuelle Loyer, *Histoire culturelle de la France de la Belle Epoque à nos jours*, p. 228.

在第三共和国早期,一个法国人的世界往往只是一个区,甚至只是一个市镇。从一战前后的岁月开始,小学、日报和铁路渐渐扩大了这个世界,同时带来了日益扩大的一致性。到两次大战之间,大客车、电影和无线电广播加快了统一化的进程。进入第四共和国时期,广播和小轿车继续推动着法国。到了第五共和国时期,随着电视的普及,法国开始融入地球村,形成了带有全球化色彩的大众文化。

从1980年代开始,法国进入了信息社会。从办公信息处理,到通讯信息处理,推动了企业管理的自由化甚至某些家庭管理的信息化。1990年以来,随着对话式媒体的问世,个人装备和电信联手,掀起了家庭电脑的浪潮,多媒体通过数字化将文本、图像和声音混合在一起,通过激光数据存盘,使信息储存量大大增加。此外,银行、数据库、电子邮件和网络论坛不断促进相互交流。网络时代加速了法国人文化实践方式的变迁。法国文化部2009年的一项调查结果表明,数码和网络技术开始改变法国人的文化生活。

表3　法国人业余活动的变化 1997—2008①

单位:%

每100名15岁以上的法国人	1997年	2008年
最近一年来,除了使用电脑,从事了下列业余活动		
摄影		
使用非数码器材	66	27
使用数码器材(包括手机)	X	60
拍摄短片或视频		
使用非数码摄像器材	14	4
使用数码摄像器材	X	26
音乐		
演奏一种乐器	13	12

---

① Pascale Goetschel, Emmanuelle Loyer, *Histoire culturelle de la France de la Belle Epoque à nos jours*, p. 235.

续表

每 100 名 15 岁以上的法国人	1997 年	2008 年
与团体或友人一起从事声乐或器乐	10	8
其他业余活动		
戏剧表演	2	2
舞蹈	7	8
写日记	9	8
写随感		
写诗歌、报道、小说	6	6
油画、雕塑、雕刻	10	9
其他形式的绘画	16	14
手工艺	4	4
拥有与电脑有关的业余爱好		
用电脑创作音乐	X	4
在电脑上写日记	X	12
电脑绘图有关的活动	X	8
拥有博客或个人网站	X	7

注:X 为缺乏数据。

　　近年来,网络的影响进一步扩大。在 2016 年,有 64% 的法国人通过网络玩或下载游戏、听音乐、观看视频或电影,48% 的法国人通过报刊杂志的网站获取新闻信息,后者的比例到 2017 年增加到 53%。[1]

　　根据 2017 年的统计数据,在法国人的文化休闲支出中,有 15.3% 用于购买书籍、报刊和文具,14.4% 用于购买游戏、玩具和体育用品,同样有 14.4% 用于宠物和园艺,13.2% 用于休闲和运动服务,11.9% 用于各类文化服务,10.8% 用于博彩。[2] 同年,有 1880 万法国人获得了各类体

---

① *Tableaux de l'économie française*, *Edition 2019*, INSEE, p. 78.

② *Tableaux de l'économie française*, *Edition 2019*, INSEE, p. 79.

育运动的证书。①

　　在 20 世纪的后 50 年中,法国政府一直试图推动文化的民主化。1959 年,法国第一次设立了分管文化事务的国务部长,第一任部长是著名作家和艺术史家安德烈·马尔罗,在十年任期中,他积极推进文化的民主化,最著名的措施就是在各地建立"文化之家",让人民大众都能接触祖国的伟大文化遗产。在八九十年代,雅克·朗两度出任文化部长(1981—1986,1988—1993),他积极支持地方上文化事业的发展,重视许多文化分支形式的发展,如杂技、摄影、广告艺术等等,同时将"文化产业"和文化艺术活动紧密地结合起来,以推动文化的发展和进一步民主化。应该说,在当下的法国,人民大众比以往任何时候都有机会接触各种文化,社会各阶层在文化行为上的差距也在缩小。如果说,大众文化的含义指的是通过不断增加文化产品,帮助人们拥有更多选择自己爱好的文化的自由,那么,二战结束以来的法国已经取得了令人瞩目的成果,而且前途也是光明的。

---

① *Tableaux de l'économie française*, *Edition 2019*, INSEE, p. 78.

第八章　哲学、宗教、教育和科技

第一节　从存在主义到解构主义

　　第二次世界大战不仅极大地改变了法国的政治和社会面貌,也给法国的文化思想带来强大的冲击波,一股新的思想潮流逐渐脱颖而出,它就是存在主义。存在主义虽然和两次大战之间兴起的超现实主义一样否定资本主义传统的价值观,但它和超现实主义在形式和内容上存在着很大的差别:存在主义首先是一种哲学思潮,它有更完整的理论体系,存在主义者之间有很大的认同感,而超现实主义主要集中在文学艺术领域,没有严格的理论,所谓超现实主义者之间的关系比较松散;存在主义更强调对政治和社会的介入,有着明显的入世倾向,而超现实主义则一直鼓吹和政治保持距离;存在主义的声望也远远高于超现实主义,在知识界甚至取得了主导地位。其实早在二战之前,存在主义就已经产生,德国存在主义的代表人物是海德格尔和雅斯贝斯,法国的存在主义先驱是加布里埃尔·马塞尔(Gabriel Marcel)。战前存在主义的中心在德国,马塞尔虽然发表过一些存在主义的哲学著作,但影响并不大,他于1929年皈依了天主教,力图把基督教的神秘主义引入他的哲学之中,因此他的哲学被人们称为"基督教存在主义"。存在主义在法国得到继承发扬，并由此开创法国思想发展新时代的功劳主要归于身兼文学家和哲学家双重身份的萨特和加缪。第七章已经介绍了萨特和加缪的文学创作，本节将介绍二者在哲学上的贡献。

萨特毕业于巴黎高等师范学校，曾在中学任教，1933年至1934年在柏林的法兰西研究院研究现象学，受到德国哲学家胡塞尔和海德格尔的影响，逐渐形成了自己的哲学观点，哲学代表作有《存在与虚无》(1943年)、《存在主义是一种人道主义》(1945年)和《辩证理性批判》(1960年)等。萨特的存在主义强调"存在先于本质"。决定人的本质的存在，是一个自由选择的过程，人的任何存在状态都是自由选择，存在的过程就是自由选择的过程。自由选择具有绝对性，即无条件的。选择不受任何条件的决定，除了人自己的自由选择之外，没有什么东西能够决定人的存在。同时，绝对的自由也意味着绝对的责任。人可以自由地选择任何事情，没有一个全能的上帝在约束他，但同时他也要为他的选择承担全部的后果，没有一个上帝为他承担全部责任。

从某种意义上来说，萨特众多的文学作品，都是其哲学观点的诠释。1940年法国的溃败催生了萨特的哲学思考。这种存在主义成了孤独的人为挑战一个巨大的未知世界而发出的呐喊。人是什么，他来自何时，他的命运和归宿又在何处，这些问题在存在主义者们看来都尚未解决。人所要知道的就是他存在的事实和他可以进行选择、可以安排他的生活和可以塑造他自己的自由。在一个荒唐的和不合理的世界中要自由行动和自由选择，是一种孤独痛苦的权利和责任，是一种很少有人能够承受的负担，但萨特却认为这种自我的自由选择是必不可少的。它的号召力在于它所表现出来的思想框架、入世态度和思想情绪。它是欧洲两次世界大战的产物，是两代人幻灭、焦虑甚至失望情绪的集大成者。

与萨特类似，加缪也不是一位专业哲学家，但通过写作哲学作品来表达自己的理念。一般认为，他的每一部文学著作都有一本意义与之相对的哲学作品，与他的小说《局外人》(1942)相对应的哲学随笔是《西西弗的神话》(1942)，与他另一部著名小说《鼠疫》(1947)对应的哲学作品是《反抗的人》(1951)。

　　存在主义者认为，世界没有本身的目的和意义，现实并不是合理的，这就产生了世界是荒谬的感觉，特别是当死亡将至的时刻，死亡成了一切价值的毁灭者，最突出地揭示了世界的荒谬性。面对荒谬感，人们可以有不同的反应，可以选择自杀，也可以通过信仰上帝或者理性，在生活之外寻求意义。在《西西弗的神话》中，加缪主张在生活之外创造意义，认识到世界的荒谬性，面对生活的有限性和无目的性但又藐视荒谬，以积极的、创造性的态度对待生活，从中创造价值。在《反抗的人》中，加缪的思想有所发展，不再强调在无目的的过程中创造价值，而要在对现实的不正义、压迫、残酷等现象的反抗中，肯定生命的价值。依加缪之见，现代社会因丧失宗教信仰而失去了价值，面对价值的失落，先知式的思想家呼唤新价值的创建，往往寄希望于革命，但加缪反对暴力革命，提出一个与革命不同的创造价值的过程——反抗，尤其是个人的反抗。上帝之死导致生命成了替代上帝的新价值，而且，生命一旦成为价值，那就是所有人共同的价值，普遍的道德规范也由此产生。因此，凡是违反生命价值和普遍道德规范的行为和主张，都要加以反抗。反抗不仅是维护生命价值的手段，它本身就是价值，是维护生命价值过程中创造出来的新价值。

　　存在主义的影响从1950年代起开始逐渐衰退，一方面这是由于战后重建完成后，法国经济进入了一个高速增长的时期，人民生活水平在迅速提高，以前危机时期的那种流行的悲观情绪开始烟消云散；另一方面是由于萨特存在主义本身的理论缺陷。萨特强调他的哲学的伦理作用，却不能提出令人满意的存在主义的伦理学，一直许诺要出版的有关存在主义伦理学方面的书，也是"只听楼梯响，不见人下来"。同时，萨特经常试图把他的存在主义与马克思主义相协调，但这在理论上和实践上都是十分困难，甚至是不可能的。最后，还有政治方面的原因，由于战后东西方冷战的开始，西方出现了反苏"反共"的思潮。萨特在政治上把自己和苏联、法共的事业联系在一起,使得他的一些昔日好友离他而去,有的甚至站在了他的对立面。1952年,萨特和加缪展开公开论战,二人分道扬镳,随后,萨特又和现象学大家莫里斯·梅洛-庞蒂(Maurice Merleau-Ponty)、社会学家和政论家雷蒙·阿隆(Raymond Aron)相继反目,这一切都削弱了存在主义的阵营。

存在主义的退潮给新的哲学流派让出了空间,进入1960年代,结构主义开始兴起。结构主义原是语言学上的新学派,它的创始人是日内瓦大学的语言学家费迪南·索绪尔(Ferdinand Saussure),代表作是《普通语言学教程》。语言学上的结构主义主要是一种用来理解语言形式和功能的分析理论,主要包含下列原则:结构大于要素的总和;结构与结构之间只有共时性,没有历时性;文化优先于自然,结构是文化的产物;社会先于个人,个人行为被社会结构所决定,人的意识被集体下意识决定。在二战后,它首先被法国文化人类学家克洛德·列维-斯特劳斯(Claude Levi-Strauss)接受过去,并扩大了它的运用领域。

列维-斯特劳斯毕业于巴黎大学,1935—1939年曾在巴西教授社会学,同时到原始部落进行人类学调查,曾任巴黎人类学博物馆副馆长,1959年成为法兰西学院社会学教授。他的代表作主要有《忧郁的热带》(1955)、《结构主义人类学》(2卷,1858—1963)和《野性的思维》(1962)等。通过对美洲原始部落的实地考察,他质疑将文化发展看作从"原始"到"先进"过程的传统观点,认为原始人的思维和现代科学有着同样严格的逻辑,同样充满着理智,并没有质的差别。进而指出,一切社会都存在于一些简单的结构中,这些结构内部是紧密结合的,互相之间具有同构性,原始部落与现代文明人之间的社会结构就具有这样的同构性。

列维-斯特劳斯的人类学理论,运用了结构主义语言学的方法,研究原始部落的亲族关系、图腾、神话等现象的底层结构,发现原始部落之间有三种交换的媒介:女人、食物和信息,由此造成亲族关系、生产关系和语言关系。图腾是反映部落之间生产关系和语言关系的结构性现象,每一部落保存着关于本部落图腾的神话,并以此和其他部落交换信息,这样又构成了部落之间的语言关系。与强调个体和个人心态的存在主义相比，结构主义人类学对人的看法迥然不同，更强调人的下意识行为，而不是意识的结构；强调社会结构对人的决定性作用，而不是人的自由；强调文化和思维形态的共时性，而不是历史的进步。

随着列维-斯特劳斯著作的影响扩展到其他领域，结构主义在许多学科生根开花结果：心理学家雅克·拉康（Jacques Lacan）创立了结构主义精神分析学，提出了有关下意识结构的理论；文学批评家罗兰·巴特（Roland Barthes）将结构主义推广到符号学；马克思主义者路易·阿尔都塞（Louis Althusser）创立了结构主义的马克思主义；哲学家米歇尔·福柯（Michel Foucault）运用结构主义方法研究历史。虽然他们当中有些人拒绝被贴上结构主义的标签，但他们在各自领域里取得的实际成果充分体现了结构主义的理念，无疑也是结构主义重要的代表人物。

于是结构主义从一种具体的科学方法，转变为一种世界观，转变为一种思想意识形态，它对存在主义和更早的理性人文主义的基本命题提出了挑战。结构主义的思想家们认为，人不能创造历史，也不能改变他们自己。人是客观的，而非主观的，那种认为人的创造力能够带来进步的观点纯粹是一种幻想。最基本的结构是决定因素，历史和人类都无法将之改变。1960年代中期，萨特与列维-斯特劳斯曾经展开激烈的论战，后者明显占据了上风。究其原因，乃是此期法国社会大环境的变化使然。"辉煌三十年"的成果在此时已经开始展现，结构主义者的理论主张与学术实践更为符合"繁荣时期"人们的理论要求与社会心态。

从1960年代末开始，随着"五月事件"带来的冲击，结构主义者们受到了越来越多的批评，人们指责他们奉行僵硬的决定论，是实证主义的复活，指责他们不让他人说话，实行文化上的恐怖主义，指责他们不仅要宣布上帝的死亡，而且要宣布人类的死亡。有些批评者认为结构主义只是在玩弄智力游戏而已，用艰涩难懂的术语堆砌起来的简单思想仍旧只能是简单思想。福柯、雅克·德里达（Jacques Derrida）、吉尔·德勒兹（Gilles Deleuze）等人发展出被称为"后结构主义"的哲学，它既是结构主义的延续、也是结构主义的否定。后结构主义者仍然坚持了结构主义的某些基本原则,如社会先于个人、文化优先于自然、下意识决定意识等,但他们对传统进行了更加彻底的批判,认为结构主义仍然属于追求统一性和单一本质的传统,从对结构和构造的认可转向否定和消解,试图超越结构主义,因此又被称为"解构主义"。

从结构主义到后结构主义,米歇尔·福柯一直是重要的代表人物。福柯和萨特一样毕业于巴黎高师,曾在国外从事文化交流工作,后回国在大学任教,1970 年入选法兰西学院执掌思想史教席。他的主要代表作有《疯癫与非理智——古典时期的疯癫史》(1961 年)、《临床医学的诞生》(1963)、《词与物》(1966),《知识考古学》(1969)、《规训与惩罚》(1975)、《性史》(3 卷,1976—1984)等。福柯学术研究的一个特点是,他不像其他哲学家那样论述历史上大哲学家的思想,也不讨论传统的哲学概念,而是考察疯癫、疾病、犯罪和性的历史,从西方文化的边缘来反观现代西方社会的文化和社会结构及其权力关系。

在成名作《疯癫与非理智——古典时期的疯癫史》中,福柯考察了从中世纪末到 19 世纪早期西方人对待癫狂的态度的变化,将其划分为三个时代。首先是中世纪末至文艺复兴时代。在这一时期,癫狂病人取代了麻风病人的位置,成了西方人排斥的主要对象。不过,此期西方人对癫狂病人的态度总的来说仍然是矛盾的。他们一方面对患者深感恐惧,把他们装上"愚人船"运送并安置在遥远的地方,另一方面又对癫狂病人颇感兴趣。因此,在这一时期的民间传说、滑稽戏,甚至在莎士比亚、塞万提斯等人的文学作品中,癫狂病人占据着相当引人注目的位置。其次是 17—18 世纪的古典时代,随着西方人日益崇拜理性,他们对癫狂病人开始由排斥变为对他们实行"大禁闭",以 1656 年"总医院"在巴黎的建立作为标志。"总医院"并非出于医疗目的,而是为了惩罚他们,将癫狂与卖淫、犯罪、乞讨等社会邪恶形式混为一谈,用"大禁闭"的残忍方式排除癫狂等"非理性",从而确立近代西方资本主义社会理性与秩序的地位。最后是现代精神病学和精神病院时代,肇始于 1794 年"总医院"的改革。此后，不少癫狂病人被转到按照现代精神病学原则建立的精神病医院里进行治疗，虽然在肉体上得到了较之过去人道得多的处置，但在精神上受到禁锢却依然如故。甚至更为严厉。由此，福柯指出，疯癫不是一种自然现象，而是一种文明的产物。疯癫受到的排斥乃是近代理性主义发展和获得霸权的结果。从这个意义上讲，理性也是一种压迫机制。现代社会与以往社会相比，没有什么进步可言，只不过转换了压迫形式。在随后出版的《临床医学的诞生》中，福柯分析了18、19世纪之交从分类医学到临床医学的发展，进一步对线性的进步历史观提出质疑。医学的发展通常被说成是科学战胜宗教的进步，而福柯则认为，这种发展其实是话语的变化，背后是认识论的变化和权力干预的结果。

在1966年出版的《词与物》和1969年出版的《知识考古学》中，福柯以"知识型"作为核心概念，梳理了文艺复兴到19世纪的西方思想史，阐明了现代人文科学的非理性和暂时性特点，由此否定了人的主体性，否定"理性"的永恒权威。此后，福柯的研究兴趣转向社会现实与政治，于1975年出版了《规训与惩罚》，这部著作从一种全新的角度分析了近代法国刑罚制度的演变，认为先后经历了三种刑罚模式：中世纪末期和"旧制度"时期作为王权武器的酷刑、古典时期和法国大革命时期人道主义改革者的设计，以及体现了现代规训权力技术的监狱。福柯强调，这三种模式的递进，绝不是人们通常所说的从野蛮向文明的进步，只不过是权力-知识综合体支配人体方式的替嬗。更重要的是，规训不是一种制度，而是一种技术。它不是取代其他权力方式，而是无孔不入地渗入其他方式，能够使权力效应深入每一角落。规训技术起源于修道院，在军队、学校、医院和工厂中发展起来，在监狱里登峰造极。监狱的规训技术不是孤立的。因此，各种遍及社会的规训机构组成了一个庞大的"监狱网络"，人被抛入一个已渗透到社会每个角落的权力网络之中，现代西方社会就是一个"规训社会"。在最后一部未完成的著作《性史》中，福柯指出性或性欲都不是自然现象或生物本能，而是历史文化产物。近代以来的西方历史不是"性压抑"的历史，而是大量制造性话语的历史，资本主义权力-知识体系深入、全面地创造出各种肉体之间的关系,从而对之加以控制。

福柯的基本出发点是批判西方传统哲学的"人类中心主义"和"人本主义",主要研究方法是用以解构现代西方理性话语的"考古学"和"系谱学"。所谓的考古学不是通常意义上的古代文明发掘与研究,而是一种话语分析方法。通过对"科学话语"或"理性话语"的解构,福柯否定了西方现代科学所谓真理或知识的"客观性""科学性"和"纯洁性"。而"系谱学"不仅要解构历史和现实的支配性话语,并且要表达被支配因素的声音,作为社会政治的反抗武器。福柯最重要的理论建设是权力理论或"权力-知识"理论。这一理论主要包含三层内容:1. 权力不仅是压迫性的、排斥性的,而且是生产性的,权力和知识是互相生产、相辅相成的;2. 权力是支配人体的政治技术,权力关系是无所不在的权力-知识网络;3. 对权力关系的反抗只能是无政府主义的。因此,他提倡人们应该随时随地进行反抗,但反抗的目的不是建立所谓理想王国,而只能是"去中心""反规范""反权威",解放人的潜在意志和欲望。①

"解构主义"思潮从 1970 年代开始蔓延于西方文化界,与文学、艺术领域中的后现代思潮合流。后现代主义原来并不是一种哲学思潮,它的主要成分是后现代的文学艺术,包括建筑的艺术风格,与解构主义的哲学相遇之后,"后现代"开始成为广泛的社会文化氛围。一般认为,相遇的主要标志是让-弗朗索瓦·利奥塔(Jean-François Lyotard)于 1970 年发表的《后现代的知识状况》。利奥塔指出,后工业或后现代的社会是以计算机产业为基础的信息社会,知识已经成为生产力和权力,谁生产、储存和掌握了输入的信息,谁就决定了知识的内容和生产力的发展方向。但是,没有一个人或者集团能够掌握全部信息,知识的争夺同时也是对话与分享,必须遵守共同的规则。科学和叙事是规则不同的两门知识,

---

① 参见高毅:《福柯史学刍议》,《历史研究》1994 年第 6 期,第 142—155 页;吕一民:《作为历史学家的米歇尔·福柯》,《世界历史》1995 年第一期,第 94—99 页;刘北成:《福柯史学思想简论》,《史学理论研究》1996 年第 2 期,第 87—94 页。

不能用一方来否定另一方。但现在的问题是,哲学的叙事在违反规则的情况下帮助科学取得统治地位。科学借助的哲学叙事主要有两类:一是源自法国启蒙主义传统的人性解放神话,二是德国古典哲学传统的知识统一性神话。这两个神话共同构成了以科学主义为主导的现代主义。利奥塔称之为"元话语"和"宏大叙事",因此,"后现代"就是要超越"元话语"和"宏大叙事",即超越现代性。超越主观与客观的对立、工具理性的价值取向、科学主义的方法、人类中心主义、本质主义和整体主义等现代性的诸多表现,对现代性进行全面的批判。

在存在主义和结构主义-后结构主义之外,法国哲学家在阐释学领域也取得了卓越的成就,代表人物是保罗·利科(Paul Ricoeur),主要代表作有《历史与真理》(1956)、《阐释学与人文科学》(1981)、《时间与叙事》(三卷,1983—1985)、《从文本到行动》(1986)等。利科的思想对法国史学有着深刻的影响,马克龙在求学生涯中曾经担任过利科的研究助手。①

第二节　天主教的调适

宗教是一种文化现象,但它的作用又不局限于文化。20世纪从总体上来说是宗教衰落的时期,二战之后这个趋势更为明显,它从许多有影响的阵地上退却下来,如政治、思想、教育等,但宗教没有消亡,它已经渗入到人们的思想深处,深入到人们的日常生活里,继续起着潜移默化的作用,在"新社会中",它找到了自己合适的位置。

在历史上的很长一段时间里,天主教在法国首先是一种精神状态,是一种生活态度,是人们一切行为举止的规范。人们根据天主教的精神组成社会,个人取得一定社会集团的身份。人生而为天主教徒,死亦天主教徒,活动的空间是天主教的空间,教堂是社会生活的中心。不信教

---

① 参见吕一民:《保罗·利科的研究取向和科学的历史解释学的建构》,《历史研究》2018年第1期,第14—20页。

者不仅被排斥在教会之外,还被排斥在社会之外。从 18 世纪末开始(有些地区还要晚一些),由于法国大革命的影响,宗教从人们的生活态度转变为一种意识形态,一种政治倾向。支持天主教的往往被看作是政治上的保守派,左派通常是反教权的。当然,作为生活态度的天主教仍然继续起着作用,特别对于信教的人来说,它仍旧是行为的准则。在这一阶段,资产阶级共和派寻求在社会中建立共和国的活动空间。在村庄里,围绕着村政府和公立学校(两者常常合用一幢建筑物),营造与宗教空间相抗衡的地盘。新的、人道主义的、象征进步的价值观发展起来与原有的天主教道德与价值观形成了对抗。激进的共和派通过地方报刊和各种宴会形成新的社交形式,一些社会新贵开始组成新的中心,他们的影响在不断地扩大。从 20 世纪起,宗教进入了第三个阶段,宗教信仰作为生活态度逐渐消失,作为政治态度依然在起作用,但已局限在少部分人中。对于法国大部分人来说,宗教逐渐成为一种纯文化现象。特别是到了 20 世纪下半叶,好斗的天主教徒越来越少,他们中几乎已经没有人再会试图利用天主教来改变社会、重组社会。社会越来越向个人主义发展,社会将宗教信仰纯粹看作是一种文化现象,而加以宽容。

由于政治的强行介入,法国的世俗化即使在西欧国家也属于最彻底国家之列。研究表明,在二战之前,大部分的法国人已经不去教堂做礼拜。二战后,人数进一步减少,1952 年,有 25% 的法国人参加礼拜宗教活动,到 1990 年跌至 10% 以下。[1] 对于大部分法国天主教徒来说,宗教是季节性的,一生中有四季节与之相联系,即出生,成年,结婚和死亡。但确切地说,在这四个季节,去教堂的人也越来越少了。受洗礼的法国人比例,1957 年是 90%,1975 年是 78%,1994 年下降到 60%。举行宗教婚礼的人数逐渐减少,1972 年占当年婚礼总数的 75%,1994 年下降为 50%。[2] 神职人员的补充也成为问题,1966 年,法国有 567 名新的神甫

---

[1] Louis Dirn, *La société française en tendances 1975 - 1995*, Paris: PUF, 1998, p. 353.

[2] Louis Dirn, *La société française en tendances 1975 - 1995*, p. 353.

受圣职,1977 年开始下降到 100 名以下,1986 年仅有 94 名,随后略有上升,稳定在 100 到 130 名之间。而从 1990 年代开始,法国每年退休和过世的神职人员在 600 人左右。[①] 补充减少带来的是老龄化,1990 年代初期,60％ 的神职人员年龄超过 60 岁,到 1990 年代末,比例上升到 68％。[②]

然而,我们如果依靠这些数据就匆忙得出法国天主教已经在法国失去影响的结论,就有可能以偏概全,失之简单。历史进程和另一些更多的资料表明,法国天主教在 20 世纪下半叶经过调整,在现代社会中重新进行定位,逐渐适应现代社会和现代文化,在组织、信仰和文化方面仍然发挥不可忽视的作用。具体表现为:组织的志愿化和社会化;信条的现代化;宗教的泛文化化。

组织层面,在政教分离后,教会不再成为公共制度的一部分,但它转而成为志愿性的社会团体。1905 年的《政教分离法》曾使天主教会一度感到恐慌和紧张,对此进行了激烈的抵制和反抗,但随着时间推移,教会却由此体会到摆脱政治旋涡后的有利地位,反而有了稳定的发展。它和国家分离以后,有了更自由的活动空间,不再受国家的监管,教会前几十年来在城市建立新教区的许多申请都被政府搁置,现在它就可以不用政府批准就能建立新的教区;没有了政府的资助,使教会在短期内遇到了资金困难,教会人员的招募也不景气,但很快从富有的教徒的捐献中找到了新的财源,其数量甚至超过以前政府的津贴;最后,教会与国家分离后,宗教的地位问题不再成为政治争论的中心,它的发展也较少受到政治发展的影响。虽然它的政治影响由此减少,但保留了它重要的社会作用。

随着教会与国家分离,教会开始向梵蒂冈靠拢。这一紧密关系直到一次大战时由于对战争的不同看法而有所削弱。教会仍然保留了教区,

① Marie-Paule Caire-Jabinet, *Histoire des religions en France*, *16 - 20 siècles*, Paris: Armand Colin, 2000, pp. 148 - 149.

② Marie-Paule Caire-Jabinet, *Histoire des religions en France*, *16 - 20 siècles*, p. 149.

教区的划分基本与行政区划吻合，在 1960 年代以前，主教一直在教区里担当着精神领袖的角色。一战后，在罗马教廷的要求下，1919 年法国教会仿照其他社会团体的模式，召开了第一次大主教会议，建立了"法国大主教会议秘书处"（Le secrétariat de l'Assemblée des cardinaux et archevêques de France），成为协调教会事务的中央机构，1945 年起成为常设机构，1966 年改为"法国主教大会"（La Conférence des évêques de France）。该机构与其他一般社团不同的是，它主要是协调机构而不完全是领导机构，主教在教区独立行使他的职能。教会还建立了许多外围组织和机构，如保留了教会的学校，建立教会的高等教育机构，赞助体育协会、各种慈善机构、工会组织、妇女组织、青少年团体等。其中教会在教育上仍有巨大影响，就中小学教育而言，据 2000 年教会自己统计，学生人数达 205.7 万，占全国学生数的 20%，占私立学校学生数的 94%。[1]教会十分注重在青年和妇女中扩大教会的影响，1926 年至 1930 年之间，社会各界出现了基督教的青年团体，如"基督教工人青年"（JOC）、"天主教农业青年"（JAC）、"基督教学生青年"（JEC）等等。基督教还通过鼓励体育活动和组织童子军团，争取青年，也取得了很大的成功。在一战前夕，"法国扶持体育和体操联盟"（天主教的体育组织）聚集了 1 500 个俱乐部，15 万会员[2]。童子军团是寓教育于游戏的组织，原来是新教徒首先发起组织的，后来也引起了天主教的重视，天主教的童子军团成为童子军中力量最强大的一支。1937 年，全法童子军的人数为 15 万人，天主教系统的就占了 7.2 万人，几近一半。[3]

　　天主教徒也组织了自己的政党。早在第三共和国时期，右翼的天主教徒以阿尔贝·德孟（Albert de Mun）为代表就想建立"天主教党"，但被教皇制止。一战后，一些中左的天主教徒在 1924 年建立了人民民主

---

[1] Secrétariat général de la Conférence des évêques de France, *L'Eglise catholique en France*, Paris, 2000, p. 309.

[2] Marie-Paule Caire-Jabinet, *Histoire des religions en France*, 16-20 *siècles*, p. 113.

[3] Marie-Paule Caire-Jabinet, *Histoire des religions en France*, 16-20 *siècles*, p. 126.

党(PDP)。20世纪天主教政治的最大变化是它的左倾化。该党和右派政党不同,它支持共和制,支持信仰、教育和结社自由,但它又坚持认为如果不尊重宗教信仰,国民教育不会有好的结果,因此它和左派也不和,没有大的发展。它的地位在二战后,被1944年建立的人民共和党(MRP)所取代。由于大部分天主教徒在战争期间与抵抗运动站在一起,在人民中赢得了好感,因此在政治上一度辉煌。在1945年10月的选举中,人民共和党占据议会150席,成为仅次于法国共产党的第二大党。在整个第四共和国时期,人民共和党是主要的执政党之一,直到第五共和国才开始走下坡路。教会领导的志愿性社会团体,到1990年代,它的参与者涵盖了法国人的10%至20%,①而差不多同期的工会组织成员也仅占领薪者人数的10%。②

在保留和加强自身组织建设之外,教会在思想和原则上对某些现代观念从冲突走向妥协和接受。教会与现代观念的融合以三股思想潮流为代表:自由天主教、基督教民主主义和社会天主教。自由天主教思想源自19世纪上半叶的费里希代·德·拉莫内(Félicité de Lamennais)神父,他提倡宗教自由,被誉为"教会之父"。基督教民主主义源于19世纪末,一些青年教会成员创办了《犁沟》(Sillon)杂志,主张天主教的平民化、基督教教义要和现代理论相结合,还建立了名为"犁沟"的政治团体。这一派力量的真正壮大是在20世纪,组成了有现实政治影响力的政党——人民民主党和人民共和党。"社会天主教"思想源于1834年阿尔邦·德·维勒纳夫-巴吉蒙(Alban de Villeneuve-Bargemont)出版的著作《论基督教政治经济学》,批判经济自由主义导致的贫困,后来形成两大支流,一支体现出右翼的、贵族的保守色彩,另一支表现为小资产阶级的民主精神。前者与维勒纳夫-巴吉蒙一脉相承,在第三共和国时期建立了"工人天主教俱乐部"(les Cercles catholiques d'ouvriers),促进工人

---

① Louis Dirn, *La société française en tendances 1975 - 1995*, p. 179.

② Louis Dirn, *La société française en tendances 1975 - 1995*, p. 276.

的社会交往,改善工人的处境。后者在 19 世纪晚期与基督教民主主义汇流,促进了天主教工人的结社。社会天主教思想潮流在 19 世纪主要关心工人问题,进入 20 世纪尤其是二战之后,它所关心的问题更为广泛,包括国际和平、非殖民化、旧殖民地与原宗主国的关系、援助第三世界等。

天主教现代化的进程最终在世界天主教梵蒂冈第二次主教大会上结出重要成果。二战结束之后,法国教会内部主张实行教会现代化的进步派占据了优势。1962 年至 1965 年,罗马教廷召集了世界天主教"梵蒂冈第二次主教大会",法国天主教进步派在会议上起了主要作用,法国教会的动议被主教大会采纳,最后主教中的多数派通过了教会"现代化"的教规。根据通过的条款,教会积极主张宗教自由化,任何人都有权选择信仰何种宗教,这就承认了宗教的多元性,同时允许祈祷用本国语言。但是教会这种更为开放的精神,尽管顺应历史潮流,却在短期内损害了天主教本身的发展。因为宗教信仰一直是要靠灌输和不断地宣传才能扩大其影响,而主张放任自流的做法,带来的是教规和教众宗教活动的松弛,这种颓势一直延续到 1990 年代。

面对颓势,教会通过继续内部的结构改革和改善与外部民众的关系来作出回应。在不断年轻化的主教团的推动下,一些改革措施陆续出台。针对神职人员缺乏的现状,首先推广 1985 年利穆日教区开始实行的做法,要求最忠实的信徒,当本堂神甫在一个一个村庄间巡回活动时,一直跟随着,对不信教的人作动员。同时还允许在没有神甫的情况下,教徒们自己举行每星期一次的弥撒活动。从 1970 年代中叶开始,教会内部出现了一种新的运动,被称为"宗教魅力运动"(movements charismatiques)。这一运动最早是一些教徒不满教会过于知识分子化和政治化的倾向而出现的,他们看重宗教本身的魅力作用,在宗教活动中主张用通俗易懂的语言,强调自发的信仰,善于利用自然界奇迹(如人的绝症突然自愈等)来促进人们对上帝的敬仰。教会的主教们最初对这一运动抱怀疑态度。它的出现也打乱了宗教中所谓进步派和传统派的划分,因为这一运动在一些做法上是十分传统的,比如它十分注重组织领导人的个人魅力和绝对权威,但同时在祈祷形式等问题上,却主张革新,表现了现代色彩。到 1980 年代,这一活动的影响迅速扩大,使得教会不敢等闲视之,试图想利用它的力量为宗教的复兴服务。在教皇让-保罗二世的鼓励下,1982 年法国主教大会承认了这一运动的组织。同时这一运动强调宗教信仰的自由流露和表达,而对形式上的宗教活动采取一种协商的温和态度,在信徒中也产生了良好的影响。到 1995 年,这一运动已经拥有十多个大的组织,如"埃马纽埃尔""新道路""圣体"等,有十万多的同情者。

天主教在法国社会最为重要的影响,其实是它的泛文化化。天主教的组织形式、行为要求、思维模式等等已经深入到法兰西文化的基因之中,翻开任何一部法国百科词典,在描述该国的宗教结构时,总会提到接受洗礼的天主教徒占人口的 80%—84%左右。不过,自认为是天主教徒的人数比例则要低一些。根据 1994 年一些报刊杂志的联合调查,自认为天主教的法国人占调查人数的 67%。[1] 尽管自认天主教徒的人数比例下降,但至今仍占法国的大多数人口。法国人每周去教堂参加弥撒的人数大大减少,但在出生、结婚和过世这三大人生环节上,举行宗教礼仪的仍然是多数法国人的选择。1992 年,出生洗礼的人数仍占 58%,而 7 岁以后再举行洗礼的人数从 1980 年代到 1990 年代甚至有增加,翻了一番。举行宗教婚礼的比例为 50.5%,同时调查显示,70%的法国人愿意在去世时举行宗教葬礼。[2] 在身份认同和文化认同上,与法国联系最紧密的一个称号就是"教会长女"。这一称呼表达了法国与天主教会的特殊历史关系,成为法国区别于世界其他国家的一个标识,也是法国民族记忆中重要的亮点之一。在 18、19 世纪,这一称呼曾引起一些法国人的憎恨,由此将法国人一分为二,反教权主义将它看作法国负面的形象。

---

① Marie-Paule Caire-Jabinet, *Histoire des religions en France*, 16 – 20 siècles, p. 161.

② Marie-Paule Caire-Jabinet, *Histoire des religions en France*, 16 – 20 siècles, p. 161.

然而经过这番斗争后,法国"教会长女"的形象仍然得到许多人的正面回应。1967 年 5 月,戴高乐总统在梵蒂冈与教皇保罗六世会面时说道:"法国……不会抹杀那段将法国造就为教会长女的历史。"吉斯卡尔-德斯坦在教皇让-保罗二世第一次到访巴黎时,也向他提出了"教会长女"的权利。皮埃尔·诺拉(Pierre Nora)评述道,在法国存在两个形象,一个是"忠于教皇、将《福音》传遍世界、上世纪的第一传教国家的法国形象","同时存在的法国形象是革命的、向世界宣布自由和人权福音的法国","这两个长期冲撞、滋生我们内部斗争的形象汇合在一起,使法国在世界民族之林中熠熠生辉"[①]。作为文化,"教会长女"留下的不仅是一个抽象的概念,它同时为现代法国造就了独特的文化风景:在法国大地遍布着高耸入云的大教堂、低矮的乡村小教堂、修道院、圣徒出生和生活的地方、朝圣地。巴黎圣母院、圣心教堂与埃菲尔铁塔和凯旋门一样都是巴黎标志性的建筑,没有了它们,巴黎也不成其为巴黎了。在文化的旗帜下,人们将宗教建筑列入了文化遗产,那些往日被人们拆除和抛弃的建筑正在获得新生。

天主教组织的教阶制度和地域区划曾影响过中世纪的政治组织,现代仍对某些制度产生影响。世俗性用自己的社会和象征制度与教会的社会和象征制度相对称,公立学校的地域网络与教区网络吻合,小学校长的权威等同于神甫的权威,小学教师对共和思想的传播,其热忱、其献身精神、其忠诚一如教士布道,被人们称为"共和国的黑色轻骑兵"。共和国与教会一样树立了自己的神圣(民主、自由、理性、共和等观念)、自己的圣徒和烈士,建立了自己的神圣仪式、自己的"神庙"(先贤祠)。有些今天被人们认为完全世俗的象征性,如法国的"蓝色",其源头甚至也可以追溯到法国中世纪时圣母玛丽亚的着装颜色(圣母后来在卡佩王朝时成为王国的保护神,蓝色和百合花一起成为王室的象征)。

天主教的道德同样是世俗道德的基石。尽管反教权主义者一直倡

---

① Pierre Nora, *Les Lieux de Mémoire*, Paris: Gallimard, 1997, pp. 4322 - 4323.

导"人的道德",但"人的道德"与天主教的道德并没有根本不同。"人的道德"不再以上帝和灵魂为出发点、为参照的坐标,但道德的本质要求还是一致的。正如有学者指出的那样,它们的不同仅在于"对基督教来说,道德是某些信仰的产物,而人文主义的道德局限在人本身"①。而在道德的具体要求上却是共通的。宗教的戒律同样也是法国人必须遵循的戒律。平等、宽容和博爱,对穷人的同情,对金钱的轻视,这些法国人普遍的情感也无不折射出天主教的一些价值取向。天主教会在道德方面的权威至今仍然得到法国社会的承认和尊重(当然已经不是言听计从),它对伦理问题、废除死刑问题、堕胎问题、人工避孕问题、生物克隆问题的意见仍然引起报章的关注。

宗教的语言和思维仍然深刻地影响着法国人的认知。在编写简明知识启蒙读本时,人们仍然采用宗教"教理问答"(catéchisme)的形式,如圣西门的《工业家教理问答》,甚至反教权主义在宣传他们的主张时也用"反教权教理问答"形式进行。许多宗教词汇融入当代语汇之中,人们也常用宗教的事物作为比喻,如"某某的耶稣""圣徒""地狱""天堂""炼狱""拯救""化身"等等。史学家勒高夫和西里奈利都曾用一语双关的词"教士"(clercs)来指代法国的知识分子,含义深刻。因为"clercs"一词的原意是"教士",后转义为"文人学者"。法国的知识分子与"教士"一样非常深地介入社会事务,他们的命运也和"教士"差不多,经历了辉煌和凋零的"四季"。在前文述及的1994年的联合调查中,出现令人回味的回答,尽管只有61%的法国人回答相信上帝的存在,但承认受过宗教教育的人高达90%。②

其他的一些文化现象也显示出天主教在现代法国社会的生命力。法国人仍然非常重视宗教节日,如圣诞节、复活节和圣母升天节,虽然已抽去许多宗教的内涵,但这些节日是法国家庭欢聚的重要时刻。圣诞节

---

① Charles Debbasch, Jean-Marie Pontier, *La société française*, Paris: Armand colin, 2001, p. 539.

② Marie-Paule Caire-Jabinet, *Histoire des religions en France*, 16 – 20 siècles, p. 161.

前夜的教堂挤满信众;复活节前许多人去教堂接受洗礼;万圣节法国有一半以上的家庭去扫墓,也是法国社会的重要景象。天主教媒体也仍然拥有忠实的受众。天主教报刊如《十字架报》(La Croix)、《生活》(La Vie)、《朝圣杂志》(Pèlerin)等的读者呈上升趋势。巴黎的"圣母广播台"(Radio Notre-Dame)拥有忠实的听众,法国电视二台星期天转播的弥撒节目《吾主之日》(Le Jour du Seigneur)经常收看的人数有 200 万之多。在天主教会的"教理问答"1992 年出售了 50 万份。①

1990 年代后半期出现的几次事件震撼了那些认为法国是完全、彻底世俗化国家的人们。1996 年 1 月 8 日,法兰西共和国前总统密特朗去世。1 月 11 日,两个葬礼同时举行:一个是在巴黎圣母院举行的国葬,另一个是在家乡举行的遗体下葬,而两个葬礼都采取了天主教的仪式。1996 年 9 月 22 日,教皇让-保罗二世访问兰斯,参加法兰克国王克洛维皈依基督教 1500 年的庆典,20 万信徒参加了教皇主持的弥撒。而同时坚持世俗价值反对教皇主持这一纪念活动的示威者在巴黎还不到 7000人。1997 年 8 月 21 日,教皇又一次来到法国,在巴黎为第十二个世界青年日祝福,有 50 万年轻人涌上街头,向教皇表示欢呼,教皇经过的道路两旁被挤得水泄不通,人们挥舞着黄色的丝巾,向教皇致意。

法国的世俗化与天主教的自我调整是平行发展的历史进程,两者之间互为影响。法国世俗化采取了激烈的政教分离方式,表面上使世俗化达到最为彻底的程度。然而这种由官方和政治力量采取政治手段强行将宗教赶出公共制度领域的做法,并没有达到发起者的最终目标。天主教在被迫退出公共制度领域以后,反而找到了自己在现代社会中应有的定位,颇有置于死地而后生的意味。一方面,在思想观念方面,天主教向现代价值取向作出一定的妥协和让步,以适应新的时尚;另一方面,通过满足人们精神上的需求,保留了自己在社会、道德和文化层面的影响力。随着宗教从政治领域的消退,世俗化本身也从公共政策中逐渐消失(当

---

① Marie-Paule Caire-Jabinet, *Histoire des religions en France*, 16 - 20 siècles, p. 161.

然,并非完全消失,如关于校园戴头巾的争论,仍是世俗化的余波),政府不再将宗教当作打击的目标,政治领导人也日益承认宗教在社会和文化上的重要性,肯定天主教是法兰西身份认同的重要元素。由此,我们看到,即使是在法国这样世俗化最完全的国家,宗教的势力仍然不可忽视。[①]

天主教是法国的主要宗教,除此以外,法国还存在一些其他的宗教,其中最为重要的是基督教新教、犹太教和伊斯兰教。

新教教徒主要分布在法国东部(来源于路德教)和南部以及巴黎地区(主要来源于加尔文教),20世纪末总人数约90万人。[②] 宗教教规荣辱盛衰的发展趋势与天主教的情况如出一辙,在历史上,它在尼姆、马赛和波尔多等地造就了一大批资产阶级共和派的中坚。金融界的巨头中也有不少的新教徒,如马莱家族、凡尔纳家族、霍丁格家族、德莱塞尔家族、安德雷家族等。一次大战后,在法国政坛和军界颇有影响的加斯东·杜美尔格总统、尼韦尔元帅等都是新教徒。随着人数的减少和宗教的非政治化,它也逐渐失去了在法国社会中的特殊地位。但新教继承了历史上的一些传统,使它显得比天主教更加开放,更宽容,更适应法国社会的变化,也更具有现代意识,构成了法国文化的重要组成部分。

犹太教的基本群众是犹太人。法国本土一直存在着犹太人社团,19世纪开始扩展到北非殖民地。两次世界大战之间,又有一些来自中东欧的犹太人来到法国,大部分在巴黎地区安家落户,集中居住在第三区、第十区和第十一区。1960年以后,随着北非殖民地的独立,还有30万长期居住在北非、起源于西班牙和葡萄牙的犹太人涌入法国。到20世纪末,在法国的犹太人总数约有50万左右,数量居世界第四位,仅次于美国、以色列和俄罗斯。[③] 巴黎地区仍然是他们最为集中的居住地。这些人的社会地位千差万别,但通过希伯来语和传统的犹太教,他们在法国社会

---

① 参见沈坚:《世俗化与法国天主教的现代定位》,《世界历史》2007年第1期,第4—16页。

② Marie-Paule Caire-Jabinet, *Histoire des religions en France*, 16-20 siècles, p. 150.

③ Marie-Paule Caire-Jabinet, *Histoire des religions en France*, 16-20 siècles, p. 152.

中,构成了一种亚文化,并和以色列保持着特别的关系,由此有一种认同感。

　　法国的伊斯兰教信徒在 20 世纪末约有 300 万到 500 万,其中加入法国国籍的有 200 万左右,因此伊斯兰教是法国继天主教后的第二大宗教,它与法国的殖民历史有密切的关系。[①] 此外,随着亚裔移民的增加,1980 年代以来,佛教有了迅速的发展,到 20 世纪末已经拥有了 15 万—50 万信徒,分散的同情者可能达到 100 万,佛教已经成为法国第五大宗教。[②]

第三节　教育的发展与改革

　　就教育领域而言,在维希时期,法国此前正在逐步推进的教育现代化、民主化进程受到了严重的影响。贝当不仅公然宣称在政府履行的任务中,国民教育的改革不具有重要性,而且,以他为首的政府还采取了诸多逆历史潮流而动的举措,如停止执行 1882 年费理法,取消中学的科学课程,只允许古典教学,恢复宗教教学等。法国光复后,以戴高乐为首的临时政府十分重视教育,并试图推行教育改革。1944 年 11 月,临时政府颁布政令,决定成立一个教育改革计划委员会,先后由著名物理学家保罗·郎之万(Paul Langevin)和著名心理学家亨利·瓦隆(Henri Wallon)担任主席。

　　1947 年 6 月,委员会向教育部提交报告,史称《郎之万-瓦隆计划》,提出了战后法国教育改革的六大原则:1. 社会公正原则,即男女儿童和青年,不论家庭、社会地位和种族出身如何,都有受适合自身才能的教育的平等权利;2. 各种类型的教育和训练方式具有同等地位;3. 普通教育

---

① 让-皮埃尔·里乌、让-弗朗索瓦·西里内利:《法国文化史(卷四)大众时代:二十世纪》,第 370 页。
② 让-皮埃尔·里乌、让-弗朗索瓦·西里内利:《法国文化史(卷四)大众时代:二十世纪》,第 371 页。

是一切专门教育和职业教育的基础,学校应该成为传播普通文化的中心;4. 学校教育应该重视学生的才能、兴趣、禀赋的发展,并给予科学指导,使学生能够适应社会的需要;5. 建立单一的前后连贯的学校制度,义务教育的年限是 6—18 岁,实行免费教育;6. 加强师资培养,提高教师地位。诚然,这一计划虽因法国政局尚不稳定、国民经济还未恢复、国内各派政治力量对此仍意见不够统一等原因未能实施,但它指明了战后法国教育发展的方向,奠定了战后法国教育改革的思想基础,产生了不容低估的深远影响。

二战结束后,法国的教育事业有了多方面的发展。最直观的是学生人数的明显增加。如果说小学生数量的增加是人口快速增长的结果,那么其他阶段学生数量的增加,则是教育制度改革和社会需求扩大的结果,各级学校的面貌由此发生了深刻的变化。

由于城市化的加速和妇女就业人数的增长,二战后教育的发展首先体现在学龄前儿童教育的发展之中。在二战之前,全法国的幼儿园只有 9 000 个班级,到 1970 年代中期,幼儿园班级的数量增加到 50 000 多个,入学幼儿数量达到 260 万人,和"辉煌三十年"几乎同步。[1]

在小学教育方面,二战结束不久的 1948 年,法国小学的数量与 20 世纪初相近,约为 7 万所。战后初期,新出生人口的增多导致小学数量增加,1960 年达到 7.4 万所。此后受农村人口向城市迁移的影响,一些乡村学校实行合并和重组,学校数量有所减少,1976 年下降为 4.77 万所。接送孩子上下学的学校班车成为乡村一道新的风景线。小学生的人数伴随人口增长趋势而发生变化,1945 年为 450 万人,1960 年为 600 万,1970 年代末期又回到 500 万以下。[2]

小学教育的变化反映了人们生活方式的变迁和社会的进步。二战结束后的小学不再是一个封闭的世界,在 1960 年代,普遍实现了男女混

---

[1] Dominique Borne, *Histoire de la societe française depuis 1945*, Paris, Armand Colin, 2005, p. 153.

[2] Dominique Borne, *Histoire de la societe française depuis 1945*, p. 153.

合班。1969年取消了星期六下午的课程,同时对教学内容实行了改革,更多地考虑学生的发展,而不是简单地灌输知识。学校引入了被称为"觉醒"(éveil)的活动,教学内容中增加了现代数学,传统的听写遭到普遍的反对。但到1980年代初,"觉醒"教育受到激烈的批评,公众舆论要求恢复以前的一些教学手段和方法,例如历史课在小学中又找回了原来的地位。

1959年,义务教育延长至16岁,小学教育不再是义务教育的全部,它只是为最终上大学而做准备的第一个阶段。小学教员也不再仅仅从事小学教学,他们许多人担当起中学第一阶段的教学任务。所有的小学教员都需要拥有业士文凭(baccalauréat,简称Bac)。1980年代开始,小学师资的培养期进一步延长,要求教师必须获得相当于大学二年级水平的文凭"普通大学学习文凭"(DEUG)。

但小学教师已经无法找回19世纪晚期的风光,那时的小学教师在地方的村镇上很有权威和影响力。在二战之后,小学教师的社会地位大大下降,而且性别比例进一步女性化。小学教育失去了第三共和国时期的意义,小学教育已经普及,小学文化程度在社会上无足轻重,就连它的毕业证书也看不到了,只不过是今后一系列教育的最初阶段。因此小学教师不再是知识的贵族,不再是共和精神的神圣传播者。墨水瓶、鹅毛笔、小木尺、灰布衫成了文人笔下发思古之幽情的物品。

二战前在很大程度上属于精英教育场所的中学在战后实现了平民化。经济的发展,人民生活水平的提高,科技水平的提高都对人的教育提出了新的要求,各方面都需要高素质的人才,个人产生了延长受教育时间的强烈愿望。国家也采取了一些消除教育不平等的措施,比如推行教育制度不分性别、不分阶级的全面一致的学校(Ecole unique)、建设新的中学,高中的班级数目迅速增加。从1950年代末起,随着战后"婴儿潮"的一代达到上中学的年龄后,中学生数量快速增加。1950—1951学年,在校学生(包括私立中学)总数为100万,1958—1959学年为180万,

1968—1969 学年 380 万,1979—1980 学年达到 500 万。①

　　昔日只有少量中学生毕业时能够得到的业士文凭开始普及。法国政府在 1960 年代对业士学位进行了重大改革。首先将业士分成两大部分,一部分称为普通业士,另一部分称为技术员业士。普通业士又分成 A、B、C、D、E 五种,"A"类为文学,"B"类是经济和社会,"C"类为基础数学,"D"类为科学,"E"类是技术和数学。各类业士所修课程不同,有的要学拉丁语,有的却不作要求,还有的对数学不作要求。技术员业士是在高中第一年学习结束后再经分科学习获得的,分为"F"类和"G"类,"F"类为工业技术员,"G"类为第三产业技术员。1960 年,获得普通业士文凭的有 5.9 万人,1970 年增加到 13.8 万人,1980 年为 15.9 万人,1990 年达到 24.7 万人。技术员业士文凭的获得者人数,1970 年为 2.86 万人,1980 年增加到 6.27 万多人,1989 年更是达到10.66万人。② 同时,建立统一制度的中学,确定小学学制为五年,初中学制为四年,高中阶段学制为三年。

　　中学教育的平民化过程中引起了不少争议,主要围绕着教学内容和体制。战后一段时间,主张保留拉丁语和古典人文学科教学内容的意见占据上风,延缓了教学内容和体制的现代化进程,在 1968 年"五月风暴"的推动下,才最终废除了初中第一年的拉丁语教学。1975 年,国民议会通过了以时任教育部长哈比命名的《哈比法》,其重点是加强职业教育,强调教学内容的"现代化",强化与实际生活的联系。实行"三分教育法",把教学内容分为工具课程、启蒙课程和体育课程三个部分。1991 年将高中学生分为文学、科学和经济学三大类。2006 年国民教育部颁布基础教育改革指导性文件——《共同基础法令》,对法国义务教育应达到的七个目标进行了清晰的设定:1. 掌握法语;2. 掌握基本的数学和科学文化知识;3. 掌握基本的人文知识;4. 掌握一门外语;5. 掌握常用的信息

---

① Dominique Borne, *Histoire de la societe française depuis 1945*, p.154.
② Pierre Albertini, *L'Ecole en France XIXe-XXe siecle*, Paris: Hachette, 2006, p.161.

和通信技术;6. 具有较强的社会交往能力和公民意识;7. 拥有独立自主和主动进取的精神。

战后生育高峰期出生的孩子1960年代到了上大学的年龄,经济发展和中学普及增加了社会对大学教育的需求,从1950年到1970年,法国的大学生人数增长了四倍多。1950年13.67万人,1960年21.31万人,1970年达到63.7万。[1] 在增长最快的1960年代,突然大量的学生向大学的校门涌去,法国高等教育却没有做好足够的思想准备,一下子显得手足无措。校舍的简陋和办学条件相对较差,成为1968年学生运动的主要原因之一。

此外高等教育的教学结构也没有多大的变化,两大体系平行发展。一边是专门化的大学校,它们通过严格的入学考试筛选学生,而且直接为学生的就业做准备,使学生在毕业后能够迅速融入社会,并有比较高的经济收入。另一边是普通大学,它们对所有获得业士学位的人开放,学科门类齐全,对学生进行普通教育,它们通过学习过程中的考试淘汰不及格的学生,由此对学生进行筛选。1970年代初期,90%的学生属于普通大学系统,在大学校的学生比例仅为10%,到21世纪初,大学系统的学生人数仍占法国高等教育学生总数的70%以上。[2]

1968年的"五月风暴"直接推动了大学的改革。1968年11月的富尔法案奠定了法国现代高等教育的基本模式和结构,确立了"自主自治、民主参与、多科性结构"三项原则。法案取消了普通大学的基本单位——学院(Faculté),将若干学院和一些科研机构合并建立新型的、教学和科研相结合的大学。高等教育机构实行高度自治,大学由选举产生的委员会进行管理,大学校长和研究机构的主任也由选举产生,负责对大学教学与科研的领导。大学自己决定教学模式、教学内容及检查与考试的方式、国家预算和其他机构捐赠的支出。这次教育改革还扩大了大

---

[1] Pierre Albertini, *L'Ecole en France XIXe-XXe siecle*, p. 161.
[2] 吕一民、钱虹、汪少卿、应远马:《法国高等教育战略研究》,杭州:浙江教育出版社,2014年,第21页。

学普通教职员工对高等教育的管理,学校管理委员会的成员包括教师、行政人员和学生代表。

1984年1月的《萨瓦里法案》进一步提出了以促进社会经济发展,促进就业为取向的高等教育改革方针。它提出要创立"高等教育公共事业",强调"全部中等教育以后的,包括大学校与继续教育,都应属于高等教育的范畴",确定高等教育为"科学、文化和职业教育",高等教育机构的任务为"保证科学文化和职业教育及知识的进步",法案确立了高等教育"现代化、民主化、职业化"的原则。所谓现代化,主要指的是办学方向和方法要面向现代社会,教学内容应迅速反映现代科学技术发展的状况。民主化则是赋予教师、学生和其他有关人员进一步参与学校管理的权利。职业化指的是在高等教育的各阶段,应进一步克服纯理论教学的倾向,重视对学生进行职业技术的教育和出路指导,为今后从事职业做准备,提高学生的职业竞争力,并设立了职业高等教育文凭。

1991年法国政府颁布了《2000年大学纲要》,强调了地方政府在办高等教育上的作用。纲要明确了国家和地方政府通过协议形式进行合作。和纲要配套的是1991—1995年度的投资和校区建设计划,地方政府是非常重要的参加者。根据这个规划,高等教育实现了经费来源的多元化,在此基础上,1992年法国新建了7所大学。

1997年2月,法国国民教育和研究部部长弗朗索瓦·贝鲁提出了关于大学第一阶段和第二阶段的教育改革方案,4月9日以政府法令形式公布,规定于1997—1998学年开始实施。该方案规定今后法国大学每一学年分为两个学期。大学第一阶段(两年,完成学业可获普通大学学习文凭DEUG或科学技术大学学习文凭DEUST)的第一个学期称为"选择专业方向学期",学生专业方向的确定是在第一学期结束之后,允许学习困难或有其他原因的学生重新选择专业。在大学第二阶段(一年可获学士学位,二年可获硕士学位,如工程师文凭则需要三年),开始安排职业实习,旨在使学生很好地了解职业社会,便于今后的就业。其他改革措施还包括建立学生评价教师的制度;在大学一年级设立辅导员,辅导员由大学第二、第三阶段的学生担任;学校管理委员会增设一名学生副校长;促进教师和科研人员在学校和科研机构间的流动;所有教授要担任一部分第一阶段的教学工作;鼓励讲师以主要精力从事教学活动;加强教学法的研究和革新等等。

应该说,二战之后到 20 世纪末法国教育事业的发展,有许多值得称道之处。从教育经费的投入来看,从 1974 年到 1996 年,法国教育经费以法郎的不变价值计总体增长了 85%,占国内生产总值的比例从 6.3% 增加到 7.4%,每个学生的平均经费在 1996 年为 34 900 法郎。进入 1990 年代后,增长特别明显。教育经费在整个国家预算中的比例已经超过了 20%。①人们已经很难想象,它还能有进一步扩大份额的余地。法国教育方面的工作人员达到 120 万人,占全国就业人口的 6%,其中教师人数达到 90 万。法国全民受教育的水平有了很大的提高。法国 2 岁到 22 岁的学生人数在 1960 年为 1 020 万(占这一年龄段的 69%),1970 年为 1 280 万人(占 72%),1980 年为 1 390 万(占 80%),1990 年为 1 430 万(占 88%),1995 年为 1 470 万(占 91%)。个人受教育的平均时间从 1980 年的 16.5 年,延长到 1995 年的 19 年。教育时间的延长最重要的原因是教育两极的迅速发展,一极是年龄最低段(2 岁至 5 岁),进入幼儿园的比例从 1960 年的 50% 增加到 1990 年的 85%。而另一极是大学教育阶段(19 岁至 21 岁),1980 年入学比例还只有 19%,到 1995 年已经接近 40%。②

20 世纪末以来,欧盟出台了一系列措施,力求推进欧洲高等教育的一体化。1997 年 4 月,欧洲理事会和联合国教科文组织联合推出了《欧洲高等教育领域文凭互认协议》,即著名的《里斯本公约》,于 1999 年开始执行。它要求加入该公约的国家必须互相承认高等教育领域的文凭。1998 年 5 月,为了庆祝巴黎大学成立 800 周年,英法德意四国教育部长和大臣齐聚巴黎,签订了《建设和谐欧洲高等教育体系的联合宣言》,又

①② 让-皮埃尔·里乌、让-弗朗索瓦·西里内利:《法国文化史(卷四)大众时代:二十世纪》,第318 页。

名《索邦宣言》。1999年,29个欧洲与会国在意大利博洛尼亚大学重申《索邦宣言》,并签署了《博洛尼亚宣言》,"博洛尼亚进程"由此启动。这是在包括法国在内的欧洲各参与国政府的推动下,在整个欧洲范围内进行高等教育调整的一个过程。

法国开始进行一系列改革。首先是学位制度。法国传统的学位制度极为复杂,不易为国际识别。根据"博洛尼亚进程"规定的"LMD"学制,法国建立起新的学士(licence)、硕士(mastre)和博士(docteur)三级学位制度。2002年国民教育部颁布法令指出,高中证书会考文凭(BAC,即业士)依旧是法国高等教育的准入文凭,从高中毕业会考通过开始算起,学士三年,硕士五年,博士八年。这种新的"LMD"学制实行范围包括各种类型的高等教育机构。其次是学分转换。在新的"358"学位制度改革中开始采用欧洲学分转换系统(ECTS)。该系统将学生学习过程各个环节的所有内容进行等级划分,并对学生的表现进行评估,最后赋予学生一个ECTS学分等级。第三项改革是促进就业。一方面,新的学位制度强化了高等教育职业化的倾向,设置了与研究性学位相应的职业学士和硕士学位,两种学位可以依据学分相互转换;另一方面,设立了国家职业资格登记处,为个人和企业提供不断更新的学位和学业资格信息,各高校也普遍设有就业指导部门,并与企业建立密切联系。最后是改革高等教育管理机构。以往由国民教育部统一管理的权限开始逐渐分散到各个相关部门当中,如文化部承担建筑和艺术类高校和相关科研机构的管理职责,农业部则负责农业院校和科研机构,教育部监督指导的高校数量下降到80%左右。

为了从根本上增强法国高校的综合实力,提升在全球大学排行榜上的排名,法国政府开始积极推动大学的重组。2006年,法国议会通过了设立"高等教育与研究轴心"(Pole de recherche et d'enseignement supérieur,简称PRES)的法案。根据法案规定,"轴心"既非松散的校际合作,亦非彻底的几校合并,而是一种多元化、多层次的高校联盟形式。各类高校和科研机构都能参与,唯一的限制是一个"轴心"中至少含有一所公立的教研机构(最好包括一所综合性大学),"轴心"的成员可以选择全盘分享,或仅仅是部分共享自己的科研项目和资源。同时,"轴心"也并不排斥任何成员在"轴心"之外独立设立教学、科研或服务机构。此外,各种协会或企业都可以"合伙人"的身份与"轴心"进行合作。

在很大程度上,"轴心"被设计成一个用于"推销"各成员机构的工具,这是法国高校和科研机构试图在科学领域的国际竞争中占据有利地位的尝试。诸成员机构通常只将部分权力委托给"轴心",但在最能体现实力、吸引留学生和学者的科研和研究生教育方面几乎毫无保留。"轴心"致力于制定各成员机构统一认证的文凭,从而与已经"联合"了的教学相匹配。各种学术出版物都将以统一的"轴心"署名,此外,成员往往还将财政和人力资源方面的权力委托给"轴心",尤其促进了同一地区之间教研机构的互动,加速了它们的重组。

截至 2011 年,法国已经先后组建了 21 个"轴心",其中巴黎地区三个,总共集合了约 60 所综合性大学和逾 50 个高等教育与研究机构(包括高等专业工程师学院、商业与管理学院和国立综合理工学院等)。例如,2010 年,"索邦巴黎城市轴心"(PRES Sorbonne Paris Cité,现称"巴黎城市大学",Université Sorbonne Paris Cité,简称 USPC)成立,成员包括巴黎三大、五大、七大、十三大(同时还是其他"轴心"成员,以"合伙人"身份加入)4 所综合性大学和公共健康高等学院(EHESP)、巴黎地球物理学院(IPGP)、国立东方语言文化学院(Inalco)和巴黎政治学院(Sciences Po)4 所"大学校"。截至 2017 年 11 月,成员已增加至 9 所"高等教育和研究机构"(Établissements d'enseignement supérieur et de recherche),包括前述 8 所院校和后来加入的巴黎人文科学研究院(FMSH)和五所"研究机构"(Organismes de recherche),拥有 10 000 名教学科研人员,370 个研究团队,251 个研究室,5 000 名技术、管理和图书工作人员,1 100 名博士研究生(其中 40％来自国外)和 120 000 名在校大学生(其中 18 000 名留学生,26％来自北美,19％来自欧洲)。①

---

① http://www.sorbonne-paris-cite.fr/fr/uspc/propos/uspc-en-chiffres.

此外,法国政府从 2008 年开始了"大学校园计划",拨款 50 亿欧元,兴建新的大学校园和翻修扩建原有校园,力图改变法国高校普遍规模偏小、学科分散、硬件落后的状况。截至 2010 年底,有遍布全国各地的 20 余个校园计划入选。在众多新建校园中,法国政府对"巴黎-萨克雷"校园(Campus Pairs-Saclay)计划给予厚望。它是巴黎地区的三个"高等教育与研究轴心"之一,位于巴黎南郊,汇集了 23 所综合性大学、大学校和科研机构。法国政府希望新校园能够成为可与哈佛大学、剑桥大学相媲美的世界顶级现代化大学校园,成为那些向往英美高校的顶尖人才的新乐土。截至 2019 年中,校园拥有 430 000 名居民,其中 265 000 名工作人员,集中了法国 15% 的科研工作,拥有涵盖 10 个学科 300 个实验室,65 000 名学生和 15 000 名科研人员。①

从世界范围来看,法国的教育事业仍然处于先进行列。截至 2017—2018 学年开学之际,法国各级公立和私立教育机构共有 1 574 万名学生,其中初等教育(包括小学和学前教育)学生 678 万,普通中等教育(包括普通课程系列、职业系列和技术系列)学生 563 万,其他教育机构(包括中等农业学校和各类学徒培训中心等)学生 65 万,高等院校学生 268 万,详见下表。

表 1　法国公立和私立学校学生总数变化表②

单位:万人

	1980 年	1990 年	2000 年	2010 年	2017 年
初等教育	739.63	695.34	655.2	666.42	678.33
中等教育	530.92	572.58	561.44	535.32	562.98
其他(中等农业学校、学徒培训中心等)	45.74	43.13	60.88	65.49	64.51
高等教育	118.41	171.71	216.03	231.96	268.04
总数	1 434.7	1 482.76	1 493.55	1 499.19	1 573.86

① https://www.epaps.fr/.

② *Tableaux de l'économie française*, *Edition 2019*, INSEE, p. 99.

同年,法国初等教育入学率为 86.1%,公立学校平均每个班级的学生数量有 23 人,私立学校为 25.1 人。在中等教育中,占总数 82% 的学生就读于公立学校,平均每个班级的学生数量为 24.9 人,私立学校为 26.5 人。通过中学毕业证书会考的人数有 64.4 万,通过率为 87.9%。[1]当下法国教育存在的主要问题有两点:一是随着移民数量的增加,如何协调法兰西文化的统一性和多样性;二是在效仿全球教育市场和高校排行榜上一枝独秀的美国的过程中,如何保持原有的特色,保持法兰西风格。这些都需要继续摸索。

第四节　科学和技术进步

法国一直是世界的科技强国之一,尤其重视基础研究。在 20 世纪初,法国在科学研究领域处在世界领先地位,仅在 1901 年至 1915 年,法国就有 10 位科学家 11 人次获得诺贝尔奖,其中包括两次得奖的居里夫人,而当时获此殊荣的英国科学家仅 7 人,美国科学家仅 2 人。但是,经过两次世界大战的冲击,法国的科学研究水平落到了美国、德国和英国之后。戴高乐创建第五共和国后,对科学技术的发展给予了充分的重视,科研经费大幅度增加,开始建立一些重要的科研机构和实验室,科研也走出个人单打独斗的圈子,越来越成为集体协作的工作,许多科学家还积极与国际同行合作,参与国外试验室的尖端科学研究,保持了法国在国际上的科技领先水平。

1939 年,在 1926 年诺贝尔物理学奖获得者让·佩兰(Jean Perrin)的倡导下,法国政府创建了国家科研中心(le Centre National de la Recherche Scientifique,简称 CNRS),成为在科学研究方面发挥着极其重要作用的国家科研机构。可以说,它是法国科学技术领域的国家队。该机构目前隶属于法国科技教育部。科研中心不仅承担自然科学的基

---

[1] *Tableaux de l'économie française*, Edition 2019, INSEE, p. 98.

础研究和应用研究,而且还承担人文社会科学的科研任务,下设七个学部:核物理与粒子物理学部、数学与物理学部、宇宙学部、工程学部、化学学部、生命学部、人与社会学部。2000年,国家科研中心拥有25 000多名工作人员,年预算达到25亿欧元,其中90％以上由国家财政提供。①科研中心除了从事通常的科学研究外,还负责科研成果推广,培养人才,跟踪和分析国内外科技形势及发展动态,参与政府科研政策和计划的制定,为科技界提供大型科研设备等工作。法国战后科学技术上的进步与国家科研中心的核心作用是分不开的。

在数学领域,巴黎高等师范学校仍然是法国数学家的摇篮,理论数学在战后有了重大的进步,涌现出多名费尔兹奖得主,如劳朗·舒瓦茨(Laurent Schwartz,1950)、让-皮埃尔·塞尔(Jean-Pierre Serre,1954)、勒内·托姆(René Thom,1958)、亚历山大·格罗登迪克(Alexandre Grothendieck,1966)、阿兰·科纳(Alain Connes,1982)、皮埃尔-路易·利翁(Pierre-Louis Lions, 1994)和让-克里斯托夫·约科兹(Jean-Christophe Yoccoz,1994)等。劳朗·舒瓦茨致力于微积分的研究,他的分配论拓宽了函数的概念,深化了偏微分方程的研究,并且在物理学领域得到了应用。让-皮埃尔·塞尔在完成了代数拓扑方向的博士论文后,和另一位数学家亨利·卡尔当(Henri Cartan)一起研究,修改了复分析空间论,还和亚历山大·格罗登迪克一起,更新了代数几何学,然后转向数论的研究。勒内·托姆的贡献主要集中在几何学领域,他引入了一些新的概念。1977年出版了《结构稳定性和形态发生学》一书,系统地阐述了"突变理论",指出一切不稳定的形式都是两个稳定结构间的过渡形式,这个过渡阶段有七种基本的突变类型。阿兰·科纳的工作主要是将数学研究和量子力学结合起来,他发展了因子分类学说,并发明了周期透射论。皮埃尔-路易·里翁的成就主要表现在他对玻耳兹曼方程和优

---

① Jacques Julliard et Michel Winock(sous la direction de）, *Dictionnaires des Intellectuels Français*,Paris：Seuil,2009,p. 279.

化控制的研究上,让-克里斯托夫·约科兹则在动力体系和小因子方面作出了杰出贡献。

除去这些费尔兹奖获得者之外,法国还拥有许多卓越的数学家。早在 1935 年,一批毕业于巴黎高等师范学校的年轻数学家们组合成一个小组,称为尼古拉·布尔巴基(Nicolas Bourbaki)小组。这个小组不断有新人加入,战后仍经常聚会,并举办"布尔巴基"讨论班,定期出版杂志,报道数学领域研究的最新进展。这个小组的创始人中,涌现出一大批杰出的数学家,如上文提及的亨利·卡尔当(寻求将微分几何学、解析函数和拓扑学的研究结合起来,提出过环状空间的理论)、安德烈·威尔(André Weil,提出过威尔猜想)、让·迪埃多内(Jean Dieudonné,在解析函数、拓扑学和向量空间等方面都有成就)、克洛德·什伐雷(Claude Chevalley,在算术方法、代数几何学、群论等方面都有进展)等。总体上,法国在数学领域逐渐从基础数学研究转向解决物理和工业问题,走向更为实用的数学。例如在概率论上,保罗-安德烈·梅耶(Paul-André Meyer)、保罗·马利亚凡(Paul Malliavin)和雅克·内弗(Jacques Neveu)等人为这一学科的更新作出了贡献,数学家让·勒雷(Jean Leray)长期致力于液体力学和光谱学的研究;伊夫·梅耶(Yves Meyer)对与谐振现象相联系的调和分析很感兴趣,他还研究波的理论;皮埃尔-路易·利翁在将数学运用于工业上起了决定性的作用,数学加入到了核能的研究和计算机的基础研究中。

法国的物理学家主要集中在两大科研机构中,一是国家科研中心,另一个是原子能委员会(Commissariat à l'énergie atomique),同时法国科学家们还参与一些国际机构的研究工作,如设在日内瓦的欧洲原子研究委员会(Conseil européen de recherché nucléaire)。该领域大量的是集体研究的成果,但也涌现出一些杰出的物理学家,尤其值得一提的是阿尔弗雷德·卡斯特勒(Alfred Kastler),他由于发现"光学泵",弄清了原子的电磁刺激程序而于 1966 年获得诺贝尔物理学奖。1970 年,另一位物理学家路易·内尔(Louis Néel)因其在原子核物理领域中反磁铁性方面的贡献也获得了诺贝尔物理学奖。除了路易·内尔之外,法国在原子核物理领域还拥有一大批杰出的科学家,如在 1961 年出版了《论核磁》的阿纳托尔·阿勃拉冈(Anatole Abragam),该书一直是这一学科重要的参考书;路易·勒普莱斯-林盖(Louis Leprince-Ringuet)从 1925 年起致力于中子和人工蜕变的研究,1933 年后转而研究宇宙射线,他创建了南方的高山实验室,在介子和超子的性质上研究影响深远;于贝尔·库里埃(Hubert Curien)1969 年担任国家科研中心主任,1979 年出任全国空间研究中心主任,领导了矿物学上有关结晶体中原子运动、晶体结构和同位素交换等研究工作,后来他还担任过法国科学研究部的部长。

1991 年,皮埃尔-吉尔·德让纳(Pierre-Gilles de Gennes)由于在聚合体研究上的贡献而获诺贝尔奖。德让纳是浓缩材料方面的专家,在半导体、超导体和液状结晶等物理学的许多方面都有卓越的理论贡献。1992 年,具有波兰血统乔治·夏帕克(Georges Charpak)获诺贝尔奖,他的贡献是发明和设计了许多粒子探测器,这些仪器同时还被广泛用于生物学和医学。此外,在物理学研究上有突出贡献的还有:克洛德·科昂-塔努吉(Claude Cohen-Tannoudji)在原子物理和分子物理上的研究、让·伊利奥普洛斯(Jean Iliopoulos)对基本粒子的研究、贝尔纳·朱里亚(Bernard Julia)和克洛德·伊齐克森(Claude Itzykson)在计量力学上的研究、梯波·达莫尔(Thibaud Damour)和布朗东·卡特(Brandon Carter)在天体物理学方面有关黑洞和脉冲星的研究、路易·米歇尔(Louis Michel)在基本粒子交互作用和结晶学的研究等等。

在化学领域,马克·朱里亚(Marc Julia)在有机化学和维生素 A 的研究上作出了重要的成绩。1987 年,让-马利·勒恩(Jean-Marie Lehn)由于在复合分子合成上的贡献而荣获诺贝尔化学奖,他合成了一种空心的分子,在分子空洞里可以固定离子和其他分子,他由此创立了超分子化学。

在生物医学领域,法国科学家的研究一直处在世界领先水平,巴斯德研究所是法国这一领域的重要科研机构,科研成果不胜枚举。1965

年,安德烈·勒沃夫(André Lwoff)、雅克·莫诺(Jacques Monod)和弗朗索瓦·雅各布(François Jacob)由于在蛋白合成的遗传调节上的发现而获得诺贝尔生理学奖和医学奖。他们于1961年发现RNA(核糖核酸)是把遗传密码的信息从细胞核的DNA(脱氧核糖核酸)运送到细胞质的"信使",在分子生物学方面迈出了重要的一步。1980年,让·道赛(Jean Dausset)和另两位美国科学家分享了诺贝尔奖。他在1958年发现了白细胞表面抗原系统,这一系统在免疫过程中起着重要的作用。这一发现大大促进了器官移植。1989年,里尔巴斯德研究所的研究员多米尼克·斯特赫林(Dominique Stehelin)也和美国学者分享了诺贝尔医学奖,他的贡献是鉴定出6种致癌病原基因。另一位巴黎巴斯德研究所的医学家吕克·蒙塔尼埃(Luc Montagnier)为人类攻克艾滋病作出了贡献,他领导的研究小组分离鉴定出艾滋病Ⅰ号病毒和Ⅱ号病毒,他因此于1986年获得了路易·让德医学奖。

此外,法国在医学领域各分支都拥有一批名家,如儿科学的先驱者罗贝尔·德勃雷(Robert Debré)、在治疗早产儿上作出很大贡献的亚历山大·明科斯基(Alexandre Minkowski)、在白血病治疗上取得显著进展的让·贝尔纳(Jean Bernard)、在1959年进行第一例肾移植的让·汉伯格(Jean Hamburger)、在矫形外科上享有盛名的罗贝尔·麦尔勒·道比涅(Robert Merle d'Aubigné)、神经病治疗上的名医弗朗索瓦·莱米特(François L'Hermitte)、治疗热带病的让-弗朗索瓦·巴什(Jean-François Bach)和马克·让梯里尼(Marc Gentilini)等。在集体成果上,由达尼埃尔·科恩(Daniel Cohen)领导的全国医疗卫生研究所(Institut National de la Santé et de la Recherche Médicale)的一个研究小组于1993年发表了第一张人类基因图,有利于遗传病的发现。1994年,他们鉴定出928种疾病的基因。

法国在天文学和地质学上的研究也富有成果。值得一提的天文学家是安德烈·拉勒芒(André Lallemand),他从1938年起在斯特拉斯堡天文台工作,1943年调至巴黎天文台,长期对日冕进行研究,并将光电技术引入天文学。他的研究工作对电子望远镜的发明有重大贡献。在地质学上,拉蒙特地质研究所的法国地质学家格扎维埃·勒比松(Xavier Le Pichon)和英美地质学家一起在 1960 年代末提出了板块构造理论。勒比松把整个地球岩石圈划分为六大板块,即欧亚、非洲、澳洲、南极、美洲和太平洋板块,并对板块运动情况详细作了论证。板块构造理论不仅说明了我们当前地形特征的由来,而且还预测了几亿年后的地质地貌,可以说是地球科学史上划时代的革命。

在工业应用研究方面,法国把重点放在高科技领域。在 20 世纪末,法国每年用于工业研究的预算经费约占国内生产总值的 2.25%,在世界上居美国、德国、日本、瑞典、英国和瑞士之后,列第七位。但法国的工业研究经费集中在几个高科技部门,85%的资助投向航空航天、电子、电子通讯和核工业。这些行业三分之二的预算来自国防部。有四个工业部门附加值的 10%以上得益于工业应用研究:其中宇航业 42%,电子业27%,制药工业 23%,计算机 11%。另有两个部门接近于 10%(汽车和化工)。①

为了发展高科技,法国政府也积极推动高科技园区的建设。1972年,法国政府决定在法国南部蓝色海岸地区的阿尔卑斯滨海省建立一块文化科技园区,取名为“索菲亚-昂底波利”(Sophia-Antipolis)。“Sophia”在古希腊语中是“智慧”之意,所以通常人们把这块文化科技园区称为“智慧谷”。这块园区位于戛纳以北的瓦尔榜高地(plateau de Valbonne)上,这里曾是一片贫瘠的丘陵,由于土质差,不适合发展种植业,经过 20 多年的开发建设,到 1990 年代末已经建成西欧最大的高科技开发区,来这里落户的企业、科研机构、高等院校有 1 000 多家,其中外国企业和机构也有上百家。文化科技园区的科研集中在四大领域:信息技术、卫生和生命科学、能源和环境、材料科学。信息技术是科技园区中的重中之重,在这里落户的有 IBM、ATT 和 DEC 等几百家各国的著名

---

① Pierre Bezbakh, *Histoire de la France de 1914 à nos jours*, Paris: Larousse, 1997, p. 516.

电子企业,它们研究开发的内容涉及电子通讯和信息技术的方方面面。科技园区的第二大户是医学和生命科学,这一领域的落户企业和机构也达到50多家,其中一半以上是国外企业和机构。除此之外,一些企业和机构在这里从事建筑工程、再生能源、电动汽车、地球观察、遥测技术、水利资源和新型材料等方面的开发和研究。另外,到这里落户的还有高等院校,有9所大学和50多个教学研究机构在此开设了分校或分部。

在工业科技的开发上,法国政府还积极推进国际合作,尤其是欧洲各国间的合作。最为典型的就是法国积极倡导的"尤里卡"计划。1985年7月,法国、英国、联邦德国等西欧17个国家的外交部长和科技部长响应法国总统密特朗的倡议,齐集巴黎,讨论密特朗提出的建立"工艺科技欧洲"的计划。会议制定了欧洲高科技发展计划的框架,一致同意宣布成立"欧洲研究协调机构"(European Research Coordination Agency)。这一机构名字的缩写为"EURECA",读音为"尤里卡",因此将这项欧洲高科技合作规划称为"尤里卡"计划。此后欧洲各国多次开会确定了"尤里卡计划"的具体合作项目。"尤里卡"主要涉及的领域有欧洲计算机计划、欧洲机器人计划、欧洲通讯网计划、欧洲生物计划、欧洲材料计划等。到20世纪末,"尤里卡"项目已达200多项,参加国家达19个,而法国参与的项目在一半以上,投资总额占总投资的四分之一,是这一计划的中坚力量。法国通过国际合作,提高了它在国际高科技研究中的地位和作用。

进入21世纪,法国的科技事业继续稳步向前发展,法国科学家在诺贝尔奖的角逐中多有斩获。物理学领域中,2007年,阿尔贝·费尔(Albert Fert)因发现巨磁电阻效应与德国科学家共同得奖。2012年,塞尔日·阿罗什(Serge Haroche)因"在实验方法上的基础性突破,使得单量子操作和单量子测量成为可能",与美国科学家共享诺奖。2018年,热拉尔·穆鲁(Gérard Mourou)因"为实现更短和更强的激光脉冲打下基础"得奖。化学奖方面,2005年,伊夫·肖万(Yves Chauvin)因在烯烃复分解反应方面的贡献得奖。2016年,让-皮埃尔·索瓦热(Jean-Pierre

Sauvage)以"分子机器的设计与合成"贡献得奖。医学生理学奖方面，2008年，弗朗索瓦丝·巴雷—西诺西(Françoise Barré-Sinoussi)和吕克·蒙塔尼埃因发现人类免疫缺陷病毒(HIV)共同获奖。2011年，朱尔·奥夫曼(Jules Hoffmann)因先天免疫激活方面的发现获奖。

同时，法国继续保持在高科技领域中的国际先进地位。在核工业中，法国的核能利用一直处在世界先进水平。到20世纪末，法国共有50多座核反应堆在运行发电，总装机容量为7000多万千瓦，仅次于美国，列世界第二位，法国国内的核电比重已达80％以上。法国在核废料的处理方面技术先进，一些工业大国，如日本都要将核废料运往法国处理。法国也是世界上重要的拥有先进核武器的国家。2000年，戴高乐号航母服役，这是目前全世界美国之外唯一一艘现役核动力航母。2003年，法国参加了"国际热核聚变实验反应堆(ITER)计划"，2007年正式开始建设。

在航天技术上，法国为主开发的"阿丽亚娜"火箭，在国际市场上与美国的火箭展开了激烈的竞争，1980年代末至1990年代初，拥有"阿丽亚娜"火箭的空间公司接收的发射卫星订单就达数十颗之多。经过改进后的"阿丽亚娜"4型和5型火箭载重量大、安全性能好，除了可以发射重型卫星外，还用来发射法国研制的"海尔梅斯"号航天飞机，法国也培养了自己的宇航员并多次与美国和俄国合作。2000年，阿丽亚娜5型火箭成功进入发射市场。2002年，SPOT5号地球观测卫星、ENVISAT号欧洲环境卫星，INTEGRAL号欧洲辐射科研卫星先后发射成功，太阳号第三代同步辐射加速器建造工程动工。2007年，欧洲首个太空实验舱——哥伦布舱建立并与和平号宇宙空间站对接成功。2018年，中法团队在中国酒泉卫星发射中心成功完成"中法海洋卫星"(CFOSAT)发射任务。

在航空领域，法国的飞机制造技术在世界上享有很高的声誉。法国曾和英国联合研制了"协和"式超音速飞机，但更值得称道的是，1987年，法国新推出了大型客机"空中客车"A-320型，与美国的波音飞机展开竞争。空客系列不断改进技术，2001年A380投入生产，2005年首航，在国际民航市场中占有重要份额。在战斗机生产上,法国的"幻影 2000"型战斗机具有卓越的性能,跻身于国际先进战机行列。

在交通运输领域,法国的高速列车(TGV)久负盛名。1980 年代,法国建成了巴黎至里昂间的欧洲第一条高速铁路,时速达到 270 千米。之后,法国高速列车的性能不断得到改进,试验运行速度可达 515 千米,在实际运行中,火车也常常达到每小时 300 千米的高速。高速铁路网同步扩展,还开通了至日内瓦、阿姆斯特丹和伦敦的高速列车。法国的城市地铁技术在世界上也是数一数二的。巴黎的地铁开通于 1900 年,四通八达,纵横交错,线路达 14 条,并和郊区间快速铁路网(RER)相连,十分快捷方便。1983 年,里尔建成了第一条无人驾驶的地铁线。1998 年,巴黎无人驾驶的第 14 号线地铁开通,整个地铁系统实行全封闭和计算机管理。2000 年,地中海高速铁路铺设竣工。2007 年,高铁实验速度达到了破纪录的时速 574.8 千米。

此外,法国在生物医学、通讯、激光运用、光纤制造、海底勘探等领域都拥有一些世界领先的技术。以生物医学为例,2000 年,细胞移植术治疗心脏病实验成功,第一例基因胎儿诞生。2002 年,A3 级朊蛋白动物研究基地动工。2007 年,MSP3 抗疟实验疫苗获得成功。

面对新时期的挑战,法国政府不断制定各种新的科技发展政策,如 2002 年提出《信息社会数字共和国计划》、2005 年成立工业创新署、2006 年设置了第一批与企业合作创新的研究所、2008 年修订科研税收信贷政策、2009 年首次编制《科研与创新国家战略(2009—2012)》、2013 年制定新一轮《国家科研战略(2015—2020)》并形成了《法国—欧洲 2020:科研、技术转化和创新的战略议程》(France Europe 2020)、2015 年推出"未来工业计划"并设立"法兰西科技创新奖"、2017 年发布首份《国家科研战略》和《国家人工智能战略》等,力图全方位提升国家的科技水平,保持法国的国际竞争力。

与此同时,从 20 世纪末开始,法国用于研究和发展的支出(dépense intérieure de recherche et développement,简称 DIRD)一直保持在国民生产总值的 2%以上:1995 年为 273 亿欧元,2000 年增长到 309. 54 亿欧元,2005 年为 362. 28 亿欧元,2010 年进一步增加到 434. 69 亿欧元,2017 年达 506. 19 亿欧元,占国民生产总值的 2. 21%,高于欧盟国家平均水平,也高于英国,在欧盟大国中,仅次于德国,高于西班牙和意大利。① 截至 2017 年,法国拥有 44. 15 万名科技人员,其中 60%受雇于企业,40%受雇于政府,数量同样仅次于德国,在欧洲大国中位居前列。②

---

① *Tableaux de l'économie française*, *Edition 2020*, INSEE, p. 153.
② *Tableaux de l'économie française*, *Edition 2020*, INSEE, p. 152.

第九章　战后法国史学的创新与贡献

第一节　年鉴学派的兴起

一、年鉴学派的诞生

1929 年 1 月,斯特拉斯堡大学的两位历史学教授吕西安·费弗尔 (Lucien Febvre)和马克·布洛赫(Marc Bloch,一译布洛克)合编了第一期《年鉴》杂志,全名为《社会和经济史年鉴》(*Annales d'histoire économique et sociale*),提出了一系列历史研究的新理论、新方法和新的研究领域,逐渐被人们称为"年鉴学派"(École des Annales)。在《年鉴》杂志创立五十年之际,一位史学家在一篇总结性的文章中写道:"《年鉴》的遗产再也不属于这本杂志,它是大部分历史学家的共同财产。"①

《年鉴》杂志最初的合作者是斯特拉斯堡一批十分有才华的大学教授,他们打破学科界限,扩大了史学研究的范围,发表许多有创见的文章,影响迅速扩大。费弗尔于 1933 年当选为法兰西学院的教授,1932 年还接受了主编《法国大百科全书》的任务。1936 年,布洛赫被聘为索邦大

---

① André Burguière, "Les Annales 1929—1979", *Annales. E. S. C.*, No. 6, 1979, p. 1346.

学经济史教授,是年,《年鉴》杂志也迁至巴黎出版。二战爆发后,费弗尔和布洛赫面临重大选择,《年鉴》杂志还要不要出版?在巴黎出,还是到"自由区"出?布洛赫由于德国的反犹政策被迫远走南方,而费弗尔在占领时期仍旧在法兰西学院开设讲座,杂志变为不定期出版,并改名为《社会史杂集》。

1946 年,《年鉴》杂志更名为《经济、社会和文明年鉴》(*Annales. Économies, Sociétés, Civilisations*,简称 *Annales ESC*),"经济""社会"和"文明"都取复数形式,强调了经济、社会和文明的多样性。马克·布洛赫在大战期间由于参加抵抗运动,于 1944 年被捕,英勇牺牲。战后费弗尔有了新的助手,他们是费尔南·布罗代尔(Fernand Braudel)、乔治·弗里德曼(Georges Friedman)、保罗·勒尤(Paul Leuilliot)和夏尔·摩拉泽(Charle Morazé)等人。从 1947 年开始,年鉴学派的学术地位进入巩固阶段,这一年在高等研究实验学校(École pratique des hautes études,简称 EPHE),年鉴学派建立了第六系,该系的研究和教学大纲是跨学科的,就如《年鉴》杂志本身一样。该系得到洛克菲勒基金会的财政资助,拥有一个地图绘制实验室和一个出版社。

从 1956 年费弗尔去世到 1969 年,《年鉴》杂志由新一代史学巨匠布罗代尔领导,并得到夏尔·摩拉泽、罗贝尔·芒德鲁(Robert Mandrou)和马克·费罗(Marc Ferro)的协助。在这一时期,年鉴学派的研究领域进一步拓宽,论题从气候到食品,从性爱到私生活,不一而足;一些学者还借助了计量手段,其研究也更显精细和"科学化"。此后,年鉴学派的影响超出法国国界,到 1960 年代末,在德国、英国、意大利、美国、苏联、波兰、匈牙利、捷克、西班牙和拉丁美洲都有史学家承认自己采用年鉴学派的方法从事历史研究。1970 年代初,法国的中世纪研究影响到了日本。

1969 年后,布罗代尔逐渐淡出,《年鉴》杂志由"三驾马车"雅克·勒高夫(Jacques Le Goff)、埃玛纽埃尔·勒华拉杜里(Emmanuel Le Roy Ladurie)和马克·费罗领导。这种新的集体领导进一步加深了杂志多样性和开放性的特点。1975 年,第六系变成了高等社会科学研究院(Ecole des Hautes Etudes en Sciences Sociales,简称 EHESS),拥有 150个研讨班,三分之一以上是有关历史学的。勒高夫和弗朗索瓦·孚雷(François Furet)顺理成章地接替布罗代尔担任了学院的领导人。1994年,杂志改名为《历史与社会科学年鉴》(*Annales. Histoire, Sciences Sociales*,简称 Annales HSS)至今。

关于年鉴学派,学界的评介早已汗牛充栋。但对于究竟什么是年鉴学派的"本质"(essence),或者说,什么是这个历史学派真正的创建和特色,似乎难下定论。即使在年鉴学派内部,看法也有分歧。雅克·勒高夫在马克·布洛赫的遗著《为历史学辩护》的序言中曾说,这位年鉴学派创始人之一的学术思想十分开放,他根本不反对政治史和事件史研究:"马克·布洛克拒绝的事件是社会学家眼中的事件,这些人把事件视为可以忽略的残留物。他无论如何没有否认事件的意义……自皮埃尔·诺拉以来,今天的人们都在谈论'事件的回归',这个说法与马克·布洛克的观点非常一致。"①《年鉴》的另一位资深编辑、历史学家安德烈·比尔基埃尔(André Burguière)则认为,《年鉴》学派的核心、其最具法国特色的贡献是"心态史"(histoire des mentalités)。② 限于篇幅,本书只试图梳理《年鉴》学派的缘起和发展来展现其具体历程。

要理解《年鉴》学派的兴起,必须从 19 世纪后期兴盛于法国的实证主义史学出发。按照一般的说法,这种实证主义史学首先是通过文献来重构历史的,而文献仅限于书面文献,这就是菲斯泰尔·德·古朗日(Fustel de Coulanges)那句名言的学术背景:L'histoire se fait avec des textes——历史是通过文献来构建的;而且,这种文献主要是公开的甚至官方的书面记录,它来源于公认的权威机构。一旦确定文献的可靠性之

---

① 马克·布洛克:《历史学家的技艺》(第二版),黄艳红译,中国人民大学出版社,2011 年,第 10 页。
② André Burguière, *The Annales School, An Intellectual History*, trans. by J. M. Todd, Ithaca : Cornell University Press, 2009, p. xi.

后,历史学家关注研究文本中表达的明白无误(explicite)的内容,将其与相近的其他文献进行比较,判断内容的可信度。因此历史研究的对象取决于文献中"明白无误"地表达出的内容,其步骤可简化为对文本的解读;所以研究者关注的就是文本明确表达出的内容,至于文本之外的、历史中的行动者未能意识到、从而也未能进入文本的力量和因素,则不被历史学家关注。这一基本信条很自然地引导历史学家转向短时段的、迅速的和明显的变化,也就是容易被人注意到并且留下记录的变化,这就是历史事件。而从历史表述的组织形式来说,传统的纪年(chronological)框架最适合于表现事件历史的顺序和秩序感。

欧洲的 19 世纪既被视为历史学的世纪,也是民族主义思潮产生和高涨的时代,当时兴起的现代历史学完全不像以前人们认为的那样,是纯粹而客观地再现过去发生的事情。就法国而言,历史叙述很大程度上是为了重塑和强化民族认同——在 19 世纪末还有共和主义认同。法国史学家普遍认为,以厄内斯特·拉维斯(Ernest Lavisse)为代表的法兰西民族史书写,旨在把共和主义的政治认同整合到漫长的民族形成史叙事中,法国人在学校和兵营里、在纪念节日和博物馆中接触到的历史,都意在强化这种认同意识。因此,学术研究中的历史与民众对法国历史的传统记忆对接了起来:因为后者同样习惯以年代为顺序,关注的是政治、外交、军事等经常反映在文本中的事件。[1]

1903 年,经济史专家弗朗索瓦·西米昂(François Simiand)发表《历史方法和社会科学》一文,对实证主义史学的著名代表夏尔·瑟诺博斯(Charles Seignobos)等人的研究进行了评论。西米昂在文章中批判了这种史学的三大偶像:英雄人物偶像、政治军事等事件偶像,以及年代叙事偶像。随后,维达尔·德拉布拉什(Vidal de la Blache,或译白兰士)的地理学对后来年鉴学派的发展产生了深远影响。

---

[1] Pierre Nora, "L'*Histoire de France* de Lavisse: Pietas erga patriam", in Pierre Nora dir., *Les Lieux de Mémoire*, Paris:Gallimard, 1997, pp. 851 - 897.

拉维斯主编的《法国史》的第一卷讲述的法国的地理概况,名为《法国地理概论》,作者正是维达尔。这部著作与拉维斯《法国史》的其他各卷相比而言较为独立,无论是处理的问题还是在方法论上。简言之,他的著作完全将地理学从历史学对文字的崇拜中解放出来,将其奠基于观察而非文本阅读的基础之上。他指出,地貌景观经过认真的观察之后也能成为重要的史料,有时甚至比文字史料更为重要。它还教导人们如何分辨地貌因素,如两个地区或两个人民之间的分界线。更重要的是,它引入了一个注定有远大前程的概念:短时段和长时段。不过维达尔主要不是将它们作为历史时间来表述的,而是用作地理概念。短时段指的是人自身的活动,长时段是指自然的强制性行为,在当时的语境中,这就是历史时间和自然地理的时间。维达尔分类法的另一个可取之处在于,他在二者之间插入了第三要素,即人文地理时间,它跟自然息息相关,但仍然是人的时间。此外,维达尔还建议地理学家们研究较长时段内的人口、经济、居住条件、技术发展,乃至政治和观念的演变——只要其中隐藏着大自然的影响力。他的著作和观点不仅在地理学界产生了影响,而且引起年轻一代历史学家的关注。

年鉴学派创始人费弗尔和布洛赫早期的著作,如前者关于菲利普二世时代的弗兰什-孔泰地区的研究,后者关于中世纪法兰西岛的研究,都受到了维达尔的启发。以前者为例。费弗尔的这部著作的全名是《菲利普二世和弗兰什-孔泰:政治、宗教和社会史研究》,出版于1911年,是他的博士论文。从标题不难看出,在《年鉴》杂志诞生之前,其奠基人就已经抱有某种"整体史"的理想。当然,与维达尔倡导的人文地理学的结合是该著引人注目的一点。作者认为,过去的研究者没有将一个省同时作为一个地理和政治单元来处理,但其实它是自然力量和人文力量紧密结合的产物,尽管人的力量仍是占主导的。因此,研究政治、宗教和社会危机的发展演变必须以此为理论框架。于是费弗尔描绘了这个省的地理风貌、自然因素产生的区域划分、外界的影响,以及统一性因素:如征服、工农业的繁荣、人口增长、"民族情感"的形成,等等。随后作者叙述了导致危机的一个外部因素,即皇帝查理五世让位于菲利普二世;然后,费弗尔通过人事竞争、贵族和市民的冲突等角度来分析其影响。接下来,作者讨论该省的形势、尼德兰革命、绝对主义的发展,这里他采取的是编年体的叙述方式,交代了各种因素的相互作用,虽然这些因素不是同步发生的,但都影响了危机的进程。在论述进程中,费弗尔采用了地理学家的概念,对外在环境和人文环境作了区分,而在人文环境中变化又有快慢之分。这是将地理学融入历史学的重要一步,数十年之后,布罗代尔进一步创造了长时段。因此,在年鉴学派关于历史时间节奏的探讨中,地理学家的启发显而易见。

然而,重视地理因素并不意味着费弗尔忽视人文因素,如他所言,人的力量仍是占主导的,但他眼中的人文因素,更像是一种集体性的力量。例如,在研究贵族与市民财富(前者下降而后者上升)的性质和动力后,作者认为,导致贵族和市民分离和对立的,不只是经济冲突,还有观念和情感的冲突。由于他们的生活方式、教育背景、关于世界和行动的普遍观念各不相同,两个阶级长期对立,如果想感受他们斗争的全部力度的话,我们就应该描绘其生活方式,分析其相互竞争的观念。从这个纲领出发,作者依据家庭文件、遗嘱和财产清单,描绘贵族和市民的生活方式。而生活方式(genre de vie)也是维达尔使用过的概念。

至此我们可以看到以费弗尔为代表的年鉴学派的一些基本特征:在史料方面,它大大突破了实证主义史学仅限于文字资料的局限,将视野投向了地理环境和普通人的生活记录;从史料的解读方法而言,它不限于文字材料中明确无误的信息,而是要发掘历史主体及其周围环境中暗含的信息;从关注的对象而言,不再局限于西米昂所抨击的"三个偶像",变化节奏缓慢的人文地理因素、时段较长的心态、生活方式,都进入了历史学家的视野。在一战后出版的著作《大地与人类演进》的最后,费弗尔正式表达了一种全新的整体史概念:"我们所耐心构建的,不只是过去人民的政治、司法和制度框架,也不只是军事外交变迁,而是他们的全部生活,全部的物质和精神文明,他们整个的科学、艺术、宗教、技术、贸易、阶层以及社会群体的演进。"①

新的历史概念带来的效应,可以从不同角度来考察。1929年《年鉴》创刊后,其不同于传统史学的一个鲜明特点是极为关注现当代问题。根据对该杂志刊发的文章的量化分析,当代史,即1815年之后的历史,在1929—1941年占到发文总数的近一半,有时竟超60%。它们谈论经济局势和经济危机、失业、泰勒制与生产合理化、国联和国际劳工局、社会主义、苏联的五年计划、罗斯福新政、纳粹、列宁和斯大林,甚至高级时装。可以说这是一本当代史杂志。这一点尤其值得注意。传统史学家们以为,讲述过去就是阐释了现在的根源。《年鉴》强调现当代问题,不仅表明了一种新的学术旨趣,也意味着对传统的"起源"论的质疑:每个时代都面临新的问题,它们需要历史学作出新的应答。

在研究方法上,除了引入地理学的观念和方法,《年鉴》的第一代史学家们还向其他社会科学开放,例如社会学,他们尤其欣赏社会学家获取资料的方法,如观察和采访。这就进一步扩展了历史学的视野。费弗尔后来承认,《社会学年刊》"在1900年至1910年,是我们最好的思想情人之一"②。研究方法的开放性也体现在当时《年鉴》编委会的组成上。费弗尔和布洛赫得到五位编委的协助,他们是地理学家阿尔贝·德芒荣(Albert Demangeon),社会学家莫里斯·哈布瓦赫(Maurice Halbwachs),三位历史学家安德烈·尼奥尔(Andre Piganiol),乔治·埃斯皮纳斯(George Espinas)和亨利·奥泽尔(Henri Hauser)。另外,《年鉴》还倡导历史比较研究。在这方面,比利时著名历史学家亨利·皮雷纳(Henri Pirenne)对费弗尔和布洛赫启发很大,他们对皮雷纳也十分尊敬。虽然皮雷纳在《年鉴》圈子内的地位主要是荣誉性的,但该杂志发

---

① Krzysztof Pomian, "L'heure des 'Annales': La terre-les homes-le monde", in Pierre Nora dir., *Les Lieux de Mémoire*, pp. 919–920.

② Jean Maurice Bizière et Pierre Vayssière, *Histoire et historiens*, Paris: Hachette, 1995, p. 180.

起的众多比较研究课题,如封建制度、资本主义起源和农业结构等问题,都可见他的影响。

二、费弗尔、布洛赫和布罗代尔

要对年鉴学派的史学贡献有进一步的了解,就要看一下这些史学大家具体的学术活动和重要的代表作。

前文已经介绍过费弗尔的博士论文《菲利普二世和弗兰什-孔泰:政治、宗教和社会史研究》。不久,另一方面的问题吸引了这位16世纪的专家,这就是群体的心态问题。1928年,费弗尔出版了著作《马丁·路德》,提出了个人与集体的关系问题,在他看来,这是历史的主要问题。依费弗尔之见,路德在德国唤起了一场宗教革命,是现代德意志的精神之父。1942年,费弗尔又发表了一部关于心态史的著作《16世纪的非信仰问题,拉伯雷的宗教》,这部著作否定了法朗士等人关于拉伯雷是不信教者一说,但这部著作的重要性不在于它的结论,而在于它的方法。费弗尔通过对当时人们的认识程度、语言和时间概念等方面的研究,也通过对拉伯雷本人的作品(如《巨人传》)的研究,发现拉伯雷的宗教观是一种接近于伊拉斯谟的宽容宗教。他的结论是:在16世纪,科学的无神论是不可能存在的,拉伯雷决不可能是20世纪初那种自由思想者。费弗尔把以前历史学家们常问的问题"这是真的吗?",改成了他习惯上回答的问题"这是可能的吗?"。费弗尔一生著述颇丰,仅在各种杂志上发表的文章,就有500多篇。

布洛赫的父亲是索邦大学罗马史教授,他子承父业,于1919年担任斯特拉斯堡大学的讲师,次年在索邦大学通过博士论文答辩。布洛赫的研究重点是中世纪的社会、经济和心态。他的博士论文《国王和农奴》,可以说确定了他此后30年的主要研究方向。这部论著主要围绕卡佩王朝的财政史展开。作者认为,当国王的奴役性捐税收入不佳时,为弥补亏空,他不得不向农奴出售自由,最后到美男子时代,农奴都因为国王财政上的权宜之计而获得解放。因此,这样的财政史也是关于王权角色的历史:王权促进了各个不同群体之间法律地位差异的消失。

布洛赫自 1911 年发表《卡斯蒂尔的布朗士和巴黎教务会的农奴》,到其死后 1947 年出版的关于古代奴隶制的著作,始终关注大革命之前 12 个世纪中法国人身份的平等化的历程。其中《封建社会》研究了古代社会组织在 9—10 世纪大入侵打击下的解体,以及中世纪早期多元的等级化法律身份的出现,后者在 12—13 世纪演化为世袭性的阶级:贵族、市民和农民。他还探讨了不平等的社会身份制度的消失过程:奴隶制的消失因各地条件各异而呈现不同的节奏;农奴制的消失则迁延了很长时间,它一直维系到 18 世纪;与之相应的是附庸关系的瓦解和公社革命;最后,俗人之中贵族和平民之区分取代了驳杂的身份差异,而贵族平民之分又为大革命废除。在法国,法律身份的平等化进程是多种因素的共同结果:教会,它谴责以基督徒为奴;君主制,其财税政策促进农奴制的瓦解,无论是王室领地之内还是之外;市民被承认社会地位后,强化了以金钱释放农奴的做法,14—15 世纪尤其如此。法律身份的平等化,跟现代民族的缓慢酝酿是一个进程的两个方面。因为法律身份差异是世袭的,属于哪个群体决定了个人的社会角色,这延缓甚至阻碍了民族情感在全体人民中的传播,因为民族的形成需要以居民对传统、语言、地域的共同归属感为条件,居民之间的法律区分应该逐渐简化为经济差别。因此,布洛赫所揭示的法律身份的平等化、经济不平等和个人自由成为首要社会特征的漫长历程,可被解读为法兰西民族形成的历史。这一绵延许多世纪的历程的终点就是所有居民都萌生某种对语言、传统和地域的归属感。

在布洛赫的著作中,国王所占的篇幅比农奴少得多。但在今天,布洛赫最为人铭记的是他关于王权的超自然信仰的那部名著:《会魔法的国王们》。该著作不是关于观念和仪式的历史。作者考察的是一个长时段的集体行为,他借用了人类学的方法,并着重阐述了该著作的政治史意蕴。可以认为,《会魔法的国王们》是中世纪早期直到 19 世纪初查理十世之间的法国君主制的人类学—心理学历史。国王从一开始就不是常人,因为他有超自然能力。在卡佩王朝早期,这种公认的神圣性比王权的实际权力更为重要,正是它使得国王得以在诸侯之中维系首要地位,为日后建立真正的王权创造了有利条件。在中世纪最后几个世纪,关于国王的信仰(或曰"王室宗教")不断传播,但到文艺复兴时代,这种信仰开始逐步衰落。与当时的整个世界观一样,它也经历了一个逐步解体的过程,尤其是对超自然力量之信仰的瓦解。最后,在18世纪,哲人们习惯于只把君主看作国家的世袭代表,不习惯于在他们身上寻找奇迹。因此,国王的神迹的历史表面上是边缘性的传说故事,实际上是法律地位平等化的一个重要面相,从而具有实际意义:王权逐渐失去了超自然特征。然而,失去这种特征后,国王就不再像其前辈那样神圣了,如果说他还占据政治等级的顶峰,那么他没有超越它,更不是外在于它的;他跟臣民之间的关系只是程度上的,而不是性质上的。

布洛赫描绘的国王神圣权力史是一部有关民族与国王之关系、国民之间的联系,甚至有关民族的生活方式与思考方式的历史。最初,这段历史跟王权合二为一,正是因为王权具有神圣性,神圣权力才能存在。在一个存在各种身份差异的社会里,唯有国王是这样一个机构:他从性质上不同于其他的群体,但他能够、也唯有他能够维系整体。他既是俗人也是祭司,加冕礼使这一独特身份成为可能:一方面赋予他祭司身份,另一方面授予他王权、圣油瓶中的油、百合花领章,还有来自天上的火焰旗。通过这些象征,法国国王保证了法兰西国民的正直和繁荣,无论是精神还是物质上的,正如神保证受造世界的完整一样。因此法兰西民族很自然地是国王的全体臣民,他们都从国王的世俗和超自然的权威头衔中得到好处,尽管他们在其他方面因为尘世的偶然而各有不同,但这方面他们是一致的。而在漫长的法律身份平等化和旧的信仰体系解体的终点,法兰西民族看来可以自己把握自身团结和稳定的根源了。他们现在生来就是法国人,一生下来就跟这个身份联系在一起,因为语言,因为确定的传统,因为国家具有的由其负责防卫和维持秩序的地域性特征;而国王退居次席了,国王之所以为国王,是因为法国人的同意,因为他是法国人的代表和人格化象征。"总之,一开始民族是靠国王而存在,而在大革命前夕,国王依靠民族而存在。这时人们已不需要神奇的治病能力,国王的神话死了,君主制的信仰也随之衰亡"①。

布罗代尔可以被认为是年鉴学派的集大成者,正是在他领导年鉴学派时期,年鉴学派才获得了世界影响,在许多介绍年鉴学派的著作中,提到的年鉴学派的观点和方法,实际上是布罗代尔的观点和方法。布罗代尔在1947年通过博士论文答辩后,就和他的老师费弗尔一起领导《年鉴》杂志,之后他的学术地位不断升高:1949年当选为法兰西学院的教授,1950年至1955年担任教师资格评判团的主席,1956年至1972年担任高等研究实验学校第六系主任,并于去世前一年进入法兰西学士院。

布罗代尔最重要的著作之一是他的国家博士论文《地中海与菲利普二世时代的地中海世界》,这是他面壁二十多年的成果,一部名副其实的"大手笔"之作。全书分为三大部分,第一部分分析地中海的地理环境;第二部分由单篇论文组成,分别研究地中海地区在16世纪的经济状况;第三部分叙述西班牙帝国和土耳其帝国在地中海争霸的过程。

此书是年鉴学派研究全面历史——或曰"整体史"——的代表作,它以地中海为主题,力图反映16世纪后半叶地中海周边地区的地理、经济、社会、文明、政治、军事、外交的历史全貌。在论述过程中,将历史发展的时间分为地理时间(或称地理历史时间,这是几乎静止不动的)、社会时间(节奏缓慢)和个人时间。后来,布罗代尔在他的论文《历史与社会科学:长时段》中对他在这部巨著中阐发的时间概念作了补充和完善。在时间的划分上,布罗代尔加入了经济和文化因素,把三种时间明确称为三种时段(长、中、短)。各种历史因素是与不同的时段联系在一起的:地理时间构成所谓长时段,比较稳定少变的历史因素与之相联系,比如地理、气候、环境、社会组织结构、思想传统等,这些都是结构性的因素,

---

① Krzysztof Pomian, "L'heure des 'Annales': La terre-les homes-le monde", in Pierre Nora dir., *Les Lieux de Mémoire*, pp. 932 - 933.

对历史的发展起到决定性的作用,所以在当时年鉴学派的心目中,对这些历史现象的研究最被重视;社会时间构成中时段,与之相关的历史因素,如经济、人口等等,是一些在相当长的时间里(十年、二十年、五十年甚至一二百年)兴衰起伏、呈周期性变化的现象,它们对历史的影响也不可忽视;而所谓的短时段是与历史上的事件和人物相关联的,这些因素往往是突发性的,持续时间短暂,在历史上如过眼烟云,对历史发展进程影响不大。

这种分层的、结构主义的思想进路同样体现在布罗代尔后期的著作中。在将年鉴学派的领导权交给更年轻的一代以后,他于 1979 年完成了三卷本的《15 至 18 世纪的物质文明、经济和资本主义》,在 1977 年至 1982 年他又与拉布鲁斯一起主编了多卷本的巨著《法国社会经济史》,去世前一年,布罗代尔的压卷之作《法兰西特性》开始问世。

在《15 至 18 世纪的物质文明、经济和资本主义》一书中,布罗代尔试图回答文明进步的问题,但他给出的结论却显得相当悲观,认为从 15 至 18 世纪文明进步得缓慢,而且常常被严重的倒退所打断。这部巨著试图描述资本主义缓慢发展的过程。作者的着眼点首先从日常生活的结构开始,关注一些中长时段的因素,如每天要消费的面包、文化、工具、交通、疾病、人口和城市等等,然后转向市场交换,以及涉及市场的经济规律,最后将目光转向整个世界:从几个世界商业中心,如威尼斯、阿姆斯特丹和伦敦,扩展到全世界。资本主义的出现在这里不是作为一种制度突然出现的,而是人类实践活动的自然但很缓慢产生的结果。

《法兰西特性》的写作酝酿了十多年。本来布罗代尔预计要出四卷,但在他辞世之前只出了两卷。在这套书中,布罗代尔继续忠实于他注重长时段的思想。第一卷《空间和历史》就体现了他的"地理历史时间",主要内容涉及法国各个地区的不同特点、丰富的方言和地名、世系的复杂性、乡村文明和城市文明等;第二卷《人与物》主要涉及法国人口的演变。

不难发现,布罗代尔重视长时段历史因素的倾向暗示了人对历史发展的无能为力,这种对人的被动性的强调与费弗尔、布洛赫的历史观是有区别的。不过需要指出的是,布罗代尔的思想也并非一成不变。在1963年发表的论文《文明的语法》中,他对人的作用和历史发展似乎抱有些许积极乐观的态度,但在1984年,他却写下了这么一段文字:"我认为人不是自由的……马克思说人创造历史,有一大半是搞错了,更确切地说,应该是历史创造了人。人只能接受历史……历史的前进就如西班牙的进程:人们前进两步,总要后退一到两步。每次进步总要提出新的问题。"①

第二节　年鉴学派的发展、影响和变革

一、"新史学"

在布罗代尔于1985年去世之前,新一代的史学家们已经展现出与这位教父不一样的研究旨趣。1978年,年鉴学派第三代领导人之一勒高夫主持出版了一本论著,标题为《新史学》(La nouvelle histoire),某种意义上可以视为风气转变的信号。不过在当时,"新史学"的史学家之间不存在统一的原则和历史观念,它的"新"主要体现在新的方法和新的研究领域。新史学脱胎于年鉴学派,但在方法论上逐渐背离了原来的轨道。布罗代尔时代的年鉴学派注重整体历史,强调历史中变化缓慢的结构,而新史学则服从历史学家们的各种好奇心,利用新的研究方法,特别是计量方法,开拓大量新的研究领域,如历史人类学,尤其突出的是心态史学。

在勒高夫看来,普通人的历史应该是未来研究者的终极关怀。他认为小山村蒙塔尤的神甫与马扎然、塔列朗这样有名的大主教一样使人感兴趣。而要想研究大众的历史,就要借助于计量方法。这种计量方法不仅可以处理一些数据资料,也可用来评估历史事实。历史事实可被分解成一些不断重复和可以互相比较的"标准"因素,并被安排在同一系列

---

① Jean Maurice Bizière et Pierre Vayssière, *Histoire et historiens*, p. 189.

里,然后通过计算机对经济、人口、税收、社会等系列进行研究,可以对不同的研究领域的问题作出新的研究成果,如法国历史上的农民起义、宗教肖像学、人们的性行为等等。对人们结婚契约和遗嘱的计量分析,有助于对人们文盲率(是不是本人起草和签字)、对社会地位的变化(遗嘱中的财产情况)和人们对死亡的态度的了解。

在新史学的倡导者那里,人类学是一个颇具吸引力的盟友。1962年,结构主义的旗手、著名文化人类学家列维-斯特劳斯入选法兰西学院,这对结构主义思想的传播起了推波助澜的作用。结构主义人类学关于宗教仪式和神话的研究启发了历史学家,一些新史学的追随者将兴趣转移到口头调查、画像研究,或者建立统计数据,进行考古研究等等,形成了历史人类学这一分支学科。历史人类学又分成两股潮流,一股把重点放在研究"物质文明"上,另一股则研究人的"心态"(mentalités),被称为心态史学。

法国史学界的"物质文明"的概念含义较为宽泛,在物质生活方面,它可以包括气候史、食品、住房、服装、工具等方面的历史,也涉及技术史、工业发明史、劳动姿态和体育史等等,此外还包括源于物质文明的某些历史现象,如疾病史。物质文明史还研究人们的欲望、饮食胃口、烹饪习惯等。不过物质文明史的研究的成果没有达到它原来想要达到的高度,很快被"心态史"的声势盖过了。

在1970年代,心态史在法国史学界成为最受人关注的研究领域。"心态"一词是从人种学和心理学上借用过来的。如前所述,某些学者认为"心态史"是整个年鉴学派最富特色的贡献。布洛赫在1924年的《会魔法的国王们》中就已经使用过该词,费弗尔在1937年的《法兰西百科全书》中也用过"心态材料"一词。1932年,著名大革命史专家乔治·勒费弗尔(Georges Lefebvre)在《1789年的大恐慌》中也采用了"心态"一词,其含义基本上与"社会现实"相似。

但现在一般认为,心态史真正的发展是从1960年代开始的。1960年,史学家菲力浦·阿里埃斯(Philippe Ariès)发表了重要的心态史著作

《旧制度下的儿童和家庭生活》,由此掀起了心态史研究的高潮。1972年,《年鉴》杂志出版了一期心态史的专刊,并冠以"家庭和社会"的副标题,从中我们可以看到在"心态史"这一概念下囊括的广阔研究领域。实际上,心态史这一领域的弹性非常大,从人们的性行为到人们对税收的态度,再到人的时间观念、社交形式、节日,甚至撒旦的形象。随后的一些心态史家又在这一长串无穷无尽的名单上,再加上大众文化、人们对死亡的态度、人们的恐惧心理等等。

从1980年代开始,心态史的热度开始降温,它的地位逐渐被"想象史"所取代。一切艺术品和文学作品都是想象的产物,在这些想象产物的背后,具有一定的社会意义和象征意义,勒高夫等人转向了对"想象物"的研究,1985年出版了《中世纪的想象》一书。

在法国史学界,"新史学"的旗帜下集合着一大批著名的史学家,这里不可能对他们作详细的介绍,只能简单地列举一二。乔治·杜比(Georges Duby)和勒高夫都是中世纪史的专家,而且他们的学术道路都经过了相似的发展历程,即从注重经济社会逐渐转入心态史,然后又转入想象史的研究。杜比著述颇丰,主要有《11和12世纪马孔地区的社会》(博士论文,1953)、《中世纪西方的农村生活和乡村经济》(1962)、《武士和农民》(1973)、《布汶的星期天》(1973)、《三个等级或封建主义的想象》(1978)。他还主编、撰写了许多法国通史的著作。勒高夫是新的一代年鉴学派的领导人,也是新史学的代言人,是中世纪史的专家,在心态史和宗教史方面有许多论著,重要的有《新史学》《炼狱的诞生》和《中世纪的想象》等。拉杜里走了一条从研究长时段历史转向政治史研究的路子。他在学术生涯早期着重于对农民问题的研究,1966年出版了《朗格多克的农民》,但他十分注意长时段历史,1967年写了《自从1000年以来的气候史》。随后拉杜里发表了许多关于宗教文化的论文,并转向历史人类学,1975年,拉杜里发表了解剖一个小村庄的重要著作《蒙塔尤》,该书卖出了200多万本,成为畅销书。但拉杜里最后也转向政治史研究,写了《巴洛克国家》一书(1985)。在新史学的大军中,值得一提的还有以计量史学著称的学者皮埃尔·肖努（Pierre Chaunu），他关于近代早期大西洋世界贵金属贸易的论著已成为这方面的经典；受当时学术气候的影响，肖努还研究过近代早期西方世界的堕胎问题。宗教史专家让·德吕默（Jean Delumeau），1978 年发表的《14—18 世纪西方的恐惧》，堪称心态史的经典。此外还有心态史代表阿里埃斯、法国大革命史的修正派学者孚雷、当代政治史专家莫里斯·阿居隆（Maurice Agulhon）等。在这些"新史学"历史学家们的辛勤耕耘下，历史学成为社会科学中的一颗明星，社会学、人类学、语言学和心理分析学等曾经红极一时的学科与其相比都黯然失色。

二、孚雷的法国大革命史学

年鉴学派给法国的史学研究带来了全方位的革新，弗朗索瓦·孚雷的法国大革命史学就是一个典型的例子。

二战后，在乔治·勒费弗尔影响下，法国革命的传统史学逐渐成为在法国革命史研究中占统治地位的解释模式。这种史学用社会原因来解释法国大革命，通过广博的考证和批判的思考，系统地解释法国大革命。并通过对农民和无套裤汉的考察，把对农村群众和城市大众的研究引入革命史中，是一种自下而上的史学。20 世纪五六十年代是传统革命史学空前繁荣时期，吸引了法国国内外一大批杰出的学者，如阿尔贝·索布尔（Albert Soboul）、乔治·鲁德（Georges Rude）等。勒费弗尔和索布尔先后担任巴黎大学法国革命讲座教授，并掌握了《法国革命史年鉴》杂志，培养了一大批学生，广泛传播了他们关于法国革命的观点、研究方法。但是在这种统治地位的背后，也隐约潜伏着危机，开始出现僵化、教条化的倾向，研究局限于一定的模式之中，缺乏创新。

孚雷属于年鉴学派的第三代成员，1965 年，他与德尼·李舍（Denis Richet）合著的《法国革命》一书出版，对当时以索布尔为代表的法国革命传统史学的解释提出质疑。从此，以孚雷为代表的一些历史学家与传统史学在法国展开了 20 多年的论战。孚雷利用《年鉴》杂志继续发表文章,为自己的史学思想和研究方法辩护。在 1977 年担任社会科学高等研究院的院长之后,孚雷更是利用这一机构来扩大自己的影响,以与巴黎大学相抗衡。在社会科学高等研究院下,聚集了一批与孚雷志同道合的研究者,包括莫娜·奥祖夫(Mona Ozouf)、李舍、皮埃尔·诺拉等。正是在这一批专家学者的共同努力下,才能不断出版有影响的法国革命史著作,他的史学思想在法国史学界的影响也才能逐渐扩大。到 1980 年代中后期,孚雷史学逐渐取代传统史学,开始占据法国革命史研究的主导地位。在 1989 年法国革命二百周年的纪念活动中,孚雷被法国的新闻媒介冠以"二百周年之王"的头衔,他本人在接受一家报刊的采访时也声称"我赢了"。

孚雷的法国革命史学,从史学思想上来看,首先强调法国革命的连续性,认为法国大革命并不是如当时革命者和传统史学家们所想象的是与过去彻底决裂、是一个全新的世界的开始,相反,法国革命只是一项长期工作的最后完成部分。

在法国革命的起源上,旧制度下的法国君主专制主义起了很大作用。旧制度下法国君主一直进行着加强王权和中央政府权力的工作。中央集权慢慢渗透到法国社会生活的各个角落,逐渐剥夺了贵族的政治权力和自由,使已丧失了政治权力但仍然保存特权地位的贵族成为法国各阶层痛恨的焦点。当法国革命爆发,国家权力出现真空时,这种平等主义文化就逐渐形成一种关于权力的革命意识形态,并成为革命的动力。而旧制度下开始的中央集权化,在法国革命结束后,不仅未消失,而且得到了强化,并一直长期存在。

对于大革命的结果,孚雷认为革命前后的法国在经济、社会层面上变化不大。旧制度下的法国经济在 18 世纪并未受到阻碍,而是繁荣。18 世纪后期的危机是总的上升趋势中的不景气。整个大革命过程中经济的变化很微弱,法国资本主义经济的发展是一个漫长的过程,并未因革命而改变速率,法国革命也未使法国的社会结构发生明显、深刻的变化,在大革命后相当长的时期里,法国仍是一个农民国家,有大地产者、有农民、有贵族、有资产者。革命后的法国社会,其深层仍建立在革命前社会的传统之上,是一种国家至上与公共权力至上的传统。

其次,孚雷强调法国革命中政治的核心地位。法国革命的决裂性并不体现在经济、社会的变化上,而是体现在政治上。法国革命的历史重要性在于它第一个进行了民主政治实验,而这种实验将成为普遍现象。由此法国革命为后人提供了丰富的政治原材料。孚雷强调政治是18世纪末到19世纪末法国历史的核心部分。正是通过占统治地位的政治文化,法国这一时期的历史才展示了特点。孚雷还突出1789年在法国革命史中的地位,认为法国大革命的核心是1789年。这一年是激进的和富有创造性的,而1793年的法国则有很多挫折与损害,人们开始重新恢复旧制度的东西。1789年的法国形成了一种革命意识形态,它成为1789年至1794年法国革命的内部动力。对于1793年至1794年的雅各宾派恐怖统治,孚雷反对以外部环境理论解释,而是认为1789年至1794年的法国革命存在着一个激进化的过程,革命的发展到了1793年出现了制度化的恐怖。

孚雷的史学方法反对传统的法国革命史研究中的"纪念史学",大力提倡解释史学。在他看来,法国革命传统史学认为史实自身会说话,证明自己,从而采取一种纯粹的描述,这只是一种"寻求认同"的史学,无论是诅咒革命还是庆祝革命,都没有摆脱当时革命者自身的虚幻,仍然保留着对革命参与者的有意识经历的信仰。因而孚雷提倡采用解释史学方法,主张历史学家不再去试图重构过去,而应从过去中挑选一些研究对象,同时对这个过去提出一些有选择的问题,并解释它们。在研究中,孚雷反对传统史学用经济、社会解释法国革命,强调把重点放在法国革命史的政治研究上,从政治层面考察法国革命,并且这种政治史研究是与思想、文化研究紧密结合的,注重考察法国革命中语言、观念、象征体系的作用。孚雷认为语言、意识形态独立于经济、社会因素之外,在一段时间内起了决定作用。

孚雷重新发现了一些以前为人们所忽视的历史学家,自己的著作中大量引用了这些历史学家的研究成果。其中最重要的是托克维尔。孚雷借鉴了他对法国大革命与旧制度的关系的思考。此后，托克维尔的名著《旧制度与大革命》一书已成为研究法国 18 世纪，特别是大革命历史的必读著作。

孚雷史学最大的成就，是他有力推动了法国革命的政治文化研究。政治层面上的广泛创造，无疑是法国大革命最重要的成果。法国大革命为后人提供了一整套政治理论和实践体系。今天我们所惯用的"左派""右派""红色恐怖""白色恐怖""反动"等政治词汇，都是法国革命时期的政治创造。法国大革命开始了现代民主政治的实践，具体展示了现代民主政治中直接民主制与代议民主制间的矛盾，并且表明平等有不同的后果，既可能与个人自由相联系，也可能导致国家专制。这些如果只是通过传统政治史的对事件的描述是无法理解和阐述明白的，只有从政治文化出发进行研究才能理解。孚雷的政治文化研究十分注重分析语言、象征体系、意识形态在法国革命政治中的作用。这就使我们得以从一个全新的角度考察法国革命的政治进程。

孚雷倡导的这种法国革命政治文化研究对各国史学家产生了重大影响。此后政治文化研究成为法国革命研究中的热点。众多历史学家在孚雷开创的领域里不断拓展前进。如美国历史学家林·亨特（Lynn Hunt）、基思·贝克尔（Keith Baker）、英国历史学家科林·卢卡斯（Colin Lucas）等。1986—1988 年，法国和英、美历史学家分别在芝加哥、牛津和巴黎举行了三个名为"法国大革命和现代政治文化的创造"的国际研讨会，可以说是对一个时期的法国革命政治文化研究成果的总结。

尽管孚雷在法国革命史研究中取得了令人注目的成就，但他的法国革命史观中仍然存在着一些严重的缺陷。首先在对雅各宾专政的分析上，孚雷虽然从革命内部动力机制出发考察了雅各宾专政出现的必然性，但是他片面夸大了雅各宾专政中违反自由民主的一面，而完全无视雅各宾专政在法国大革命中彻底摧毁封建专制主义、建立民主社会方面所起的巨大作用。其次，孚雷在强调法国革命中政治、思想作用的同时，忽视了对经济、社会因素的考察，放弃了阶级分析方法这把理解法国历史最重要的钥匙，这是孚雷政治文化研究的致命缺陷。在法国革命史研究中，无视阶级分析的方法是对法国历史基本特征的无知。科学的法国革命政治文化的研究除了把阶级、社会、经济的因素同包括上层建筑、意识形态在内的诸种文化因素结合起来考察外，别无他途。①

三、对年鉴史学的反思和批判

　　1996年，研究移民史的法国学者热拉尔·努瓦利耶（Gérard Noiriel）发表题为《论历史学的危机》的著作，概述了1970年代以来法国史学的变迁。关于这一变迁，当时有各种各样的说法，如年鉴学派的"特征和实践的危机""不确定的时代""认识论的混乱""记忆的魔力""批评转向"等等。具体来说，这个时期出现了新型的政治史、当代史，社会史有了新的定义，文化史的地位在上升；法国人以记忆和身份认同（identité）为中心，对历史的社会功能展开了辩论，再有就是史学史的发展，以及对史学客观性的古老问题的新反思等等。所有这些现象都可以视为努瓦利耶所谓的"史学危机"的表现。要理解这种危机和历史学的重构，需要从1970年代以来对年鉴史学模式的批评说起。

　　布罗代尔于1985年去世。实际上，早在他去世之前，已经对新一代史学家的某些提法感到不满："因为我的门徒们没有遵循我的教诲……我的接班人和我之间存在巨大鸿沟。"②布罗代尔的说法，主要针对的是1970年代盛行一时的心态史。如前所述，《年鉴》的老编辑、历史学家比尔基埃在晚年的一部回顾性著作中认为，《年鉴》学派的核心、其最具"法国"特色的贡献是"心态史"。心态史至少在一个问题上与布罗代尔

---

① 关于孚雷的大革命史学，可参见顾杭：《孚雷的法国革命史学述评》，《史学理论研究》1999年第3期，第94—103页；周立红：《孚雷反对索布尔——试论法国大革命史学史上的一段论争》，《中山大学学报》2011年第2期，第101—111页。

② 弗朗索瓦·多斯：《碎片化的历史学——从〈年鉴〉到"新史学"》，马胜利译，北京：北京大学出版社，2008年，第146页。

有区别,并成为通往后来新史学的桥梁,这就是"表象"(représantation)的问题,或曰历史中的行为主体是如何看待自己周围的环境并据此采取行动的。早年费弗尔和布洛赫对于经济史的解释正是采取这种思路,后来的记忆史和新文化史等研究,都强调历史主体(即个人或群体)对历史现象和历史环境的意义建构。心态也像记忆和文化现象一样,都是人对世界的表象或表现。1989 年,法国文化史的领军人物罗杰・夏蒂埃(Roger Chartier)在《年鉴》上的论文《作为表象的世界》,探讨的正是这一观念在当时史学界的表现。[①] 实际上,布洛赫早就说过:"历史事实本质而言是心理事实。"[②]从这个意义上说,历史事实不完全是纯粹客观的存在(即勒高夫所说的"社会学家的事实"),只有深入到历史事件背后的人的心理动机,才能构成真正的历史理解。另外,心态史重新把人(无论是个体还是群体)当作历史研究的中心,它将注意力转向了人的情感和心理,而不仅仅是布罗代尔关注的地理环境和经济生活。从这些方面看,心态史可以称为"回归"年代的先声和桥梁。

1980 年前后,有两篇重要论文对法国史学界影响很大。第一篇早已为中国学界熟知,这就是英国历史学家劳伦斯・斯通的《叙述的回归或对一种新型的旧史学的反思》;[③]另一篇是意大利历史学家、微观史学的代表卡洛・金斯伯格的《标记、痕迹、线索:一种形迹范式的根源》。[④] 这两篇文章都发表于 1979 年,1980 年译成法文后发表在皮埃尔・诺拉和马塞尔・高舍(Marcel Gauchet)等人创办的新杂志《争鸣》(Le Débat)上。

斯通强调,很多史学家开始回归叙述方式,按编年顺序来写作。而

---

① Roger Chartier, "Le monde comme représentation", *Annales. Histoire, Sciences Sociales*, 44 Année, No. 6 (Nov. -Dec., 1989), pp. 1505-1520.

② 马克・布洛克:《历史学家的技艺》(第二版),第 163 页。

③ Lawrence Stone, "Retour au récit ou réflexions sur une nouvelle vieille hisoire", *Le Débat*, 1980/4 (n°4), pp. 116-142.

④ Carlo Ginzburg, "Signes, traces, pistes Racines d'un paradigme de l'indice", *Le Débat*, 1980/6 (n° 6), pp. 3-44.

以布罗代尔为代表的年鉴史学是强调分析的,因而叙述的回归标志着历史学家兴趣的某种转移:从人周围的环境转向环境中的人;在研究对象方面,从经济和人口转向文化与情感。在史料方面,从社会学的、人口和经济的,转向人类学与心理学;在历史主体方面,从群体转向个人;关于历史变化的解释模式,从分层和单因论转向交互影响和多因论;在方法论方面,从群体的定量分析转向个体现象;在表达方式上,从分析转向描述;而历史学的观念则从科学的转向文学的。

斯通认为,这种兴趣转移,可以认为是"科学历史学"失败的标志,他认为科学史学有三种模式:马克思主义的经济论模式,年鉴学派的"生态-人口"模式,以及美国的计量史模式(新经济史)。在他看来,计量方法、历史的三个层次(或三个时段)的划分、以及人口-经济的单因决定论,都已经将历史学家引入死胡同:"科学的史学"本身就是个神话。而"叙事的回归",其根源正在于"科学的史学"的失败,以及其解释论的奢望。当然,即使在今天,法国有些学者仍不能完全赞同斯通的这些说法。他的文章引起激烈的争论,对历史学的本质和社会功能、历史叙事的真相问题的辩论起到了推动作用。

金斯伯格则提醒历史学家们注意,19 世纪末悄悄出现的另一种不同于自然科学的认识论模式(他称之为伽利略模式):形迹范式(paradigme indiciaire)。历史学家可以通过历史现象留下的痕迹来认识历史事实。但与伽利略的科学不同,历史学本质上与个体化联系在一起,历史认识是间接的、指示性和猜测性的,而且是定性的,但伽利略科学是定量的。而且,历史认识意味着必须根据叙述顺序处理事实。因此,与斯通不同,金斯伯格把历史学中的叙述表达形式,与依靠痕迹的认知模式联系在了一起。换言之,历史学之所以依靠叙事,是由历史认知的模式决定的。金斯伯格认为,伽利略物理学的科学范式的出现,是西方思想史上决定性的断裂。虽然现代物理学不能定义为伽利略式的,但伽利略认识论的本质依然大体保存完好。然而,我们所称的形迹性学科群(包括医学)完全不符合伽利略范式推演出的科学标准。这些学科主要是定性的,它们的对象更多是个体状况和文献,正因为如此,它们达到的结果具有不可化约的偶然性;而在伽利略式科学中,数学和实验方法的使用意味着,现象是可定量的,可重复的。但个体化本质上就排除了重复的可能。这一切解释了为什么历史学从来不能成为伽利略式的科学。在 17 世纪,传统历史学中引入了古物研究方法(马比荣等人的文献考订),当时学者们就已经阐发了历史学的形迹特征(文字、书法、语法等)。虽然历史学与社会科学的联系越来越紧密,但根本上说,早期历史学奠定的这种形迹特征没有改变,即依靠文本和痕迹去分析历史现象。历史学仍然与具象联系在一起。

前面已经提到,晚年的布罗代尔已经意识到,新一代的年鉴学人跟他在理念上是有距离的。在 1981 年,《年鉴》杂志的重要角色弗朗索瓦·孚雷写了一篇意味深长的文章:《在年鉴的边缘:历史学与社会科学》,批评年鉴学派有一种"碎化的认识论"和对"新史学"的新对象的"无限制的追求"。这是一份真正的年鉴学派死亡证明书。它宣称年鉴学派现在只代表一种"影响和声望的霸权,而不再代表一个有思想的学派;而且毫无疑问,不再具有共同的精神"[1]。如前文所述,孚雷本人已坚定地离开了经济社会史,他还质疑《年鉴》过去对叙事史的批评——这与前引金斯伯格的说法遥相呼应。这些批判性的反思预示着法国史学界正在发生一系列重大转向。

第三节 现当代史研究的新气象

一、为政治史辩护

现当代史的研究曾在法国长期受轻视。尽管 1929 年《年鉴》创刊后曾一度相当关注现当代问题,然而二战后对长时段的推崇,很自然地导

---

[1] 克里斯蒂昂·德拉克鲁瓦、弗朗索瓦·多斯、帕特里克·加西亚:《19—20 世纪法国史学思潮》,顾杭、吕一民、高毅译,北京:商务印书馆,2016 年,第 422 页。

致历史学家们将目光投向更有历史纵深的时代,现当代史被忽视就很正常了。情况在 1970 年代之后有了改变。1974 年,皮埃尔·诺拉已经提到"事件的回归",四年后,他在高等研究院开设了"当下史"(histoire du présent)研究课程。尽管诺拉所谓的回归的事件是经过媒介传播的事件(évenement médiatisé),与传统政治史中的事件相距甚远,但是他的创意在当时得到了很多同行的呼应。1978 年,法国国家科研中心(CNRS)设立了当下史研究中心(L'Institut d'histoire du temps présent,简称IHTP);1984 年,让-皮埃尔·里乌(Jean-Pierre Rioux)为首的一批历史学家创办专业史学杂志《20 世纪》(Vingtième siècle:Revue d'histoire)①,机构和建制上的发展表明当代史问题已经成为专业研究的重要领域。而这种局面的出现,与以勒内·雷蒙为代表的当代史家对"新政治史"的提倡和对《年鉴》传统的反思有密切关系。

新政治史的倡导者们关心的一个重大问题是政治课题在历史研究中的合法身份。他们将法语中的政治(la politique)从阴性名词转换为阳性名词(le politique),由此便出现了一个新概念:这种政治的定义是"整个社会的管理场域",它总括各个层次的现实。政治是最具涵盖性的,因此政治史本身就具备了成为总体史的可能。新一代史家们还努力证明,新政治史并不是对年鉴传统的彻底抛弃,它可以容纳经济社会史的丰硕成果,也可以使用计量方法;甚至布罗代尔对时间多元性的思考也能纳入政治史研究中:政治包括各种形态的历史时间,既有最瞬时的,也有最缓慢的。

就历史学科的"外史"而言,新政治史的出现与 1970 年代法国的社会-政治形势是分不开的,尤其是索尔仁尼琴引发的争论和印度支那的反思,促使史学界重新考量政治对人类生活的巨大影响。从学理上说,新政治史家试图突破布罗代尔对政治史的简单化看法,他们需要重新定义政治——政治并非大海浪花上的泡沫。1988 年,勒内·雷蒙主编出版

---

① 2019 年改名为《20 和 21 世纪》(20 et 21:Revue d'histoire)。

了《捍卫一种政治史》,对此作了阐述。

　　依勒内·雷蒙之见,政治是整个社会管理的场域,这个场域部分地控制了其他活动;它确定这些活动的法律身份,规范着它们的运作。政治史家并不认为什么都是政治,也不鲁莽地坚持政治总是首要和决定性的,而是认为,政治是大部分活动的汇聚点,它总括了社会整体的其他构成部分。政治并不遵循直线发展:它由断裂构成。政治是最大多数原因序列的汇聚点,而政治的复杂性使得对它的解读更为困难。事件意味着某些理性的失效,但并不因此意味着理解上的混乱。

　　政治事件是心态的奠基要素:事件将一代人凝结在一起,对事件的记忆直到这代人的最后一刻都是充满正面或负面情感的参照系,即使这一代人消失,这种记忆也将沉浸在无意识的集体记忆中,仍会不知不觉地发生影响。因此,政治是集体身份的最高级的表达方式之一:人民通过对政治的想象、实践和体验方式来自我表达。政治文化堪称某个人民行为方式之特征的总结,它并非政治风景之中的一个因素,而是一个民族的气质、一个人民的灵魂强有力的显示器。

　　不难看出,勒内·雷蒙拒绝政治是表层现象、是被决定者的固有认识;而且他也明确地否定了政治史等于短时段的看法,因为一个事件可以通过记忆而发挥持续的历史影响力。今天看来,这些看法比简单的结构论和决定论可能更符合实际。原子弹的爆炸只有一瞬,但它的影响绝不是稍纵即逝。① 认识上的更新无疑是当代史研究的前提,而最近三十年来这个领域的成就也证明了新政治史的活力。

二、西里奈利的当代史实践

　　在 20 世纪末以来的法国史学界,一个令人瞩目的新兴领域是知识分子史研究。1957 年,勒高夫发表《中世纪的知识分子》一书,但他笔下

---

① 参见吕一民、乐启良:《政治的回归——当代法国政治史的复兴探析》,《浙江学刊》2011 年第4 期,第 123—130 页。

的知识分子与现在人们理解的知识分子颇为不同。直到 1980 年代，知识分子史研究才形成气候。让-弗朗索瓦·西里奈利是勒内·雷蒙的弟子，他发扬了乃师的新政治史理念，成为知识分子史研究的主要开拓者。[1]　西里奈利的代表作包括《法国知识分子：从德雷福斯事件到当代》《知识分子的"代"：两次世界大战之间的高等师范文科预科班和巴黎高师的学员们》《20 世纪的两位知识分子：萨特和阿隆》等，贡献主要体现在如下几个方面。

首先是知识分子的定义。西里奈利认为，知识分子必须同时满足两个条件，第一，他们是文化的创造者和媒介；第二，他们必须介入和参与社会政治生活，或是直接介入，或是充当"见证"。通过公共领域和意识形态方面的争论，知识分子能将当时国家和社会生活中的焦点难题和社会问题表达出来，或者梳理清晰。所以从这个意义上说，知识分子史可以通过对知识分子这一特殊群体的分析，来透视社会变迁和运动。

其次是研究工具。西里奈利强调，知识分子史的研究要运用三套工具："历程""社交性"和"代"。历程意味着对知识分子在各个历史时期的发展过程作历时性考察，社交性指知识分子群体的内部结构及互动方式，"代"则要求从代际更替的角度去理解知识界内部的新陈代谢。这里所谓的知识分子的"代"，往往以某个重要事件为起点和背景。德雷福斯事件为"知识分子"这个名词的诞生提供了时间和空间，形成了"德雷福斯事件的一代"知识分子，1950 年代的"共产主义一代"，其成长背景自然不能脱离二战，而"五月风暴"则催生了 1968 年的一代。因此西里奈利认为，知识界的代际更替的主要原因是社会和政治方面。

西里奈利的社交性（sociabilité）概念来自莫里斯·阿居隆。阿居隆对旧制度末期到 1848 年革命期间普罗旺斯的社会团体进行研究时发现，当地有些类似于城市的咖啡馆和沙龙的社交场所，新思想就从这些

---

[1] 参见朱晓罕：《让-弗朗索瓦·西里奈利的法国知识分子史研究》，《史学理论研究》2005 年第 4 期，第 131—139 页。

地点传播，从而促进了政治观念的转变。那么知识分子的社交工具是什么呢？它主要包括杂志和出版社，每种杂志和每家出版社都有相对固定的编辑和作者群体，并形成知识界的小团体。另一位知识分子史专家米歇尔·维诺克(Michel Winock)曾以《精神》杂志为中心，写了一部《精神杂志的政治史》；西里奈利则把20世纪的声明和请愿书视为另一种思想社交和介入社会的重要方式，每一次宣言和请愿，都是知识界内部的一次动员，它会选择一部分人，排斥一部分人，从而形成一些团体。

涉足知识分子史以来，西里奈利发表了数十部著作；与此同时，这位在巴黎政治学院任教的历史学家先后担任法国历史科学委员会主席和联合国教科文组织历史科学委员会主席。西里奈利本人的成就和地位本身就足以说明当代史在法国史学界的地位。但西里奈利并未在知识分子史领域裹足不前。某种意义上说，他的探索也很好地体现了最近二三十年来法国史学界的新动向。

从1990年代开始，西里奈利提倡政治史和文化史的结合，主张文化是政治的基础，并注重表象体系和传播过程，提出了一系列有新意的看法。应该指出的是，法国史学界很少使用"新文化史"一词，一般只用"文化史"。其中的一个最重要的原因在于，法国学界对历史的客观真实性仍然具有大致的共识。即使是一些注重话语分析的学者，也不是完全接受"语言学转向"的立场。法国的史学家们在不同程度上普遍采纳了哲学家保罗·利科的立场，即寻求实证主义和相对主义之间的平衡。利科虽然认为历史与叙述不可分离，但也非常明确地捍卫历史学的客观性和真实性，与海登·怀特有所不同。可以说是当代法国史学的重要特征之一。①

西里奈利以文化史的视角，重新审视了20世纪史的年代学，提出60年代是这个世纪真正的分水岭。法国史学界一般将一战爆发的1914年

---

① 参见朱晓罕：《从新政治史到文化史——让-弗朗索瓦·西里奈利的法国20世纪史研究》，《史学理论研究》2017年第3期。

作为 20 世纪史的开端,以二战为界将 20 世纪史分为"两次大战之间"和战后两部分。但西里奈利认为,如果用文化史的视角审视 20 世纪的法国,历史的分水岭不在二战而在 1960 年代。这种分期依据的是政治文化的演变。19 世纪末第三共和国塑造的共和主义的民族政治文化,并未随二战和战后初期的剧烈震荡而消亡,1960 年代才是新的民族政治文化孕育产生的时期。在这里,西里奈利创造性地将长时段视角引入了政治文化的探讨中。他认为,1870 年之后法国的政治文化深受战争氛围的影响,这种情形直到 1962 年《埃维昂协议》之后才真正终结,而在此之前,战争与和平始终是法国社会意识的首要问题,它并未随二战而终结。另一方面,西里奈利也没有将政治文化与经济社会实际分离开,他非常强调战后初期的人口爆炸和经济增长带来的深刻变革,这是 1960 年代大众文化变革的社会条件。从传播过程来看,1960 年代是个大众文化的加速期。青年文化迅速发展,电视的威力日益增强。从 1965 年开始,人们首次可以通过电视了解总统选举信息,传播方式开始深刻地改造了政治的运作方式。大众媒体的出现也加速了集体表象的转变。年轻一代的法国人对外部的世界有了更多的了解,随着法德和解和殖民帝国的瓦解,传统的民族表象体系变得更为开放、更为适应全球化的新时代了。对于 1960 年代的标志性事件"五月风暴",西里奈利认为,这次危机并没有超出法治国家的限度,各阶层都没有推翻现体制的意愿,军队也保持了稳定,这些都表明第五共和国已经扎下根来,它的合法性和正当性并没有受到实质性的威胁。因此"五月风暴"只是放大和推动了 1960 年代法国社会各方面的变革,并促进了新的政治文化系统的协调发展。

　　由于 20 世纪的重大政治和军事事件跌宕起伏,历史学家们很容易以这些事件作为研究和叙事的主要参照。西里奈利的 1960 年代分水岭观点,克服了传统的政治史年代学分期,强调文化在衡量时代变迁中的重要地位,并向更深层次发掘影响历史变迁的要素。具体而言,他认为 1960 年代意味着某种历史变革速率的转折:在此之前的半个多世纪中,法国历史虽然持续动荡,但殖民帝国仍大体维持着,更重要的是,社会形态和价值观相对而言是静止的;但从 1960 年代开始,历史开始加速。法国经济学家让·福拉斯蒂埃曾提出,1946—1975 年是法国经济发展的"辉煌三十年",这个观点在学界影响很大。但西里奈利在考察 20 世纪法国史的整体进程时,试图突破单纯的经济史视角,转而提出 1965—1985 年是"决定性的二十年"的观点。他指出,尽管法国的经济增长在 1970 年代的危机之后陷入停滞,但社会变革并未止步,由此孕育的新的文化氛围更具决定意义。除了经济学的考量,这种历史变迁的年代学还得到其他学科的启发。法国社会学家亨利·芒德拉(Henri Mendras)曾提出一个看法:1965—1984 年,法国经历了"第二次大革命"。[①] 西里奈利的"决定性的二十年"在年代上与芒德拉的"第二次大革命"高度吻合,并且进一步指出,今日法国的面貌,正是"决定性的二十年"塑造出来的。

作为社会学家,芒德拉着重从阶级结构、社会运动、两性关系等方面考察了法国社会的变革,而西里奈利则加入了对第五共和国政治文化的考察。在他看来,1970 年代的总统选举表明,法国的政治格局完成了从多元到"两极化"的重要转变;从空间角度而言,法国虽然失去了殖民帝国,民族认同收缩到六边形的本土;但随着 1973 年欧共体的扩大化,法国开始获得另一个发展空间。从最近这些年法国史学界的一些重要动向来看,如果不理解 20 世纪的法国历史,就无法理解法国史学本身的变迁。20 世纪末的一些重要史学研究领域,如下文即将论述的《记忆之场》,如果脱离 20 世纪法国历史的深刻演变,是无法深入理解的。从这个角度来说,"第二次大革命"和"决定性的二十年"都是具有重大理论价值的命题。

三、努瓦利耶的移民史

以勒内·雷蒙及西里奈利为代表的新政治史和文化史的兴起,其背

[①] Henri Mendras, *La Seconde Révolution française : 1965 – 1984*, Paris: Gallimard, 1988, pp. 20–24.

景是社会史的衰落。的确，对以厄内斯特·拉布鲁斯（Ernest Labrousse）为代表的传统社会史的反思和批判，是1980年代以来法国史学新发展的最重要的学术背景之一。① 其实，这种批判早在1960年代拉布鲁斯学派如日中天之时就出现了，不过，对拉布鲁斯社会史的批判、新政治史和文化史等新趋向的兴起，并不意味着社会史研究完全无人问津。随着法国史学的开放，尤其是意大利微观史学的引入，法国的社会史从1980年代后经历了"重新定义"。在这个过程中，安托万·普罗斯特（Antoine Prost）是主要代表。普罗斯特坚持认为，社会因素在历史解释中仍然占中心位置，社会群体依然是历史分析的重要范畴。但是，他对社会群体的理解已经与拉布鲁斯大为不同：社会群体不再是由外在条件（如劳动，财富水平等经济技术因素）给定的，而是某个时代的集体表象构建起来的。而且，阿兰·科尔班（Alain Corbin）等人的作品几乎把这一点推向了极端：一战中，巴黎的工人不是以经济和社会结构来界定，而是通过政治活跃分子对工人阶级使用的话语来确定的，这些话语完全渗透到工人阶级的对手和无产阶级本身的价值观中。从某种意义上可以说，社会史成了社会表象的历史。普罗斯特等人的社会史，与1980年前后整个法国史学界的变化息息相关，即开始关注作为历史主体的人的主观-表象世界，这可以被视为广义的文化史方法对社会史的渗透。

新的社会史不仅在方法和观点上突破了拉布鲁斯的经典范式，而且在课题上有了新的开拓，在这方面，当代法国移民史专家热拉尔·努瓦利耶堪称典型。② 众所周知，法国是欧洲最大的移民输入国，但这样一个重要的历史事实，却是拉布鲁斯等人所忽视的"边缘现象"，而努瓦利耶选择这一课题，本身同样反映了1980年代之后法国史学的一个重要特征，即边缘群体开始受到关注，这样的群体不仅有移民，还包括妇女、少

---

① 参见庞冠群、顾杭：《马克思主义影响下的法国拉布鲁斯史学探析》，《史学史研究》2015年第3期；周小兰：《拉布鲁斯经济社会危机理论研究探析》，《世界历史》2017年第2期。
② 参见乐启良：《当代法国社会史的革命——热拉尔·努瓦利耶的社会历史学探析》，《历史研究》2014年第4期。

数族裔,以及大量在传统历史叙事中被消声的群体。为什么移民会被历史学家们忽视呢? 除了这基本是 19 世纪才出现的现象、因而属于长期受轻视的当代史之外,努瓦利耶还指出了如下原因:首先,法兰西民族国家的形成模式不同于美国,美利坚民族的形成,基本就是外来移民不断涌入与融合的进程,而在法国,外来移民的大量涌入是在民族国家早已形成之后;其次,法国的共和主义民族观念总是在强调法国的"集体人格"和有机统一,因而不太容易将移民视为一个独特的群体;最后,法国的学界,包括社会学和以年鉴学派为代表的历史学,对移民问题相当漠视,何况移民并不是个具有长时段意义的历史现象。

努瓦利耶本人的移民后裔身份无疑是促使他投身这一研究领域的重要原因,但他并没有忽视历史学和社会学的成就对移民史研究的重大意义。诺贝特·埃利亚斯(Norbert Elias)和皮埃尔·布尔迪厄(Pierre Bourdieu)的社会学对历史学家克服传统的主观-客观、社会-个人、结构-意图的二元对立,以及更为积极地关注个人的主体性发挥了重要启迪作用;而罗杰·夏蒂埃对"文化"的重新定义,也有助于让人注意到,各种社会实践活动都具有某种意义赋予的维度。在这些思想资源的支持下,努瓦利耶从移民史的角度对"民族认同"这一传统的政治史课题作出了具有原创性的解读。

1976 年,美国历史学家尤金·韦伯(Eugen Weber)发表名著《农民成为法国人:1870—1914 年法国乡村的现代化》,指出第三共和国在一战之前的经济发展和教育的普及,是农民克服地方意识并将作为法国人的身份认同置于首位的关键。努瓦利耶的问题意识与尤金·韦伯的研究类似,但他对政治因素的关注更多,并从移民史的角度论证,法兰西作为民族国家的最终确立可以放在 1880 年代末 1890 年代初,因为一系列针对外国移民的法律更为严格地界定了公民身份,对边境的管控也日趋严厉。努瓦利耶同时强调,第三共和国排他性的民族身份政策并未有过实质性的中断,并且为 20 世纪上半叶的各种极端种族主义政策开了先河;从长时段看,法国的移民政策曾有过多次波动,努瓦利耶认为,移民政策的调整和排外的民族主义的高涨,是与法国的经济形势紧密相关的。

　　努瓦利耶上述观点的一个重大意义,就在于揭示了法国史学传统中的"共和主义"认同模式中的排他性。法国历史学家一直在强调法国大革命开创的民族认同模式具有普世性的一面,他们认为法兰西民族认同最大的难题在于调和大革命造成的历史断裂,而大革命本身宣告的人权原则本质上是普世的,具有几乎无限的包容性。但努瓦利耶的研究否认了这一点。第三共和国确立的人民主权原则的确赋予了法国(男性)公民普选权,也有利于工人运动的发展,但这并不意味着外来移民可以自动获得这类带有"普世"色彩的权利。实际上,每当经济不景气时,共和国政府就会迫于民众压力而采用各种措施严格管制移民。这是一种相当狭隘的、排他性的民族主义。我们将在下文看到,努瓦利耶的研究可以被视为一个更为广泛的运动的一部分,这就是对传统民族历史叙事的解构、对被压制的过去的重新发现,正是在这种背景下,20 世纪末的法国诞生了一部具有世界性影响力的巨著——《记忆之场》。

第四节　《记忆之场》:"民族主义之后的民族史"

一、拉维斯主义的危机

　　最近三十年来,如果要举出一项真正具有世界影响力的法国史学成就,首推皮埃尔·诺拉主编的《记忆之场》(*Les Lieux de Mémoire*)。

　　1984 年,即《记忆之场》第一卷问世的当年,历史学家皮埃尔·古贝尔(Pierre Goubert)编纂了一本《法国史入门》,旨在"促进对祖国的重新认知,并获得关于祖国的意识",因为"法国正在失去它的记忆"[1]。这个说法反映出当时法国历史教育中的一个重大问题:民族-国家的历史正在淡出人们的记忆,而直到 1950 年代,有关民族-国家的历史叙事一直是公民教育的重要工具,它在很大程度上决定了法国人对历史的认知。

---

[1] Jacques Revel dir, *Histoire de la France*, *l'espace français*, Paris: Seuil, 2000, pp. 7 - 8.

但到1989年纪念法国大革命两百周年的时候,无论是教师还是学生都抱有同样的疑虑:自己国家的历史还能否提供共同的价值观参考。这就意味着,在1960年代到1980年代,民族-国家的历史在法国的地位和作用发生了很大的变化。

《记忆之场》开篇就提出了一个说法:"历史-记忆的终结"。"历史-记忆"是诺拉发明出来的概念,是被历史学家重构的记忆或对共同的过去的回想。最成功的历史-记忆是"民族传奇"(roman national),它向民族-国家的公民——尤其是孩子——解释过去,以论证民族当下的合理性,解释其卓越成就,并展望其远大前程。民族传奇需要主权国家来传播,使其在个人记忆中打上烙印,学校教育是最重要的传播渠道。这种历史是关于民族的历史,它通过学校教育而成为国民的记忆:这种建立在专业历史学基础之上的、关于民族的过去的共同记忆,即诺拉所称的"历史-记忆"。

民族传奇的黄金时代是19世纪和20世纪初,诺拉称之为"拉长的19世纪"。从1820年代梯叶里发表《法国历史通信》到1933年瑟诺博斯出版《法兰西民族信史》,其间的米什莱和拉维斯是浪漫主义和实证主义民族史的巅峰。诺拉尤其强调拉维斯的典范意义,认为他是"法国史"(Histoire-de-France)这一独特的、以统一性为特征的编年体民族史中最杰出的代表,而且他的历史观念通过中小学历史教育而成为19世纪末以后几代法国人共同的历史-记忆。拉维斯从不讳言他的《法国史》是为了培养法国人的爱国情操,让他们认识到民族历史的伟大并热爱共和国,他的《法国史》以民族-国家为叙事框架,将共和国视为民族历史的必然,这是以过去来论证当下的合理性。《法国史》不仅构建了民族历史的连续,而且强调法国在世界历史舞台上占有独特的地位,负有特别的使命。这种以歌颂法兰西民族的光荣和伟大为中心的历史,可以被称作拉维斯主义。它在历史教育中的垄断地位一直延续到二战以后。

但此时历史学科的内部发展与拉维斯主义分道扬镳了。拉维斯的《法国史》以标志性的事件(首先是政权的变更)为核心、按年代顺序来讲述民族国家的形成和发展;然而,战后以布罗代尔和拉布鲁斯为代表的主流历史学,重点关注的不是国家而是社会。过去的民族-国家的历史叙事中,重大的事件、重要的日期是进步的标签,它跟法国人的命运紧紧相连,因此 1789 年、1848 年等日期具有特别重要的意义,但在新史学中,时间中的进步表现得不那么明显了,如拉杜里就在宣扬一种"静止的历史",布罗代尔则尖刻地指出:"如果你有个平庸的学生,让他去研究法国大革命,如果有个糟糕的学生,让他去研究 1848 年革命。"[1]在这种长时段的结构主义视角中,时间感知走向扁平化,再加上研究题材的不断扩展,历史叙说就变得相对无序,而在拉维斯式的政治史中,民族-国家的起源和发展有着清晰的时间脉络。这是《记忆之场》中提到的"场所问题"的学术史背景。某种意义上说,1930 年代历史学兴趣的重大转向,是导致历史从对民族-国家的叙说演变成对社会的认识的重要原因。

年鉴学派的影响无疑不利于传统的民族史教育。但更为决定性的影响来自法国社会。前文已经述及,二战之后的数十年中,法国经历了一系列的"终结",芒德拉称之为"第二次大革命",诺拉自己也使用这一说法,而西里奈利则称之为"决定性的二十年"。由此可见,法国的历史学家们都深刻地意识到 1960 年代之后法国社会的巨变,而这种变化同样深刻地改造了历史学研究,对西里奈利和诺拉而言都是如此。

1962 年阿尔及利亚战争的结束标志着法兰西殖民帝国的终结,在拉维斯那里,第三共和国的殖民扩张被描绘成开化落后人民,但是,随着非殖民化运动以及国内教育领域的民主化和青年学生的激进化,拉维斯主义的法兰西民族神话受到了普遍的质疑,经历过阿尔及利亚战争和反越战浪潮的年轻一代,都不再毫无批判地接受拉维斯主义的历史观。1968年"五月风暴"和 1970 年代知识分子领导的社会抗议运动,促成了妇女、少数族裔、移民等社会群体自我意识的觉醒,拉维斯主义宣传的法兰西

---

[1] Keith Baker, "In Memorial: François Furet", *The Journal of Modern History*, Vol. 72 (2000), p. 2.

民族的统一性也受到了质疑。以著名社会学家埃德加·莫兰(Edgar Molin)为例,莫兰的父母是希腊的犹太人,一战期间移居法国。"我母亲的名字是西班牙的,姓是意大利的,我父亲的姓是希伯来的。但学校竟教我要为布汶战役和拿破仑而激动,要为滑铁卢和都德的《最后一课》而哭泣"①。早在1973年,来自阿尔及利亚的一批移民(pieds-noirs,俗称"黑脚")就组织了一个致力于保存"黑脚的记忆"的组织,它声称要推翻法国官方表述的阿尔及利亚的历史,并以个人回忆的方式讲述殖民时代的阿尔及利亚。

此外,巴黎之外的本土其他地区也开始强调自己的地方性。在法国的一些乡村中,拿破仑战争和德雷福斯事件几乎没有在村民的记忆中留下痕迹,两次世界大战也没有成为村民生活中具有标志性意义的事件,尽管它们是民族-国家的历史中着力书写的对象。最典型的是旺代(Vendée)地区。大革命期间,旺代地区反对革命政府的叛乱引发了残酷的内战,对内战的记忆一直通过口传和仪式等各种非官方媒介,在家族和村庄之中传播。当地人认为,通行的历史著作和档案馆里保存的记录,反映的只是共和派胜利者的观点。在大革命到来两百周年之际,旺代人甚至要求抹去凯旋门上那些曾参与镇压这场叛乱的将军们的名字。1993年,即旺代内战爆发两百周年之际,旺代内战死难者纪念碑落成,拉维斯主义关于大革命塑造民族统一的神话被彻底揭穿了。

二、新的民族史尝试

从1970年代开始,诺拉组织编著了鸿篇巨制《记忆之场》。此书与以往的法国通史类著作不同,没有采取编年体的叙事方式,而是采用了类似辞典的条目体,全书共有130多个条目,每个条目实质上都是一篇有分量的论文。参加编纂的史学家有100多位,都是相关领域的领军人

---

① André Burguière et Jacques Revel, *Histoire de la France*, *Choix culturel et mémoire*, Paris, Seuil, 2000, p. 295.

物,撰写各自擅长的条目。全书共分三编,第一编《共和国》(*La République*)于1984年出版,分"象征""纪念碑""教育""纪念活动"和"反记忆"五部分,介绍了共和历、马赛曲、先贤祠、拉鲁斯大辞典、7月14日、雨果的葬礼、旺代和巴黎公社墙等有关内容,出版后立刻受到史学界和公众的欢迎。第二编取名为《民族》(*La Nation*),计划出两卷,但由于选题和内容太多,在1986年出版时,增加为《非物质》《物质》和《理念》三卷,涉及王室和贵族遗产、历史编纂、风景、领土、国家、遗产、荣耀和词语等诸多方面。1992年完成第三编《多元但统一的法兰西》(*Les France*),由《冲突和分割》《传统》《从档案到象征》三卷组成,进一步审视了政治划分、宗教少数、时空分割、模式、根源、独特性、名胜、身份认同等深层次内容。全书最终出齐时为7卷本,共6 000多页。

何谓"记忆之场"? 在1978年为《新史学》撰写的"集体记忆"的条目中,诺拉首次进行了阐述,他写道:"集体记忆的这些场所是社会(不论是何种社会)、民族、家庭、种族、政党自愿寄放它们记忆内容的地方,是作为它们人格必要组成部分而可以找寻到它们记忆的地方:这些场所可以具有地名意义,如档案馆、图书馆和博物馆;场所也可以具有纪念性建筑的属性:如墓地或建筑物;场所也可以带有象征意义:如纪念性活动、朝圣活动、周年庆典或各种标志物;场所也具有功能属性:如教材、自传作品、协会等等。这些场所有它们的历史。"[1]

1984年《记忆之场》第一编序言中,诺拉作了进一步的说明。他对可以确定为"记忆之场"的事物划分为三类:物质的、象征性的和功能性的。它们之所以成为"记忆之场",是"记忆"和"历史"双重影响的结果,它不是记忆本身,也不属于历史,它处在记忆和历史之间。它要成为"记忆之场",首先要有"记忆的意愿",这些"场所"是由记忆"凝聚"而成,记忆"寓身"于其中,但记忆不是自发的,记忆的凝聚不是自然的行

---

[1] Jacques Le Goff et Jacques Revel (dir), *La nouvelle histoire*, Paris: Retz-CEPL, 1978, p. 401.

动。人们必须创设档案、必须维持周年庆、组成庆祝活动、致悼词、公证契约等等,同时"记忆之场"的形成也必须有历史、时间和变化的介入。通过历史对记忆的歪曲、转变、塑造和固化,造就了寓有记忆的"场所"。因此,记忆之场不是消失得无影无踪或被完全遗忘的事物,它们是记忆的残余,是没有仪式社会中的仪式,是去神圣化社会中的神圣之物,它们就如"记忆之海退潮时海滩上的贝壳,不完全是活的,也不完全死的。由于不再有记忆的环境(milieux de Mémoire),所以才有了记忆之场"①。

诺拉举例说,"共和历"之所以成为"记忆之场",是由于"共和历"最终被终止了,如果它如格里高利历那样还活到今天,它就不可能成为"记忆之场",然而,它又没有完全死亡,一些法国历史的关键时刻和关键事件仍然与它紧密相联,如葡月、热月和雾月等。如前文所述,在第一编《共和国》中,我们可以看到精彩纷呈的"记忆之场",其中有象征物,如三色旗、共和历等;也有功能性的事物,如儿童读物《两个小孩周游法国》《教育词典》等;还有真正的名副其实的地点或场所,如先贤祠;还有不少纪念活动,如7月14日等。

第二编要论述的"民族",是比"共和国"时间更长、内涵更广、底蕴更深的概念,因此"记忆之场"的范围和入选标准也进一步扩大了,它们需要有一定的系统性和层次性。因此,它又被细分三大部分:非物质、物质和理念,各成一卷。记忆之场扩展到与民族相联系的所有参照物:如领土和疆域、法典、帝王居住和加冕之地、在民族形成中起巨大作用的历史学、物质遗产、风景等等。其中有一条目为"士兵沙文"。众所周知,沙文主义一词来源于拿破仑军队中的一位士兵沙文。然而作者经过抽丝剥茧的考证以后,发现这位"士兵沙文"是虚无之人。那么这位虚无之人又如何成为一种流行很广的意识形态的来源呢? 其中存在一些看似偶然

---

① Pierre Nora, "Entre mémoir et histoire: la problématique des lieux", in Pierre Nora dir., *Les Lieux de Mémoire*, pp. 23 – 37.

的因素,如词典作者的学生搞恶作剧,沙文成为戏剧人物,沙文得到官方的认可等,但作者从中看到"士兵沙文"最后被塑造成"士兵加农夫"的形象是他得以流行的关键。源自古罗马的理想公民观的"士兵加农夫",同样被法兰西民族所接受,被弘扬爱国主义精神的政府所接受,但最后随着时代的发展而最终被唾弃。

第三编《统一但多元的法兰西》出版时,"记忆之场"涵盖了法兰西国家的所有象征物和一切能表现法兰西特性的对立统一:民歌、民间故事、谚语、卢瓦尔河畔的城堡、巴黎和外省的关系、共产主义和戴高乐主义的关系等等,记忆之场几乎涉及法兰西的方方面面。于是,《记忆之场》就成了一部新的法国通史。从形式上看,《记忆之场》已经不再是一部统一的、编年体的法国史,而是对民族记忆各个凝结点——即"场所"——的盘点与回溯,而"用众多记忆之场来分解法国,就是将整个法国打造成为单一的记忆之场"①。依诺拉之见,国家和民族是最大的记忆之场,并且是集体记忆研究最终指向的目标。

从该著的选题看,诺拉没有回避民族历史上的冲突和分裂。虽然《记忆之场》像拉维斯《法国史》一样,有某种担当民族的"教化传奇"的抱负,但它并不追求后者的那种全景式的统一,而是充分关照到民族史碎裂后的成果和现实:如《统一但多元的法兰西》一卷中有一组文章的主题是"冲突和分裂"(conflits et partages),《共和国》一卷也收入了两篇主题为"反记忆"的文章:《旺代》和《巴黎公社墙》。因此《记忆之场》在内容上更富包容性,它承认过去的历史-记忆掩盖的冲突也是民族历史的一部分。其中米歇尔·维诺克对贞德记忆的评论可以诠释这一点。曾经被各派政治势力和社会思潮利用的洛林姑娘贞德,某种意义上凝结着法兰西历史中既相互对立又彼此依存的观念和传统,她是"统一"的,也是分裂的(une et divisible)。② 贞德形象同样可以诠释第三编那个单复数混

① Pierre Nora, *Les Lieux de Mémoire*, p. 2224.

② Michel Winock, "Jeanne d'Arc", in Pierre Nora dir., *Les Lieux de Mémoire*, pp. 4469 - 4470.

用的标题：les France。

在《民族》卷的导言中，诺拉强调应从象征的维度研究民族的"表征"（représentation），即使是实体性的疆域问题——如"六边形"——也多着眼于历史上的文本、话语和观念意象的分析。至于史学撰述（如中世纪的《法国大纪年》）、景观（如白兰士的《法国地理概论》）、遗产（如加冕之城兰斯）等课题，则更是"第二层次的事实"了，因为它们或是构建、或是反映、或是"内化"于当下的过去。除了"第二层次的事实"之外，诺拉还认为应采取与过去不一样的研究路径，即考察"第二层次的历史"，这意味着，研究者关注的重心、问题导向乃至使用的材料，都与以再现历史事件本身为使命的传统史学有了很大的不同。它的出发点在于，通过记忆传承到当下的历史事件，其形态和意蕴是有变化的，而何以发生变化则是研究者应关注的中心问题。对第二层次的历史来说，真正的问题是在事件发生之后人们如何去再现它。

比如，维诺克对贞德的故事本身（即"实际发生的过去"）着墨极少，作者关注的重点是贞德身后的故事。法国人对贞德的记忆只是到 19 世纪才活跃起来。但在整个 19 世纪，他们对贞德的记忆是撕裂的，她既是天主教的圣徒，也是出身平民的爱国英雄，甚至是"高级种族"的纯洁之花；天主教会、共和派和反犹主义者，都在利用和滥用与贞德有关的各种历史细节，对贞德记忆的争夺战鲜明地反映了当时法国的政治纷争。与其说维诺克是在讲述贞德，不如说是透过贞德讲述近现代法国的政治生活，并通过这段纷扰变幻的故事来回想"法兰西天性"，认识这个"既统一又分裂"的民族。从这个意义上说，维诺克感兴趣的不是对贞德的回忆或记忆本身，而是后代人（或曰"连续不断的当下"）对有关贞德的记忆进行操控的方式和目的。

《记忆之场》还有一组条目讨论历史上法国的领土空间和边界。综合起来看，它们是对这个看似敏感的话题的"时间化"处理。今天的法国人都了解自己的国家是"六边形"，19 世纪的法国读者都知道，莱茵河是他们历史悠久的"自然疆界"。但是这些研究指出，"六边形"直到 1960 年代殖民帝国解体后才真正进入法国人的日常用语，而且，直到 19 世纪末，普通法国人对于法国的地理轮廓是缺少视觉印象的。因此"六边形"是非常晚才构建起来的传统，也是法兰西民族重新自我定位的一个反映。至于自然疆界，它的实际内容和政治指向都是在变化的，莱茵河作为自然疆界进入法国人的历史记忆，很大程度上是复活高卢这一历史意象的结果。在中世纪，国家边界并不比其他类型的边界更为重要，对边界记忆的强调是近代主权国家崛起的一个推论，但其中经历了"四河之境"记忆的消失以及古代高卢记忆的重现等复杂局面。

对象征符号的记忆及其政治利用，鲜明地反映在三色旗、马赛曲、7月 14 日国庆日、"自由—平等—博爱"格言等记忆之场中。这些象征符号都源于大革命，但它们最终确立为共和国的象征，都经历了一段相当曲折的过程，其历程约一个世纪之久，而它们的共和主义象征意蕴毋宁是在这段历程中逐渐被塑造和突出的。例如，三色旗最初的象征意义、旗帜的具体形象和三种颜色的排列顺序，都是不确定的。它真正深入人心是在大革命的对外战争和拿破仑战争期间，尤其是它成为白旗的对立面之时，但白旗作为王党和旧制度的象征，也是在大革命的战争年代被"发明"出来的。当 1830 年的七月革命推翻波旁复辟王朝，年迈的拉法耶特将军将三色旗授予新国王路易·菲利普时，"民族找回了自己的色彩"，人们仿佛回到了 41 年前，看到了风华正茂的法拉耶特和他的三色旗带给法国的希望。1848 年革命和 1871 年巴黎公社时，三色旗还被赋予抵御红旗所象征的社会主义革命的意义。第三共和国最终选定它作为国旗，不仅因为它已经是深入人心的民族象征色，还因为它可以作为抵挡来自左右两翼的威胁的符号。三色旗的百年历程典型地反映了象征物在时间中的意义的消失、重现和重构，以及各种政治格局下人们对它的利用。

《记忆之场》出版后引起很大反响，被译成多国文字出版。但由于篇幅大，每一条目又独立成篇，因此各种译本都采用节选的做法。"记忆之场"的概念迅速流行,1993 年被收入《大罗贝尔词典》(*Le Grand Robert de la langue française*),成为现代法语的词汇,人们甚至开始谈论"统一欧洲的记忆之场"。《记忆之场》的尝试,为每一个需要书写自己历史的国家或民族提供了有益的借鉴。①

---

① 有关诺拉和《记忆之场》的历史书写,详见沈坚:《记忆与历史的博弈:法国记忆史的构建》,《中国社会科学》2010 年第 3 期;孙江:《皮埃尔·诺拉及其"记忆之场"》,《学海》2015 年第 3 期;黄艳红:《"记忆之场"与皮埃尔·诺拉的法国史书写》,《历史研究》2017 年第 6 期。

第十章　战后法国知识分子的历程

第一节　知识分子的"辉煌三十年"

一、知识分子的"诞生"和发展

二战结束之后到 1970 年代初期，法国经济和社会的发展取得了卓越的成就，被誉为"辉煌三十年"，与此同时，这一时期也是法国知识分子群体的"辉煌三十年"。知识分子对社会政治事务的参与（法文中一般用 engagement 指称，通常译为"介入"）达到了空前的广度和深度，他们的言行经常成为国内外媒体关注的焦点，并为自身赢得了世界性的声誉，知识界的领军人物、作家和哲学家让-保罗·萨特被称为 20 世纪后半叶"时代的良知"（Conscience de son temps）。

知识分子参与社会政治生活是一个普遍的现象，古今中外概莫能外，但是与其他欧美国家相比，战后法国知识分子的"介入"体现出几个鲜明的特点：首先是强烈的公共关怀，在法国国内或者国际社会中的几乎所有重大事件中，都可以看到法国知识分子挺身而出的身影；其次是显著的独立人格，知识界始终保持对社会的批判精神，各种思想观点在公共领域中充分展开了争鸣；最后是崇高的社会地位，知识分子在社会生活中充当了精神导师和道德仲裁者的角色。社会影响力达到了一个高峰。戴维·德雷克指出,英国和美国就缺少这样一个具有批判精神的社会群体,[1]让-弗朗索瓦·西里奈利则将知识分子对社会生活的高度"介入"称为法兰西的"特质"(singularité)。[2] 可以说,知识分子的"辉煌三十年"已经成为战后法国一种重要的政治文化现象,并由此在1980年代中后期诞生了一门新的史学分支学科——知识分子史,取得了许多富有启发性的成果,前文业已述及。鉴此,本书将知识分子及其社会参与单列为一章,力求展现法国当代社会文化史的全貌。

根据雅克·勒高夫的研究,法国知识分子的雏形出现于12世纪,他们是"一些对事物的看法跟修士和神甫不尽一致的教士"[3],主要是学校教师群体。在这里,勒高夫用了"Clerc"一词,该词在法文中同时兼有"教士"和"学者"两层含义,与普通神职人员略有区别。进入18世纪,启蒙哲人(philosophe)成为知识阶层的代表,"卡拉事件"中伏尔泰的表现,被后世视为知识分子坚持良知、勇于担当的最初典范之一。他们继承了文艺复兴以来的人文主义传统,开始通过公共舆论对社会政治生活发挥作用。法国大革命之后,以广义的作家为代表的文人墨客取代了启蒙哲人,开始参与社会政治生活。浪漫主义文学运动的奠基者弗朗索瓦-勒内·德·夏多布里昂(François-René de Chateaubriand)、历史学家弗朗索瓦·基佐(François Guizot)、诗人阿尔方斯·德·拉马丁(Alphonse de Lamartine)、历史学家儒勒·米什莱(Jules Michelet)和埃德加·基内(Edgar Quinet)以及作家维克多·雨果相继成为各时期文人墨客参政的代表。其中,雨果在被誉为19世纪最伟大的作家的同时,还被公认为是共和制度的化身。1885年雨果逝世的时候,第三共和国政府为他举行了

---

[1] David Drake, *Intellectuals and Politics in Post-war France*, New York: Palgrave, 2002, p. 206.

[2] Jean-François Sirinelli, "L'Engagement des Intellectuels au ⅩⅩ siècle", *Sciences Humaines*, numéro 128, juin 2002, p. 18.

[3] 雅克·勒戈夫:《中世纪的知识分子》,张弘译,卫茂平校,北京:商务印书馆,1996年,第1页。

国葬。雨果的灵柩从凯旋门直接入葬先贤祠,获得了最高的荣誉。保罗·贝尼舒认为,1750—1830年这一时期,是法国作家"加冕"的时期。启蒙运动对天主教的批判,动摇了教会在社会精神领域的统治地位,从旧制度后期开始,作家逐渐取代教士充当了一种世俗化的"圣职"(sacerdorce)人员的角色,形成了一种新兴的世俗化精神权力,与基督教分庭抗礼。"我们不应该忘记,事实上这种世俗化的权力,从它的起源开始,本质上就有一种批判性,就像我们看到的那样,它通过质疑为自身立法,也将自身置于检查和辩论的规则之下"①。

尽管如此,直至19世纪晚期,法文中的"知识分子"(intellectuel)一词仍然只具有形容词的意义,并不是一个名词,从形容词向名词的转变发生在德雷福斯事件之中。1894年,犹太军官德雷福斯被当作德国间谍蒙冤入狱,并被判刑流放。在事件发生后的最初几年,对事件真相有所了解的新闻记者贝尔纳·拉扎尔(Bernard Lazare)与巴黎高等师范学校图书馆馆员吕西安·赫尔(Lucien Herr)等后来被人称为"知识分子"的文人学者,首先站出来为受害者伸张正义,但由于他们的影响力有限,因而他们的活动并未引起整个社会的广泛关注。1898年1月13日,作家左拉在《震旦报》(L'Aurore)上发表了一封致共和国总统的公开信。该报的主编克雷孟梭给公开信冠上了"我控诉!"(J'accuse!)的标题。左拉在公开信中控诉阻止德雷福斯案件重审的人都是蓄意制造冤案、违反人道和正义、践踏法律,并使用了激烈的言辞,直接点名指控涉及此案的军方负责人和有关法律界人士。公开信得到了许多知识界人士的签名支持,其中包括社会学家涂尔干,经济学家弗朗索瓦·西米昂,生物学家埃米尔·迪克洛(Emile Duclaux),画家莫奈,作家法朗士、普鲁斯特、纪德等,还有一些自由职业者,如建筑师、律师、医生等。1月23日,在描述这些签名者的共同特征的时候,克雷孟梭将"intellectuel"这一法文中的形容词作为名词来使用,并用斜体加以凸显。法语中作为名词的"知识分

---

① Paul Bénichou, *Le Sacre de l'écrivain: 1750-1830*, Paris, Gallimard, 1996, p. 473.

子"一词由此"诞生"。

左拉的公开信发表之后,德雷福斯事件从普通司法案件逐渐演变成为全国性的政治事件,成为舆论的焦点,法国社会分裂为修改判决派(即德雷福斯派)和反修改判决派(即反德雷福斯派)两大阵营,出现了"内战式"局面。在两大营垒的公开对抗中,两派的知识分子始终活跃异常,处于斗争的前列。德雷福斯派知识分子以左拉、让·饶勒斯、法朗士、拉扎尔、赫尔及诗人夏尔·佩居伊(Charles Péguy)为代表。反德雷福斯派知识分子以作家莫里斯·巴雷斯(Maurice Barrès)和夏尔·莫拉斯为代表。两派知识分子均充分运用请愿、征求签名、组织集会等手段来为自己的营垒效力,也充分利用自己控制的报刊与对手大打笔仗。双方争论的焦点,可概括为"真理至上"还是"民族利益"至上,"普遍主义"(l'universalisme)与"民族主义"(le nationalisme)之争。在德雷福斯派知识分子眼中,"正义""平等"等观念或信仰是放之四海而皆准的,它们应当受到全人类的尊重,不论用何种理由去损害乃至践踏它们,都属邪恶之举。因此,德雷福斯派知识分子在斗争中往往以代表全人类的身份或普遍真理的捍卫者的身份出场。而在反德雷福斯派知识分子看来,"民族利益"至高无上,为了更好地维护"民族利益",付出再大的代价也是值得的。因而,反德雷福斯派知识分子往往把自己等同于民族利益的捍卫者。同时,两派的争论也包含"理智主义"(l'intellectualisme)与"反理智主义"(l'anti-intellectualisme)之争。当信奉前者的德雷福斯派知识分子凭借自己的学识积极介入社会生活时,反德雷福斯派的知识分子们却对将"知识分子"视为贬义词,拒绝接受这个称谓。直到两次大战之间,法国知识界才开始普遍接受"知识分子"一词。

法国知识分子之所以在德雷福斯事件中"诞生",与19—20世纪之交的法国社会发展有密切的关系。大革命之后,现代大学制度的创立,形成了培养大学教师和大学生的机制。第三共和国的稳固标志着共和制度的最终确立,尤其是以1881年出版法为代表的一系列保障新闻、出版、结社、教育等诸权利的法律体系,为社会的民主化确立了坚实的基础。随着以日报为代表的大众传媒迅速发展,法国开始进入一个大众文化的时代,公共空间得以民主化,促进了公共舆论和公共辩论的充分发展。1872 年至 1901 年的短短三十年间,记者和作家的数量翻倍,1881年至 1901 年,大学教师的数量翻倍,[1]而大学生数量的翻倍速度更快,仅用了 15 年的时间即从 1891 年的 2 万人猛增到 1906 年的 4 万人。[2]

　　1906 年,德雷福斯被宣判无罪,事件宣告结束。德雷福斯事件为法国"知识分子"的"诞生"提供了时间与空间,20 世纪法国的各代知识分子在充当"社会的良心","介入"社会生活中所采取的手段及表现出来的特点,大多可在德雷福斯事件期间的法国知识分子身上找到先例。20 世纪法国知识分子历史上的一些重要现象,如前述知识分子内部的"两极化"(bipolarisation)、普遍主义或世界主义与民族主义价值取向的持久对立、知识分子的话语霸权与反理智主义(后者实际上也可理解为反知识分子主义)之间的斗争以及 20 世纪法国知识界突出的"左倾化"特征等,均发端于此期。

　　以德雷福斯事件为触发点,法国知识界开始介入社会政治生活中的其他问题。在世纪之交到一战之前的"美好年代"(la Belle Epoque)中,以 1905 年政教分离法为标志的世俗化和 19 世纪末基本建成的法兰西殖民帝国成为知识界热议的话题,此外,蓬勃发展的社会主义运动也吸引了众多知识分子。但随着欧洲战争威胁日益逼近,尤其是在法德矛盾更加尖锐的背景下,极端民族主义和普法战争后在法国始终存在的收复失地、对德复仇的潜意识相结合,民族沙文主义在法国一时甚嚣尘上。在这一过程中,原来属于反德雷福斯派的民族主义知识分子莫拉斯、巴雷斯等人的气焰尤其嚣张,起了很大的作用。一些原先站在德雷福斯派营垒中的知识分子斗士,如夏尔·佩居伊等也成为民族沙文主义的鼓吹者。与之形成鲜明对照的是,在战争威胁日益逼近的关键时刻,具有人

---

① David Drake, *Intellectuals and Politics from the Dreyfus affair to occupation*, New York: Palgrave, 2005, p. 21.

② Michel Leymarie, *Les Intellectuels et la Politique en France*, Paris : PUF, 2001, p. 10.

道主义、国际主义和理想主义的饶勒斯仍不顾个人安危,投身于制止战争、保卫和平的斗争之中,直至在战争爆发之际被暗杀。

一战爆发之后,与政治上左右两翼的"神圣联盟"相呼应,法国的知识界在很大程度上也实现了"神圣联盟"。不少杰出知识分子走上前线,投入了抗击德军、保卫祖国的战斗。例如,夏尔·佩居伊在战争伊始即率先入伍,在大战初期著名的马恩(Marne)河战役中阵亡。诗人纪尧姆·阿波利纳(Guillaume Apollinaire)、作家亨利·巴比塞(Henri Barbusse)、让·季奥诺(Jean Giono)等参加了凡尔登战役。大量教师和青年学生应征入伍。1914 年时全法共有 65 000 名小学男教师,其中超过一半人(35 817 人)入伍,8 000 多人牺牲,而高校教师的数目在 1914 年刚刚超过一千人大关,战争中有 260 人战死,占总数的四分之一强。巴黎大学 1914 年 7 月时的注册者有 14 198 人,而在 1915、1916、1917、1918 年时分别只有 3 323、4 369、4 827、5 998 人。如果考虑到大战期间女大学生人数明显增长的因素,那么,投笔从戎的男大学生所占比例之高就更可想而知了。[1]没有上前线的知识分子则发动了大规模的宣传战来增强本国的士气,涣散敌人的军心。只有作家罗曼·罗兰(Romain Rolland)采取了"超乎混战之上"的反战态度。

一战结束之后,在十月革命影响下,法国知识界开始接受共产主义,大革命史专家阿尔贝·马迪厄(Albert Mathiez)和作家巴比塞等人加入了法共,创建"达达主义"和超现实主义的青年作家群体,也支持法共的主张。与德雷福斯事件时期相比,1920 年代的法国知识分子开始显现出日益政治化与党派化的趋势,不少右翼知识分子成为法西斯的拥趸,直接加速了法国整个社会向左右两极分化。

进入 1930 年代,世纪初出生的一代青年知识分子进入了公共领域。这些年轻人在一战影响下度过了童年和少年时代,许多人的父亲兄长在

---

① Pascal Ory et Jean-François Sirinelli, *Les intellectuels en France de l'affaire Dreyfus à nos jours*, Paris:Perrin, 2004, pp. 96 - 97.

战争中阵亡或伤残。与和平年代成长起来的青少年相比,他们拥有更多灾难性的记忆,但思想上更为早熟并且更具独立性。面对大萧条和战争的阴影,他们普遍认为旧的世界面临崩溃,新的世界即将到来,因此从知识分子生涯的起始阶段起,就对现存秩序展开了全面的批判。在政治领域,传统的议会民主制度受到质疑。很多加入政党的青年知识分子要求政党实行改革,有的甚至创建了新的党派。在经济领域,资本家的各种财务丑闻以及自由市场经济体制遭到抨击。在社会文化领域,青年知识分子谴责资产阶级的奢华生活和唯利是图的价值观,试图把国家从精神和道德的困境中解救出来。让·图夏尔将这种普遍的批判性称为"三十年代精神"(L'esprit des années 30)①,米歇尔·维诺克将其概括为"反因循主义"(non-conformiste)。②

较之作家为代表的前几代知识分子——例如埃米尔·左拉、莫里斯·巴雷斯和夏尔·佩居伊等德雷福斯事件的一代和罗曼·罗兰等一战的一代,这一代知识分子身上的文学艺术气息相对淡薄,他们更多地致力于政治、社会和哲学的思考,尝试以新的思想资源推动社会变革:如亨利·勒费弗尔(Henri Lefebvre)和保罗·尼赞(Paul Nizan)等。巴黎高师学生创办了《马克思主义者》杂志(*La Revue marxiste*),开启了法国知识界对马克思主义的系统研究、接受和传播;埃曼纽埃尔·穆尼耶(Emmanuel Mounier)和乔治·依扎尔(Georges Izard)、亨利-伊雷内·马鲁(Henri-Iréné Marrou)等人创建了《精神》(*Esprit*)杂志,希望用天主教人格主义思想来改造人的灵魂,进而改造社会;而吕西安·勒巴泰(Lucien Rebate)和罗贝尔·布拉齐拉赫等人则利用《我无所不在》(*Je suis partout*)周刊为法西斯主义摇旗呐喊。

1934 年二六事件的发生,使法国进步知识分子进一步意识到了国内

① Jean Touchard, *Tendances politiques dans la vie française*, Paris, Hachette, 1960, pp. 89 - 120.
② Michel Winock, *L'effet de génération：une brève histoire des intellectuels français*, Paris：Theerry Machaise, 2011, p. 29.

法西斯势力的严重威胁,事件发生后不久,哲学家阿兰(Alain)、生物学家保尔·里韦(Paul Rivet)和物理学家保罗·朗之万发起创建了知识分子反法西斯警惕委员会(Le Comité de vigilance des intellectuels antifascistes),有力地推动了人民阵线的形成。在反战的同时,二战前夕的法国知识界普遍受到了和平主义思潮的影响,一厢情愿地想从法西斯国家,尤其是纳粹德国处乞求和平。可以说,法国知识界在二战前的表现,对法国在二战中的迅速败亡,起到了不可忽视的作用。

1940年的停战协定签订之后,相当数量的知识分子采取了和纳粹占领者或是维希政府合作的态度,这些知识分子在战后被称为"合作者"(collabrateurs)或"合作主义者"(collabrationistes)。与之相对,法国国内形成了一些抵抗组织或运动,将各种不同政治主张的知识分子整合在了一起,包括共产党人、基督教徒和自由派民主主义者。此外,还有一大批法国知识分子离开沦陷的法国,前往纽约避难,以各种形式从事反法西斯的斗争。

两次大战之间,特别是1930年代,是法国知识分子与社会政治这一传统的确立时期。尽管知识界内部仍然存在着对政治化、党派化的质疑和批评,认为知识分子应当坚持德雷福斯事件中全人类正义的代言者角色,但是从历史的客观进程来看,"介入"的趋势已经无法逆转,并且有所加速。无论是信仰共产主义的左翼知识分子还是支持法西斯主义的右翼知识分子,都以各种方式,积极介入社会政治生活。它是由知识界的外部环境和内部的变化共同促成的。从知识界的外部环境来看,大萧条和战争的阴影笼罩着每个人的日常生活,知识分子无法置身事外;从知识界内部的争论来看,以"法兰西行动"为代表的反现代文明的思潮对知识界左右两翼都带来了挑战。左翼知识分子出于反法西斯这一具体的现实政治动机而介入社会,右翼知识分子则是出于反苏"反共"的需要而支持法西斯运动。波澜壮阔的人民阵线运动作为1930年代民主运动的巅峰,既是一场社会政治运动,在很大程度上也是一场文化运动、知识分子介入社会的运动,为战后法国知识分子"辉煌三十年"的到来,奠定了基础。

二、战后初期的知识界

二战结束之后，与法国临时政府在政治上对附敌分子进行清算的同时，法国知识界也开始了"肃清"（épuration）运动。由帕斯卡尔·皮雅（Pascal Pia）和阿尔贝·加缪共同领导的抵抗运动报纸《战斗报》（*le Combat*），作为当时地下刊物中最重要的报纸之一，在走出地下状态后，首先主张要对维希分子进行清洗，对他们决不能宽容。身为《战斗报》总编的加缪就如何对待"合作分子"与战争罪犯等问题撰写了一系列言辞激烈的文章，提出要以血还血，正义要由血的代价来实现。与之相反，法兰西学院院士、作家弗朗索瓦·莫里亚克在《费加罗报》（*le Figaro*）上强烈反对激烈的清洗和仓促的判决。在刚获得解放不久的巴黎媒体中，这两位是影响力最大的人物。发生在两人之间的这场论战在当时引起了人们的广泛关注，并在相当可观的程度上影响了公共舆论对附敌分子的态度。

在抵抗运动中，雅克·德库尔（Jacques Décour）、让·波朗（Jean Paulan）和莫里亚克等人发起成立了名为"全国作家委员会"（Comité Nationale des Ecrivains，简称 CNE）的地下知识分子团体并秘密出版《法兰西文学》（*Les lettres françaises*）杂志。委员会的成员开始以法国北部地区的抵抗作家为主，随后萨特和南部地区的作家陆续加入，涵盖了许多重要作家。几乎与加缪的提议同时，《法兰西文学》刊登了一份附敌作家名单，并且宣称全国作家委员会的成员们将抵制各类媒体刊登附敌作家的作品。

应该说，这一在抵抗运动中诞生的委员会并不拥有官方的权力。然而，在胜负已决的战争末期以及战后初期特殊的历史氛围中，任何出版商或报社的编辑委员会都无法回避它的监管。1944 年 10 月，全国作家委员会最终确定并公布了清洗名单。它包括了 165 名"合作者"或"合作主义者"作家。毋庸讳言，"合作者"与"合作主义者"之间实际上很难区别。如果硬要加以区别的话，那么，前者一般参与了同纳粹德国的合作，而后者则只是赞同与纳粹德国合作。随着时间的推移,人们对附敌知识分子的态度逐渐缓和了下来。罗贝尔·布拉齐拉赫、德里厄·拉罗歇尔与吕西安·勒巴泰三名附敌知识分子的代表人物的不同遭遇清楚地说明了这一点:布拉齐拉赫于1945年2月6日被处决;拉罗歇尔于1945年3月自杀;勒巴泰在1946年11月被判死刑,但不仅在数月后被免除死刑,而且还在1952年获得自由。

就总体而言,与同样和纳粹或维希合作的政治界和经济界精英相比,附敌知识分子所受的惩罚是最为严厉的。首先是因为取证相对比较容易,公开发表的作品即为附敌的确凿证据;其次是与知识分子相比,战后法国的重建更需要政界和经济界精英的实用技术;最后也与知识界内部的自身要求有关。要求进行肃清的知识分子普遍认为,言论自由具有明确的界限,肃清附敌分子并非侵犯言论自由。法国知识界在战后初期对附敌知识分子进行的这场颇具规模的清洗运动,具有不容低估的历史意义。正是由于大批曾为维希政权乃至纳粹德国效劳的知识分子因其在大战期间的劣迹受到清洗与镇压,使得法国右翼知识分子元气大伤,而法国右翼知识分子的元气大伤,则又导致法国知识界左右两翼的力量对比发生了巨大的变化,从而为法国左翼知识分子迎来其"辉煌的三十年"创造了有利条件。

二战之后,法国知识界进入了一个可以用让-保罗·萨特的名字命名的时代。萨特成为法国知识界的象征,享有国际性的盛誉。这首先与萨特的存在主义哲学的特征有关。存在主义哲学强调"自由"和"责任"两个核心概念,使知识分子得以面对恐慌和荒谬而不失去人的尊严,从而为经历了二战幻灭的知识界提供了暂时的精神家园,为萨特时代的产生提供了思想理论基础。其次,萨特在思想文化领域的"多面手"乃至"全才"的形象也起了很大作用。具体而言,萨特一方面拥有值得敬重的学术背景:毕业于首屈一指的高等学府——巴黎高等师范学校;拥有哲学教师的学衔;发表过大部头的哲学专著《存在与虚无》。另一方面,他又在文学艺术领域取得了相当大的成功:发表过多部出色小说和戏剧。

与此同时,他还发表过一系列具有广泛影响的政论文。总之,就"多才多艺"而言,无论是在两次世界大战之间,还是在战后初期,没有一位法国学者或作家堪与之比肩。例如,柏格森与阿兰虽然以其哲学著作享誉法国文坛,但他们却没有发表过小说或剧本;而纪德、马尔罗、莫里亚克、加缪等著名作家虽然各自拥有广大的读者群,但他们却不是"哲学家",更没有大部头的哲学著作。换言之,在此期法国的文人学者中,只有萨特成功地填平了文学与哲学之间的鸿沟。

1945 年 10 月,萨特和哲学家莫里斯·梅洛-庞蒂、雷蒙·阿隆以及波伏瓦等知识分子,在伽利玛尔(Gallimard)出版社的支持下,创办了一份名为《现代》(Les Temps modernes)的杂志,试图用存在主义观点研究社会、政治、哲学和文学。萨特作为主编在创刊号上发表导言,声明这一新创办的杂志"旨在评论政治和社会事件,但不会效力于任何一个党派,只是对事件展开分析,目的是澄清争论,采取立场。我们不愿意错过我们时代的任何事件。过去也许有过更好的时代,但是现在这个时代是属于我们的。我们只能在这个战争或者可能爆发革命的时代之中生活"①。在萨特的领导与梅洛-庞蒂等人的共同努力下,《现代》很快就成为一份在法国社会,尤其是法国知识界中极具影响力的刊物。正如西里奈利指出的那样,在当时的法国知识界,创办杂志是意欲占据知识界霸主地位的知识分子必须要做的一件事情——"在知识分子追逐功名的游戏中,办杂志是一个必不可少的战略步骤"。杂志能使他成为一种类型知识分子的代表,能帮助他向别人灌输自己的思想。一般说来,控制一份杂志,是获得成功的另一种有效手段。由于期刊所带来的灵活性,以及它所刊登的文章的思想同一性,杂志理所当然地成了"在文化和思想领域里最适合影响别人的工具"②。更重要的是,在《现代》创刊号上,萨特发表文章,要求文学必须具有倾向性,必须干预生活,将知识分子介入的传统进

---

① Jean-Paul Sartre, "Présentation", *Les Temps Modernes*, numéro 1, le 1 octobtre, 1945.
② 让-弗朗索瓦·西里奈利:《20 世纪的两位知识分子:萨特与阿隆》,陈伟译,南京:江苏人民出版社,2000 年,第 216 页。

行了理论化,公开提出了知识分子必须"介入"的主张。这个观点被知识界普遍接受,由此,1930年代确立的传统被法国知识分子发扬光大,促成了法国知识分子"辉煌三十年"的到来。

在内部清洗和萨特时代开始后不久,冷战成为法国知识分子介入的中心事件,对苏联为首的社会主义阵营的支持,成为这一时期的突出特点。

从二战后期开始,法国不少的知识分子就对苏联颇有好感。苏联由于在反法西斯战争中付出了最大的牺牲,起到了举足轻重的作用,得到了包括法国人民在内的世界一切爱好和平的人民的尊敬和依赖。当时在巴黎曾做过一项民意调查,当问及"哪个国家在打败德国中起的作用最大"时,61%的人回答说是苏联,[①]认为盟军的胜利在很大程度上得归功于苏联使德军在苏联领土上遭到重创。其中,"斯大林格勒战役效应"可以作为代表。这次重大战役给为数不少的知识分子在思想上带来了很大的震动,并促使其中的许多人因此而下决心加入法共。

与此同时,在抵抗运动中功绩卓著的法国共产党在战后一段时间里也获得了崇高的威望。法共凭借在国内抵抗运动中的突出表现以及巨大贡献,作为"75 000名成员牺牲的党",社会政治地位达到了新的高度。在战后初期的几次重要的全国性选举中,法共所获的选票数度名列榜首,并由此成为在法国政治舞台上举足轻重的第一大党。为了扩大自己在社会生活中的影响,尤其是为了更好地吸引广大青年知识分子,法共尤其重视法国的文化遗产。如,多次举行纪念笛卡尔、狄德罗、雨果、法朗士、左拉等法国文化巨人的活动,法共主办的社会出版社还专门出版了一套"人民的经典"丛书,内收有夏尔·傅立叶(Charles Fourier)、儒勒·盖德(Jules Guesde)和奥古斯特·布朗基(Auguste Blanqui)等各种进步人物的重要著作。此外,法共还为罗曼·罗兰、亨利·巴比塞举行

---

① Pascal Ory et Jean-François Sirinelli, *Les intellectuels en France de l'affaire Dreyfus à nos jours*, p. 151.

了颇具声势的纪念活动。法共亦同样极为重视利用在世的著名学者、艺术家的入党来扩大自己的影响。如约里奥-居里和毕加索加入法共时，法共均大张旗鼓地进行了宣传。法共机关报《人道报》甚至以充满激情的语言表达因这些知名作家、艺术家和学者的入党而给他们带来的骄傲。

由此，在多种因素的作用下，不少青年知识分子纷纷加入了法共，与法共党内的著名艺术家与学者，如毕加索、阿拉贡、艾吕雅、弗里德里克·约里奥-居里等人汇合在一起，使法共几乎成为一个"知识分子的政党"。当时巴黎高等师范学校，法共的势力非常强大，法共党员包括后来的哲学家路易·阿尔都塞、米歇尔·福柯、历史学家艾玛纽埃尔·勒华拉杜里和弗朗索瓦·孚雷等。

在很多法国知识分子纷纷选择加入法共的同时，还出现了在战后法国知识分子史上极具特色的法共"同路人"（le compagnon de route）现象。战后法国知识界"左倾化"的程度由此大大得到加强。"同路人"知识分子并没有成为法共党员，但是支持法共的各项主张，加强了知识界左倾化的程度，萨特是最著名的代表。1949年2月28日，"同路人"之一的左派活动家洛朗·卡萨诺瓦（Laurent Casanova）在演讲中列举了这些知识分子的五项责任："1. 支持工人阶级的所有政治立场和意识形态；2. 在任何情况下，用一切手段，维护党的利益；3. 保持足够团结；4. 培养对党的热爱；5. 用最有说服力的作品，献给无产阶级，为他们提供新的道义支持和理论补充。"①

与之相应，在二战后，在法国向来相对受到冷落的黑格尔哲学突然在法国的哲学舞台上大放异彩，使法国知识分子们发现了黑格尔的辩证法和历史哲学的魅力。众所周知，黑格尔的辩证法是马克思主义的来源之一，而对黑格尔著作的研读，又进一步激起了他们对马克思主义的浓

---

① Ariane Chebel d'Appolonia, *Hisoire Politique des Intellectuels en France：1944 - 1954*, Bruxelles：Complexe，1991，Tome II, p. 22.

厚兴趣。哲学家亨利·勒费弗尔等人对马克思早期著作,特别是对《1844年经济学-哲学手稿》的研究和宣传,使这种理论兴趣进一步增强。马克思主义很快地成为一大理论热门。

同样不容忽视的是,如果说从大战结束到冷战时代之初,苏联赢得了大多数法国知识分子的好感的话,那么,与苏联相对峙的美国却没有如此"幸运"。人们甚至可以毫不夸张地说,此期不少法国知识分子对美国抱有一种敌视的态度,很大程度上得归因于法国知识分子对自己的祖国面临"美国化"威胁的担忧与愤怒。

所谓"美国化"威胁,主要是指战后美国试图全面渗透、控制、同化法国对法国所构成的威胁。众所周知,无论是在战争结束前夕还是在二战刚刚结束之际,罗斯福与杜鲁门均公然宣称,要在战后建立一个由美国领导的、符合美国利益的世界政治与经济秩序。而要做到这一点,就必须要在战后确保美国对欧洲,尤其是在欧洲大陆举足轻重的大国之一法国的控制。为此,美国在战后从一开始就利用法国在战争中遭受重创,以及在战争结束之际疮痍满目,百废待兴的局面,力图从政治、经济、文化诸方面控制、同化法国。例如,美国一方面借口法共有可能在法国接管政权,千方百计地在政治上插手法国的内部事务;另一方面则通过提供经济援助等手段,达到在经济上控制法国的目的。更有甚者,美国还借助美国文化的两大品牌——好莱坞电影与可口可乐饮料,对法国文化进行渗透、同化。凡此种种,使富有民族情感的大多数法国知识分子颇为反感。为了在政治经济方面避免让法国成为唯美国马首是瞻的附庸,为了光辉灿烂的法兰西文化不受充满铜臭气味的美国通俗文化的"玷污",不少法国知识分子自觉地采取了反美的立场。故此,当时的法国媒体中,充斥着反美言论。比较文学家艾田蒲(René Etienble)的话可以作为法国知识界这种政治、文化民族主义情绪的典型表述:"对一个15岁的年轻人来说,《读者文摘》不是为他提供了文学知识,而是逐步地破坏他的人性。《读者文摘》代表的是一种总体性宣传,强迫全世界逐渐接受这样一种意识:崇拜金钱、丑化黑人、每天想喝三瓶可口可乐。"①

　　1948 年初,记者伊夫·法格(Yves Farge)在巴黎发起了反对战争,维护世界和平的运动,主要矛头指向美国。同年 8 月,各国知识分子在波兰组建了《国际知识分子保卫和平大会》(Congrès mondiale des intellectuels pour la paix)组织,由于法国知识分子的声望,活动中心旋即移到法国,与伊夫·法格的运动合并,约里奥-居里被选为主席。1950 年 3 月 19 日,为抗议朝鲜战争的爆发,《国际知识分子保卫和平大会》组织了要求停止战争并且无条件禁止一切核武器的签名活动,在法国征集到了 950 万人的签名。② 7 月,美国工程师罗森堡夫妇被指控在二战期间向苏联提供核技术而遭到逮捕,1951 年 3 月受到审判,尽管证据不足但仍然被判处死刑。此事引起了世界范围的抗议活动。1951 年 8 月 15 日,英国报纸首先披露了这个事件,冠以"冷战中的德雷福斯事件"的标题,呼吁国际舆论对罗森堡夫妇进行声援,得到了法国知识界的踊跃支持。连右翼的《费加罗报》也对美国政府这种麦卡锡主义的行径表示了不满,罗森堡夫妇于 1953 年 6 月 19 日被处死,当天法国知识界在协和广场举行了大规模的抗议集会,约有 8 万人向白宫寄去了表达抗议的明信片。③

　　作为冷战之初的法国青年知识分子仰慕的新偶像,萨特起初试图在一个日益两极化的世界里采取中立的态度,走出一条独立于美国和苏联的第三条道路。这也是当时许多知名法国知识分子的态度。1948 年 2 月,萨特加入并参与组建了"革命民主联盟"(le Rassemblement Démocratique Révolutionnaire),任联盟执委。该组织的成员基本上由作家与记者组成。萨特在当时认为,只有政治上的中立主义,才能使法

①　Ariane Chebel d'Appollonia, *Histoire Politique des Intellectuels en France：1944 - 1954*, Tome I, p. 149.

②　Jacques Julliard et Michel Winock (sous la direction de), *Dictionnaires des Intellectuels Français*, Paris：Seuil, 2009, pp. 1314 - 1315.

③　Jacques Julliard et Michel Winock (sous la direction de), *Dictionnaires des Intellectuels Français*, pp. 1225 - 1226.

国以及整个欧洲从美苏两大集团的政治势力中解放出来,也只有它才能促进法国的社会变革。

进入 1949 年,两大阵营对抗的国际形势日益紧张。4 月,北大西洋公约组织成立,美国及其盟国的政治、军事同盟正式形成。"革命民主联盟"的进一步发展受到严重的挫折,参加该组织的人数日渐减少,年底彻底解体。1950 年朝鲜战争爆发后,国际形势进一步紧张,"第三条道路"越来越不具有现实可能性。萨特的政治立场开始逐渐倾向"东方",用自己的声望与作品为苏联和法共的各项政策进行解释和辩护。

1952 年 5 月 28 日,为抗议驻朝美军司令李奇微调任北约军队总司令,法共组织了大规模的示威游行。游行人群与警察发生冲突,法共领导人雅克·杜克洛因携带和平鸽被捕。当时在罗马的萨特立即回国参加声援,撰写了长篇政论《共产主义者和和平》(Les communistes et la paix),反对法国政府对法共的迫害,并为法共辩护,把苏联与和平事业、美国与战争等同起来。这篇长文的发表,标志着萨特正式成为共产主义、苏联和法共的"同路人"。在罗森堡夫妇被捕之后,萨特发表文章,提出了"美国得了狂犬病"(l'Amérique à la rage)的著名论断。萨特在此期的言行,很快获得了法共和苏联的好感。1954 年 5 月,萨特首次访问苏联,12 月当选为法苏友好协会副会长。

但是,在知识界内部,萨特的变化和努力遭到了不少老同学、老朋友、老同事们的反对,使他与加缪、梅洛-庞蒂和雷蒙·阿隆等著名知识分子的友谊很快就分别划上了句号。尤其是萨特在巴黎高等师范学校就读时的同窗好友雷蒙·阿隆,在东西方两大阵营的对立中,坚定地选择了西方阵营的立场。从此,这两位分别成为法国左派知识分子领袖与自由派知识分子寨主的知识界巨擘开始了持续数十年的对垒,或曰战后法国知识分子史上的"三十年战争"。1955 年。雷蒙·阿隆出版了《知识分子的鸦片》一书,对萨特为代表的法国左翼知识分子进行了尖锐的批判。并对英、法、美三国的知识分子的特征作了极为精辟的概括,指出:"英国知识分子的高明之处,是将意识形态的冲突简化为技术层面的冲突；美国知识分子的长处在于将那些道德争论转变为更重方法而不是目的的争论；法国知识分子的特长则是出于为全人类思考这一狂傲意愿而疏忽甚至常常加剧了本国所面临的问题。"①由于当时特殊的时代氛围，萨特-阿隆的"世纪之争"在法国知识界呈现出几乎是一边倒的局面。在相当长的时期里，萨特有如众星所捧的明月，而阿隆就像是一位孤独的斗士。

三、批判殖民主义

法国知识界素有批判殖民主义的传统。1925 年春，法国政府为平息法国在北非的"保护国"——摩洛哥境内发生的里夫人"叛乱"，悍然发动了里夫战争(la Guerre du Rif)。法共组织了反战运动，得到了许多知识分子的支持，尤其是超现实主义者团体的支持。二战结束后，法共继续组织了声援亨利·马丹(Henri Martin)，反对印度支那战争的活动。亨利·马丹出生于 1927 年，参加过抵抗运动，法国光复后加入海军赴越南参加对日作战。印度支那战争爆发后，他目睹了法军的暴行，多次要求退伍，后被调回本土，在军港土伦的军火库工作，秘密开展反战宣传。1950 年 3 月，亨利·马丹被捕，被军事法庭判处五年徒刑，押赴一座设立在塞纳河岛屿上的监狱服刑。法共展开了声势浩大的营救活动，将其比作半个世纪前被押赴魔鬼岛服刑的德雷福斯。毕加索为亨利·马丹绘制了肖像，阿拉贡和艾吕雅则创作了诗歌，萨特和他们一起在请愿书上签名，参加各种集会，甚至向总统呼吁，要求释放亨利·马丹，还创作了一部名为《亨利·马丹事件》(L'affaire Henri Martin)的专题著作，在伽利马尔出版社出版。

1954 年，阿尔及利亚爆发了由"民族解放阵线"(FRONT DE LIBéRATION NATIONALE，简称 FLN)领导的武装起义，要求独立。法国政府当即派兵镇压，酿成了一场举世瞩目的战争，直接导致了第四

---

① 雷蒙·阿隆：《知识分子的鸦片》，吕一民、顾杭译，南京：译林出版社，2005 年，第 257 页。

共和国的垮台和第五共和国的成立。围绕对阿尔及利亚战争的不同态度，知识界得到了最充分的动员，政治参与程度之广，持续时间之长，内部争论之激烈，超过以往任何一个历史时期，被称为"请愿书之战"（guerre de pétition）。这种知识界的充分动员在战后西方国家的历史上也是不多见的，比美国国内的反对越南战争的运动爆发更早。正是这场"请愿书之战"，为法国知识分子赢得了广泛的声誉，成为全世界知识界的楷模。

法国知识界反战运动的主力是秉承人道主义立场的知识分子，主要代表人物有莫里亚克、加缪、《精神》杂志主编让-玛丽·多梅纳克（Jean-Marie Domenach）、记者克洛德·布尔代（Claude Bourdet）等，这些知识分子的政治主张各不相同，加缪信奉自由主义，莫里亚克和多梅纳克的思想基础是天主教信仰，而布尔代则支持社会主义事业，他们在人道主义的旗帜下汇合到一起。

莫里亚克在 1952 年荣获诺贝尔文学奖之后，利用自己的声望，于 1953 年和一些知识分子组建了"法国-马格里布委员会"并担任主席，在《快报》开辟专栏批评法国的殖民政策。战争爆发当月，多梅纳克就发表文章，提请法国社会注意阿尔及利亚的局势。几乎与此同时，亲身经历过纳粹集中营的布尔代发表文章，将殖民当局比作盖世太保，认为这是殖民集团勾结法国统治阶级发动的暴行，得到了莫里亚克的响应。1955 年 11 月，在人道主义知识分子群体的倡导下，法国反战知识分子组建了"反对在北非进行战争行动委员会"（La Comité d'action des intellectuels contre le poursuite de le guerre en Afrique du nord）并在《快报》和《世界报》这两份法国当时发行量最大的报纸上发表了请愿书，呼吁法国政府停止镇压，取消种族歧视，和阿尔及利亚民族解放阵线进行谈判。除了莫里亚克、布尔代等人之外，参加签名的著名知识分子还包括马丁·杜加尔、约里奥-居里等。

毋须讳言，阿尔及利亚战争爆发之后，同样有相当数量的知识分子在争论中采取了民族主义的立场，这些知识分子的社会影响不容忽视，他们同样通过请愿、宣言、创办杂志等多种方式，为战争的正当性进行辩护，吁请公共舆论的支持，和反战知识分子争鸣。面对来势汹汹的极端民族主义浪潮，人道主义知识分子遇到了一定的困难，其中最重要的原因是他们并不主张阿尔及利亚的彻底独立。以多梅纳克为例，他承认殖民主义是一种暂时的现象，但由于目前殖民地国家的人民缺乏自我管理的能力，所以法国的统治还有其存在的必要性，只是需要改变以往的统治方式，希望法国能够给全世界提供一个成功的实践。这种困境在出生在阿尔及利亚的加缪身上表现得最为明显。他希望双方都要有节制，既给予阿尔及利亚人以赔偿，又要维护法国在那里的统治利益。1957 年12 月，在接受诺贝尔文学奖的仪式上，加缪这样概括自己对待战争的态度："我始终谴责法国对阿尔及利亚的恐怖，也同样谴责在阿尔及尔街头制造恐怖的当地人，这种恐怖，有一天可能会伤害我的母亲或者家人。我相信正义，但是在正义和祖国之间，我必须先保卫我的母亲。"①

与人道主义知识分子不同，萨特和阿隆很早就提出了给予阿尔及利亚彻底独立的主张，对极端民族主义进行了有力的反击。

1955 年 6 月 26 日，在赫尔辛基召开的世界和平大会上，萨特公开发表了"殖民主义的时代已经结束"的论断，督促法国政府立刻让突尼斯、摩洛哥和阿尔及利亚获得独立。次年春天，萨特在《现代》杂志上发表了《殖民主义是一个体系》的长篇文章，在法国知识界首次用马列主义的观点对殖民主义进行了理论性的阐述。萨特认为，殖民主义本质上是一个经济体系，它产生于 19 世纪末期，是用来确立资本主义强国和现在被称为欠发达国家之间关系的一种体系。殖民者用武力建立了体系，用暴力来维持统治。进入 1950 年代中期，反殖民主义的时代已经来临："我们能够做的和应该引导的唯一一件事情——它是我们这个时代的核心：那就是站在阿尔及利亚人民一边战斗，目的在于同时将阿尔利及亚人民和

---

① Alert Camus, *Essais*, Paris：Gallimard, 1965, pp. 1013 – 1015.

法国人民从殖民主义暴政下拯救出来。"[1]

　　萨特重视民主原则的全面性——对国内要讲民主,对外也要讲民主。如果只给本国人自由,不给殖民地人民自由,那就是片面的,这种片面性普遍存在于殖民主义时代西方国家的民主制度之中。只有实行非殖民化,才能落实真正的民主原则:"殖民主义作为一个历史进程,将自行毁灭,但是它还是在空气中散发着臭味,这是我们的耻辱,它是对我们法律的嘲弄和讥讽,它在用种族主义毒害我们,我们的职责是帮助它死亡。"[2]在此基础上,萨特提倡,为了制止阿尔及利亚战争,可以使用合法和非法的一切手段。他大力支持以"让松联络网"(Résseau de Jeanson)为代表的激进反战运动。

　　弗兰西斯·让松是《现代》杂志的编辑之一,从1950年代初开始就一直从事反对殖民主义的活动。1957年10月,他和阿尔及利亚民族解放阵线在法国的成员建立了联系,成立了帮助民族阵线从事地下工作的"让松联络网",并创办了《捍卫真理》(Verité Pour)杂志从事反战宣传,引起了法国知识界的争议。1959年6月,让松对萨特进行了采访,萨特明确表态支持让松的活动。面对让松遭受的非议,萨特积极为之辩护,认为民族解放阵线的暴力反抗完全出于被迫,宗主国的经济剥削和政治镇压对此负有全部责任。

　　1960年,法国知识界的反战运动达到一个高潮,一些士兵也拒绝服从命令,许多法国青年拒绝应征入伍,越来越多的知识分子加入了"让松联络网",被形象地称为民族解放阵线的"行李搬运工"(porteur des valises)。警方开始调查并逮捕了一些"行李搬运工"。8月,萨特联合120位知识界反战人士发表了《121人宣言》,积极声援激进的反战力量:"我们尊重拒绝以武力对抗阿尔及利亚人民的行为,这些拒绝是正当的。

---

[1] Jean-Paul Sartre, "Le Colonialisme est un Système", *Les Temps Modernes*, mars-avril, 1956, p. 1512.

[2] Jean-Paul Sartre, "Le Colonialisme est un Système", *Les Temps Modernes*, mars-avril, 1956, p. 1512.

我们尊重这些法国人的行为——他们认为自己有责任以法国人民的名义保护和帮助那些受压迫的阿尔及利亚人,这种行为是合乎正义的。阿尔及利亚人民坚决摧毁殖民体系的事业正是所有自由人民的事业。"[1]

雷蒙·阿隆先后出版了《阿尔及利亚的悲剧》和《阿尔及利亚与共和国》两本小册子,与民族主义者的"一体化"方案展开论战。曾任驻阿尔及利亚行政长官的雅克·苏斯戴尔所提出的"一体化"方案包括三方面的政策:一是制定对阿尔及利亚的投资计划,经一定年限使其实现工业化;二是实现经济和金融一体化,达到像法国和其他海外省之间同样的经济关系,共同分摊和平衡捐税直至取消阿尔及利亚预算的自主;三是用政治手段确保"一体化"的完成,让它像布列塔尼或阿尔萨斯一样,其普选产生的代表可以行使主权和立法权,进入政府,在政府中拥有席位。

针对这个方案,雷蒙·阿隆鲜明地指出,"一体化"不是很困难,而是完全不可能,通过战争手段实现一体化更是得不偿失。首先是经济因素。阿隆用翔实的数据表明,战争最直接的影响是军费的急速增长,将会严重影响法国的财政状况。在双边贸易方面,阿尔及利亚在法国外贸中所占比例很小。仅仅和萨尔地区的贸易额差不多,出口到法国的产品一半以上是酒类,对法国本土的经济发展没有实质性的影响。法国向阿尔及利亚的投资一半以上用于开发撒哈拉的石油,且不说开发撒哈拉的石油成本远远高于从波斯湾地区直接进口石油,剩下的投资大部分也没有用于工业化,而是进入到法国移民占主导的当地发达省份。这种情况在短期内无法得到改善。和其他西方国家相比,法国用于本土之外的支出是最高的,如果法国的海外支出用于国内的投资,那将获得八倍的收益。[2]

其次,是人口和社会因素。根据当地的人口增长率,阿尔及利亚的人口数量将从 1955 年的 3 200 万增加到 1975 年的 4 380 万,整个法属非

---

[1] Olivier Wieviorka et Christophe Prochasson, *La France du XX siècle*, Documents d'histoire, Paris:Seuil, 2011, p. 497.

[2] Raymond Aron, *Algérie et la République*, Paris:Plon, 1958, pp. 141 - 142.

洲的人口将超过 8 000 万,与此相比,同年法国的人口不会超过 4 500
万。① 从法国自身的状况来看,从二战结束以来,法国社会一直面临着人
口增加带来的教育、住房和就业的压力。尽管法国政府制定了一系列增
加教育投资、提高教师数量、刺激就业的计划,仍然无法完全缓解这些压
力。如果要实行和阿尔及利亚"一体化"的计划,以法国的国力,根本无
法承担"一体化"所需要的费用,就像一个家庭的收入不变,但要承担双
倍乃至多倍的人口那样。

最后但并非不重要的是道义因素。战争违反了自由主义的基本原
则之一民族自决的要求。和其他国家相比,法国作为现代民主化进程的
重要缔造者和推动者,更加应该坚持贯彻民族自决的原则。即使阿尔及
利亚要建立反民主反自由的政府,阿隆也坚决反对用武力加以阻止。
1956 年 10—11 月之交,几乎在阿隆和民族主义知识分子论战的同时,法
国和英国、以色列发动了武装干涉埃及收回苏伊士运河的战争,这两场
战争的性质基本类似,最后很快以英法和以色列的失败而告终。阿隆是
犹太人,但是他并没有偏袒以色列,而是在战争爆发之初,就立即在自己
主持的《费加罗报》国际评论版上对英法和以色列提出了强烈的谴责,重
申"武力只是一种手段"的主张。

《阿尔及利亚悲剧》在发表后,即在法国知识界乃至整个法国社会引
起极大的反响与争议。人们对它可谓是毁誉参半。赞赏者把它与德雷
福斯事件时代左拉的《我控诉!》相媲美,反对者则说阿隆在出卖法国的
利益,谩骂侮辱的匿名信蜂拥而至。也正是由于这一原因,《阿尔及利亚
悲剧》亦成了阿尔及利亚战争期间法国最为畅销的书籍之一。如果说多
梅纳克、布尔代和萨特代表的是反战知识分子不惜代价维护"普世价值"
的富有激情的一面,那么,阿隆代表的就是坚持理性不惧孤独的冷静和
现实的一面。相当长时期以来,法国的殖民主义意识形态主要由两个支
柱构成,一是法国负有教化的使命,二是殖民地对法国有重要的现实利

---

① Raymond Aron, *Algérie et la République*, p. 143.

益。前者已经被多梅纳克、布尔代和萨特的论证推翻，而阿隆的论证，则推翻了后者，由此也就彻底地摧毁了法国殖民主义意识形态的思想基础。

除了前述杰出知识分子，在阿尔及利亚战争期间，《世界报》在主编于贝尔·伯夫-梅里的领导下，令人瞩目地充当了此期"法国社会的良心"的喉舌。当阿尔及利亚战争刚一爆发，伯夫-梅里即组织《世界报》对这场新的"肮脏的战争"进行猛烈的抨击，还在《世界报》上公开发表了"秘密的"《贝泰伊报告》。这份报告以大量确凿的事实表明，系统地组织的严刑拷打是法国殖民当局在阿尔及利亚推行殖民统治的重要手段。报告发表后，舆论大哗，但《世界报》也承受了更大的压力乃至公开的威胁。然而，《世界报》在伯夫-梅里的领导下经受住了种种严峻的考验，而伯夫-梅里本人也成为这一时期"法国社会的良心"的典型代表之一。

阿尔及利亚战争及其法国知识分子在这一期间的表现，在战后法国知识分子的"辉煌三十年"中，占有重要的一席之地。第一，一如德雷福斯事件期间，法国知识分子中"普遍主义"或"世界主义"与"民族主义"思想倾向之间的对立，在阿尔及利亚战争期间围绕着赞成还是反对阿尔及利亚独立再次达到了白热化的程度。对峙的双方所用言辞之激烈，手段之极端，较之当年德雷福斯派知识分子与反德雷福斯派知识分子的斗争，均有过之而无不及。

第二，此期法国反战知识分子不仅继承了反对殖民主义的光荣传统，而且还将之发扬光大，把它提升到一个新的高度。具体而言，如果说当初反对里夫战争需要有一定的勇气的话，那么这次反对阿尔及利亚战争则需要有一种视死如归的精神。因为阿尔及利亚与法国本土的关系之密切，极端殖民主义者策划的暗杀、行刺、绑架事件之多，均远非当年的情景可比。萨特、阿隆、伯夫-梅里等人都直接受到过人身威胁。阿尔及利亚战争结束后，左翼知识分子开始进一步关注第三世界国家的民主民族运动，支持古巴、越南的反帝斗争。萨特和英国哲学家伯特兰·罗素（Bertrand Russell）组织了"国际战争罪行法庭"并出任执行庭长，调查并审理美国在越南战场犯下的罪行。判决美国总统、国务卿和国防部长为战争罪犯,犯下了种族灭绝的罪行。法庭虽然对越南战争没有产生值得注意的直接影响,但它代表一种巨大的道义力量,反映了世界进步知识分子对越战的态度,并在一定程度上影响了世界和美国的舆论。

第三,阿尔及利亚战争也为法国右翼知识分子恢复元气,重新崛起提供了条件。如前已述,战后初期,法国知识界曾对二战期间的附敌知识分子展开"大清洗",由此导致法国右翼知识分子元气大伤。但阿尔及利亚战争所引发的争论,尤其是借助于"民族利益""爱国主义"的口号,使长期来萎靡不振的法国右翼知识分子重新振作起来,并试图在与左翼知识分子的较量中收复"失地"。在极端民族主义知识分子的宣言和请愿书中,我们不难发现有很多当年在法西斯主义运动中,或在反对"反法西斯主义运动"方面极为活跃,战后却被迫"沉默"的著名右翼知识分子的名字,如亨利·马西斯、皮埃尔·加索特(Pierre Gaxotte)、梯也里·莫尔尼埃(Thierry Maulnier)等等。

最后,法国反战知识分子在阿尔及利亚战争中的表现,尤其是建立"让松联络网"和发表《121人宣言》,为欧美发达国家进步知识分子反对本国政府发动或参与殖民战争树立了榜样,产生了广泛的国际影响。比如说,1960年代中后期,不少美国左派知识分子在开展反对美国政府发动越南战争的斗争时,就直接将阿尔及利亚战争时期法国反战知识分子的"介入",作为模仿的对象,可以说,经过阿尔及利亚战争的洗礼,坚守良知、勇于担当的法国知识分子成为全世界知识分子的楷模。

四、1970年代的社会抗议运动

进入1970年代,法国不少左翼知识分子在"五月风暴"余波的影响下,积极寻求新的政治行动方式,并开始热衷于行动主义。萨特的思想进一步激进化,并利用自己的声望积极支持各种社会批判和抗议活动。1970年,地下报纸《人民事业报》(La Cause du Peuple)被查封,工人、学生和警方发生了冲突。萨特应邀出任社长,并和波伏瓦亲自在街头分发

《人民事业报》,有关照片后来成为描绘法国知识分子介入社会的经典之作。

影响更为深远的是,法国知识分子的"介入"增加了许多新的内容。他们引人瞩目地把触角伸向了新的斗争领域。首先是妇女解放运动。1970年5月,由让-艾德尔登·哈利埃(Jean-Edern Hallier)创办于1969年12月的《国际白痴》杂志出版了《为妇女解放而战》的专刊。同年8月,由波伏瓦领导的"妇女解放运动"(Mouvement de la Libération des Femmes,简称MLF)在巴黎凯旋门的无名战士墓前组织了一次示威活动,并在示威中宣称,"还有一个比无名战士更加不为人知的人:无名战士的妻子"[①],此说很快就在全法,乃至在同样进行妇女解放运动的欧美各国引起了强烈的共鸣。同年11月,法国著名的女性杂志《她》(Elle)在1789年法国大革命前夕举行过三级会议的地点——凡尔赛举行了一次"妇女的三级会议"。

此期法国妇女解放运动的一个重要目标是争取堕胎的合法权利。在这一斗争过程中,法国的一些著名的女性知识分子扮演了最重要的角色。比如,1971年4月5日,波伏瓦、杜拉斯、德纳芙等343名女性知名人士在《新观察家》上发表了赞同堕胎的宣言,并在宣言中公开承认自己曾经堕过胎:"法国每年有一百万妇女进行人工流产手术。她们是在非常危险的条件下做流产的。由于流产是非法的,她们不得不在秘密状态下做手术。其实,如果在医疗机构的控制下,这种手术本来是最简单的,而且对于医疗机构而言,控制这种手术也是非常方便的。我声明自己是她们当中的一员。我声明自己曾做过流产。同时,我们要求自由使用避孕手段,我们要求自由行使人工流产。"[②]此举在当时引起了社会的强烈反响,《国际白痴》创办了专门的女权主义刊物,女律师吉塞尔·阿里米

---

① 米歇尔·维诺克:《法国知识分子的世纪·萨特时代》,孙桂荣、逸风译,南京:江苏凤凰教育出版社,2006年,第228页。

② Olivier Vievriorka et Christophe Prochasson, *La France du XXe siècle : Documents d'histoire*, p. 570.

(Gisèle Halimi)创办了名为"选择"的女权运动组织。

1972年11月,波比尼地区的一位未成年少女被强暴而怀孕,其母带她堕胎,和医生一起被告上法庭。阿里米担任辩护律师,诺贝尔生物学奖得主雅克·莫诺出庭作证。尽管如此,私下为受害者堕胎的女医生仍然被判处有罪。法律的陈旧和不公暴露无余,引发了妇女解放运动的高峰。1973年,法国女性成立了自由堕胎和避孕组织,鼓励医生实行人工流产。吉斯卡尔-德斯坦上台以后,法国议会通过激烈辩论,终于在1974年通过了以卫生部长名字命名的《韦依法》,允许怀孕十周之内的妇女实行人工流产。该法案在1979年得到修订,最终成为法国社会生活中最重要的法律之一。

需要指出的是,这一时期法国的妇女解放运动与早年的妇女解放运动相比具有许多新的特点。比如说,早年的妇女解放运动只注重争取获得同男人平等的机会和权利,如同工同酬和平等的政治选举权,而此期的妇女解放运动则在后结构主义和西方马克思主义理论的影响下,从原先的"注重男女平等"改为强调"性别差异和独特性"上,并以这种"差异性"为名否定男权统治。

作为"五月风暴"的余波之一,1960年代末、1970年代初法国极左派学生发动的社会抗议活动经常带有暴力的色彩,许多人因此而锒铛入狱。1970年9月,近三十名被关押的青年左派学生在狱中进行绝食斗争,要求获得政治犯的正式身份并享受政治犯应享有的专门待遇,如阅读书籍和报刊。此前,他们在入狱后一直被有关方面当作普通犯人来对待。与此同时,他们还要求改善所有犯人的待遇。绝食者们的斗争引起了包括知识分子在内的社会各界对监狱情况的广泛关注。

1971年初,哲学家米歇尔·福柯与《精神》杂志主编让-玛丽·多梅纳克和历史学家皮埃尔·维达尔-纳凯(Pierre Vidal-Naquet)联手创立了"监狱情况报道小组"(Groupe d'information sur les prisons, 简称GIP)。同年2月8日,福柯在新闻发布会上宣读了一份声明指出,关于监狱的情况几乎很少披露。它是社会制度的一个隐蔽领域,生活的一个黑暗角落。"我们当中谁都不能肯定自己会逃脱坐牢的命运。今天比以往任何时候都更加不能肯定。我们的日常生活被控制得越来越严了：在街上，在公路上；在外国人和年轻人周围，这种监视无所不在；言论罪又出现在法律之中；反毒品的措施里专断的内容越来越多。我们处于被'监视'的状态中。有人对我们说，司法机关无能为力。这一点我们看得很清楚。可是，如果是警察使法庭力不从心呢？有人对我们说，监狱已经人满为患，可是，如果监狱里关的都是老百姓呢？"[1]

GIP 是一个由各方人士组成的松散型的团体，成员包括法官、律师、新闻记者、医生和精神分析医生。它的宗旨并不是要抗议监狱的存在，而是收集和公布监狱情况，使社会公众知晓监狱的情况和犯人的待遇。GIP 先后编辑出版了四个小册子，内容涵盖对监狱和犯人各种情况的调查，同时展开各种公开的宣传。作为"监狱情况报道小组"的核心人物，福柯在这一运动过程中始终认为并再三强调：需要做的不是替犯人说话，而是为他们提供说话的机会，讲出监狱的真实情况。由于"监狱情况报道小组"多次在监狱前组织集会，散发传单和调查表，福柯等人在警察驱散集会时曾被击打，甚至被拘审。应当说，"监狱情况报道小组"及其在法国各地建立的一些委员会在打开监狱与公众之间交流的通道、推进司法改革方面做出了许多成绩，例如，司法部长勒内·普列文最终同意广播、日报等媒体进入监狱，接受社会的监督，GIP 也因此获得了犯人的广泛支持。但更为重要的是，它的活动显示了一种新的知识分子的参与方式，即不是以某种理想或价值观的名义采取行动，而是关注一直不为人注意的现实；不是代替别人说话，而是揭示忍无可忍的状况，让受压迫者自己说话。1972 年 12 月，法国的犯人成立了"监狱行动委员会"（Comité d'Action des prionniers），学会了自己开展维权斗争。此后，效仿 GIP 的"健康状况报道小组"（Groupe d'information sur santé）、"移民劳工报道和支持小组"（Groupe d'information et de soutien des

---

[1] 米歇尔·维诺克：《法国知识分子的世纪·萨特时代》，第 225 页。

travailleurs immigrés)等组织纷纷成立。福柯因艾滋病去世之后,其同性伴侣德菲尔创建了艾滋病报道小组。

此外,这一时期,法国知识分子还积极投身于保卫移民权利的斗争。1971年秋,一位移民到法国的阿尔及利亚青年杰拉里·邦·阿里在街头被人枪杀。类似的事情过去时有发生,并未引起人们过多的关注。但此次种族主义暴行却不然。它很快就促使法国的知识分子行动起来。11月27日,萨特、福柯等人聚在一起,成立了杰拉里事件调查委员会,并积极准备组织示威游行。在他们的努力下,杰拉里事件调查委员会不久发展成了"保卫移民权利委员会"。该组织在抑制种族主义、改善移民的处境方面起了很大的作用。在这一斗争过程中,福柯与萨特这两位曾在数年前展开过思想交锋的新、老哲学大师引人瞩目地走到了一起,并肩参加示威游行。而弗朗索瓦·莫里亚克之子克洛德·莫里亚克(Claude Mauriac),这位原戴高乐派知识分子的重要成员,亦最终完成了始自"五月风暴"的政治转变,成为一名活跃在当时被称为"斗争阵线"前哨的左翼知识分子。1972年7月,当巴黎郊区发生暴徒用棍棒和催泪瓦斯袭击来自南斯拉夫的移民,劫持和轮奸移民中的少女的事件时,萨特、福柯、杜拉斯等知识界的名流共同发表声明,对这一暴行进行了严厉的谴责,并号召大家声援受害者。

从1970年代中期起,法国知识分子在捍卫人权等方面也极为活跃。在这一过程中,左右两翼的知识分子有时也走到了一起。

1975年9月,当西班牙的佛朗哥政权处死了两名巴斯克分离主义运动的成员,并且还将准备对八名"反法西斯爱国革命阵线"成员(其中两名系孕妇)处以绞刑时,法国的知识分子再次被激怒了。福柯迅速地起草了一份抗议书,并征集到了萨特、马尔罗、阿拉贡和生物学家、1965年诺贝尔医学奖获得者弗朗索瓦·雅各布等著名知识分子的签名。9月22日,福柯与电影明星伊夫·蒙当(Yves Montand)、记者让·拉库迪尔(Jean Lacouture)、导演科斯塔-加夫拉(Costa-Gavras)以及杜拉斯、莫里亚克等一行七人携带抗议书乘飞机抵达马德里,并在预订的旅馆里召开新闻发布会,宣读了抗议书。结果被西班牙当局强行押送出境。

1980 年波兰实行全国军管时,福柯与社会学家、后来的 1990 年代知识界领军人物皮埃尔·布尔迪厄联袂起草了一份声明,抨击波兰领导人沃伊切赫·雅鲁泽尔斯基(Wojciech Jaruzelski)将军"篡夺权力",指责法国社会党政府对事态的暧昧态度。很快地,格卢克斯曼、维达尔-纳凯、莫里亚克等一大批文化名人在声明上签字,并由蒙当在电台宣读了这一声明。由于社会党总书记若斯潘和文化部长雅克·朗声称福柯-布尔迪厄声明是"知识分子抽疯","小丑行为",导致原先对社会党政府寄予厚望的福柯等一批著名知识分子与社会党政府分道扬镳。

值得一提的是,1979 年 6 月,在法国知识分子为营救越南船民行动举行的记者招待会上,萨特和阿隆两人坐到了一起。左翼知识分子的领袖与自由主义知识分子的寨主在经过数十年的对抗之后再次握手合作,被不少法国知识分子视为是具有重要象征意义的事件。这表明法国知识界意识形态的争论淡化,开始共同关注人权等更具有普遍性的问题。

第二节 1980 年代以来的变化

一、身份危机

1980 年代初期,法国知识界的两大巨星萨特与雷蒙·阿隆相继谢世。1980 年 4 月 15 日,萨特逝世。消息传出后,整个法国,乃至全世界都受到强烈震动。各国的通讯社、报纸和电台立即发布消息、文章和各种评论。时任法国总统吉斯卡尔-德斯坦亲自前往医院瞻仰萨特遗容,并发表声明说,萨特之死"就好像我们这个时代陨落了一颗明亮的智慧之星那样"。总理雷蒙·巴尔则说,萨特是"当今时代最伟大的哲学家",他的逝世"使法国和国际思想界蒙受了损失"[1]。与此同时,法国与其他国家的知识分子也纷纷写文章和发表谈话表示最深切的悼念。

---

[1] 高宣扬:《萨特的密码》,上海:同济大出版社,2007 年,第 465 页。

从 1979 年开始，自知死神已逼近的阿隆把主要精力用于撰写自己的回忆录。他为这部回忆录取了个副标题"50 年的政治思考"。在该书中，阿隆有意突出自己与 20 世纪历史密切联系的精神历程，同时淡化他认为没多大意思的个人生平。没想到，这部厚达 750 页、艰涩难懂的巨著在 1983 年出版时获得了巨大的成功。在短短的时间里，该书就被售出了数十万册。法国的各种报刊、电台与电视台等均把该书的问世作为当年的文坛大事，给予了极高的评价。尤其令人瞩目的是，不少当年深受萨特影响的左翼知识分子在看了《回忆录》之后，纷纷写信给阿隆，对自己长期来误解他、并对他抱着敌对态度表示深深的歉意。

然而，就在这一年的 10 月 17 日，阿隆因心脏病发作猝然而逝。阿隆的突然谢世使刚刚通过其《回忆录》进一步认识其人其作品之价值的舆论惊呆了。人们痛悼法国失去了 20 世纪最后一位思想导师。当时的法国总统密特朗向阿隆夫人发去唁电，向这位"主张对话、信念坚定、学养深厚的人"表示致敬；[1]基辛格将阿隆称为"我的导师"，并感叹："没有雷蒙·阿隆，世界将感到更加孤独与空虚"[2]；法国所有的著名报刊都做出了反应，《解放报》以"法国失去了自己的老师"作为标题，[3]《世界报》为纪念这位"清醒而睿智的教授"辟出了整整三个版面，《新观察家》和《快报》则分别发表了大量悼念这位"超凡出众"的知识分子的文章。[4]

随着萨特与阿隆的相继逝世，两人之间持续数十年之久的"世纪之争"亦最终划上了句号。值得人们深思的是，两人生前一荣一冷的命运在其逝世多年后出现了逆转。随着苏联、东欧的社会主义相继遭受巨大的挫折，西方知识分子中的激进主义消退，而传统的自由主义得到加强。这一趋势在法国知识界的表现是，卢梭-萨特一派的激进思想日趋衰落，而孟德斯鸠-托克维尔-阿隆的传统自由派思想正逐渐占据上风。具体

---

[1] Robert Colquhoun, *Raymond Aron*, London：Sage Publication，1986，p. 593.

[2] Robert Colquhoun, *Raymond Aron*, p. 594.

[3] "La France perd son prof", *Libération*, *le* 18 octobre 1983.

[4] Robert Colquhoun, *Raymond Aron*, p. 593.

表现在萨特与阿隆身上,则是萨特那些充满光彩和激情的著作中的许多观点已不能不受到历史的严厉责难,而自称"从未以辩证的名义去为无法辩护的东西进行辩护"的阿隆,以其著作中反映出来的明澈的理性和无懈可击的分析能力日益被人誉为"智坛巨星""思想泰斗"。

如果说萨特与阿隆撒手人寰标志着一代知识分子的结束的话,那么,以下几位在辈份上比他们要低一辈左右的知识精英的早逝或精神失常,也使法国知识界蒙受了巨大的损失。1980年2月,结构主义的重要代表之一罗兰·巴特遭遇车祸,在一个月后不治身亡。同年11月16日,阿尔都塞因躁郁症发作勒死了妻子,被送进精神病院监护起来,处于虽生犹死的状态,于1990年逝世。更让人没想到的是,1984年6月25日,年仅58岁、且已在萨特之后被推上法国思想界顶峰的福柯因患上艾滋病而溘然长逝。消息传来,法国乃至世界知识界都为之惋惜,为之震动。包括《世界报》《费加罗报》《新观察家》在内的各大报刊都在头版或重要位置发布消息和悼念文章。其中在6月29日出版的《新观察家》上,年鉴学派史学大师费尔南·布罗代尔称福柯之死使"法国丧失了这个时代的一个最辉煌的思想家、一个最富有创造力的知识分子"。更多的知识分子认为,"萨特和福柯的相继逝世是两个时代的死亡"。

从总体上看,并且相对而言,进入1980年代后的法国知识分子似乎已失却了20世纪早期与中期时的激情。人们不会忘记,法国知识分子在1930年代曾围绕着处于危机中的法国该向何处去而慷慨激昂地展开辩论,1950年代围绕着共产主义和苏联社会的性质问题势不两立地争论不休,1960年代又围绕着当代资本主义社会中存在的问题没完没了地大打笔仗。然而,进入1980年代后,这种在整个法国社会引起极大反响的大辩论显然已经成为历史。积极参加辩论的知识分子愈来愈少,即使围绕着某些问题展开辩论,也往往局限于报纸与期刊讨论的范围之内。由于受全球性的政治气候的影响,在战后长期控制着法国知识界的左翼知识分子的势力在明显地削弱。同时,他们当中坚定地追随法共的人在日益减少,更多的共产党的同路人转向了社会党,还有一些人则在积极加入捍卫人权、保护生态斗争的同时拒绝投靠任何左翼政党。相反,不少知识分子已经回归到传统的自由主义立场,导致近代的托克维尔、当代的雷蒙·阿隆的著作一时洛阳纸贵,尤其值得注意的是,作为法国知识界领衔人物的几位著名的知识分子似乎正茫然不知所措。对此,法国著名评论家阿兰·杜阿梅尔(Alain Duhamel)把知识分子比作一批准备转地放牧的牧羊人,已经离开了原地,但尚不清楚去向何处。1970年代后期,吉斯卡尔-德斯坦总统曾试图拉拢他们,如他曾在爱丽舍宫为法国知识精英举行过轰动一时的"知识分子的晚餐",但并未奏效,而1980年代初上台的社会党政府也曾向他们抛出橄榄枝,但也同样被他们所冷落。

不过,如果说社会党政府在争取"著名知识分子"方面收效甚微的话,那么,其上台执政却实实在在地演绎出了一个新的"教授共和国":大批大、中学教授或教师出身的人进入了从中央到地方的各级政府。其中,在皮埃尔·莫鲁瓦政府的三十五位部长中有十位是教授,在负责部长办公室一级工作官员中,教师职业者由雷蒙·巴尔时期的十三名猛增至莫鲁瓦时期的五十名。当然,其最具象征意义的是,总理莫鲁瓦、国民议会议长路易·梅尔马兹和社会党第一书记莱昂纳尔·若斯潘三人都是教师出身。莫鲁瓦出生于法国北方一个清寒的家庭,当过技校的教师。梅尔马兹拥有历史教员学衔,而小学教师家庭出身的若斯潘在从国家行政学院毕业后,虽因成绩优异被选入外交部任职,但他不久就放弃了在凯道赛的工作,宁愿在学校里教授经济学课程。

然而,新的"教授共和国"的出现并没有使法国的知识界重新振作起来。相反,随着萨特、阿隆、福柯等法国知识界的巨星一一陨落,随着知识分子们对社会党执政后的所为日益失望,法国知识分子在社会舞台上显得非常的消沉。

知识分子们的"沉默",很快就引起了社会的关注。一时间,许多报刊在谈到知识分子时开始频频使用"危机""衰落"等词语来形容法国知识分子的现实处境。与此同时,法国知识分子中的一些有识之士也开始对知识分子在新的社会历史条件下的角色定位与作用重新进行审视。

1980 年，史学家诺拉在哲学家马塞尔·高舍等人的协助下，创办了《争鸣》(Le Débat)杂志，试图为知识界提供一个新的交流平台，明确提出办刊的宗旨之一是批判以萨特及《现代》杂志所代表的传统知识分子介入方式。在创刊号上，诺拉发表了题为《知识分子们究竟能干什么?》的文章宣称："权威人士型的知识分子(l'intellectuel-oracle)已经过时了。现今没有人会为自己是否该加入外籍军团或让自己的女友堕胎之类的事情去请教米歇尔·福柯，而在过去，他们会为此去向萨特讨教。尽管福柯拥有极高的声望，但其身上已不再具有神职人员般的光环。知识分子正在强力地被世俗化，其作为先知的特征已不复存在。科学方面的投资已使他被淹没在一个巨大的由科研团体和科研经费等编织成的网络之中。"①

1983 年 7 月 26 日，社会党政府的发言人马克斯·加罗(Max Gallo)在《世界报》上发表了一篇题为《知识分子、政治、现代性》的文章。此文一方面号召知识分子开展对法国需要什么样的"转变"才能在经济和社会方面"赶上潮流"的讨论，另一方面也在字里行间流露出对法国知识分子未能很好地理解与支持社会党政府的抱怨："与 1968 年 5 月事件有着明显关系的 1981 年 5—6 月事件被世人看作是左派的胜利，而作为象征性团体的知识分子没怎么参加，至少没有积极参加。因此，在这个知识分子团体和新政权之间出现了问题：相互不理解、失望，号召那些只是在形式上支持政治，但在研究上并不总是'激进'的作者们反对政府。因此，许多知识分子的情感被遗忘或遭到冷遇，或者只是被用来歌功颂德。这种情形造成严重的后果。"文章在结尾时还强调："国家首先需要的不是名人的名字出现在政治论坛上，而是需要它们出现在独立的、真实的思考中。"②

马克斯·加罗发表在《世界报》上的这一文章立即在法国知识界引

---

① Pierre Nora, "Que peuvent les intellectuels? ", *Le Débat*, N° 1, mai 1980.

② Max Gallo, "Les intellectuels, la politique et la modernité", *Le Monde*, le 26 juillet 1983.

发了一场大论战。赞同者有之,而反对者更多。而在对此予以反驳的众多文章中,影响最大者当属哲学家让-弗朗索瓦·利奥塔于同年 10 月 8 日在同一家报纸上发表的《知识分子的坟墓》一文。他在这篇题目就极为吸引眼球的文章中,通过附和其老师福柯关于知识分子类别与职能分化的理论,强调指出,那种为理想的统一目标而奋斗、为集体责任而牺牲个人利益的时代已成为过去,今天知识分子要破除笛卡尔以来对哲学整体论的迷信,代之以鼓励差异和自由欲念的局部独特性思维,从而从根本上颠覆一切专制赖以存在的统一性和理性根基。在文中,利奥塔耸人听闻地提出,不应该再有"知识分子"了,如果还有的话,这是因为他们对自 18 世纪以来西方历史上的这一新事实视而不见:在现实中已不再出现普遍的主体受害者,让思想能够以它的名义提出一种同时是"世界的构想"(寻找名字)的控诉。萨特试图采纳"社会经济地位最低下"的阶层的观点,引导自己穿过各种不正义的迷宫,但归根结底,这一阶层不过是一个消极的、无名的、经验的存在。我不是说没有必要关注社会经济地位最低下的阶层的命运:道德的和公民的责任要求人们这么做。但是这一观点只容许保护性的和局部的干预。如果超出这种干预范围之外,它就会把思想引入歧途,就像它把萨特的思想引入歧途一样。①

显然,利奥塔让自己扮演了"知识分子的掘墓人"的角色,而他的"惊人之语"更是把法国知识界持续多年的关于知识分子是否已经"终结"的大讨论推向了一个新的高潮。以左拉、萨特为代表的传统意义上的知识分子已经受到全面的挑战,是一个不争的事实。法国知识界关于知识分子是否已经"终结"的讨论也充分说明,当今法国知识分子在调适自己的社会角色时遇到了不少难题,存在着许多困惑。其中,他们必须要解决的首要难题就是如何去应对自己的认同危机,或曰身份危机。

---

① Jean-François Lyotard, "TOMBEAU DE L'INTELLECTUEL", *Le Monde*, *le* 8 *OCTOBRE*,1983.

二、新的探索

毋须讳言,当20世纪进入尾声之际,由于国内外局势均发生了重大、深刻的变化,法国知识界亦出现了一些新的特点,如"非政治化"现象进一步突出;知识分子左右之间的分野日渐模糊,传统的"左派知识分子"已然消失;人文知识分子的边缘化和科技知识分子的中心化趋势加剧,知识体制对知识分子的束缚愈益严重;知识分子更加热衷于与媒体打交道,并因此不惜屈从于市场法则,弱化自己的独立性……如果说,上述特点可以作为(传统意义上的)知识分子已经"终结"的注脚的话,那么,我们也可以从法国知识界对发生在"世纪末"的两场战争和对新自由主义的态度上,看到他们仍然保持着一份公共的关怀。

1990年8月伊拉克入侵科威特,1991年1月,美国为首的多国部队发动了"沙漠风暴"行动,帮助科威特驱除了伊拉克军队,史称"海湾战争"(Guerre du Golfe)。从危机爆发开始,大部分法国知识分子都采取了反对军事干涉的立场:一种几乎已经被人遗忘的思潮突然重新涌现,那就是和平主义。这些知识分子的政治立场可以说是横跨极左派到极右派,几乎涵盖了政治光谱的所有部分。在左派知识分子看来,制裁和出兵,仍然是美国为首的殖民主义、帝国主义政策的体现。而在阿兰·德·伯努瓦等"新右派"看来,伊拉克同样是强权的受害者,这股强权从金钱至上的法则和西方式的部落主义出发,目的是奴役不发达国家。他们出于反美和反犹主义的动机加入了和平主义运动。以《基督徒的见证》(*Témoignage Chrétien*)杂志为核心的天主教知识分子则坚持认为,推行和平与正义始终是法国不可推卸的使命,他们和生态保护主义者一起,成为和平运动的重要组成部分。

1990年9月,在律师德尼·朗格洛瓦(Denis Langlois)倡导下,法国知识界发表了《75人宣言》,呼吁用和平方式解决科威特危机。"沙漠风暴"行动发动之后,从1960年代开始就致力于反种族主义、争取女性和移民权利运动的著名律师吉赛尔·阿里米在《世界报》上发表了要求国防部长让-皮埃尔·舍韦内芒辞职的公开信:"我想到了阿尔及利亚,想到了突尼斯,同样也想到了巴勒斯坦,他们奋斗的理由——国家主权,早已得到国际社会的公认。我担心,历史上那些惨痛的回忆——法国为石油进行的苏伊士远征和为统治阿尔及利亚采取的酷刑,在今天并没有帮助我们加深与阿拉伯世界的联合。"①

随后爆发的南斯拉夫内战和波黑战争引起了法国知识界更大规模的介入。1991年10月,著名政论作家阿兰·芬克耶尔克鲁(Alain Finkielkraut)和捷克著名作家米兰·昆德拉(Milan Kundera)等人签署了一份请愿书,要求国际社会承认克罗地亚和斯洛文尼亚的独立。11月,贝尔纳-亨利·列维和埃德加·莫兰等人在《世界报》上发表了名为"南斯拉夫,停止屠杀!"的请愿书。1992年6月,贝尔纳-亨利·列维前往战争状态下的萨拉热窝,波黑总统阿里加·伊泽特贝戈维奇(Alija Izetbegovic)请他帮助,向密特朗和欧盟委员会主席雅克·德洛尔(Jacques Delors)求援,直接促成了当月密特朗对萨拉热窝的访问。11月,阿兰·芬克耶尔克鲁、安德烈·格鲁克斯曼和著名电影导演罗曼·波兰斯基(Roman Polanski)等60余位知识分子和14个团体联名呼吁并组织了请愿活动,吁请法国政府和欧盟采取一切有效的措施,必要时不排除使用武力,来结束战争,维护得到国际社会承认的独立国家的完整,并加强对各项人权的尊重,从而减弱战争在科索沃、伏伊伏丁那、马其顿,甚至整个东南欧蔓延的危险性。

1994年6月,在欧洲议会选举前夜,阿兰·芬克耶尔克鲁、皮埃尔·阿斯纳(Pierre Hassner)和高等社会科学研究院教授维罗尼克·纳乌姆-格拉佩(Véronique Nahoum-Grappé)在《世界报》上发表致候选人的公开信,要求他们必须在竞选纲领中将制止战争引发的人道主义危机置于核心地位,否则他们将抵制选举或者投空白票弃权:"作为欧洲的法国

---

① Olivier Wieviorka et Christophe Prochasson, *La France du XX siècle*, *Documents d'histoire*, p. 696.

公民,我们行使自己的权利,向形形色色要求我们投票支持的候选人们提出三个问题:1. 你们是否认为自己能负责帮助克罗地亚和波斯尼亚-黑塞哥维那获得国际上的援助? 2. 为了维护克罗地亚和波黑的领土完整,粉碎'大塞尔维亚'野心的实现,你们是否会坚决要求取消武器禁运,要求北约对被侵略者实行空投援助? 3. 在设立法庭审判战争罪行的同时,你们采取的政策是否会将那些首要战犯视为不可缺少的谈判对象从而赦免他们? 换而言之,你们是让欧洲选择用正义惩罚种族清洗还是用外交手腕获取利益?"[1]

有关新自由主义为代表的全球化的争论,进一步唤醒了法国知识分子的"介入"激情。1995 年,阿兰·朱佩政府为实现《马斯特里赫特条约》有关"加入欧元区的所有国家必须将财政赤字控制在国内生产总值的3％以内"的规定,制定了一系列旨在降低赤字、减轻国家财政负担的改革方案,如提高个人所得税、削减医疗补贴、降低国有企业员工的退休金等。这一系列改革方案其实就是效仿英美式的"自由市场"道路,试图以此来改变法国原有的以国家为主导的社会保障体系。但是改革方案一经公布,就招致强烈反对,加之朱佩欲强行推进改革,终于引发一场 1968 年"五月风暴"以来规模最大的大罢工,质疑经济全球化的进程,被称为"全球化时期的第一次起义"。最终朱佩被迫收回了整个改革方案。在罢工中,著名社会学家皮埃尔·布尔迪厄接过了左拉和萨特的良知大旗,成为法国知识界的领军人物。

布尔迪厄很早就关注底层民众的疾苦,在 1990 年代初组织了 20 多位社会学家共同进行调查,于 1993 年出版了厚达千页的著作《苦难众生》,揭示了工人阶级、外来移民和基层公共服务者等各社会群体的疾苦,激起了强烈反响,引发了公众对于不平等、种族歧视、社会凝聚力等问题的大讨论。布尔迪厄指出,底层疾苦的根源在于从 1980 年代开始

---

[1] Olivier Wieviorka et Christophe Prochasson, *La France du XX siècle*, *Documents d'histoire*, p. 720.

盛行于西方发达国家、扩展到全球的"新自由主义"意识形态及其所导致的一系列政策。朱佩政府推出改革政策之后,布尔迪厄在巴黎里昂火车站,向罢工的民众发表了题为《反对摧毁我们的文明》的演讲,指出朱佩所代表的是当代社会中的技术官僚统治,朱佩政府奉行的新自由主义原则,对法国乃至全球都带来了重大的危害,他呼吁知识界和民众一起,抵制以新自由主义为信条的全球化进程。此后,布尔迪厄不断地深化对新自由主义的理论批判,同时继续支持各种社会弱势群体要求社会平等和公正的斗争,积极呼吁欧洲知识界组织起来,创建一个新型的、国际性的知识分子批评运动。他身体力行,创办杂志,举办论坛,并且充分利用电视这一大众传媒宣传自己的主张。布尔迪厄的"介入"产生了广泛而持久的社会影响。1999 年,法国南部的农场主何塞·博韦(José Bové)冲击了当地的一家麦当劳,建立了以农场主为主体的反新自由主义和反全球化组织,并于 2009 年当选为欧洲议会议员。博维是布尔迪厄最坚定的支持者之一,对布尔迪厄的言行给予了高度的评价。

1997 年发生的亚洲金融危机,更是使得法国的有识之士,尤其是关心国际形势的左翼人士们对不加控制的资本自由流动所可能带来的危害有了全面、深刻的认识,也使他们具有了危机感,决心将批判理论思考转变为具体实践,通过有组织的运动来遏制资本这一脱缰野马。

1997 年 12 月,伊格纳西奥·拉莫内(Ignacio Ramonet)在其编辑的《外交世界》(Le Monde diplomatique)当月号上发表社论文章《驯服市场》,对当时爆发的亚洲金融危机及其所凸显的金融、市场自由化为核心的经济全球化之负面影响作了深刻剖析,提议创立一个新的世界范围的非政府组织"为征收托宾税以援助公民而斗争"(Action pour une Taxe Tobin d'Aide aux Citoyens,缩写为 ATTAC),与其他社会团体共同向政府施加压力,从而以世界团结的名义最终引入这一税收,得到法国各界人士的支持。1998 年 6 月 3 日,A 该组织在法国正式成立,正式定名为"征收金融交易税以援助公民协会"(Association pour la Taxation des Transactions Financiers pour l'Aide aux Citoyens,缩写同为 ATTAC),

《外交世界》执行主编贝尔南·卡森（Bernand Cassen）当选为主席，同时发布了该组织的纲领和章程。在其纲领《团结起来共同把握我们世界的未来》中，ATTAC明确指出"金融全球化加剧了经济不安全和社会不公平。它不顾人民的选择、民主制度和负责提供公益的主权国家，并使它们价值降低。它以纯粹是投机和仅代表跨国公司与金融市场利益的逻辑取代了人民的选择、民主制度和主权国家。"①就此，ATTAC提出为之奋斗的五点具体目标：阻止国际投机行为；对金融资本交易征税；制裁税收天堂；禁止将养老金全球化；反对将国家主权屈服于投资者和市场。

ATTAC的主张立刻在法国得到了广泛响应，其成员数也不断增加：1998年10月17日ATTAC第一次全体会议在罗讷河口省的拉西奥塔市（La Ciotat）召开时，其成员已有4 000人，2002年则更是达到近3万人，此后一直维持在3万人左右。

批判新自由主义意识形态为核心的经济全球化，是ATTAC组织的基本理论主张。在ATTAC看来，从1980年代起，世界进入了资本主义的一个新时代——新自由主义时代，这个时代的核心就是将原有的针对资本活动的所有政治、社会和生态限制完全摧毁，推行全面的商业化，雇主和投资者拥有完全的行动自由，跨国公司在全球范围内追逐利润。具体地说，新自由主义由以下几个方面的内容构成：资本的自由兑换和自由流通，鼓吹取消一切关税、贸易壁垒，不顾人权和社会、生态考虑，强行实施商品和劳力的自由流动；掠夺性的破坏环境，将自然看作是取之不尽、用之不竭的资源库，对自然资源尤其是能源的争夺，造成世界各地，尤其是拥有丰富资源的发展中国家和地区战乱频仍，而发达国家内部安全问题也日渐突出；以推广民主制为名，实施私有化；为资本所有者的利益而牺牲公共政策；在公司和企业中，一切都从股东的利益角度出发，而

---

① ATTAC, "Se réapproprier ensemble l'avenir de notre monde", *Problèmes politiques et sociaux*, janvier 2006, La Documentation française, p. 51.

毫不顾及劳动者的利益,破坏了社会公平和正义。① 从 1998 年正式成立之时起,ATTAC 就把在世界各地,尤其是欧洲和法国实施的上述新自由主义政策,看作是造成全球范围内不平等现象增多、失业和不稳定导致社会解体、社会不安全、军事冲突与盲目暴力的扩散、种族主义与排外的极右势力的兴起,以及环境破坏的加速等诸多问题的主要原因。

在对新自由主义严厉批判的基础上,ATTAC 提出"另一个世界是可能的",这个世界不同于新自由主义主宰一切的现有世界,而是一个团结互助、注重生态和强调民主的世界。在这个世界里:推行的是公平贸易,而不是自由贸易;通过对国际资本征税所得之款项被用于消除贫困和缩小南北差距;第三世界的债务被取消;环境得到有效保护。为了进入这样一个世界,有必要采取以下一些措施:对世界贸易组织、国际货币基金组织和世界银行进行深入改革,调整它们的目标、原则和运行方式,并将它们纳入业已改革的联合国体系中;以有选择的和经协商的对外开放来取代商业贸易和资本的全面自由化;对当前世界资本市场上每天 1.5 万亿美元的资本流动征税,取消避税天堂;在联合国框架内设立一个世界环境组织,赋予其决策和制裁权。②

在对新自由主义为思想根基的全球化进行尖锐的理论批判的同时,ATTAC 积极投身具体的反全球化实践中,组织了一系列形式多样的活动,产生了重要影响。组织集会、罢工、游行示威是 ATTAC 反全球化实践活动中的常规行为方式。每当推进全球化进程的国际大型会议召开之际,ATTAC 就动员成员们在国内或是在会议召开地,组织公共集会、发表演说,开展游行示威等抗议活动。1999 年 1 月,世界经济论坛在瑞士达沃斯召开。ATTAC 在此期间组织了"另一个达沃斯"活动,举行一系列会议,发表各种演说和媒体讲话,与世界经济论坛唱反调。此外,

---

① ATTAC, *Manifeste altermondialiste*: *Construire un monde solidaire*, *écologique et démocratique*, Paris: Editions Mille et une Nuits 2007, pp. 11 - 34.

② ATTAC, *Manifeste altermondialiste*: *Construire un monde solidaire*, *écologique et démocratique*, pp. 50 - 51.

ATTAC 还采取举办社会论坛的形式来反抗经济全球化。2001 年 1 月，当世界经济论坛在达沃斯举行的时候，第一届世界社会论坛在巴西阿雷格里港召开，来自世界各地的 1 万多名反全球化运动的代表参加了这次盛会。ATTAC 在世界社会论坛的创立中起了决定性作用。此后，每当世界经济论坛举行年会的时候，世界社会论坛也会同时召开，成为世界各地反全球化人士就全球化进程中的各种热点问题进行充分交流和探讨的自由论坛。

ATTAC 的理论批判和实践活动，使其在短短的几年时间里，就已成为反对新自由主义全球化最成功的社会运动。不仅在法国各地，而且在西班牙、德国等欧洲国家都成立了分支机构，它对法国社会生活的影响也日益突出，在 2005 年 5 月 29 日法国全民公决否决《欧盟宪法条约》中所发挥的重要作用。在 ATTAC 看来，欧洲一体化进程是新自由主义在法国的特洛伊木马。《马约》中规定的商品、人员、资本和服务的自由流通，以及将民族国家的部分主权让渡给欧盟等，皆被 ATTAC 看作是新自由主义的体现，它使得民族国家内的就业、社会保障等问题凸显。因此当《欧盟宪法条约》提交公决之际，ATTAC 发起了全国范围内的反对运动。2005 年 5 月 29 日法国全民公决以 54.87％的反对票否决《欧盟宪法条约》，应当说是和 ATTAC 进行的反对欧盟宪法条约的教育和动员活动密不可分的。

在 1998 年 ATTAC 组织创立之时，除了贝尔南·卡森和拉莫内等来自《外交世界》的左翼知识分子外，作家苏珊·乔治(Susan George)、农学家勒内·杜蒙、吉赛尔·阿里米等也起了重要作用。布尔迪厄虽然没有直接参与 ATTAC 的组织工作，但他领导的《行动理由》(*Raison d'Agir*)组织是创始团体成员之一，其理论始终是 ATTAC 的重要参考。ATTAC 的科学委员会也可谓这样一个"集体知识分子"。在这个委员会里，有来自经济学、社会学等各个社会科学学科的众多专家，他们分组对当前面临的政治、经济、社会等问题进行研究，并将成果以书籍、文章、小册子的形式出版。这些专家的客观、公正的研究，不仅使得 ATTAC

在进行批判时有据可依,而且使得它在"介入"政治和社会生活时具有了合法性。同时,通过网络和现实中的各种论坛、研讨会,尤其是夏季学校中专家学者的讲授,这些研究成果就为广大普通成员所理解和掌握。由此,ATTAC内的知识分子精英和普通民众实现了有机互动。这是ATTAC与法国其他反全球化组织的最大不同之处,也是ATTAC的力量和影响之源泉所在。①

1998年,法国社会各界隆重纪念左拉《我控诉!》发表一百周年,时任法国总统希拉克给左拉和德雷福斯家族的后裔写了一封公开信,高度评价了德雷福斯"高贵的宽容"和左拉的仗义执言。与"辉煌三十年"相比,当代知识分子的社会地位虽然有所下降,但是知识界重要人物的言行仍然受到法国媒体乃至国际媒体的高度关注。例如,因1993年在波黑内战中的表现而被《费加罗报》称为"另一位外交部长"的贝尔纳-亨利·列维,2011年在利比亚反政府武装与法国总统萨科齐之间,再次发挥了桥梁作用,成为国际瞩目的焦点。尽管自1980年代以来,法国知识分子的社会角色和生存方式已发生了不容忽视的变化,但是强烈的公共关怀和显著的独立人格这两大特征依然在很大程度上得以保留并继续得到体现,前辈传给他们的担当道义和社会良心的精神在他们身上仍然一定程度地存在着。从这一意义上说,法国的知识分子并没有"终结",而且在以后相当长的时期内也不会"终结"。

---

① 有关ATTAC的详细内容,参见顾杭:《法国的反全球化运动——以ATTAC为中心的个案研究》,《浙江学刊》2008年第6期。

附　录

一、大事年表

1944 年

6 月 6 日盟军在诺曼底登陆

8 月 15 日盟军在普罗旺斯登陆

8 月 24 日巴黎解放

9 月 9 日戴高乐将军主持法兰西共和国临时政府

11 月 27 日自 1939 年起流亡苏联的法共领导人莫里斯·多列士回国

《世界报》开始发行；让-保罗·萨特出版《苍蝇》

1945 年

1 月 2 日—12 日雅尔塔会议

5 月 8 日德国投降

4 月 29 日市政选举

6 月 16 日法航成立（航空运输国有化）

8 月 15 日日本投降

10 月 21 日议会选举，同时进行有关制宪的公投

11 月 13 日戴高乐被推举为临时政府首脑

12 月 2 日法兰西银行和四大储蓄银行国有化

12 月 21 日建立法国全国雇主中心（CNPF）

让·莫内就职计划委员会

1946 年

1 月 20 日戴高乐辞去临时政府首脑职务

1 月 23 日人民共和党、法共和社会党签署《合作宪章》,组成三党联合政府,由费利克斯·古安担任总理

3 月 5 日温斯顿·丘吉尔发表"铁幕"演说

3 月 6 日勒克莱尔将军与胡志明签订协议,法国承认越南共和国

3 月 17 日煤矿国有化,成立法国煤炭公司

4 月 8 日能源国有化,法国电力公司和法国煤气公司成立

4 月 25 日保险公司实行国有化

5 月 5 日公民投票否决宪法草案

6 月 2 日第二届制宪会议选举,由乔治·皮杜尔组阁

10 月 13 日公民投票通过法兰西第四共和国宪法

11 月 10 日第一届国民议会选举

11 月 23 日法国海军轰炸越南海防港

12 月 8 日第一届参议院选举

12 月 16 日莱昂·勃鲁姆组阁

12 月 19 日越南民兵袭击河内的法国人

1947 年

1 月 16 日樊尚·奥里奥尔当选总统

1 月 21 日爱德华·赫里欧当选国民议会议长

1 月 22 日保罗·拉马迪埃组阁

3 月 4 日法英签订同盟条约

3 月 12 日杜鲁门提出"遏制"政策

4 月 7 日戴高乐创立法兰西人民联盟

5 月 5 日法共被驱逐出内阁,三党联盟破裂

6 月 5 日美国提出马歇尔计划

6 月 17 日法国接受马歇尔计划

6 月 19 日有关教育改革的《朗之万-瓦隆计划》出台,但后来未能实施

8 月 5 日突尼斯发生流血事件

9 月 20 日阿尔及利亚地位被定为三个省、两个选区

10 月 30 日法国签署关税和贸易总协定

11 月 19 日拉马迪埃辞职

让·维拉尔创办阿维尼翁艺术节;加缪出版《鼠疫》

1948 年

4 月 3 日马歇尔计划开始实施

6 月 4 日关于德国政治地位的《伦敦条约》签订

查特金开始创作《被毁灭的城市》。

1949 年

1 月 28 日欧洲委员会成立

2 月 9 日法国广播电视台(RTF)创建

4 月 4 日《北大西洋公约组织》成立

5 月 13 日第一条电视新闻播放

12 月 1 日停用配给票券

西蒙娜·德·波伏瓦出版《第二性》

1950 年

5 月 9 日舒曼计划出台

6 月朝鲜战争开始

10 月总理普列文提出组建欧洲防务共同体(CED) 的"普列文计划"

12 月 6 日德·塔西尼被任命为印度支那高级专员

尤内斯库的《秃头歌女》上演

1951 年

2 月 22 日欧洲防务委员会首次会议在巴黎召开

4 月 18 日建立欧洲煤钢联盟的巴黎条约签订

1952 年

1 月突尼斯发生流血冲突

5 月 27 日欧洲防务共同体条约签署

11 月 18 日摩洛哥素丹要求收回摩洛哥主权

12 月 8 日卡萨布兰卡发生骚乱

弗朗索瓦·莫里亚克获诺贝尔文学奖;尤内斯库的《椅子》上演

1953 年

5 月 6 日戴高乐脱离法兰西人民联盟的议会党团

5 月 14 日《快报》(*L'Express*)创刊

7 月 22 日皮埃尔·布热德组织成立"保卫商人和手工业者联盟"

7 月 27 日朝鲜停战

8 月 6 日对合作主义者实行最后一次特赦

11 月 20 日法军占领奠边府

12 月 17 日总统选举,勒内·科蒂当选

贝克特的《等待戈多》上演;罗兰·巴特出版《零度写作》

1954 年

2 月 5 日奠边府战役开始。

4 月 26 日关于朝鲜和印度支那的日内瓦会议开始

5 月 7 日法军在奠边府战役中战败。印度支那战争结束

6 月 18 日皮埃尔·孟戴斯-弗朗斯组阁

7 月 21 日日内瓦会议签订关于印度支那战争的停火协议

8 月 30 日法国议会否决欧洲防务集团条约(普列文计划)

10 月 31 日阿尔及利亚战争爆发

1955 年

1 月 25 日雅克·苏斯戴尔被任命为阿尔及利亚总督

2 月 23 日爱德加·富尔内阁组成

4 月 2 日议会投票通过在阿尔及利亚实行紧急状态

4 月 18—24 日万隆会议举行

克洛德·列维-斯特劳斯出版《忧郁的热带》;罗伯·格里耶出版《窥视者》

1956 年

2 月 5 日居伊·摩勒内阁组成

3 月 2—20 日摩洛哥独立,随后突尼斯独立

7 月 20 日 埃及领导人纳赛尔将苏伊士运河收归国有

10 月 29 日以色列对埃及宣战

11 月 5 日英法袭击埃及塞得港和苏伊士运河

12 月 3 日英法被迫从埃及撤军

阿兰·雷乃的《夜与雾》上映

1957 年

1 月 1 日萨尔区经公投归属联邦德国

1 月 7 日马絮将军开始负责在阿尔及利亚"维持秩序"

3 月 25 日建立欧洲共同市场的《罗马条约》签订

7 月 10 日议会批准《罗马条约》

阿尔贝·加缪获诺贝尔文学奖

1958 年

1 月 1 日《罗马条约》正式生效

5 月 13 日弗林姆兰组阁,马絮领导的"救国委员会"在阿尔及尔成立。萨朗将军邀请戴高乐出山

5 月 15 日戴高乐发表"准备担负起共和国权力"的声明

5 月 28 日弗林姆兰辞职,巴黎民众举行保卫共和国大游行

6 月 1 日国民议会投票通过戴高乐出任总理

6 月 2 日戴高乐政府被授予 6 个月全权并制定新宪法

9 月 28 日公民投票通过法兰西第五共和国宪法;几内亚公投拒绝参加法兰西共同体,并在塞古·杜尔的领导下宣布独立

10 月 1 日保卫新共和国联盟(UNR)成立

10 月 5 日法兰西第五共和国正式成立

11 月 23—30 日经过两轮议会选举,保卫新共和国联盟获得多数

12 月 9 日雅克·沙邦-戴尔马当选为国民议会议长

12 月 21 日总统大选,戴高乐当选为总统

1959 年

1 月 9 日戴高乐就职

1 月 10 日米歇尔·德勃雷被任命为总理并组织政府

9 月 16 日戴高乐在新闻发布会上宣布了阿尔及利亚的自治政策

9 月 28 日阿尔及利亚临时政府宣布准备进行谈判

特吕弗的《四百击》、阿兰·雷乃的《广岛之恋》上映

1960 年

1 月—7 月十五个非洲法语国家独立

3 月 23 日苏联领导人赫鲁晓夫访问法国

9 月 6 日萨特领衔的 121 位知识分子发表《121 人宣言》,号召法国公民拒绝应征入伍参加阿尔及利亚战争

1961 年

1 月 8 日就阿尔及利亚自治政策举行公投

1 月 14 日建立欧共体共同农业政策及共同农业基金

4 月 22—25 日萨朗等四位将领在阿尔及利亚发动叛乱,戴高乐援引宪法第 16 条宣布全国进入紧急状态

5 月 20 日法国和阿尔及利亚在埃维昂开始进行谈判

9 月 30 日紧急状态结束

1962 年

3 月 19 日《埃维昂协议》签订

4 月 8 日关于埃维昂协议举行公投并获通过

4 月 14 日乔治·蓬皮杜被任命为总理组阁

7 月 1 日阿尔及利亚就独立问题举行公投并获通过

7 月 3 日法国承认阿尔及利亚独立

10 月 28 日公民投票通过总统实行普选的宪法修正案

1963 年

1 月 14 日法国拒绝美国关于建立多边核力量的建议和英国参加欧共体的候选资格

1 月 22 日法德友好条约签署

6 月 22 日巴黎民族广场举行摇滚音乐会"伙伴之夜",150 000 名青年参加

赫伯特·马尔库塞出版《爱欲与文明》,勒克莱齐奥出版《笔录》

1964 年

1 月 27 日法国和中华人民共和国正式建交

12 月 19 日让·穆兰入葬先贤祠

萨特拒绝接受诺贝尔文学奖。皮埃尔·布尔迪厄和帕斯隆出版《继承人》

1965 年

4 月 8 日欧洲煤钢共同体、欧洲经济共同体和欧洲原子能共同体三个机构合并的条约签订

6 月安德烈·库雷热设计的迷你裙获得成功

7 月 13 日通过"夫妻财产制",规定已婚女性在财产上的独立自主

12 月 19 日戴高乐在第二轮选举中击败密特朗,当选总统

雅各布·勒沃夫、雅克·莫诺和弗朗索瓦·雅各布获得诺贝尔医学奖

1966 年

6 月 1 日瓦莱里·吉斯卡尔-德斯坦创建独立共和党

6 月 20 日—7 月 1 日戴高乐访问苏联

6 月 22 日议会通过有关高等教育改革的《富歇法案》

米歇尔·福柯的《词与物》出版

1967 年

3 月 18 日油轮托利卡尼翁号沉没,第一次"石油泄漏"和生态意识产生

9 月 6 日—12 日戴高乐提出建设"从大西洋到乌拉尔的欧洲"主张

10月1日第一套彩色电视节目开播

马尔罗出版《反回忆录》,戈达尔的《中国姑娘》上映

1968 年

3月22日达尼埃尔·科恩-邦迪在南泰尔学院建立"3·22 运动"学生组织

3月28日南泰尔学院关闭

5月越南战争三方参加的巴黎会议召开

5月3日"五月风暴"爆发

5月10日—11日巴黎拉丁区学生与警方发生大规模冲突,"第一个街垒之夜"

5月13日工会、左翼政党和抗议师生联合举行示威游行

5月14日南特的南方飞机公司被抗议工人占领

5月20日全国大罢工并蔓延

5月23—24日"第二个街垒之夜"

5月25—27日政府、雇主和工会三方举行谈判

5月27日三方签订《格勒内尔协议》,但遭到波洛涅-比扬古尔区工人拒绝

5月29日戴高乐秘密前往巴登法国驻联邦德国军队司令部

5月30日戴高乐回归发表电台讲话,宣布支持总理,解散议会

6月4日工人开始复工,经济恢复正常

6月12日政府取缔极左学生组织,禁止示威活动

6月14—16日抗议学生撤离索邦,开始复课

6月23日和30日,经两轮议会选举,戴高乐派获得绝对多数

7月10日蓬皮杜辞职,顾夫·德姆维尔接任总理组阁

8月24日法国第一颗氢弹爆炸成功

11月12日议会通过高等教育改革法案("富尔法案")

赫伯特·马尔库塞的《单向度的人》出版

1969 年

4月27日公民投票否决参议院和地区改革提案

4月28日戴高乐辞去总统职务,参议院议长阿兰·波埃任临时总统

6月15日蓬皮杜当选总统

6月20日蓬皮杜任命雅克·沙邦-戴尔马为总理组阁

9月16日沙邦-戴尔马提出"新社会"计划

12月1日欧共体峰会,法国声明不再反对英国申请加入欧共体

讽刺杂志《查理周刊》创刊

1970 年

2 月 20 日巴黎郊区间快速铁路网(RER)第一条线路——从星形广场至拉德芳斯新区的线路投入使用

8 月 26 日女权主义者在凯旋门示威,女权运动组织诞生

10 月 6 日—13 日蓬皮杜访问苏联

11 月 9 日戴高乐逝世

11 月 12 日戴高乐下葬于科隆贝双教堂,法国举行国家哀悼仪式

罗兰·巴特出版《符号帝国》

1971 年

1 月成立环境部

2 月 8 日米歇尔·福柯等人倡议成立"监狱情况报道小组"(GIP)

4 月 5 日 343 名知名女性发表《343 人宣言》,支持人工流产合法化

6 月 11—16 日密特朗当选为社会党第一书记

7 月 12 日巴黎中央市场(Les Halles)开始拆除

10 月 25—30 日勃列日涅夫访法。

1972 年

4 月 23 日公民投票同意英国、丹麦、挪威和爱尔兰加入欧共体

6 月 27 日社会党和法共签署《共同执政纲领》

7 月 5 日雅克·沙邦-戴尔马辞职,皮埃尔·梅斯梅尔被任命为总理

9 月让-马利·勒庞创建极右政党国民阵线

11 月 22 日"博比尼案件"开庭,人工流产合法化成为公众关注焦点

1973 年

1 月 4 日《解放报》创刊

2 月 9 日法国与民主德国建交

9 月 13 日—17 日蓬皮杜访华,双方发表联合公报

10 月 16 日石油输出国组织单方面提高原油价格并减少出口

11 月 13 日首届法非首脑会议在巴黎举行

乔治·杜比出版《布汶的星期天》

1974 年

3 月 8 日戴高乐机场举行落成仪式

4 月 2 日蓬皮杜病逝。参议院议长阿兰·波埃代行总统职务

5 月 19 日瓦莱里·吉斯卡尔-德斯坦当选总统

5月27—28日雅克·希拉克被任命为总理组阁

6月26日行使公民政治权利的年龄降为18周岁

12月18日确立人工流产合法化的《韦伊法》生效

12月22日科摩罗公民投票赞同独立

索尔仁尼琴的《古拉格群岛》成为法国畅销书

1975年

4月10日吉斯卡尔-德斯坦访问阿尔及利亚,这是阿尔及利亚独立后法国总统首次来访

5月12日—17日邓小平访问法国

8月科西嘉发生骚乱

11月15—17日法国倡议召开的西方七国首脑会议在巴黎举行

12月16日—19日法国倡议召开的"南北对话"会议如期举行

12月31日吉斯卡尔-德斯坦在电视讲话中,承认法国属于"中等强国"

巴黎获得独立市镇地位,设市长

勒华拉杜里出版《蒙塔尤》,格鲁克斯曼出版《厨娘与食人者》,福柯出版《规训与惩罚》

1976年

1月21日协和式客机进行首次商业飞行

2月4—8日法共二十二大,宣布放弃无产阶级专政

8月25日希拉克辞职,雷蒙·巴尔被任命为总理。

9月22日雷蒙·巴尔提出反通货膨胀计划

12月雅克·希拉克成为新的保卫共和联盟(RPR)主席

福柯出版《性史》第1卷

1977年

1月31日蓬皮杜文化和艺术中心举行落成典礼

3月13—20日希拉克当选为巴黎市长

6月27日法属阿法尔与伊沙斯获得独立并建立吉布提共和国

7月15日科西嘉发生恐怖袭击事件,20人遇难

9月22日左翼联盟破裂

雷蒙·阿隆出版《为衰落的欧洲辩护》,贝尔纳-亨利·列维出版《人面兽行》,菲利普·埃利亚斯出版《面对死亡的人》

1978年

1月14—13日雷蒙·巴尔总理访华

2月1日法国民主联盟(UDF)成立

3月16—17日利比里亚籍油轮"阿莫科・卡迪兹号"失事,原油泄漏造成布列塔尼沿岸的生态灾难

8月12日自1793年以来首次放开面包的价格

10月6日霍梅尼流亡法国

雅克・勒高夫出版《新史学》

1979年

2月霍梅尼回国掌权

6月10日欧共体九国实行欧洲议会普选,随后西蒙娜・韦伊当选议长

6月26日让-保罗・萨特、雷蒙・阿隆、米歇尔・福柯等著名知识分子与吉斯卡尔-德斯坦总统会面,要求为越南难民提供避难场所

9月4日中央菜市场改造工程落成

9月17日法国第一家麦当劳在斯特拉斯堡开业

让・福拉斯蒂埃的《辉煌三十年》出版

1980年

4月5日让-保罗・萨特去世

5月30日—6月2日教皇保罗二世访法

《争鸣》杂志创刊

1981年

5月10日弗朗索瓦・密特朗当选总统

5月21日皮埃尔・莫鲁瓦被任命为总理,四名法共成员出任部长

7月7日斯特拉斯堡成为欧洲议会驻地

8月议会通过大赦法案

9月18日议会通过废除死刑法案

9月22日巴黎至里昂高速铁路通车

11月7日新喀里多尼亚发生骚乱

1982年

1月13日议会通过法案,实行39小时工作制和第五周带薪休假制

2月11日宪法委员会通过国有化法案

3月2日通过赋予科西嘉特殊地位的法案

3月3日《市镇、省与大区的权利和自由法》颁布,开始去中央集权化

3月25日确立60岁退休制

8月联合国维和部队的法军开始进驻贝鲁特

1983 年

2月22日法国第一艘核动力潜艇服役

4月5日47名苏联外交官因从事间谍活动被驱逐出境

6月18日阿丽亚娜火箭成功发射第一颗欧洲通信卫星

8月起法军在乍得实施"芒塔行动"

8月14—15日教皇让·保罗二世访问卢尔德

9月4日国民阵线在德勒市政选举中获胜

10月17日雷蒙·阿隆逝世

10月23日58名法军士兵和239名美军士兵在贝鲁特两起自杀式汽车炸弹爆炸案中丧生

雷蒙·阿隆《回忆录:五十年政治思考》出版

1984 年

3月12日空中客车A320正式投入使用

3月25—31日联合国维和部队中的法军撤离贝鲁特

7月17日莫鲁瓦辞职。洛朗·法比尤斯出任总理,法共成员退出政府,左翼联盟结束

9月17日法国和利比亚签订从乍得撤军的协议

9月22日密特朗和赫尔穆特·科尔在凡尔登握手

11月4日Canal＋频道开播

玛格利特·杜拉斯的《情人》获得龚古尔奖

1985 年

2月11日中法空间科学技术合作协议在巴黎签字

4月17日法国提出"尤里卡计划"

7月10日反对法国在南太平洋进行核试验的绿色和平组织旗舰"彩虹勇士号"在新西兰遭到破坏而沉没

8月24日关于新喀里多尼亚地位的法案通过

9月20日克劳德·兰兹曼的电影《浩劫》中,首次用"浩劫"来形容二战中对犹太人的屠杀

9月29日新喀里多尼亚举行首次选举,反对独立派获胜

1986 年

1月英法签订协议,共建英吉利海峡海底隧道

2月17—19日第一届法语国家首脑会议在巴黎举行

2月因利比亚干预,法军重返乍得

3月16日立法选举,右翼获胜

3月20日法比尤斯辞职,希拉克被任命为总理组阁,第一次左右共治开始

7月31日对65家企业实行私有化的法案通过

12月1日奥赛博物馆开馆

1987年

1月1日《单一欧洲文件》正式生效

1月巴黎巴银行实行私有化

4月18日法国电视一台私有化

5月11日—7月4日前纳粹军官克劳斯·巴比在里昂受审,并因七项反人类罪被判处无期徒刑

7月17日法国和伊朗断交

9月13日新喀里多尼亚举行公投,选择继续留在法国

9月21—24日法德首次举行联合军事演习

1988年

3月4日卢浮宫启用玻璃金字塔入口

5月8日密特朗连任总统

5月10日米歇尔·罗卡尔被任命为总理组阁

11月6日公民投票通过关于新喀里多尼亚的决议

11月26日—12月21日法国宇航员让-卢·克里斯蒂安乘坐苏联联盟号飞船进行太空飞行

弗朗索瓦·孚雷和莫娜·奥祖夫出版《法国大革命批判词典》

1989年

1月1日—12月31日法国大革命两百周年纪念活动。

7月14日巴黎巴士底歌剧院落成

11月9日柏林墙倒塌

1990年

4月11日将国营雷诺公司改制为股份有限公司,由雷诺和沃尔沃共同持股

5月18日法国高速列车试验达到时速515.3千米

6月19日《申根协定》签订

7月27日偿还了最后一笔外债

8月2日伊拉克入侵科威特,海湾危机开始

8月21日密特朗宣布:"以战争战胜入侵者的逻辑"

9月12日签订《关于最终解决德国问题的条约》

10月3日德国正式统一

艾尔维·吉贝尔出版关于艾滋病的自传体小说《致没有拯救我生命的朋友》

1991年

1月16日密特朗宣布法国参加盟国的军事行动,制止伊拉克的侵略

1月17日—2月28日法军参加多国部队,打击科威特领土上的伊拉克军队

1月29日国防部长让-皮埃尔·舍韦内芒因反对法军参战辞职

5月13日确定科西嘉新的地位,扩大了科西嘉议会的权限

5月15日罗卡尔辞职,爱蒂特·克莱松被任命为总理

6月3日密特朗提出全面裁军建议,宣布法国参加核不扩散条约

6月25日南斯拉夫解体

12月1日法国夺得戴维斯杯网球赛冠军

12月9—10日欧洲共同体首脑会议签订建立欧洲联盟的《马斯特里赫特条约》

12月19日苏联解体

1992年

1月5日—7日叶利钦访法并签订法俄友好合作条约

1月6日由勒内·雷蒙主持的委员会向枢机主教提交了有关维希保安队成员图维埃和教会关系的报告

2月8日—28日阿尔贝维尔举办第十六届冬季奥运会

4月2日爱蒂特·克莱松辞职,皮埃尔·贝雷戈瓦继任总理

4月12日巴黎迪士尼公园开放

4月13日巴黎上诉法院宣判,对图维埃不予起诉

5月21日—22日密特朗与科尔宣布组建"欧洲军团"

6月25日宪法第二条增加"共和国官方语言为法语"

9月20日公民投票通过《马斯特里赫特条约》

9月28日法德合办的文化电视频道"艺术频道"开播

12月20日"血浆门事件",多名官员被法院传讯

西里·科拉尔的关于艾滋病的电影《野兽之夜》上映

1993年

1月1日12国欧洲统一大市场建立

3月29日爱德华·巴拉迪尔担任总理,开始第二次左右共治

5月1日皮埃尔·贝雷戈瓦自杀身亡

7月31日法国最后一个铁矿关闭

8月4日法兰西银行独立

11月1日《马斯特里赫特条约》生效,欧洲联盟取代欧共体

11月18日卢浮宫黎塞留馆举行揭幕仪式

12月15日117个关贸总协定成员国签订乌拉圭回合最终文件

1994年

3月17日—4月28日对图维埃进行审讯,以反人类罪判处无期徒刑

4月—6月卢旺达发生种族大屠杀

5月6日英法英吉利海峡海底隧道落成通车

6月23日—8月21日法军在卢旺达实行代号"绿松石行动"的人道主义行动

7月14日欧洲军团首次参加阅兵

9月8日英、法、美三国军队撤离柏林

12月电视五台——教育频道开播

1995年

1月1日世界贸易组织诞生并取代关贸总协定

3月法国国家图书馆新馆开放

3月26日《申根协议》生效

5月7日雅克·希拉克当选总统

5月17日阿兰·朱佩被任命为总理组阁

6月3日法英决定在波斯尼亚共同组建一支"快速反应部队"

6月13日希拉克宣布将恢复核试验

9月5日法国在南太平洋进行核试验

11月15日有关社会保险改革的"朱佩计划"出台

11月24日—12月21日因"朱佩计划"引发铁路职工大罢工,随之蔓延

1996年

1月8日弗朗索瓦·密特朗去世

1月29日法国宣布从此停止核试验

2月22日军队实行职业化

6月28日—8月23日无证移民占领圣伯纳尔教堂

11月24日安德烈·马尔罗骨灰入葬先贤祠

皮埃尔·布尔迪厄出版《论电视》

1997 年

4 月 21 日雅克·希拉克解散国民议会

5 月 15—17 日希拉克访华,双方发表联合声明,建立全面合作关系

6 月 1 日左翼在议会选举中获胜,第三次左右共治开始

6 月 2 日莱昂纳尔·若斯潘出任总理组阁

6 月 29 日 20 万同性恋者在巴黎游行,要求同性婚姻合法化

9 月 8 日法国电信 20％股份私有化

9 月 30 日法国教会就二战期间放任维希政府的犹太人政策向犹太社团道歉

10 月 9 日艺术家和知识分子呼吁无证移民合法化

11 月 28 日法国、意大利、西班牙、葡萄牙组成欧洲快速行动部队司令部

1998 年

1 月 28 日设在圣德尼的法兰西体育场落成

2 月 6 日科西嘉省长克洛德·埃里尼亚克遇害

4 月 6 日法国宣布批准《全面禁止核试验条约》

5 月 1 日—3 日欧盟特别首脑会议,确认法国等 11 国为欧元创始国

5 月 5 日法国政府与新喀里多尼亚有关方签订《努美阿协议》,后经议会和公民投票先后通过

5 月 19 日议会通过 35 小时工作制("奥布里法案")

6 月 3 日反对新自由主义的 ATTAC("征收金融交易税以援助公民协会")组织成立

7 月 12 日法国队首次夺得足球世界杯

阿兰·雷乃的《法国香颂》在凯撒电影奖荣获七项大奖

1999 年

3 月雷诺汽车收购日产汽车和日产柴油汽车股份,成为日产的控股公司

3 月 25 日—6 月 10 日北约对南联盟实施军事打击

6 月 28 日议会通过男女政治平等法案

8 月 12 日农场主何塞·博韦攻击米约的麦当劳

8 月 30 日家乐福集团和普罗莫代斯集团合并,组成世界第二大零售集团

12 月 12 日"埃里卡号"油轮断裂沉没,原油泄漏对法国西部海岸造成严重污染

2000 年

2 月 1 日 20 人以上企业开始实行每周 35 小时工作制

5 月 3 日议会通过各级选举女性候选人必须占一半的法律

6 月 13 日阿尔及利亚总统布特弗利卡访法

7 月 28 日科西嘉议会投票通过自治

9 月 24 日公民投票通过总统任期缩短为 5 年

9 月 28 日核动力航空母舰"戴高乐号"服役

11 月 14 日通过抗击疯牛病的计划

2001 年

3 月 18 日德拉诺埃当选巴黎市长

9 月 11 日纽约世贸大厦遭遇恐怖袭击

9 月 18 日希拉克访美

让-皮埃尔·热内的电影《天使爱美丽》吸引 900 万人次观众

2002 年

1 月 1 日欧元开始正式流通

4 月 21 日总统大选第一轮,勒庞战胜若斯潘进入第二轮

5 月 1 日各地爆发反极右大游行

5 月 5 日希拉克连任总统

5 月 6 日让-皮埃尔·拉法兰被任命为总理组阁

6 月 16 日右翼在议会选举中胜出,结束第三次左右共治

2003 年

1 月 22 日法德首脑共同声明反对美国对伊拉克动武

3 月 19 日美国及其盟国开始对伊拉克进行干涉

8 月 9—10 日十万人参加拉扎克的反全球化集会

2004 年

2 月 10 日议会禁止学生在公立中学穿戴具有明显宗教标志的服饰

3 月 15 日议会禁止在公立学校的建筑物上悬挂具有宗教标志的饰物

3 月 31 日拉法兰辞职,多米尼克·德维尔潘组阁

4 月 23 日法国最后一个煤矿关闭

5 月 1 日欧盟成员国从 15 个增加到 25 个

11 月 30 日议会通过安乐死的法律

2005 年

3 月 1 日议会通过的《环境宪章》生效

5 月 29 日公民投票否决《欧盟宪法条约》

10 月 27 日巴黎北郊两位移民少年在躲避警察过程中触电身亡,引发巴黎和全

国移民青少年的抗议和骚动

11月8日由于巴黎等90多个城市郊区青少年骚动,法国政府宣布全国进入紧急状态,至次年1月4日结束

2006年

4月25日希拉克提出"工业革新"6点计划

10月3日议会通过煤气公司私有化法案

10月25—28日希拉克访华

11月16日议会通过公共场所禁烟令

2007年

1月13日法国加入《东南亚友好合作条约》,成为第一个加入该条约的欧盟国家

4月3日法国高铁在巴黎至斯特拉斯堡线上创造时速574.8千米的纪录

5月6日尼古拉·萨科齐当选总统

5月17日弗朗索瓦·菲永被任命为总理组阁

7月1日法国向私人资本开放电力市场,自此结束国营电力公司的垄断地位

2008年

2月7日议会通过《里斯本条约》

2月18日法国宣布承认科索沃独立

4月28日《经济现代化法案》出台,旨在推动经济改革,促进经济增长

2009年

3月20日经议会通过,法国正式提交重返北约军事一体化机构的申请

12月1日《里斯本条约》正式生效

2010年

1月16日法国成立特别反恐部门,应对以核能、放射物质、生物及化学手段对社会构成威胁的恐怖事件

7月13日议会通过法案,禁止在公共场合完全遮盖面部

9月9日欧洲议会要求法国等国停止驱逐罗姆人,遭到法国拒绝

2011年

3月10日法国承认利比亚反对派成立的全国委员会,成为首个承认该委员会的国家

3月19日在联合国划定了"禁飞区"后,法国第一个向卡扎菲的地面部队发动空袭

4月11日禁止在公共场合穿穆斯林罩袍的禁令生效,法国成为欧洲首个在公共

场合禁止穆斯林罩袍的国家

2012 年

1 月 23 日法、英、德发表联合声明,如伊朗不重返有关核问题的谈判,三国将对其进行严厉制裁

2 月 3 日法国外长朱佩表示,欧洲将强化对叙利亚政府的制裁,努力加大国际压力

2 月 21 日国民议会批准建立欧元区永久救助机制——欧洲稳定机制的协议

5 月 6 日奥朗德当选总统

5 月 16 日让-马克·艾罗被任命为总理组阁

5 月 18 日奥朗德签署并正式颁布《同性恋婚姻及其收养子女法案》

2013 年

8 月 19 日奥朗德提出"法国 2025"十年发展计划

9 月 12 日艾罗政府提出"新工业法国计划"

2014 年

3 月 31 日艾罗总理及其政府辞职,曼努埃尔·瓦尔斯被任命为总理组阁

7 月 23 日议会通过《男女实际平等法》

10 月 21 日法国政府通过"可弹劾总统"法案

11 月通过《反恐怖主义法》

2015 年

1 月 7 日位于巴黎的《查理周刊》总部遭遇恐怖袭击,12 人死亡,多人受伤

5 月 30 日人民运动联盟(UMP)正式改名为共和党(LR)

11 月 13 日巴黎多处遭遇恐怖袭击,130 人死亡,350 人受伤

11 月 30 日巴黎国际气候大会召开

2016 年

1 月 1 日本土 22 个大区合并为 13 个新大区

6 月 23 日英国公投决定退出欧盟

7 月 14 日尼斯遭遇恐怖袭击,84 人死亡,200 多人受伤

10 月 6 日议会通过《有关媒体自由、独立和多元化》法律

12 月 6 日瓦尔斯因参加总统竞选辞职,贝尔纳·卡泽纳夫被任命为总理

2017 年

5 月 7 日埃玛纽埃尔·马克龙当选总统

二、参考文献

西文

Agulhon，Maurice，*La République de Jules Ferry à François Mitterrand 1880 - 1995*，Paris：Hachette Littératures，1997.

Albertini，Pierre，*L'Ecole en France XIXe-XXe siecle*，Paris：Hachette，2006.

Armengaud，Andre et Agnès Fine，*La population française au XXe siècle*，Paris：PUF，1992.

Becker，Jean-Jacques，*Histoire politique de la France depuis 1945*，Paris：Armand Colin，2011.

Bernard，Mathias，*La France de 1958 à 1981*，Paris：Librairie Générale Française，2003.

——*La France de 1981 à 2002*，Paris：Librairie Générale Française，2005.

——*Histoire politique de la Ve République*，Paris：Armand Colin，2008.

Berstein，Serge et Milza Pierre，*Histoire de la France au XXe siècle*，Paris：Perrin，2009.

Bezbakh，Pierre，*Histoire de la France de 1914 à nos jours*，Paris：Larousse，1997.

Bizière，Jean Maurice，Pierre Vayssière，*Histoire et historiens*，Paris：Hachette，1995.

Boccara，Laurence，*La France et sa population*，Paris：Hatier，1993.

Bonnefous，Edouard，*Avant l'oubli. T2：la vie de 1940 a 1970*，Paris：NATHAN，1991.

——*Avant l'oubli. T3：depuis 1970*，Paris：PUF，1998.

Borne，Dominique，*Histoire de la société française depuis 1945*，Paris，Armand Colin，2005.

Bozo，Frédéric，*La politique étrangère de la France dequis 1945*，Paris：Flammarion，2012.

Broder，Albert，*Histoire économique de la France au XXe siècle-1914-1997*，Paris：OPHRYS，1998.

Burguière，André，*The Annales School*，*An Intellectual History*，trans. By J. M. Todd，Ithaca：New York：Cornell University Press，2009.

Caire-Jabinet，Marie-Paule，*Histoire des religions en France*，*16 - 20 siècles*，Paris：Armand Colin，2000.

Cantier, Jacques, *Histoire culturelle de la France au XXe siècle*, Paris: Ellipses, 2011.

Caron, François, *Histoire économique de la France XIXe-XXe siècles*, Paris: Armand Colin, 1981.

Cauchy, Pascal, *La IVe République*, Paris: PUF, 2004.

Debbasch, Charles, Jean-Marie Pontier, *La société française*, Paris: ARMAND COLIN, 2001.

Dirn, Louis, *La société française en tendances 1975 - 1995*, Paris: PUF, 1998.

Drake, David, *Intellectuals and Politics in Post-war France*, New York: Palgrave, 2002.

Duby, Georges, Armand Wallon (sous la direction de), *Histoire de la France rurale*, tome 4 : *Depuis 1914*, Paris: Seuil, 1976.

Duby, Georges, Marcel Roncayolo (sous la direction de), *Histoire de la France urbaine*, tome 5 : *La Ville aujourd'hui*, Paris: Seuil, 1985.

Fourastié, Jean, *Les Trente Glorieuses ou la Révolution invisible de 1946 à 1975*, Paris: Fayard, 1979.

Furet, François, Denis Richet, *La Révolution française*, Paris: Hachette, 1965.

Guillaume, Pierre, *Histoire sociale de la France au XXe siècle*, Paris: MASSON, 1993.

Goetschel, Pascale, Emmanuelle Loyer, *Histoire culturelle de la France de la Belle Epoque à nos jours*, Paris: Armand Colin, 2011.

Goetschel, Pascale, Bénédicte Toucheboeuf, *La Quatrième République* : *la France de la Libération à 1958*, Paris: Librairie Générale Française, 2011.

Julliard, Jacques, Michel Winock (sous la direction de), *Dictionnaires des Intellectuels Français*, Paris: Seuil, 2009.

Labrousse, Ernest, Fernand Braudel (sous la direction de), *Histoire économique et sociale de la France*, tome 4, volume 3 : *années 1950 à nos jours*, Paris: PUF, 1982.

Lassalle,Helene, L'art Au XXe siecle, Paris: Flammarion, 1993.

Le Goff, Jacques, Pierre Nora, (dir), *Faire de l'histoire*, Paris: Gallimard, 1974.

Le Goff, Jacques, Jacques Revel, (dir), La nouvelle histoire, Paris: Retz-CEPL, 1978.

Leymarie, Michel, *Les Intellectuels et la Politique en France*, Paris: PUF, 2001.

Margairaz, Michel, *Histoire économique : XVIIIe-XXe siècle*, Paris: LAROUSSE, 1992.

Mendras, Henri (avec la collaboration de Laurence Duboys Fresney), *La Seconde Révolution française :1965 - 1984*, Paris: Gallimard, 1988.

Nora, Pierre, dir. , *Les Lieux de Mémoire*, Paris: Gallimard, 1997.

Ory, Pascal, Jean-François Sirinelli, *Les intellectuels en France de l'affaire Dreyfus à nos jours*, Paris: Perrin, 2004.

Noiriel, Gérard, *Le creuset Français : Histoire de l'immigration XIX-XXè siècle*, Paris: Seuil,1988.

Pantigny,Ludivine, *La France à l'heure du monde :De 1981 à nos jours*, Paris: Seuil, 2013.

Raflik, Jenny,*La République Moderne La IVe République 1946 - 1958*, Paris: Seuil, 2018.

Rémond, René (dir), *Pour une histoire politique*, Paris: Seuil, 1988.

——*Le Siècle Dernier*, Paris: Fayard, 2003.

Sirinelli, Jean-François, *Comprendre le XXe siècle français*, Paris: Fayard, 2005.

——*Les Vingt Décisives. Le passé proche de notre avenir 1965 - 1985*, Paris: Fayard, 2007.

—— *Mai 68. L'événement Janus*, Paris: Fayard, 2008.

—— *La Ve République*, Paris: PUF, 2009.

—— *Désenclaver l'histoire :Nouveaux regards sur le XXe siècle*, Paris: CRNS Editions, 2013.

——(sous la direction de), *La France de 1914 à nos jours*, Paris: PUF, 2014.

Sirinelli, Jean-François, Jean-Pierre Rioux, (dir),*Pour une histoire culturelle*, Paris: Seuil, 1997.

Schor, Ralph, *Le dernier siècle Français :La France de 1914 à 2014*, Paris: Perrin, 2016.

Vigreux, Jean,*Croissance et contestation 1958 - 1981*, Paris: Seuil, 2018.

Wieviorka, Olivier et Christophe Prochasson (ed.), *La France du XX siècle, Documents d'histoire*,Paris:Seuil, 2011.

Winock, Michel, *L'effet de génération: une brève histoire des intellectuels français*, Paris:Theerry Machaise, 2011.

Woronoff, Denis, *Histoire de L'Industrie En France. Du XVIe siècle à nos jours*, Paris: Seuil, 1998.

Zancalini-Fournel, Michelle, Christian Delacroix,*La France du temps présent*

1945—2005，Paris：Belin，2014.

Tableaux de l'économie française，Edition 1996 - 97，1999 - 2000，2001 - 2002，2010，2011，2012，2013，2014，2017，2018，2019，2020， INSEE.

France Portrait Social，Edition 1997 - 1998，2018， INSEE.

中文

让-弗朗索瓦·艾克:《战后法国经济简史》,杨成玉译,北京:中国社会科学出版社,2020年。

马克·布洛克:《历史学家的技艺》(第二版),黄艳红译,北京:中国人民大学出版社,2011年。

帕特里克·布琼主编:《法兰西世界史》,张新木主译,上海:上海教育出版社,2018年。

陈文海:《法国史》,北京:人民出版社,2004年。

陈乐民:《20世纪的欧洲·附:"欧洲观念"的历史哲学》,北京:生活·读书·新知三联书店,2014年。

克里斯蒂昂·德拉克鲁瓦、弗朗索瓦·多斯、帕特里克·加西亚:《19—20世纪法国史学思潮》,顾杭、吕一民、高毅译,北京:商务印书馆,2016年。

乔治·杜比主编:《法国史》,吕一民、沈坚、黄艳红等译,北京:商务印书馆,2010年。

乔治·杜比、罗贝尔·芒德鲁:《法国文明史》,傅先俊译,上海:东方出版中心,2019年。

端木美:《法国现代化进程中的社会问题:农民·妇女·教育》,北京:中国社会科学出版社,2001年。

弗朗索瓦·多斯:《从结构到解构:法国20世纪思想主潮》,季广茂译,北京:中央编译出版社,2004年。

——《碎片化的历史学——从〈年鉴〉到"新史学"》,马胜利译,北京:北京大学出版社,2008年,第146页。

高宣扬:《当代法国思想五十年》,北京:中国人民大学出版社,2005年。

——《萨特的密码》,上海:同济大出版社,2007年,

郭华榕:《法国政治制度史》,北京:人民出版社,2005年。

——《法国政治思想史》,北京:人民出版社,2010年。

洪波:《法国政治制度变迁:从大革命到第五共和国》,北京:中国社会科学出版社,1993年。

金重远:《法国现当代史》,上海:上海社科院出版社,2014年。

让-皮埃尔·里乌、让-弗郎索瓦·西里内利:《法国文化史(卷四)大众时代:二十世纪》,吴模信、潘丽珍译,上海:华东师范大学出版社,2012年。

柳鸣九:《法国文学史》,北京:人民文学出版社,2007 年。

罗芃:《法国文化史》,北京:北京大学出版社,1997 年。

吕一民:《法国通史》,上海:上海社会科学院出版社,2019 年。

吕一民、钱虹、汪少卿、应远马:《法国高等教育战略研究》,杭州:浙江教育出版社,2014 年。

吕一民、朱晓罕:《法国知识分子史》,杭州:浙江大学出版社,2019 年。

皮埃尔·米盖尔:《法国史》,桂裕芳、郭华榕译,北京:中国社会科学出版社,2010 年。

皮埃尔·诺拉主编:《记忆之场:法国国民意识的文化社会史》,黄艳红等译,南京:南京大学出版社,2015 年。

皮埃尔·诺拉:《追寻法兰西》,刘文玲译,北京:社会科学文献出版社,2017 年。

欧阳英:《20 世纪法国艺术》,上海:上海人民美术出版社,2001 年。

沈坚:《当代法国——欧洲的自尊与信心》,贵阳:贵州人民出版社,2001 年。

沈炼之主编:《法国通史简编》,北京:人民出版社,1990 年。

米歇尔·维诺克:《法国知识分子的世纪》,孙桂荣等译,南京:江苏凤凰教育出版社,2006 年。

吴国庆:《法国政党和政党制度》,北京:社会科学文献出版社,2008 年。

——《法国政治史 1958—2012》,北京:社会科学文献出版社,2014 年。

——《法国政治史(1958—2017)》,北京:社会科学文献出版社,2018 年。

让-弗朗索瓦·西里奈利:《知识分子与法兰西激情:20 世纪的声明和请愿书》,刘云虹译,南京:江苏人民出版社,2001 年。

——《20 世纪的两位知识分子:萨特与阿隆》,陈伟译,南京:江苏人民出版社,2000 年。

许平、朱晓罕:《一场改变了一切的虚假革命》,上海:上海人民出版社,2004 年。

许振洲:《法国议会》,北京:华夏出版社,2002 年。

张锡昌、周剑卿:《战后法国外交史:1944—1992》,北京:世界知识出版社,1993 年。

张泽乾:《法国文明史》,武汉:武汉大学出版社,1997 年。

张芝联主编:《法国通史》,北京:北京大学出版社,2009 年。

赵敦华:《现代西方哲学新编》,北京:北京大学出版社,2001 年。

赵敦华:《现代西方哲学新编》(第二版),北京:北京大学出版社,2014 年。

三、索　引